本书受四川师范大学出版基金资助

廖宇　著

道教
时日禁忌研究

社会科学文献出版社
SOCIAL SCIENCES ACADEMIC PRESS (CHINA)

目　录

第二编　道教时日禁忌分期

绪　论

一　一个缺乏系统深入研究的课题

中国文化十分看重时间，认为合适的时机是做成事情的关键因素之一。所谓“天时地利人和”，时间对农耕民族而言，意义不言而喻。在古代社会，农业的生产常常靠天吃饭，然而不可否认的是，掌握一些农业技术，比如选择在合适的时间播种，合适的时间收割等，对于庄稼的丰收有着非常积极的意义。因此，时间是中华传统文化关注的重点。择日文化在中国发展较早，影响甚广。《史记》记载，汉代时就有五行、堪舆、建除、丛辰、历家、天人、太一等多家择日理论。

道教是中国传统宗教，植根于中国传统文化，发展壮大于中国传统文化，是最具中国特色的宗教。自然，道教对于时间的态度亦如中国传统文化一样十分重视。在斋醮科仪、炼丹服药、养生等活动中处处可见道教对于时间的留意。趋吉避害是对待时间的基本态度，比如有时候因为某事重大刻意选择最为适合的日子，有时候不刻意追求最好的时机，但希望至少能避开特别不好的时间。前者是主动的择吉，后者是较为被动的避忌，也就是本书所言的禁忌。

道教时日禁忌这一课题的意义重大，然而学界却缺乏对其系统深入的研究。当然这绝不意味着之前并无人研究。禁忌的记载本来就分散在不同的道书中，比如斋醮科仪类、方术类、养生类等，所以在研究道教斋醮科仪、道教方术、道教养生等课题时不可避免地会涉及时日禁忌的问题。

关于道教时日禁忌的前人研究，比较有代表性的是以下几类。

（一）西方禁忌一般理论的奠基

这类研究不涉及道教时日禁忌的具体内容，但是从更加宽泛的角度来谈论禁忌的基础理论问题。19 世纪开始，人类学家、心理学家、社会学家、哲学家等从不同的角度开始研究禁忌。

英国人类学家弗雷泽在《金枝》一书中讨论了禁忌问题。这本书被喻为现代人类学的奠基之作。他阐述了禁忌的定义、原理、后果和成因。他将禁忌和巫术的关系用下图来显示：

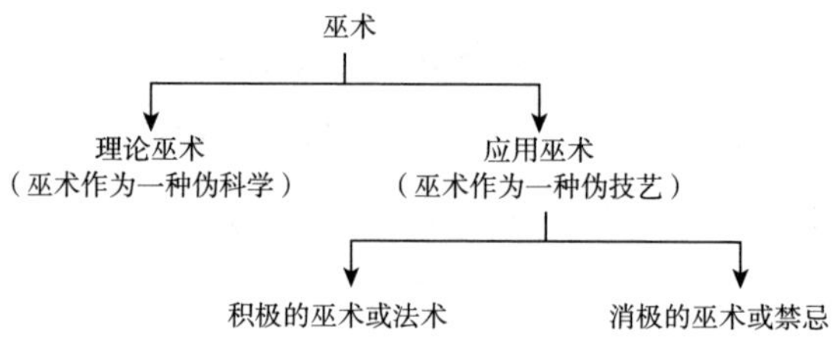

由此可以清楚看出，他认为禁忌是一种消极性的交感巫术，其原理是相似律和接触律。他对巫术下了定义："我们观察到'交感巫术'的体系不仅包含了积极的规则也包含了大量消极的规则，即禁忌。它告诉你的不只是应该做什么，也还有不能做什么。积极性规则是法术，而消极性规则是禁忌。事实上全部或绝大部分的禁忌原则似乎仅只是'交感巫术'的相似律和接触律的两大原则的特殊应用，尽管这些规则肯定并未用文字规定下来，甚至也没有被野蛮人抽象成条理，但他仍然暗中相信他能相当自由地根据人类的意志去使用它们，以左右自然的进程……简言之，他使自己服从于禁忌，这样，禁忌就成了应用巫术中的消极的应用。积极的巫术或法术说：‘这样做就会发生什么什么事情’；而消极的巫术或禁忌则说：‘别这样做，以免发生什么什么事。’”①弗雷泽认为，禁忌所具有的危险是想象出来的危险，人们设想违背禁忌所遭受的不幸，并不一定会真正发生。如果违背禁忌后的不幸是必然发生的话，禁忌就是一种众人皆知的常识。弗雷泽认为禁忌产生的原因在于人们为了自身安全，避免伤害灵魂。国王、酋长和祭司所遵守的圣洁仪式和杀人者、悼亡者、妇女分娩者和女孩月经初来者等遵守的规定是一致的，因为原始人无法分清圣洁和玷污的概念，只看到两者具有共同的特征，即他们都具有危险。所以禁忌具有圣洁性和玷污性双重特征。

精神分析学派创始人弗洛伊德，在他关于宗教问题的第一本书《图腾与禁忌》提出了禁忌产生的渊源。他从心理学的角度认为图腾禁忌起源于俄狄浦斯情结，即恋母情结。他比较了塔布禁忌与强迫性神经症症状有若干相似之处：“（1）这些禁忌都缺乏任何可归因的动机；（2）它们都是依赖一种内在的需要来维持的；（3）它们都可以被很容易地替代，而且存在着由被禁忌对象所传染的危险；（4）它们强迫人们实施仪式化的行为。”②

弗洛伊德的观点遭到了很多人的质疑。但他提出禁忌与强迫症之间的关系得到了人类学家克罗伯的赞同。克罗伯提出禁忌盛行的时代，神经质患者数量较少：“在宗教衰落而‘启蒙’活跃时（如希腊化时代、罗马帝国时代，以及近代），人们当中的神经病表现就会增多而且富有特色；与此相反，在‘迷信’和禁忌具有牢固地位的中世纪，虽然的确存在社会的心理失常，如自行鞭笞的赎罪和儿童十字

① 〔英〕G. 弗雷泽：《金枝》，徐育新等译，新世界出版社，2006，第20页。

② 〔奥〕西格蒙德·弗洛伊德：《图腾与禁忌》，赵立玮译，上海世纪出版集团，2005，第40页。

军，但神经病患者的数量却很少。”①

涂尔干作为社会心理学创始人，他先写了论文《乱伦禁忌及其起源》，然后出版著作《宗教生活的基本形式》来讨论禁忌的性质、形式、作用和来源等问题。他将禁忌看作消极的膜拜形式。他区分了宗教禁忌和巫术禁忌，认为违禁的后果不同。违背宗教禁忌和巫术禁忌都会带来肉体的折磨，但是违背宗教禁忌被认为有罪，会遭到侮辱、责难甚至人为的惩罚。宗教禁忌体现神圣观点，巫术禁忌是完全世俗的观点。宗教禁忌分为两种形式：“首先，宗教生活和凡俗生活不能同在一处。宗教生活必须被安排在一个特定的地方，凡俗生活不能介入其中……同时，宗教生活与凡俗生活也不能同时并存。人们必须为宗教生活提供确定的日期和时段，并且在这段时期里，必须放弃所有的凡俗生活。这样，宗教节日便产生了。”② 他还指出禁忌的作用：积极作用表现在培养个体的宗教性和道德性，消极作用表现为禁忌形式的消极膜拜要通过制造痛苦才能维持。禁忌体系来源是神圣和世俗的对抗。世间事物分为神圣的和世俗的两类，神圣事物的神圣性可传染，故必须隔绝凡俗环境和神圣环境。然而神圣性并非天然，神圣性得以实现的依靠的是一种特殊的感情，构成这些情感的是社会的作用在人们心中所引起的慰藉和依赖的印象。涂尔干是从社会学的角度对禁忌进行了分析，他认为禁忌的存在先于任何个人，并制约个人的行为。值得注意的是，涂尔干对于时间禁忌或者时日禁忌已经有了初步的看法，认为宗教节日是宗教禁忌的一种形式。

涂尔干的影响很大，深受涂尔干影响的英国人类学家拉德克利夫-布朗从功能主义分析禁忌。他用“仪式性回避”或“仪式性禁

① 〔美〕A. L. 克罗伯：《图腾与禁忌：民族学的精神分析》，史宗主编《20 世纪西方宗教人类学文选》，金泽等译，上海三联书店，1995，第 50 页。

② 〔法〕爱弥尔·涂尔干：《宗教生活的基本形式》，渠东等译，上海人民出版社，2006，第 291~292 页。

限”来指代禁忌，用“仪式状态”和“仪式价值”来解释禁忌。他将社会看成一个价值体系，社会关系基于人们的兴趣和价值取向而形成。禁忌（仪式性禁限）与信仰相关，一旦违禁，会导致他的仪式状态恶化，违禁人会遭到或大或小的厄运。①

西方哲学家卡西尔在《人论》中以禁忌来论述巫术向成熟宗教的转变过程。他认为禁忌普遍存在于任何社会，“在人类文明的初级阶段，这个词包含了宗教和道德的全部领域……尽管它有着明显的不足，但还是被称之为较高的文化生活之最初而不可缺不少的萌芽，甚至被说成是道德和宗教思想的先天原则”②。从巫术转变为成熟宗教的第一步是划分神圣领域和不洁领域的界限，第二步在宗教思想中改变禁忌背后的动机。因为禁忌不管动机如何，一旦违禁就遭到厄运。宗教区分动机是主观违背还是客观违背。“人类的伟大宗教导师们发现了另一种冲动，靠着这种冲动，从此以后人的全部生活被引到了一个新的方向。他们在自己身上发现了一种肯定的力量，一种不是禁止而是激励和追求的力量。他们把被动的服从转化为积极的宗教感情。”③ 卡西尔认为禁忌在人类早期有积极作用，是较高文化生活的最初启蒙，是社会秩序的基石，而随着禁忌体系的发展会给人们带来不堪重负的危险。

禁忌一般理论的研究，对道教时日禁忌的理论分析具有方法论的意义。

（二）民间禁忌的研究

民间禁忌早期研究以整理为主。如《中国民间禁忌》（任聘，作家出版社，1990）、《无形的锁链——神秘的中国禁忌文化》（陈来

① 〔英〕A. R. 拉德克利夫-布朗：《原始社会的结构和功能》，潘蛟等译，中央民族大学出版社，1999。

② 〔德〕恩斯特·卡西尔：《人论》，甘阳译，上海译文出版社，1985，第133页。

③ 〔德〕恩斯特·卡西尔：《人论》，甘阳译，上海译文出版社，1985，第138页。

生，上海三联书店，1993）等书。稍晚的《中国民俗通志（禁忌志）》（齐涛，山东教育出版社，2005）也属此类。这类书主要收集资料并整理，以介绍为目的，分析较少。

国内万建中先生是禁忌领域研究成果颇丰的学者。他从民俗学的角度对禁忌进行分析，先后出版了《解读禁忌：中国神话、传说和故事中的禁忌主题》（商务印书馆，2001）、《禁忌与中国文化》（人民出版社，2001）、《中国禁忌史》（武汉大学出版社，2016）等著作和多篇论文。万建中先生从主题学的角度对禁忌进行了研究，并分析了禁忌的起源、对象，整理归纳了时间禁忌、居住空间禁忌、日常生活禁忌、商业百工禁忌等，阐述了禁忌的文化价值和社会控制等内容，为禁忌学的研究打下了基础。

民间禁忌和道教禁忌之间关系密切。民间禁忌的研究为道教时日禁忌提供了比较的对象和供参考的理论和方法。

（三）宗教禁忌的研究

关于宗教禁忌的前人研究包括理论分析和材料整理。

宗教学理论往往会涉及宗教禁忌。如吕大吉先生的《宗教学通论新编》提出宗教的“四要素说”，并将四要素分为两类——内在要素和外在要素。内在要素包括：①宗教的观念或思想；②宗教的感情或体验。外在要素包括：①宗教的行为或活动；②宗教的组织和制度。在此体系中，宗教禁忌属于外在要素中的宗教行为和活动。吕大吉先生初步讨论了宗教禁忌的性质、起源、种类和功能[①]，是宗教禁忌研究的先驱。金泽先生的《宗教禁忌》是讨论宗教禁忌的专著，从理论上梳理了宗教禁忌的起源、性质和宗教禁忌对人类生活、文明进步的意义[②]，对宗教禁忌的理论研究做了巨大贡献。他认为传统社

① 吕大吉：《宗教学通论新编》，中国社会科学出版社，1998。

② 金泽：《宗教禁忌》，社会科学文献出版社，1998。

会中的禁忌几乎是宗教禁忌，指明了禁忌的宗教性。但是他没有进一步指明宗教内部的禁忌和民间禁忌（也有宗教性）的区别。朱越利先生的《当代中国宗教禁忌》，整理介绍了中国五大宗教的禁忌，包括道教禁忌，其定位是给新闻人、教育者和各界读者的普及性读物。由于性质所限，此书偏重材料的整理，理论分析较少。

（四）道教禁忌的研究

道教禁忌的研究最早始于唐大潮教授。早在1999年，在她参编的《道教文化新典》中撰写了“禁忌”这一章，厘清了道教禁忌的起源和发展，简单介绍了与民俗相关的道教禁忌，如灶神禁忌、海事禁忌和岁时禁忌等，并且提出道教禁忌的基本特点：戒律是道教禁忌的最高形式，道教禁忌的核心是养生禁忌，民间禁忌是道教禁忌的孪生兄弟。[①] 此为国内道教禁忌的开山之作。随后，在2005年，唐大潮先生又发表长达两万字的论文《道教禁忌略谈》。该文以时间为序将道教禁忌的发展划分为三个阶段：①魏晋南北朝时期，道教禁忌数量增多，涉及领域拓宽，道教戒律（道教禁忌成熟化的表现）大量出现；②隋唐时期，道教禁忌随着自身发展而更加丰富多彩；③宋、辽、金、元为道教发展变革时期，道教禁忌更加充实。[②] 该文梳理了道教禁忌发展的历史脉络，为之后的研究提供了宏观的线索，功不可没。

周艳萍的《〈赤松子章历〉择日避忌研究》（北京大学硕士学位论文，2007）通过对道经《赤松子章历》的分析，一定程度上探索了早期天师道的择日禁忌。《道教禁戒中的养生智慧——以行为医学析之》［程雅君，《西南民族大学学报》（人文社科版）2005年第4期］认为“道教禁戒从本质上而言是一种行为规范，是传承几千年

① 卿希泰、詹石窗主编《道教文化新典》，上海文艺出版社，1999。

② 唐大潮：《道教禁忌略谈》，《宗教学研究》2005年第4期。

的且来自实践的道门法律，且此规范是直接针对、围绕‘得道长生’而设的，因此可以认为，道教禁戒实际上是一种研究‘不老长生学’的行为科学”。[①] 《略论道教入山禁忌及其环境美学指向》（李裴，《宗教学研究》2017 年第 1 期）分析了道教入山的时间、空间和行为禁忌，并进行了美学分析，是道教禁忌中入山禁忌的研究。丁常云道长的《道教的禁忌》（《中国宗教》2001 年第 2 期）是介绍道教禁忌的短文，和《当代中国宗教禁忌》一样，其主要目标是普及宗教知识。

其他一些著作和论文也涉及道教禁忌的养生禁忌、房事禁忌、外丹服药禁忌等内容。如《道在养生：道教长寿术》（郝勤、杨光文主编，四川人民出版社，1994）、《道教养生秘法》（刘国梁，吉林大学出版社，1994）、《道教饮食养生》（黄永锋，宗教文化出版社，2007）等。因这些研究的研究对象并非禁忌，故研究并不集中于禁忌问题。

（五）时日禁忌的研究

时日禁忌是近二三十年来学者关注的重要话题。

学界有很多关于简帛中时日禁忌的研究。李零先生是这一领域研究的重要代表人物。《读几本出土发现的选择类古书》（《简帛研究》第 3 辑，广西教育出版社，1998。后收入《中国方术续考》，东方出版社，2001）研究了子弹库楚帛书、九店楚简《日书》、马王堆帛书、银雀山汉简、尹湾简牍，他仿王充的“岁月之传”和“日禁之书”，将出土简帛分成了“时令类古书”和“日禁类古书”。李零先生《简帛古书与学术源流》认为选择类是由历算类派生：“它是模仿天文、历算，占验时日吉凶。模拟手段有两种，一种是式盘（模仿宇宙的圆盘），模仿天道运行；一种是历书，模仿历术推算。两者都

① 程雅君：《道教禁戒中的养生智慧——以行为医学析之》，《西南民族大学学报》（人文社科版）2005 年第 4 期。

有很多派别和很多方法。”[①]《楚地出土文献三种研究·云梦睡虎地秦简日书研究》（饶宗颐、曾宪通，中华书局，1993）对秦简日书的五行说、纳音说进行了讨论。《睡虎地秦简所见秦代国家与社会》（工藤元男著，上海古籍出版社，2010）讨论了睡虎地秦简日书中的出行，即归家时日禁忌。《睡虎地秦简〈日书〉〈土忌〉篇数术考释》（刘增贵，“中研院”史语所集刊，第七十八本）从数术的角度对秦简诸简进行分析，认为神煞是有别于一般观念的鬼神的神，日书中五行关系已非常成熟，五行生、克、害、合关系都已经出现。神煞通过不同关系的变形衍生出新的神煞。《楚人时日禁忌初探》（胡雅丽，《楚文化研究论集》第六集，湖北教育出版社，2005）分析了长沙子弹库的楚帛书和江陵九店56号楚简书，按照日、月、时、岁的顺序，对时日禁忌内容进行分类并初步探析其产生的原因。《从尹湾汉墓简牍看中国社会的择日传统》《选择术中的婚娶宜忌》（黄一农，《社会天文学史》，复旦大学出版社，2004）讨论了至今流行的时日禁忌。《战国秦汉时代的禁忌——以时日禁忌为中心》（张寅成，台湾大学博士学位论文，1992）讨论了时日禁忌书及其基础观念。《简帛禁忌研究》（王光华，四川大学博士论文，2007）将时日禁忌作为日常生活禁忌中的一种进行研究。

敦煌文献和俄藏黑水城等出土文献，较多地反映社会下层生活，因此这些文献中的时日禁忌备受研究者关注。如1989年出版的《敦煌古俗与民俗流变——中国民俗探微》（高国藩，河海大学出版社）中有一章研究敦煌民间禁忌，包括裁衣、妇女、灶神禁忌和门户、借债、神人、干支日、建除日、七曜日禁忌等。余欣教授的《神道人心：唐宋之际敦煌民生宗教社会史研究》（中华书局，2006）和《中古异相：写本时代的学术、信仰与社会》（上海古籍出版社，2015）通过敦煌文献和俄藏黑水城文献探讨了敦煌民间禁忌和黑水城民间禁忌。

① 李零：《简帛古书与学术源流》，生活·读书·新知三联书店，2007，第432页。

通书的研究也包含时日禁忌的内容。《民间通书的流行与风水术的民俗化——以闽台洪潮和通书为例》（陈进国，《台湾宗教研究通讯》2002年第4期，兰台出版社）从通书的角度探讨了时日禁忌这类选择类的知识的价值，它属于古老传统，是官学和私学共享的学术资源，通书对民间文化有着强势的范导作用，而风水则是一种积极维护时空禁忌的文化活动。这一看法很有意思，解释了中国社会流行的风水和同样流行的时空禁忌之间的关系。

虽然这些研究未以道教时日禁忌为题，但其内容与道教时日禁忌有诸多交叉和重叠部分，有重要的参考价值。

（六）道教时日禁忌的研究

道教时日禁忌方面，笔者有一些研究成果。如论文《道教戊日禁忌成因及流变考》，通过历史的脉络考证道教戊日禁忌的成因和演变。专著《道教时日禁忌探源》通过对道教斋醮科仪时日禁忌、炼丹时日禁忌、养生时日禁忌和与神灵相关的时日禁忌逐一考证，得出结论：阴阳五行思想是道教时日禁忌形成的最重要的理论支柱。天文历法是道教时日禁忌的一个重要依据。神煞神灵是道教时日禁忌形成的又一原因。《道教时日禁忌探源》厘清了道教时日禁忌的起源问题，然而与之相关的道教时日禁忌的历史分期问题、道教时日禁忌分派别研究的问题，道教时日禁忌与民间时日禁忌的区别和联系等问题都有待于进一步研究。

二　研究思路、方法和重要意义

本书是在《道教时日禁忌探源》的基础上进行扩展和深入的。关于道教时日禁忌形成的原因，已经有了初步的研究。所以本书将继续对于道教时日禁忌的历史发展、道教时日禁忌的分派别研究和道教时日禁忌与其他禁忌的比较方面进行深入研究。

通过道教时日禁忌的历史发展研究，可以看到道教时日禁忌的发展状态如何，不同时期的道教时日禁忌与社会宏观背景的关系，道士对于择日或禁忌的态度是否有变化，道教时日禁忌在道教中的地位是否发生了变化等问题。

本书对道教时日禁忌的分派别研究，通过选取历史上影响较大的早期正一道、太平道、早期金丹派、上清派、灵宝派、全真派等派别，进行比较研究。通过分派别研究试图从中发掘所有道派时日禁忌的共同特征、不同道派的时日禁忌的相同之处与不同之处；道教时日禁忌与道派的思想关系如何，道教时日禁忌如何反映了道派的特点；道派的时日禁忌的相同之处是否反映了道教各道派共同的基本教义，不同之处是否正是不同道派的差异所致。

通过对道教时日禁忌和其他禁忌的比较研究，笔者发现道教时日禁忌自身的特点。可以用来比较的其他禁忌包括民间时日禁忌、佛教时日禁忌及其他文化形态等。本书试图通过研究道教时日禁忌发现道士的时间体验和吉凶观念。

学界对道教时日禁忌这一课题缺乏深入而系统的研究有它具体实际的原因；除了禁忌散见于各种资料、课题本身涉及难以观察的心理活动外，还包括研究方法的综合性。通过上述的文献回顾，我们看到这一领域事实上涉及很多方面的研究，包括宗教学、民俗学、天文学、历法学、社会学、人类学等各个方面，需要交叉学科的视野和方法。本书将重点采用文献研究法。使用的文献主要包括道经、正史、地方志、笔记小说、神魔小说、通书类书、医书和其他书籍等。第一步是收集整理道经中涉及的时日禁忌的内容，然后进行时间上的分类和道派上的分类，再根据时间和派别进行比较，还需要收集和整理民间时日禁忌和佛教时日禁忌与之对比。除了文献研究法以外，很多关于禁忌心理的内容需要通过社会学和人类学的方法进行研究，比如访谈法、观察法等，以了解各界人士对时日禁忌的认识，因为专门通过文字来谈对时日禁忌的看法的记载从数量上看十分有限。

道教时日禁忌是道教研究的一个十分关键的组成部分，而禁忌是人类学、宗教学和民俗学“颇为重要的一个领域”①。因此，对道教时日禁忌研究是了解道教禁忌文化，理解禁忌文化背后的思想的必不可少的工作。对道教时日禁忌的考察，表面上看是对外在行为的考察，实际上是通过禁忌来考察肉眼难以观察的信仰观念，研究道教时日禁忌能帮助我们理解道教和道教信仰者对时间的体验和对凶吉的观念。具体而言本书意义有以下三方面。

一是本书以道教时日禁忌为考察对象，系统研究道教时日禁忌的历史发展情况和各派别道教时日禁忌及其他时日禁忌的区别等，明确应该如何认识道教禁忌文化在中华文化中的地位和作用。因此，本书是对以往零散道教时日禁忌研究的学习和继承，同时也是对道教时日禁忌系统进一步研究的突破，为研究道教文化、重新认识道教禁忌文化奠定一个较为系统的学术基础。

二是本书以道教经典等文献和田野调查为基础，发掘道教时日禁忌的历史情况和历史影响，系统展示道教时日禁忌在中华择日文化发展中的重大影响。因此，本书对道教时日禁忌的学术探讨，是将道教文化置于整个中国文化中进行研究，其成果对于道教思想史、道教民俗研究等领域具有积极的影响。

三是本书对道教时日禁忌的探索，是通过其禁忌文化的理论性、丰富性和广泛的影响力，从一个新的视角揭示道教文化的博大精深，以及道教在中国社会生活中的重要地位和深远影响，进而从理论上明确道教禁忌文化的地位和肯定道教时日禁忌的积极意义，对于认识中国禁忌的形成和发展、解码中华文化基因、继承和弘扬中国传统文化、坚定文化自信有着重要的现实意义。

---

① 钟敬文：《禁忌与中国文化·序》，万建中《禁忌与中国文化》，人民出版社，2001，第3页。

三　道教时日禁忌的界定

道教时日禁忌，是指道教各项活动或行为中对于时间方面的禁忌，具体表达为某日某时禁/忌做某事。道教的各项活动几乎都涉及时间方面的禁忌，比如斋醮科仪、炼丹等道教方术、养生等方面。时间包括年、月、日、时，道教时日禁忌一般禁忌某日或某时，偶尔禁忌某月（一整月），很少包括整年。因为从操作层面上讲，禁忌某月或某年不做某事比较困难，而某日或某时不做某事则十分容易做到。故中国传统文化中一般将“择吉”称为“择日”或“时日”。

禁忌，一般包含两个方面的内容。一是来自外部的约束，自上而下的命令，不容违背。《说文》释“禁”为“吉凶之忌，从示，林声”。禁属“示”部，而“示”被释为“天垂象，见吉凶，所以示人也。从二。三垂，日月星也。观乎天文，以察时变。示，神事也”。可见，禁的来源不在人间，而是来自神秘的具有终极意义的天，通过日、月、星垂示众人，禁的主要目的和功能是趋吉避害。二是因内心的忌惮而不去做某事。《说文》释“忌”为“憎恶也。从心己声”。可见，“忌”是一种心理活动。《康熙字典》里“忌”还包括惮、怨、戒、敬等意思。“禁”与“忌”通常有关系。外部的约束其实也来源于内心的害怕。

“禁忌”在东汉时期已成为熟语。《潜夫论》：“贵戚惧家之不吉而聚诸令名，惧门之不坚而为作铁枢，卒其以败者，非苦禁忌少而门枢朽也，常苦崇财货而行骄僭，虐百姓而失民心尔。”① 禁忌源于人们惧怕不吉的心理，此为建造禁忌。《风俗通义》：“今俗间多有禁忌生三子者、五月生者，以为妨害父母，服中子犯礼伤孝，莫肯收

① （汉）王符著，（清）汪继培笺，彭铎校正《潜夫论笺校正》，中华书局，1985，第118页。

举。"[①] 此为民间流行的生育禁忌。禁忌是阴阳家关注的重点，与历法相关。《汉书·艺文志》："阴阳家者流，盖出于羲和之官，敬顺昊天，历象日月星辰，敬授民时，此其所长也。及拘者为之，则牵于禁忌，泥于小数，舍人事而任鬼神。"[②] 日本学者浦山菊花将禁忌分为基本义和派生义。基本义与历法相关，派生义与饮食相关："北齐时代，出现了以养生为目的，对食品以及药物设定某种制约。"[③] 道教禁忌包含两种意思。一是道教与阴阳家关系密切，早期教职人员有一部分是精于方术的阴阳家，[④] 故道教思想受阴阳家影响较大，包含历法类的禁忌，如《赤松子章历》中的天纲、天狗等禁忌。二是道教追求长生久视，历来看重身体的健康，因此养生方面的禁忌也多有涉及，如《摄生月令》中仲春"勿极寒，勿极热"等禁忌。或者以今天学科门类进行划分，道教禁忌可以分为民俗学意义上的禁忌和养生学意义上的禁忌。民俗学类的禁忌，如《太上灵宝补谢灶王经》禁忌触犯灶王。养生学意义上，如《三洞众戒文》"禁无大饮膀胱急；禁无大温消髓骨"等。道教中民俗学意义上的禁忌与养生学意义上的禁忌密切关联。道教追求长生久视，养生常以神灵之名义。疾病发生的原因被道教解释为或是鬼神作祟。[⑤] 有人以为，养生学意义上的道教禁忌较之于民俗学意义上的禁忌更具有科学性。然而，这样的观点不过是今人用今天的思维方式来看待古代的文化。事实上，我们应当将中国传统文化当作一个整体来考虑，而不能将传统文化直接做科

① （汉）应劭撰，王利器校注《风俗通义校注》，中华书局，1981，第128页。

② （汉）班固撰，（清）王先谦补注《汉书补注》，上海古籍出版社，2012，第2982页。

③ 〔日〕浦山菊花：《中国传统医书中"禁忌"的变迁》，李建民主编《从医疗看中国史》，中华书局，2012，第458页。

④ 丁强：《早期道教教职的研究》，四川大学博士学位论文，2006。

⑤ 参见林富士《试论〈太平经〉的疾病观念》，"中研院"史语所集刊第六十二本。该文认为《太平经》中致病原因有五种：一是中邪，二是神游于外，三是因恶行而遭鬼神谴祟，四是帝王政治措施失当招致天地鬼神之惩罚，五是承负他人祸报。

学-迷信二元简单的划分。李零先生尝言："如果我们硬是要把数术方技之学的这两个方面鲜血淋漓地割裂开来，一半归于科学技术，一半归于迷信，那这不仅在材料取舍上将有许多不便，而且还会破坏对学术传统的整体理解。"①

时日禁忌是指时间方面的禁忌。任何一件事情或活动都有发生的时间和地点。然而并不是每一件事情都要刻意地强调时间因素。通常只有那些风险极大或对人们生活有极大影响的事情，才会引起人们的极大注意并且刻意选择一个合适的时间去避免灾害的发生。不同的活动有不同的重要事项。比如对于农业活动而言，播种和收获是重要的事件；对于渔猎活动而言，出发前准备是重要事情。对于宗教活动而言，祭拜活动和宗教修行均是重要行为。因此在这些方面的时间选择上尤其着力。

道教时日禁忌的界定涉及"道教"一词的界定问题。道教学界和道教界的众多人士对道教的定义问题做过或深或浅的思考。20世纪70年代，外国学界在关注道教后发现其内容丰富，于是他们对道教研究兴趣高涨。第二届和第三届道教研究国际会议均探讨了"什么是道教"的问题，国际学界特别是日本学者，如酒井忠夫、福井文雅、福永光司等进行了研究，国内学者李养正、朱越利等先生专门撰文回答。福井康顺监修，朱越利先生翻译的《道教》归纳了13种日本学界对道教下的定义。正如李养正先生言："我曾将国外、教外形形色色的见解以及我的浅见询之于我道教界中的师友，反映大多是不尽认同……推而远之，历代学者对道教的形成、'道教'这一名称的确定过程以及道教核心内容是什么？都存在争议。因此今人仍然看法纷歧，是可以想见的。"② 争议和分歧的焦点有两处：一是"道家"

① 李零：《中国方术考》（修订本），东方出版社，2001，第18页。

② 李养正：《关于道教的定义及有关问题的辩证——1992年12月6日在香港蓬瀛仙馆讲》，《中国道教》1993年第3期。

与“道教”的关系问题。李养正先生指出，古代文献中两词经常通用，如《抱朴子》《灭惑传》《通志》《文献通考》等。大多学者和道教界人士认为道家、道教有某种关系。陈撄宁先生曾撰文《道家和道教是分不开的》，两者共同信仰是老子之道。牟钟鉴先生在《道教通论·道家学说概观》研究了“道家”和“道教”的异同，认为道教可以被看作道家的一个特殊流派，对道家有所继承发展，也有明显的转向和偏离。日本学者的《道教》一书认为道家、道教均属于道教，“道家”称为“哲学的道教”（Philosophical Taoism），“道教”称为“宗教的”道教（Religious Taoism）。著名汉学家施舟人先生认为“道家”和“道教”是一个传统的不同阶段。也有学者认为应当严格区分它们。比如美国学者顾立雅认为“道家”和“道教”完全不同。第二个分歧焦点在于道教与民间信仰的关系问题。很多学者都观察到道教与民间信仰有着密切的关系。如牟钟鉴先生认为道教和民间宗教、信仰对象、祭祀活动都是有交叉的，想一刀切，是不可能的。李刚先生认为道教整合了民间信仰；刘仲宇先生认为道教对民间信仰进行了收容和改造；朱海滨教授认为道教是与民间信仰最接近的宗教，道士是巫师中的正规部队。日本学者大都趋向于将民间信仰看作道教宇宙观的一种表现形式。虽然道教与民间信仰关系密切，但大部分学者主张要严格地划分道教与民间信仰。欧美学者普遍持此态度。尉迟酣归纳了施舟人提出的道教和民间信仰的区别在于：敬奉对象是天尊或各类神明，采用书面语言或巫术和方术举行崇拜仪式，神职人员有或者无世袭性，盛行于中国南方或北方，同城市生活或同农村生活有较多联系，被政府承认或同秘密结社有历史联系，神职人员有组织或没有组织。然而美国学者席文认为尉迟酣的表述并没有完全准确表达施舟人的意思。席文从是否有组织、是否有仪式和世袭传统、是否有限制来划分道教与民间信仰。李远国先生主张从宗教的发展形态、崇拜方式和情感表达等方面来进行划分。张祝平研究员借用金泽先生提出的“创生性宗教”和“原生性宗教”来区分道教和民间信仰。也有学者认为道教与民间信仰的边界模糊，如克留科夫、马良文等认为道教从最开始就处于经过精选的帝国文化和民间文化之间的中间界限地带。本书的基本态度是既承认道教与民间信仰之间的密切的关系，又看到两者之间的区别。故本书所研究的道教禁忌主要限于道教典籍中记载的禁忌内容，包括《正统道藏》《万历续道藏》《藏外道书》等道经，同时重视民间流传的道教内部师徒授受的手抄本等。正如施舟人先生提到《道藏》也有很多民间信仰的资料，所以分辨道教禁忌与民间信仰禁忌有不小的困难。某一经书究竟是否属于道教可能会有一些争议，但考虑到道教类书籍的编撰者将其纳入，至少可以说明这些内容与道教关系十分紧密，得到了道教人士的认同。故本书将从比较宽泛的角度来定义，将道类书籍书涉及的禁忌均看作道教禁忌。

道教禁忌的特点，简单而言，既具有道教性，又具有民间性。道教禁忌作为道教的一种行为和活动，其最终指向是为了实现与大道合一，长生久视，得道成仙。因此道教禁忌具有明确的宗教目的性。较之道教禁忌，民间禁忌一般所求为世俗内容，如平安、幸福、吉祥等。道教禁忌与其他宗教禁忌相比较，又具有强烈的民间性。如上文所述，道教与民间信仰界限模糊，道教禁忌与民间禁忌在信仰对象等方面有所交叉，故道教禁忌与其他禁忌相比较又具有民间性。

道教时日禁忌可以根据道教内部的派别，也可以根据禁忌产生的先后顺序来进行分类。本书拟同时采用两种方式对道教时日禁忌进行分类并且讨论。第一编根据道教内部的派别进行划分并考察道派的时日禁忌内容、道派对时日选择的态度、时日禁忌的特征以及思想指向。第二编将全部道教时日禁忌纳入时间轴中进行纵向的考察并且勾勒出道教时日禁忌的发展状态。

第一编

主要道派时日禁忌

道教在发展过程中，派别众多。元代马端临《文献通考》认为道教“杂而多端”。本书将对其中影响较大，又有较多经典流传的道教派别进行研究。包括早期正一道、太平道、早期金丹派、上清派、灵宝派、全真道等派别。

第一章　早期正一道时日禁忌

道教的产生经历了一个较长的孕育阶段。学界关于道教产生的观点主要有三种。一是卿希泰先生认为道教产生于东汉末年，张道陵创立五斗米道。二是将太平道看作道教产生的标志。如日本学者窪德忠先生认为太平道先于五斗米道，任继愈先生把太平道和五斗米道看成道教活动和道教实体出现的标志，太平道在五斗米道前。三是中国台湾萧登福教授在《周秦两汉早期道教》中主张“道教不始于张道陵”，信仰、仪轨和信徒三大要件在战国之初已具备，大陆熊铁基教授也持此说。其中，第一种观点为主流观点。本书从此说。

张道陵所创之教，或称“五斗米道”，或称“正一道”，或称“天师道”。“五斗米道”是来自《三国志》等书的记载，是外界对它的一种称呼，因为该教派要求信教者缴纳五斗米方能加入教团而得名。然而，因为“五斗米道”这一名称不是张道陵教团内部的称呼，且在历史上被冠以“米贼”“米巫”等污名，刘仲宇先生主张不用“五斗米道”之名。[①] 卿希泰先生主编《中国道教思想史》认为“五斗米道”和“天师道”是客位的称呼，“正一盟威之道”和“正一天师道”是主位的称呼。本书以“早期正一道”为名称张道陵所创之教。

---

① 刘仲宇：《道教授箓制度研究》，中国社会科学出版社，2014。

第一节　早期正一道时日禁忌的内容研究

早期正一道是道教产生时间最早、影响深远的派别。早期正一道的时日禁忌情况，我们可以从其自身的经典和外部的记载进行一些探讨。

关于早期正一道的文献记载，从数量上来看比较少。一般认为，《老子想尔注》《玄妙内篇》《老子变化经》《汉中入治朝静法》《千二百官仪》《正一法文经章官品》《正一法文天师教戒科经·大道家令戒》《玄都律文》《女青鬼律》[①] 等文献属早期正一道的内部文献。《赤松子章历》《太上宣慈助化章》等包含了一些早期正一道的内容。这些文献并非没有分歧。例如，《老子想尔注》通常被看作早期正一道的重要文献，其作者或认为是张道陵，或认为是张鲁或张道陵祖孙三代，但大部分学者承认《老子想尔注》是早期正一派的文献。但也有学者认为《老子想尔注》与《正一法文》的相同之处和分歧之处几乎一样多，故《老子想尔注》是否为早期正一道的典籍还须存疑。[②]

这些文献当中，与时日禁忌相关的更是寥寥无几。一些经文已经不存于世。如《玄妙内篇》今已轶，从零星保存的轶文来看，其主要内容是老子的神化和“化胡说”后期加入养生之术，[③] 几乎与时日

---

① 学界多数学者认同《女青鬼律》为天师道（五斗米道）文献，即早期正一道文献。见白彬、代丽鹃《试从考古材料看〈女青鬼律〉的成书年代和流行地域》，《宗教学研究》2007 年第 1 期。

② 袁冰凌认为《老子想尔注》和早期天师道的关系应存疑。见〔法〕傅飞岚《“早期天师道经典”国际学术研讨会纪要》，吕鹏志译，《宗教学研究》2002 年第 4 期。

③ 参见刘屹《〈玄妙内篇〉考——六朝至唐初道典之文本变化之一例》，郝春文主编《敦煌文献论集》，辽宁人民出版社，2001，第 613~634 页。

禁忌无涉。《老子变化经》的内容也主要是神化老子，其中提到“立春癸巳，放纵罪囚”，“立春癸巳”属时日范畴，但此处并不是禁忌内容。整篇经文完全没有提到时日禁忌，与之相关的吉凶观也未有涉及。《老子想尔注》和《正一法文天师教戒科经·大道家令戒》没有直接相关时日禁忌内容，有少量涉及对禁忌的态度。《汉中入治朝静法》和《千二百官仪》是东汉早期天师道经典，今天并无完整保存，只是散见于其他道书当中。《正一法文经章官品》是《千二百官仪》的一个节抄本，是道士上章请求天官收鬼赐福的章本。这些文献中，最值得注意的是《赤松子章历》。《赤松子章历》是早期正一道时日禁忌思想最集中的体现，此经中有很大的篇幅在标注适合上章的日期和不宜上章的日期。《玄都律文》是以律法的方式规定道士的日常行为和宗教行为等，涉及道教科仪中的时日禁忌。《太上宣慈助化章》为唐末杜光庭编撰，其中包含了一些早期正一道的部分章文，但是并没有早期正一道时日禁忌的内容。

一　《赤松子章历》所见时日禁忌

（一）时日禁忌内容

关于《赤松子章历》的形成时间，《道藏提要》认为是在南北朝时期，大源忍尔认为是在唐末以前。一般认为，该经文包含了早期正一道章仪的重要内容。《赤松子章历》属历忌之书，历忌之书的特点是“并非只讲忌，而是宜、忌兼讲”[①]。《赤松子章历》主要讲章仪，但其中包含了早期正一道上章、设醮、书符和受道的合宜时日和禁忌时日。

章仪在早期正一道的科仪中占有重要的地位。如刘仲宇先生将上章看作正一盟威道中与斋法和醮法相平行的一种仪式，并引《隋书·

① 江晓原：《天学真原》，译林出版社，2011，第141页。

经籍志》证明其观点。《隋书·经籍志》:“其洁斋之法，有黄箓、玉箓、金箓、涂炭等斋。为坛三成，每成皆置绵蕝，以为限域。傍各开门，皆有法象。斋者亦有人数之限，以次入于绵蕝之中，鱼贯面缚，陈说愆咎，告白神祇，昼夜不息，或一二七日而止。其斋数之外有人者，并在绵蕝之外，谓之斋客，但拜谢而已，不面缚焉。而又有诸消灾度厄之法，依阴阳五行术数，推人年命书之，如章表之仪，并具贽币，烧香陈读。云奏上天曹，请为除厄，谓之上章。夜中，于星辰之下，陈设酒脯饼饵币物，历祀天皇太一，祀五星列宿，为书如上章之仪以奏之，名之为醮。”[①] 从这段引文可以看出，唐代以前，道教的科仪包括斋仪、章仪和醮仪。章仪的作用是消灾度厄，上章的理论与阴阳、五行、术数、推命等理论相关，仪式过程包括烧香、读章表。

《赤松子章历》属于根据事件来编排宜忌之日的历忌之书。根据章奏内容的不同而各有分别。“且世人求贡章奏，或为家国，或为己身，或为眷属，或为先亡，种种不同，具如分别。”[②]《赤松子章历》中记录了数种章名，包括天旱章、请雨得水过止雨章、却虫蝗鼠灾食苗章、收鼠灾章、收除虎灾章、解咒诅章、消怪章、禳灾却祸延年拔命却杀都章、本命谢过口启章等内容。从这些章名来看，早期正一道的上章仪式处理的事件范围十分广泛，几乎包括了当时人一生中可能遇到的所有灾难和厄害。

《赤松子章历》在开篇给出了早期正一道内部对于上章时日禁忌的解释:

> 赤松子问天老平长：己丑上章，何不报？平长答云：见扶章赍到天门，门闭。复问：一日一夜何时开，何时闭？平长具答，

① （唐）魏徵等:《隋书》，中华书局，1973，第1092~1093页。

② 《赤松子章历》，《道藏》第11册，文物出版社、上海书店、天津古籍出版社，1988，第173页。以下所引《道藏》均此版本，不再赘述。

悉如科文。且世人求贡章奏，或为家国，或为己身，或为眷属，或为先亡，种种不同，具如分别。又云人生年命悉有星宿管系，若为恶事记名黑簿，令人精神恍惚，梦寐不安，既多迍邅，更减年算。若清心信向之士，崇尚道法，求乞章符，奏即罪灭福生，增添禄寿，先灵迁达，愿念从心。①

从这段经文可以得知，道教上章的目的是灭罪生福，增添禄寿，利及祖先。上章的目的能否顺利达到，关键在于能否在合适的时候上章。经文给出上章时日禁忌原因有三。一是天门关闭，所以上章文无法到达。为了实现消灾度厄的目的，须慎选时日上章。二是每个人要解决的问题不一样，因此上章时间应该有所区别。三是每个人的年命都有星宿管辖，所以上章时间也应该有所区别。

（二）时日禁忌原理

《道藏·洞玄部》所收的《赤松子章历》共六卷，第一卷和第二卷有大量择日的内容，包括章、醮、符的凶吉。仅时日禁忌类的就超过了三十多项，包括天门闭时、五音呈章利用、六甲章符日、月忌、弦望式、血忌、九空、天狼籍日、道父母忌、天官朝礼天门、推斗击时、每月凶妨、四时凶日、十二时辰、阴杀所在、天纲忌用、杀师忌日、宅神将军游、将军太岁游、天狗下日、太岁天狗下食、十二天狗、十二属凶日、帝酷杀日、天地闭塞日、天父日、天母日、四季日、要安凶吉和相刑自刑日等。笔者已在过去研究中，详细地考证了这些时日禁忌形成的原因。总体来讲，禁忌的理论原理来自阴阳观念、五行理论、天象变化反映的天人相应的观念、巫术思维、神煞思想等，具体的对应关系见下表：

① 《赤松子章历》，《道藏》第11册，第173页。

《赤松子章历》禁忌及其理论来源

阴阳观念	五行理论	天象变化反映的天人相应的观念			时空相配	巫术思维	神煞思想	神灵信仰观念	民间禁忌（名称联想）	速查类
		星象变化	日月相变化	气象						
天门闭时	每月凶妨（地支五行相冲）	五音呈章利用/推斗击时（建除术）	弦望式（以月相为依据）、日月昏晦	疾风暴雨	奏章向背	殗秽（生产、死亡）	阴杀*（星象）	天官朝礼	血忌	六甲**章符日
	十二属凶日（属相地支五行相冲）	四时凶日（疑为建除术之月厌）			宅神将军游		天纲（星象）	道父母忌	九空	月忌***
	相刑自刑	天狗下日（收日）					将军太岁游	十二时辰（神在时辰不可犯）	天狼籍日****	四季日*****
	五音利用	太岁天狗下食（满日）							龙虎日、罪至日、受死日	
									杀师忌日	

注：表格中为《赤松子章历》中的禁忌名称，表格中括号内容为笔者所加的理论依据。

* 阴杀，明代《禽星易见》解释为："女，禽在天，号'阴谋星'……泊亥曰'金钗落井'，泊卯曰'妖女鹰网'，泊未曰'阴杀'，又曰'蝠怀阴险'。"见《影印文渊阁四库全书》第810册，台湾商务印书馆，1986，第1014页。

** 六甲章符日将六十甲子中每一日标注上章、设醮和书符的凶吉。通过当日的天干地支可以方便快捷地查询到某日上章、设醮或书符的凶吉。六甲章符日可能是将各种禁忌汇总到一张表中，故其理论依据可能有多种。

*** 此处"月忌"是按照每个月标注出不可章醮的日子。它的内容包括了"天官朝礼天门"和"每月凶妨"。

**** "天狼籍日"疑漏"火"字，应为"天火"和"狼籍"日。

***** 应为三种禁忌的合并。包括以下三条禁忌：一是春寅、夏巳、秋申、冬亥；二是春午、夏酉、秋子、冬卯；三是春戌、夏丑、秋辰、冬未。三条禁忌原理与五行相关。第一条和第三条是《秦简·日书》中土忌的内容。

上表是笔者的一个粗略的划分。事实上，一个禁忌可能有多个理论原理，可归入上表中的不同位置，因为禁忌的原因复杂多元，并有不同的系统的解释，或是后世解释禁忌时将它视作神煞。比如太岁天狗下食又可以归入神煞，将军太岁游又可列入民间信仰。有的禁忌虽以天人相应的观念为基础，但是在解释某日某时不利所用的也是阴阳或五行的思想。因此，在归类时，笔者尽量根据其理论依据来分，如阴阳、五行、天人相应、时空相配等原理。然而，有的禁忌难以考察其理论。另外需要说明的是，某日可能上章吉，设醮凶。比如六甲章符日中己巳日即是上章吉，设醮凶。

除了禁忌时日外，《赤松子章历》也标注了很多吉日吉时。如三元日适合修斋，三会日宜上章，五腊日可斋戒、沐浴、朝真、行道，受道倍日部分时日宜受道。那么禁忌时日和吉日相冲突时，比如某日从天干地支上看属某一禁忌日，从数字计日来看又属某吉日，早期正一道将如何处理呢？《赤松子章历》中似乎并没有相关的原则，也没有将禁忌的重要程度进行排序，只是单纯地列出了一些宜忌时日，这可能因为早期正一道的禁忌体系还不完善。

1. 阴阳观念

以阴阳观念为基础的禁忌有天门闭时。天门的观念在先秦、两汉的文献中有不少的描述。早期正一道中存在天门的思想。《赤松子章历》中显示天门有开闭时间，当天门不开时，上章不能通达。《赤松子章历》描述了对天门的想象：法师存想自己上天门，天门之外有许多宝树，过日月黄道五六里可以远远地隐隐约约看到紫云。等到达紫云处，就看见天门了。天门有一丈八尺，有众多护卫。天门之内又有阙门、凤凰阁门、太上所在的宝殿。天门内神灵众多，有周将军、直使功曹、传章玉童、正一三天法师、仙童、太上、真人侍卫、太一神。天帝常在戊戌日从天门出游。《赤松子章历》中“天门闭时”根据当日地支不同，关闭时刻不同。子日、寅日、辰日、午日、申日、戌日天门闭时相同，均为辰、午、申、戌、子、寅时。而丑、卯、巳、未、酉、亥日天门闭时相同，均为卯、巳、未、酉、亥、丑。规律为当日地支为阳，天门闭的时辰为阳；当日地支为阴，天门闭的时辰为阴。即阳日阳时闭，阴日阴时闭。天门开时则是除天门闭时之外的其他时辰，即阳日阴时开，阴日阳时开。阴阳观念是道教的重要理论。在道教的宇宙观中，万物乃阴阳之造化，《道德经》有“万物负阴而抱阳，冲气以为和”。阴阳为万物之源头，人亦秉阴阳二气而生。《赤松子章历》中有：“臣某伏按：人生禀阴阳之正气，受形气于父母，血胤连属，逮乎七世，傍贯伯叔，至于兄弟，莫不善恶同源，荣枯相继。”① 阴阳互相成就，缺一不可。早期道教经书《太平经》中有：“道无奇辞，一阴一阳，为其用也。”② “天下凡事，皆一阴一阳，乃能相生，乃能相养。”③《赤松子章历》中明确表达了阴阳相配的观点：“臣按受阴阳造化而生，虽承九天之业，假备四大而成，生时相给，终毕相还，阴阳相配，雌雄相随，阳唱阴和，男行女从。”④ 道教认为，阴阳需要相配，方能生养万物。所以，日和时的地支均为阳或均为阴，天门关闭；日和时的地支一阴一阳时，天门打开。正如《易传》所言“一阴一阳之谓道”，日支和时支一阴一阳时，道教的天界之门打开。

阴阳观念是中国古人对事物的认识，认为事物有相互对立相互依存的两个方面。阴阳观念在《易传》中表达为阴爻和阳爻，代表着阴阳二气，用以解释宇宙和人类的一切现象。道教思想建立在阴阳五行思想之上。在早期正一道中，阴阳观念主要表现为阴阳和谐、阴阳

① 《赤松子章历》，《道藏》第 11 册，第 219 页。

② 王明编《太平经合校》，中华书局，1960，第 11 页。

③ 王明编《太平经合校》，中华书局，1960，第 211 页。

④ 《赤松子章历》，《道藏》第 11 册，第 228 页。

相须。从《道德经》中“万物负阴而抱阳，冲气以为和”的抽象表达，到早期道经《太平经》“天下凡是皆一阴一阳乃能相生，乃能相养”明确提出阴阳相配才能生养，再从思想观念的阴阳相配，落实到宗教否定性行为——禁忌当中，阳日阳时、阴日阴时成为禁忌，不能章醮。阴阳观念在道教发展过程中从思想发展为日常的行为，说明阴阳观念对于道教的影响深刻。不过，《赤松子章历》中对阴阳观念的理解还是比较简单的。

2. 五行思想

《赤松子章历》中以五行思想为基础的禁忌包括每月凶妨、十二属凶日、相刑自刑、天地闭塞日、五音利用。

(1) 五行与地支相配：正五行

每月凶妨为“正庚申，二辛酉，三庚戌，四癸亥，五壬子，六癸丑，七甲寅，八乙卯，九甲辰，十丁巳，十一戊午，十二丁未。右十二月此日，不可上章，害师”[①]。这一禁忌所使用的原理是地支五行相冲思想。汉代以来用夏历，正月建寅，二月建卯，三月建辰。观察此禁忌，正月地支为寅，而禁忌的日子地支为申。二月地支为卯，禁忌日地支为酉。三月地支为辰，禁忌日地支为戌。四月地支为巳，禁忌日地支为亥。五月地支为午，禁忌日地支为子。六月地支为未，禁忌日地支为丑。七月地支为申，禁忌日地支为寅。八月地支为酉，禁忌日地支为卯。九月地支为戌，禁忌日地支为辰。十月地支为亥，禁忌日地支为巳。十一月地支为子，禁忌日地支为午。十二月地支为丑，禁忌日地支为未。其规律是当月地支与禁忌日的地支相冲。比如一月禁忌庚申，寅与申冲。地支相冲是指地支处于相对的位置上。相冲的地支直接对立，正面冲突。十二支相冲有六种：子（水）午（火）相冲，寅（木）申（金）相冲，卯（木）酉（金）相冲，巳

① 《赤松子章历》，《道藏》第11册，第184页。

（火）亥（水）相冲。因土旺四季，辰、未、戌、丑本属土，但因为在不同的季节，又有四季的属性，即辰既有土也有木的属性，未既有土也有火的属性，戌既有土又有金的属性，丑既有土又有水的属性，故有辰（土/木）戌（土/金）相冲，丑（土/水）未（土/火）相冲。[①] 地支与阴阳五行相配，如下表所示。

地支的阴阳五行属性

地支	子	丑	寅	卯	辰	巳	午	未	申	酉	戌	亥
阴阳	阳	阴	阳	阴	阳	阴	阳	阴	阳	阴	阳	阴
五行	水	土/水	木	木	土/木	火	火	土/火	金	金	土/金	水

然而为何正月禁忌庚申而不是所有的申日，这似乎很难解释。观察禁忌日的天干，我们也难以发现规律。十二月禁忌的天干依次为：庚、辛、庚、癸、壬、癸、甲、乙、甲、丁、戊、丁。庚、癸、甲、丁均出现了两次，辛、壬、乙、戊出现一次，十天干中丙和己没有出现。禁忌日的天干确定原则还需进一步研究。

（2）五行合、冲、刑、害

十二属凶时是根据属相不同而有所禁忌。《赤松子章历》："子生人不用午时；丑生人不用未时；寅生人不用申时；卯生人不用酉时；辰生人不用戌时；巳生人不用亥时；午生人不用子时；未生人不用丑时；申生人不用寅时；酉生人不用卯时；戌生人不用辰时；亥生人不用巳时。右巳（已）上神相冲，章醮不用。"[②] 规律是与出生年支五行相冲的时支不用。

相刑自刑是"子刑卯，卯刑子，巳刑申，申刑寅，寅刑巳，未刑

① 此处感谢国家社科基金匿名评审专家提出的宝贵意见，他指出十二地支中"辰、未、戌、丑"四者虽然本性属土，但因其分属春夏秋冬四季，故同时分别有木、火、金、水之性。

② 《赤松子章历》，《道藏》第 11 册，第 186 页。

丑，丑刑戌，戌刑未，辰午酉亥自刑，右四辰自刑。章醮切须看之”[①]。“刑”，也是地支的一种五行关系。与冲相比较，“刑”这种关系是一种间接对立或非正面的冲突，五行之间相互克制。“刑”这种关系被看作凶。“受刑见害，气不合也。”[②]《协纪辨方书》引《曾门经》从五行的角度来解释自刑相刑：“巳酉丑金之位，刑在西方，言金恃其刚，物莫与对。寅午戌火之位，刑在南方，言火恃其强，物莫与对。亥卯未木之位，刑在北方，言木恃荣华，故阴气刑之，使其凋落。申子辰水之位，刑在东方，言水恃阴邪，故阳气刑之，使不复归。所以子刑卯，丑刑戌，寅刑巳，卯刑子，巳刑申，未刑丑，申刑寅，戌刑未，辰、午、酉、亥为自刑也。”[③]《协纪辨方书》将刑这种关系用图表达得十分清楚。

自刑相刑图

五行之间的关系，由简单的生克关系，发展为更加细致的关系：合、冲、刑、害。[④] 刘增贵先生认为，五行的害、合关系在秦简《日

① 《赤松子章历》，《道藏》第 11 册，第 192 页。

② （汉）京房：《京氏易传》，《影印文渊阁四库全书》第 808 册，台湾商务印书馆，1986，第 460 页。

③ 《协纪辨方书》，李零主编，刘乐贤点校《中国方术概观·选择卷》，人民中国出版社，1993，第 161 页。

④ 刘增贵：《睡虎地秦简〈日书〉〈土忌〉篇数术考释》，“中研院”史语所集刊第七十八本，2007。

书》已经出现。而在西汉京房八宫卦气说中有具体的应用。隋朝萧吉的《五行大义》中有合、刑、害、冲、破等五行关系。刘增贵先生在其论文《睡虎地秦简〈日书〉〈土忌〉篇数术考释》中将相冲、相合和相害的关系用一张图来表达，如下图所示。

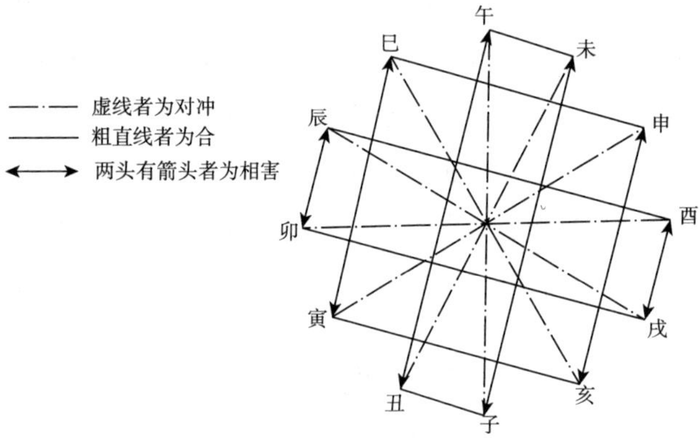

六冲、六合、六害图

资料来源：刘增贵：《睡虎地秦简〈日书〉〈土忌〉篇数术考释》，2007 年 12 月，第 691 页。

从早期正一道的时日禁忌中可以看出，道教亦引入了五行学说的合、冲、刑、害的关系。《赤松子章历》中有以地支相冲为禁忌，有以地支相刑为禁忌。早期正一道也清楚五行相合的关系。《赤松子章历》有："六合日：寅与亥合，卯与戌合，辰与酉合，巳与申合，午与未合，子与丑合。"① 五行相合的关系，既包括相生的关系，也包括不相互妨害的情况。如土和金的关系既是相生，又是相合："土上见金，母子气合"②，"辰与酉合" 即土与金合。六害是 "子未相害，丑午相害，寅巳相害，卯辰相害，戌酉相害，亥申相害"。《赤松子章历》："五刑六害七伤九厄之月，及以衰年衰月，魁纲杂杀，千凶万患，妨

① 《赤松子章历》，《道藏》第 11 册，第 186 页。

② （汉）京房：《京氏易传》，《影印文渊阁四库全书》第 808 册，台湾商务印书馆，1986，第 463 页。

损非一。"[①] 宋代道经《上清灵宝大法》言"六害"为本命对日，不可行道烧香，"六害"的关系可通过上图十分直观地看出来。

（3）五行与四季配属

天地闭塞日也是以五行为理论基础。天地闭塞日包括六塞日和六闭日。天地闭塞日不可上章，亦不能设醮。其原因在于闭塞日章、醮不能通达。六塞日是所有天干为"壬"的日子，六闭日是所有天干为"癸"的日子。"壬""癸"属天干的最后两位，五行与四季相配，春木，夏火，长夏土，秋金，冬水。"壬""癸"五行属水，与冬相对应。而冬季的特点则是"藏"。《史记·太史公自序》："夫春生夏长，秋收冬藏，此天道之大经也。"上古文献《礼记·月令》中对于冬季的描写为"天气上腾，地气下降，天地不通，闭塞而成冬"。"壬""癸"既然与冬天同属水，也拥有和冬天同样的特点——闭塞。故天干为"壬"日子被称为六闭日，天干为"癸"的日子为六塞日。闭塞，即无法交通。在天地闭塞日上章和设醮，无法通达。

（4）纳音五行

五音利用是按照古代五音来分别列出五行的状态，虽未明言禁忌事项，但是被列入《赤松子章历》当中，可知为早期正一道行事之参考。《赤松子章历》中"五音利用"原文为：

> 宫音属土，长生申，七月。沐浴酉，八月。冠带戌，九月，小墓。临官亥，十月。帝王子，十一月。衰丑，十二月。病寅，正月。死卯，二月，白虎。墓辰，三月，大墓。绝巳，四月。囚死午，五月。废休未，六月。破杀寅卯，本音亥子，刑杀亥子，季杀丑未。[②]

① 《赤松子章历》，《道藏》第11册，第203页。

② 《赤松子章历》，《道藏》第11册，第179页。

可列表如下。

五音五行长生十二宫

五音	宫			商			角			徵			羽		
五行	土			金			木			火			水		
长生	申	七月		巳	四月		亥	十月		寅	正月		申	七月	
沐浴	酉	八月		午	五月	白虎	子	十一月		卯	二月		酉	八月	
冠带	戌	九月	小墓	未	六月	小墓	丑	十二月	小墓	辰	三月	小墓	戌	九月	小墓
临官	亥	十月		申	七月		寅	正月		巳	四月		亥	十月	
帝王	子	十一月		酉	八月		卯	二月		午	五月		子	十一月	
衰	丑	十二月		戌	九月		辰	三月		未	六月		丑	十二月	
病	寅	正月		亥	十月		巳	四月		申	七月		寅	正月	
死	卯	二月	白虎	子	十一月		午	五月		酉	八月		卯	二月	
墓	辰	三月	大墓	丑	大墓		未	六月	大墓	戌	九月	大墓	辰	三月	大墓
绝	巳	四月		寅	正月		申	七月		亥	十月		巳	四月	
囚死	午	五月		卯	二月		酉	八月	白虎	子	十一月		午	五月	白虎
废休	未	六月		辰	三月		戌	九月		丑	十二月		未	六月	
破杀	寅卯			寅卯			子亥			子亥			巳午		
本音	亥子*			申酉			寅卯			巳午			亥子		
刑杀	亥子			巳午			申酉			申酉					
季杀	丑未			辰戌			丑未			丑未			丑未		

*疑误。应为“辰戌丑未”。一是从本音和所配地支上讲，改后十二支完整。二是从其他书籍，如《郭氏元经》见纳音为土，则本音为“辰戌丑未”。

六甲纳音是中国较为古老的术数文化。饶宗颐先生解释说："纳音的手续，是把六十甲子，按照六甲的次序，配合十二律、五行之五音而成……一阳生于子，起于甲子之仲，一阴生于午，起于甲午之仲，由子、午以推阳与阴之律，阳律起于甲子而终癸亥，阴律起甲午而终癸巳，以五音十二律，纳于六十甲子，起于甲子，乙丑，则子为黄钟，丑为大吕，自此隔八相生而为壬申癸酉，由下再隔八而为庚辰辛巳，终于丁亥，再下为戊子己丑乃入于火行的范围。"[①] 笔者根据饶宗颐先生对朱元升《三易备遗》的勘误制作下表。

六十甲子纳音表

<table>
<tr><td rowspan="6">金商音</td><td>甲子</td><td>乙丑</td><td>壬申</td><td>癸酉</td><td>庚辰</td><td>辛巳</td></tr>
<tr><td>黄钟商</td><td>大吕商</td><td>夷则商</td><td>南吕商</td><td>姑洗商</td><td>仲吕商</td></tr>
<tr><td colspan="6">以上隔八生阳之律</td></tr>
<tr><td>甲午</td><td>乙未</td><td>壬寅</td><td>癸卯</td><td>庚戌</td><td>辛亥</td></tr>
<tr><td>蕤宾商</td><td>林钟商</td><td>太蔟商</td><td>夹钟商</td><td>无射商</td><td>应钟商</td></tr>
<tr><td colspan="6">以上隔八生阴之律</td></tr>
<tr><td rowspan="6">水羽音</td><td>丙子</td><td>丁丑</td><td>甲申</td><td>乙酉</td><td>壬辰</td><td>癸巳</td></tr>
<tr><td>黄钟羽</td><td>大吕羽</td><td>夷则羽</td><td>南吕羽</td><td>姑洗羽</td><td>仲吕羽</td></tr>
<tr><td colspan="6">以上隔八生阳之律</td></tr>
<tr><td>丙午</td><td>丁未</td><td>甲寅</td><td>乙卯</td><td>壬戌</td><td>癸亥</td></tr>
<tr><td>蕤宾羽</td><td>林钟羽</td><td>太蔟羽</td><td>夹钟羽</td><td>无射羽</td><td>应钟羽</td></tr>
<tr><td colspan="6">以上隔八生阴之律</td></tr>
<tr><td rowspan="6">木角音</td><td>壬子</td><td>癸丑</td><td>庚申</td><td>辛酉</td><td>戊辰</td><td>己巳</td></tr>
<tr><td>黄钟角</td><td>大吕角</td><td>夷则角</td><td>南吕角</td><td>姑洗角</td><td>仲吕角</td></tr>
<tr><td colspan="6">以上隔八生阳之律</td></tr>
<tr><td>壬午</td><td>癸未</td><td>庚寅</td><td>辛卯</td><td>戊戌</td><td>己亥</td></tr>
<tr><td>蕤宾角</td><td>林钟角</td><td>太蔟角</td><td>夹钟角</td><td>无射角</td><td>应钟角</td></tr>
<tr><td colspan="6">以上隔八生阴之律</td></tr>
</table>

① 饶宗颐：《秦简中的五行说和纳音说》，中国古文字研究会、陕西省考古研究所、中华书局编辑部编《古文字研究》第 14 辑，中华书局，1986，第 264 页。

续表

火徵音	戊子	己丑	丙申	丁酉	甲辰	乙巳
	黄钟徵	大吕徵	夷则徵	南吕徵	姑洗徵	仲吕徵
	以上隔八生阳之律					
	戊午	己未	丙寅	丁卯	甲戌	乙亥
	蕤宾徵	林钟徵	太蔟徵	夹钟徵	无射徵	应钟徵
	以上隔八生阴之律					
土宫音	庚子	辛丑	戊申	己酉	丙辰	丁巳
	黄钟宫	大吕宫	夷则宫	南吕宫	姑洗宫	仲吕宫
	以上隔八生阳之律					
	庚午	辛未	戊寅	己卯	丙戌	丁亥
	蕤宾宫	林钟宫	太蔟宫	夹钟宫	无射宫	应钟宫
	以上隔八生阴之律					

《赤松子章历》中“五音利用”主要是按照五行的属性，列出五行在每月所处的状态。后世选择书也将它称为“五行寄生十二宫”。五行理论认为，五行在一年十二个月的状态各不相同，与人的生命周期一致：出生、成年、壮年、衰老、生病、死亡、入葬。《五行大义》称“论生死所”，分别为：受气、胎、养、生、沐浴、冠带、王、临官、衰、病、死、葬。比较《赤松子章历》与《五行大义》《星历考原》描述五行状态略有不同。

五行寄生十二宫

《赤松子章历》				长生	沐浴	冠带	临官	帝王	衰	病	死	墓	绝	囚死	废休
《五行大义》	受气	胎	养	生	沐浴	冠带	王	临官	衰	病	死	葬			
《星历考原》				长生	沐浴	冠带	临官	帝旺	衰	病	死	墓	绝	胎	养

各书名称虽异，但是内容实则大致相同。《赤松子章历》和《星

历考原》以“出生”为一个阶段的开始，而《五行大义》以“受气”为始。以《赤松子章历》为例分析这十二种状态：长生，即出生。沐浴比喻刚出生不久，容易受到伤害，是婴幼儿阶段。冠带比喻长大成人，是青年阶段。临官是出任官职，中年阶段。帝王是壮实，如人之壮年。衰，开始衰退。病，继续衰退，出现病况。死，死亡。墓，安葬。绝，《五行大义》中“受气”，即旧气已绝尽，新气已受。《赤松子章历》中“囚死”和“废休”在生命阶段的描述中较为难解，《五行大义》和清代《星历考原》都称为“胎”和“养”，指代人的胎儿阶段和滋养。五行关系还有“旺相休囚死”之说，指五行在四时中，一个五行处于旺；一个五行处于相，即次旺；一个五行处于休，即休息无事；一个五行处于囚，即衰落被囚；一个五行处于死，即被克制得毫无生气。如春，木旺，火相，水休，金囚，土死。其规律是“当令者旺，我生者相，生我者休，克我者囚，被我克者死”。即春属木，木是“当令者”，木旺。“我生者相”，木所生者为火，故火相。“生我者休”，水生木，水是生我者，故水休。“克我者囚”，金克木，故金囚。“被我克者死”，水克土，故土死。如下图所示，其中粗线为生，细线为克。

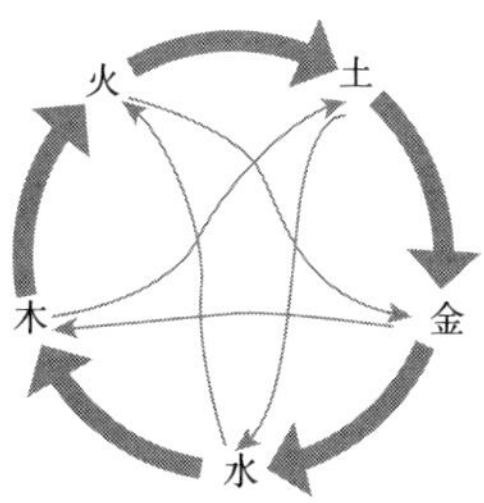

五行生克图

《赤松子章历》中“五音利用”既有“五行寄生十二宫”的术语，又有“旺相休囚死”的术语，一种可能是编撰者混淆了两种关系，另外一种可能是编撰者想要综合两者关系，用“旺相休囚死”

来表达“五行寄生十二宫”。然而这样的表达因为较为牵强难读，后被世人放弃。“五音利用”中的本音、破杀、刑杀和季杀也是五行理论的应用。本音是指五行干支纳音，即每个五行所搭配的地支。如商音金，本音为申酉。《郭氏元经·报蚕室篇》：“吊看蚕室到何处，本音旺神日用之。”注解：“本音：以本年五虎遁，遁得本命蚕食干支，其干支纳音即是蚕食本音。如甲子年蚕室在未，五虎遁正月起丙寅，至未遁得辛未，辛未纳音为土，土旺于辰戌丑未，所以宜辰戌丑未日修其方。”① 破杀、刑杀和季杀是需要避忌的神杀。白虎、大墓、小墓亦是神杀。古代五音占卜常用来相宅。东汉王充《论衡》提及：“宅有八术，以六甲之名，数而第之，第定名立，宫商殊别。宅有五音，姓有五声。宅不宜其姓，姓与宅相贼，则疾病死亡，犯罪遭祸。”② 五音也可根据姓氏的音属来占卜人命。《星命集成》录“五音看命法”：“五音姓氏与人命原不相属，况隐避更改不一，今阴阳家选择，亦参之以备一说。故余于人命亦取本音五行各至旺处为贵，如商音属金，旺在申酉，德在辰巳；角音属木，旺在寅卯，德在戌亥；徵音属火，旺在巳午，德在丑寅；宫羽音属土、水，旺在亥子，德在申未。五音贵旺若人遇之如命有气不遇恶杀加临，主平生贵盛，虽在刑杀，亦宜有禄，假令徵姓人四五月生为旺，十二正月生为德，余准此。其辨五音，舌为徵，齿为商，牙为角，喉为宫，唇为羽。以人之姓氏呼之，如其音在舌，则为徵姓，余准此推。又古人看命之法，以十二相生加三十六禽就知其人平生发达，及食禄之方，或宜于朝，或宜于外，或宜于水，或宜于山，或江湖海畔而南北东西有定分焉。其术微妙又不专子平看也，故术者必兼诸家之长，方尽其理。”③

《赤松子章历》中宫音土本音错误，误为亥子，应为辰戌丑未。

---

① （晋）郭璞等著，李峰标点、注释《阴阳五要奇书》，海南出版社，2006，第 177 页。
② 黄晖撰：《论衡校释》，中华书局，1990，第 1027～1028 页。
③ 顾劼主编，洪丕谟审校《星命集成》，重庆出版社，1994，第 316～317 页。

寅音刑杀缺。小墓、大墓的标注时间与《协纪辨方书》同。白虎时间与《协纪辨方书》不同，且徵音未标注白虎。可能《赤松子章历》的编撰者或抄写者对此禁忌缺乏深入的了解，不知禁忌的具体事项，故常有错误发生，且未标注禁忌何事。五音相关的“五姓修宅”放在《协纪辨方书》中的附录部分，不入正编，此法被评价为“历代以来诸儒驳论不胜枚举……至其配年之法，既取生克，又取墓、绝、胎，且气绝、白虎既兼取鬼贼，而宫姓巳午年又为小通，商姓寅卯年、羽姓巳午年又为害财，则皆不取。其配月之法，小通惟取两月，或取生我或取我生。皆无义例，亦不足辨矣。”①

五行是中国思想中除阴阳以外的另一阐释世界的理论。五行最初与阴阳相独立，后来阴阳与五行相互结合成为一个系统。五行最初被认为是五种基本的物质：水、火、木、金、土。后来归纳出五种物质不同的属性，并将万事万物划分为五类。五行与干支相配、与四季相配，并赋予了五行之间相互的关系，从最初的相生相胜，到合、冲、刑、害的正五行关系，再发展到五行寄生十二宫、五行纳音等占卜方法。从《赤松子章历》中“天地闭塞日”禁忌可见，天干、季节与五行的简单配属关系。每月凶妨、十二属凶日、相刑自刑等禁忌则反映了地支与五行的配属关系，及五行之间的相冲、相刑关系。“五音利用”禁忌反映的是五行纳音占卜术，即五行与五音、五姓、六十甲子、月支之间的关系。

关于天干和地支的运用频率，在五行关系中，地支的运用更多，天干的运用更少。可能是天干之间的关系也较为简单，可以说明早期正一道时日禁忌对地支的重视程度高于天干。关于正五行和纳甲五行的运用频率，以正五行为基础的禁忌更多，关于纳音五行的记载不是

---

① 《协纪辨方书》，李零主编，刘乐贤点校《中国方术概观·选择卷》，人民中国出版社，1993，第 876 页。

很准确，且未说明禁忌事项，以此为基础的禁忌较少，说明早期正一道时日禁忌对正五行的重视程度高于纳音五行。

3. 天象变化反映的天人相应的观念

中国古代十分重视天象变化。《周易・系辞上》："天垂象，见吉凶，圣人象之。"即上天显示各种天象来暗示吉凶，圣人能够根据天象变化作六十四卦并且推定吉凶。因此，在古人看来，天象变化并非一种自然现象，而是上天旨意的体现。天象异常时，古人惊恐万分，认为或是灾难来临。

《赤松子章历》中源自天象变化的时日禁忌包括：五音呈章利用/推斗击时（建除术）、四时凶日（疑为建除术之月厌）、天狗下日和十二天狗和弦望式（月相为依据）。这些禁忌可以分为三种类别：一种是以星象变化为依据的方术——建除术，一种是以月相变化为依据，一种为气象异常。

（1）建除术

建除术是中国古代的一种选择方术。建除术在秦汉时期颇为流行，《史记・日者列传》有建除家，可见西汉时期，建除术已发展成为日者中的一个影响较大的流派。建除术以北斗的位置变化来占卜吉凶。北斗七星因为形状似斗而得名，天枢、天璇、天玑、天权形似斗身，即斗魁。玉衡、开阳、摇光三颗星形似斗柄，即斗杓。从地球上看，北极星的位置变动不大。因此古人认为北极星不动，古人在生活中通过北极星来进行定位和导航。北斗七星因为形状独特，方便辨识，离北极星近，受到极大关注。古人观察到北斗七星围绕着北极星旋转，随着时间的推移，斗柄所指方向不同，即所谓"斗转星移"。斗柄所指的方向，代表着季节的不同。"斗柄东指，天下皆春；斗柄南指，天下皆夏；斗柄西指，天下皆秋；斗柄北指，天下皆冬。"北斗星在古人心中的地位很高，《史记・天官书》："斗为帝车，运于中央，临制四乡。分阴阳，建四时，均五行，移节度，定诸纪，皆系于斗。”斗在古代方术中有着重要的意义。建除术将斗柄所指的方位称为建，处于建之后一位地支为除。十二地支与方位相配合：

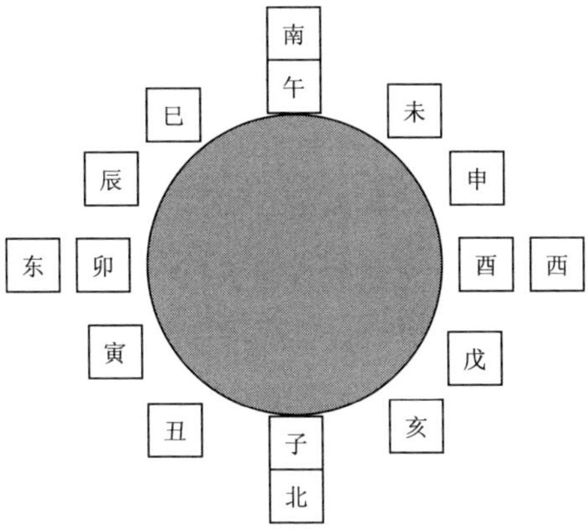

十二地支配方位图

汉用夏历，正月建寅。故正月寅为建，卯为除，辰为满……二月卯为建，依次类推，如下表所示。

十二月建除

	建	除	满	平	定	执	破	危	成	收	开	闭
正月	寅	卯	辰	巳	午	未	申	酉	戌	亥	子	丑
二月	卯	辰	巳	午	未	申	酉	戌	亥	子	丑	寅
三月	辰	巳	午	未	申	酉	戌	亥	子	丑	寅	卯
四月	巳	午	未	申	酉	戌	亥	子	丑	寅	卯	辰
五月	午	未	申	酉	戌	亥	子	丑	寅	卯	辰	巳
六月	未	申	酉	戌	亥	子	丑	寅	卯	辰	巳	午
七月	申	酉	戌	亥	子	丑	寅	卯	辰	巳	午	未
八月	酉	戌	亥	子	丑	寅	卯	辰	巳	午	未	申
九月	戌	亥	子	丑	寅	卯	辰	巳	午	未	申	酉
十月	亥	子	丑	寅	卯	辰	巳	午	未	申	酉	戌
十一月	子	丑	寅	卯	辰	巳	午	未	申	酉	戌	亥
十二月	丑	寅	卯	辰	巳	午	未	申	酉	戌	亥	子

建除术在出土文献和传世文献中均有记载，如放马滩秦简、睡虎

地秦简、孔家坡汉简、九店楚简和《淮南子·天文训》等。然而建除术在不同文献中的名称并不相同，饶宗颐先生认为建除术在当时有很多家，“而以配十二辰则无二致”[①]，刘乐贤先生通过对出土文献的研究，认为简帛建除法有楚系和秦系，汉代流行的建除是秦系建除，后世流行的建除也是秦系。[②]《赤松子章历》中建除十二值的名称与后世十二值的名称完全相同，与秦系大体一致，与楚系差别很大。在秦汉的文献中，建除法似乎特别强调年、月、日、时当中的“日”，每月的某日为建日或除日或其他日等，以“日”为基本单位进行占卜，如放马滩秦简《日书》甲种：“建日：良日矣，可为啬夫，可以祝祠，可以畜六生，不可入黔首。”[③] 然而《赤松子章历》中不仅包括某日的凶吉，还特别强调年、月、日、时当中的“时”。如：“除日可呈章十二通，利上治病，分解冢墓殃考连达子孙，不上保护钱财。忌酉时。”[④]

五音呈章利用是按照建除术的建日、除日、平日、定日、执日、破日、危日、成日、收日、开日、闭日，依次列举可以上章的数量、宜忌上章的类型、上章禁忌时刻。如“建日，可呈章九通，利上开化大道、收捕凶殃鬼贼，不上诛符庙，伤一门及师。忌申时，斗击下，他仿此”[⑤]。推斗击时的内容比五音呈章利用要更加简单，只按照建、除、平、定、执、破、危、成、收、开、闭给出了禁忌时：“建日忌申时，除日忌酉时……不可上章治病。”[⑥] 比对两种禁忌，每

① 饶宗颐、曾宪通：《云梦秦简日书研究》，香港中文大学出版社，1982，第4页。

② 刘乐贤：《楚秦选择术的异同及影响——以出土文献为中心》，《历史研究》2006年第6期。

③ 孙占宇：《放马滩秦简日书整理与研究》，西北师范大学博士学位论文，2008，第13页。

④ 《赤松子章历》，《道藏》第11册，第179页。

⑤ 《赤松子章历》，《道藏》第11册，第179页。

⑥ 《赤松子章历》，《道藏》第11册，第184页。

日所列的禁忌时完全相同，唯一差别在于“推斗击时”每日禁忌内容相同，均为禁忌上章治病。这两种禁忌的依据，在《赤松子章历》中解释为“斗击下”。“随斗击”为《汉书·艺文志》描述阴阳家擅长的事项之一：“阴阳者，顺时而发，推刑德，随斗击，因五胜，假鬼神而为助者也。”陈朝爵《汉书艺文志约说》案云：“《淮南》所云‘顺招摇’盖即‘随斗击’之说。”[①] 饶宗颐先生更加详细地解释了“斗击”：“北斗七星，其杓端有两星，即招摇和玄戈。《淮南子·天文训》：‘太阴所居，不可背而可乡（向），北斗所击，不可与敌。’又云：‘凡用太阴，左前刑，右背德，击勾陈之冲辰，以战必胜，以攻必克。’所谓斗击，指北斗对冲之辰……‘击太岁’后人称为岁破，指太岁所冲之辰，如子年在午，丑年在未，为最凶之神，谓子午冲，丑未冲也。招摇、玄戈为北斗杓端内外之两星，其所击之（十二）辰及星宿，即所谓的‘斗击’是也。”[②] 斗击之辰所代表的空间和时间均被看作不祥。兵阴阳家认为随着斗柄转动的方向出击为大吉。攻击斗柄所指的方向是顺天而为，可以取得胜利。这种吉凶观在当时十分流行。《吴子·治兵》：“必左青龙，右白虎，前朱雀，后玄武，招摇在上，从事于下。”《淮南子》引《易林》：“魁罡所当，初为败殃。”《赤松子章历》避忌的斗击时“建日忌申时，除日忌酉时……”应该是以正月为例来进行说明，其余则可类推。因为正月地支为寅，寅为建，寅之对冲为申，故“建日忌申时”。斗击之地，为必败之象。斗击时亦是破败之时，不宜上章治病，可能是担心治病效果不好。以正月举例，在古文献中亦十分常见。如《淮南子》有：“寅为建，卯为除，辰为满，巳为平，主生；午为定，未为执，主陷；申为破，主衡；酉

① 王承略、刘心明主编《二十五史艺文经籍志考补萃编》第五卷，清华大学出版社，2012，第176页。

② 饶宗颐、曾宪通：《云梦秦简日书研究》，香港中文大学出版社，1982，第15~16页。

为危，主杓；戌为成，主少德；亥为收，主大德；子为开，主太岁；丑为闭，主太阴。”亦是以正月为例，并未完全列出其余月份。

四时凶日的根据可能是建除术中的厌。四时凶日，《道藏》仅《赤松子章历》和《灵宝玉鉴》有载，其他文献几乎未见记载。而《赤松子章历》和《灵宝玉鉴》几乎内容完全相同，应该同出一源，或因都抄自某书，或后出之书将传世之书内容抄入。四时凶日，《赤松子章历》和《灵宝玉鉴》均记为：“春三月酉，夏三月午，秋三月亥，冬三月子。右四时日，不可上章，害师。”《赤松子章历》未见其他版本，又没有可供对读的材料，从文字本身看不出四时凶日中的酉、午、亥、子有何规律：它们分别处于地支的第十、第七、第十二和第一位。我们假设其中“亥”为“卯”之误字，那么就可以解释得通了。春酉、夏午、秋卯、冬子正是月厌，后世将其称为“天狗头”。月厌和月建同为建除术中的术语。建除术有阳建和阴建。《论衡校释》中引《周礼占梦》疏：“《堪舆》天老曰：假令正月阳建于寅，阴建在戌。”①

北斗之神有雌雄，运行方向不同。月建为雄所在，月厌为雌所在。《淮南子·天文训》：“北斗之神有雌雄，十一月始建于子，月从一辰，雄左行，雌右行，五月合午谋刑，十一月合子谋德。太阴所居辰为厌日，厌日不可以举百事。”② 王引之认为“太阴所居辰”应为“雌所居辰”。“雌，北斗之神右行者也，月徙一辰。太阴则左行而岁徙一辰。两者各不相涉。”

下图内圈为雌北斗运行图。外圈为雄北斗运行图。雌雄北斗于十一月和五月相逢，即“五月合午谋刑，十一月合子谋德”。内圈中寅的位置为正月，厌在戌。二月，厌在酉。三月厌在申。正、二、三月为

① 黄晖：《论衡校释》，中华书局，1990，第996页。

② 何宁：《淮南子集释》，中华书局，1998，第278页。

春，忌酉，则是折中取中间之意。后世选择书将四时凶日称为“天狗头”。《选择求真》：“最忌月厌。月厌正月从戌起，戌为天狗，士遂以天狗名之，戌酉申者，春季之厌也，折中而取酉，谓之春季月厌正位，命为‘天狗头’，犯之者，小姑无子。夏午秋卯冬子，同此例也。”[①]

月厌图

资料来源：《协纪辨方书》，李零主编，刘乐贤点校《中国方术概观·选择卷》，人民中国出版社，1993，第 185 页。

天狗下日和十二月天狗在《赤松子章历》中每月禁忌完全相同，但有细微区别：

天狗下日

正亥，二子，三丑，四寅，五卯，六辰，七巳，八午，九未，十申，十一酉，十二戌。

右天狗下日，不可用之。

十二月天狗

正在亥食巳，二在子食午，三在丑食未，四在寅食申，五在卯食酉，六在辰食戌，七在巳食亥，八在午食子，九在未食丑，

① 《精订选择求真》，嘉庆十四年本，第 211 页。

十在申食寅，十一在酉食卯，十二在戌食辰。

右每月天狗下食时，不可醮祭，鬼杀人，上章即通，但取其方上土，泥鼠穴及蚕室四壁，大吉利。

“天狗下日”与“十二天狗”禁忌

	禁忌日	禁忌时	禁忌事项	适宜事项
天狗下日	有（同）	无	未说明	未记载
十二天狗	有	有	醮祭	取方上土，泥鼠穴及蚕室四壁

天狗下日和十二天狗的逐月禁忌日，是建除法的收日。民间通书《玉匣记》中有“天狗下食”一条包含两行内容，按正月至十二月的顺序排列，一行是子丑寅卯辰巳午未申酉戌亥，另一行为亥子丑寅卯辰巳午未申酉戌。[①] 第二行所列禁忌日与《赤松子章历》中一致。然而，《玉匣记》并没有说清楚列出两行时间的具体含义。有两种可能，一种可能是《玉匣记》所包含的“天狗下日”既包括第一行的内容也包含第二行的内容，即正月天狗下食是正月的子日和未日。第二种可能是《玉匣记》将所见的两种不同说法列出，一种说法是禁“子丑寅卯辰巳午未申酉戌亥”，另一种说法是禁“亥子丑寅卯辰巳午未申酉戌”。《玉匣记》还有一条“八座地破（收日同）”禁忌日与《赤松子章历》天狗下食禁忌日一致。[②] 在建除法中，收日一般并不以为凶。《淮南子·天文训》中有：“亥为收，主大德。”放马滩秦简《日书》甲种和睡虎地秦简《日书》甲种均言此日宜入人民、马牛等，并未言不吉。今人朱传珂认为收日为“皇帝八座，小凶。此日有利于收获之事，开始的事业则不利，忌出行、葬礼”[③]。可能是

① （晋）许真君著，陈泰先编译《活学活用玉匣记》，中国物资出版社，2010，第64页。
② （晋）许真君著，陈泰先编译《活学活用玉匣记》，中国物资出版社，2010，第66页。
③ 朱传珂：《易学丛林》，中央编译出版社，2013，第507页。

以《玉匣记》为依据。就笔者目前所见文献，在《赤松子章历》后，《玉匣记》是较早记载天狗下食为“亥子丑寅卯辰巳午未申酉戌”的。《玉匣记》是一种在民间广为流传的占卜星象类的居家常备之书。《玉匣记》大约成书于明宣宗宣德八年。《道藏》有《许真君玉匣记》，题为“耕笔斋吴子谨书序”，托许逊所作。[①] 周绍良先生收藏的《玉匣记》书前有宣德八年（1433）宾云道人江应玄序，亦托名许逊著，序言曰：“近姑苏道友倪守贞得之于异人。”周绍良先生推论：“事实这书就是江应玄或倪守贞所伪造的。”[②] 可见，《玉匣记》在明宣德年间至少有两个版本，在民间已较为流行。

《赤松子章历》还有一禁忌与天狗有关，与上述“天狗下日”和“十二天狗”时间完全不同，名为“太岁天狗下食”的禁忌：

> 岁在子，狗在寅，下食卯时。巳未酉吉。岁在丑，狗在卯，下食辰时。午申子吉。岁在寅，狗在辰，下食巳时。未酉亥卯丑吉。岁在卯，狗在巳，下食午时。辰申戌子寅吉。岁在辰，狗在午，下食未时。巳酉亥丑卯吉。岁在巳，狗在未，下食申时。辰午子戌寅吉。岁在午，狗在申，下食酉时。卯未亥丑吉。岁在未，狗在酉，下食戌时。辰午申戌寅吉。岁在申，狗在戌，下食亥时。卯巳未酉亥吉。岁在酉，狗在亥，下食子时。辰午申戌吉。岁在戌，狗在子，下食丑时。卯巳未酉亥吉。岁在亥，狗在丑，下食寅时。午申戌子吉。
>
> 右太岁天狗下食，章醮宜须避之。

列表如下。

---

① 《许真君玉匣记》，《诸神圣诞日玉匣记等集》，《道藏》第 36 册，第 320 页。

② 周绍良：《小斋书记》，《学林漫录》第十二集，中华书局，1988，第 203 页。

“太岁天狗下食”禁忌

岁	狗	下食时	吉时
子	寅	卯	巳未酉
丑	卯	辰	午申子
寅	辰	巳	未酉亥卯丑
卯	巳	午	辰申戌子寅
辰	午	未	巳酉亥丑卯
巳	未	申	辰午子戌寅
午	申	酉	卯未亥丑
未	酉	戌	辰午申戌寅
申	戌	亥	卯巳未酉亥
酉	亥	子	辰午申戌
戌	子	丑	卯巳未酉亥
亥	丑	寅	午申戌子

《赤松子章历》中“太岁天狗下食”以太岁为依据，给出天狗所在和下食的时刻以及吉时。这一名称在其他文献中未见记载。学界对“太岁天狗下食”的研究也很少，笔者仅见日本学者丸山宏有提及：“除天仓日和自刑日等以外，能看见关于上章日时的很多规定，其中有所谓太岁天狗下食等，我认为来源于民间历的禁忌，也可见反映显然是建除家的历的禁忌规定。我想六朝至唐道士依据的历和民间日者的历有密切的交流，特别是道士们在和民众直接接触的上章仪礼中，对民间的禁忌颇有考虑。”① 从上表中可以发现，“太岁天狗下食”有规律可循，以太岁地支为首位依序往后数，天狗在第三位，下食则在第四位。太岁在月建。“太岁”是人们想象出来的星宿，它与岁星运行方向正好相反。“太岁”在古代文献中记载有多种名字，清人王引

① 〔日〕丸山宏：《正一道的上章仪礼——以〈冢讼章〉为中心》，张泽洪译，《宗教学研究》1992 年 Z1 期。

之《太岁考》考证有六种不同的名称：太岁、太阴、岁阴、天一、摄提、青龙。[①] 太岁与岁星的运行规律相反，岁星右行，太岁左行。《协纪辨方书》举例："若上元甲子朔旦冬至，日月五星同在牵牛之初，是岁星与日同次之月也，十一月斗建子，子有太岁。至下年岁星移向子，十二月日月会于玄枵，十二月斗建丑，丑有太岁。自此以后皆然也。故引《乐说》以证太岁在月建之义也。"[②] 按照建除术，从建开始的第三位为满日。因此《赤松子章历》"太岁天狗下食"禁忌中以满日为天狗。以满日为天狗，后世的择日书中也有从者。《协纪辨方书》引《枢要历》："天狗者，月中凶神也。其日忌祷祀鬼神，祈求福愿。□历例曰：'天狗者，常居月建前二辰'。"《协纪辨方书》并不认同满日为天狗的说法，认为只有当戌日值满，即申月戌日才是天狗，才是禁忌之日。《协纪辨方书》认为《枢要经》的依据是："详考其义，盖天狗者，戌日值满也。天官家谓太白余气散为天狗。满既是戌，建必是申，满之为满也，以三为数之极也，天之刑神当令之时而又居盛满之极……若满在戌日，则从申至酉悉属金行，其为神也乃蓐收司刑之神，而非降福之神矣，故忌之也。"[③] 这一解释十分复杂，既包含建除术的名称，也有地支的五行属性，还有数的象征意义，可备一说。"天狗下食时"不易解释，可能因为天狗在和天狗下食时有一定的间隔时间，但这间隔不会过久。对民间而言，"天狗在"就提示人们应当警惕，做好应对措施。天狗禁忌成因十分复杂，和民间禁忌之间的关系尤为密切。

《赤松子章历》中以建除术为禁忌原则，主要是出于对北斗

---

① （清）王引之：《经义述闻》，江苏古籍出版社，1985，第683页。

② 《协纪辨方书》，李零主编，刘乐贤点校《中国方术概观·选择卷》，人民中国出版社，1993，第147页。

③ 《协纪辨方书》，李零主编，刘乐贤点校《中国方术概观·选择卷》，人民中国出版社，1993，第174页。

星等星宿以及与之相关的神灵的敬畏和崇拜。重视北斗是中国古代文化的特点，道教亦体现了这一特色。在《赤松子章历》中，有月建、月厌、收日、满日等与建除术相关的时日禁忌，这些禁忌产生以北斗运行作为理论基础。说明早期正一道时日禁忌对北斗的重视程度很高，和早期正一道在日常行为中对北斗的崇拜相一致，也证明宗教肯定性行为（朝拜）与否定性行为（禁忌）之间具有一致性。

（2）月相变化

《赤松子章历》中与日月相变化的禁忌有弦望式：

> 上弦八日、九日，下弦二十二日、二十三日，大月八日、二十二日，小月九日、二十三日，不可用。[①]

弦、望是描述月相的名称。按照天文学的描述："从地球上看，月亮离日 90 度时的月相为弦，因月相呈半月状如弓而得名。在日东为上弦，日西为下弦。当月亮与日黄经相差 180 度时，月相呈满月，为望"[②]。除了弦、望之外的月相，还有晦、朔。晦是指一月之初，朔是一月之末。中国古代所用的历法为农历，或曰阴历。但事实上，农历是一种阴阳合历，即既以太阳为参考，又以太阴（月亮）为参考。晦、朔、弦、望通常被看作特殊的时刻，需要特别注意。古人认为月相变化与气的消息有关。《天原发微》曰："一息之间，便有晦、朔、弦、望。上弦者，气之方息，自上而下也。下弦者，气之方消，自下而上也。望者，气之盈日沉于下，而月圆于上也。"[③] 弦望式禁忌的原因，是气之不定。这一时期需特别小心。中医禁忌在气不定时

① 《赤松子章历》，《道藏》第 11 册，第 184 页。
② 徐振韬主编《中国古代天文学词典》，中国科学技术出版社，2009，第 275 页。
③ 《天原发微》，《道藏》第 27 册，第 630 页。

针刺。《黄帝内经》有："岐伯曰：凡刺之法，必候日月星辰、四时八节之气。气定乃刺之。"① "气定乃刺之"是中医针刺的原则之一。晦、朔、弦、望为后世针刺之四忌。

另外，从太阳和月亮的交会状态而言，弦望被认为是"不相会合"。郝大通《周易参同契简要释义》曰："日月会而合。不相会合，而成弦望……日月相衡谓之望，四分之一谓之弦。此者不相会合之时也。"② 日月是阴阳的象征，日月不相会合事实上表达的是阴阳不能相通。本书在前讨论"天门闭时"曾言"阴阳相须"才能生生不息，才是吉时。而阴阳不相通之时则被看作不祥。道教认为，人应当效法天地："人法地，地法天，天法道"，那么日月不相会合时当然也是夫妇的禁欲之时，故在房事活动中亦禁忌弦望。

《赤松子章历》中以天象变化为基础的时日禁忌，反映的是早期正一道的天人相应的观念。通过对《赤松子章历》的分析，可见，早期正一道重视观察天象变化。从数量方面讲，以北斗为主要参照的禁忌较多，以月相为基础的禁忌较少。前者的系统中涉及的星体更多，比如有岁星这些实际存在的星体，也有太岁等人们想象出来的星体，具有较多的组合性。月相变化，也可以太阳为参照，也可以根据月相自身的变化设立禁忌，比如中医典籍《黄帝内经》用针数量可以根据月相来增减，《黄帝虾蟆经》以月亮自身变化为依据避灸刺法等。北斗和月相都有足够丰富的变化，但是早期正一道记载以北斗为参照的建除术类禁忌更多，说明该教派对北斗和建除类禁忌更加重视。

（3）气象异常

《赤松子章历》列出了修斋吉日三元日和三会日后，言："右此日

---

① 《黄帝内经素问补注释文·卷十九》，《道藏》第21册，第112页。

② 周全彬、盛克琦编校《参同集注：万古丹经王〈周易参同契〉注解集成》第一册，宗教文化出版社，2012，第488页。

宜上章言功，不避疾风暴雨，日月昏晦，天地禁闭。”[①] 意思是除了三元日和三会日，其他日子均需要避开疾风暴雨、日月昏晦和天地禁闭。

疾风暴雨气象不能上章的缘故在于异常天象的意义。异常天象在古代并不是自然现象，而被认为是人世统治的反映。如《淮南子·览冥训》认为君主德薄时奏《白雪》，引来神物，却是风雨暴至。说明异常气象预示统治不力。

4. 时空相配

（1）奏章向背

《赤松子章历》有奏章向背，依据经文制作下表。

《赤松子章历》“秦章向背”归纳

时间/事由	方向宜	方向忌
日中	东	
夜	北	
白日受度	东	
破契子午、请命星宿、急疾章	北	
治病	鬼门	
消灾厄	地户	
求长生	天门	
求富贵财利	地户	
消口舌咒诅	人门	
厌虎	寅地	
厌蛇	巳地	
作福延年、消灾厌病	东	
解墓阴责，开心聪明，过度灾厄	西	
疾病垂死，章符治救，上章谢罪	北	

① 《赤松子章历》，《道藏》第11册，第183页。

续表

时间/事由	方向宜	方向忌
治身养命，求乞富贵	南	
正月、三月、七月、九月治病		东
四月、八月、十二月治病		南
七月、三月、十月治病		西
二月、六月、十月治病		北

此处根据奏章的时间和事由给出方向的宜忌。道教奏章人员可以根据事由和时间来选择奏章的向背。在空间的表达上，此处用了几种方式。一是常见的东、南、西、北的空间表达。第二种是天门、地户、人门、鬼门的方式表达。第三种是用地支的方式来表示，如寅地、巳地。

天门、地户、人门、鬼门称为“四门”或“四维”，分别是指西北、东南、西南和东北。这种方式常见于六壬法，将空间分为八个部分，分别用八卦的卦名来指称。上海博物馆所藏的六朝铜制六壬式盘，上有：“西北天门乾、东南地户巽、西南人门坤、东北鬼门艮。”① 何琳仪先生认为，从时间和空间的角度解读四门：“在式盘‘四门’中，天与地相对，人与鬼相对。这两组既对立而又统一的关系，共同构成支撑宇宙的‘四维’。”② 通过乾、巽、坤、艮等卦名，可知“四门”观念与《周易》思想有关。道教中很早就在科仪活动中采用“四门”的观念。《正一醮宅法》的醮宅仪式在地上标注出四门位置：“醮法于宅中庭方二丈四尺，画地为坛，四季上开天门、地户、人门、鬼门，皆以箭为之，当方色綖，三重栏之，门安两灯。”③ 道教认为可以通过步伐与空间位置的配合来开闭四门，如“开天门，

① 严敦杰：《式盘综述》，《考古学报》1985 年第 4 期。

② 何琳仪：《司夜鼎考释》，《中国史研究》2004 年第 3 期。

③ 《正一醮宅仪》，《道藏》第 18 册，第 297 页。

闭地户，留人门”等。可见，“四门”的表述不是为了增加神秘性，而是在道教仪式中通过赋予方位的名称而使得道教活动能实现通达天地、把握时间的意义。

寅地和巳地是用地支表达的方位。这种方法是将空间分成十二部分，每一部分对应一个空间。其中，酉为正西方，子为正北方，卯为正东方，午为正南方。道教认为，每个空间有一个守护神，有不同的形象。如，西南至西北申上神，“猴头人身，白衣，左手捉箭，右手持弩”。[①]

厌虎、厌蛇宜向寅地和巳地源于虎与寅、蛇与巳的对应关系。求长生朝天门，求富贵消灾厄朝地户，治病朝鬼门，消口舌诅咒朝人门，源于道教对于天门、地户、鬼门、人门的认识。天门管理长生事务；地户管理土地的丰歉等与财富等相关的事务；鬼门主管疾病事宜，因为道教认为疾病的流行是因为瘟鬼作祟，散布瘟疫；人门主要管理人际关系等与人相关事务。除此之外，一些宜忌不能解释原因。虽不能一一解释原因，但是我们可以看到，这类宜忌的原则是，时间和空间须配合，事情才能够取得更好的效果。日中奏章要向东，而夜里奏章要向北，时间的变化，带来道教科仪活动朝向的改变。时间和空间两者相互配合，不同的事由要根据情况选择不同的时间和方位，否则会影响奏章的效果。时空配合在春秋战国时期《吕氏春秋·十二纪》和《礼记·月令》就已经用于农业方面了。有学者提出“月令派”这一概念，来指称“按时序（月份）来阐明各种事物的做法和传统”的派别。[②] 道教产生之时，时空配合已是成熟理论，广泛应用于多个领域。

按照冯时先生的看法，时间和空间的一致性是由时空关系所决定

---

① 《金锁流珠引》，《道藏》第20册，第408页。

② 胡火金：《经验与哲理：中国古代农业思想与文化》，苏州大学出版社，2014，第88页。

的："中国传统的时空关系表现为空间决定时间，空间体系建构的目的不仅在于定准方向，更在于建准时间，因此空间体系事实上是作为时间体系的基础存在的。"① 从逻辑上看，时间和空间具有内在一致性。

（2）宅神将军游

《赤松子章历》多处提到宅神，并记录了宅神将军游的时间、宅神游去来的时间。

> 宅神将军游
>
> 正、二、三，三月游北方。四、五、六，三月游东方。七、八、九，三月游南方。十、十一、十二，三月游西方。
>
> 右将军游方，不可犯之。
>
> 宅神游去来
>
> 壬戌去甲子来。丁卯去辛未来。戊寅去壬午来。丙戌去庚寅来。丙申去辛丑来。戊申去辛亥来。甲寅去己未来。
>
> 右宅神游去来，若醮宅，神在有福。
>
> 凡宅神，十二月二十五日上天，正月五日下。三月未上天，四月二十七下。五月未上天，六月二十七下。余时并在宅。又云：宅有二十四神，甲乙丙丁庚辛壬癸。
>
> 右巳（已）上章醮请乞，遇神在，请福无不应矣。②

宅神将军和宅神是否是同一神灵，《赤松子章历》并没有说明。在同样属于早期正一道的道教经典《正一醮宅仪》中，宅神将军有五位，分别是东方宅神青土将军、南方宅神赤土将军、西方宅神白土将军、北方宅神黑土将军、内方宅神黄土将军。③ 宅神应有广义和狭

① 冯时：《中国古代物质文化史：天文历法》，开明出版社，2013，第50页。

② 《赤松子章历》，《道藏》第11册，第185~186页。

③ 《正一醮宅仪》，《道藏》第18册，第298页。

义之分。广义“宅神”是包括将军等多位宅内神灵的通称。《赤松子章历》说宅神有二十四位。宅神将军属于广义宅神的一种。狭义“宅神”仅指五方宅神。如《正一醮宅仪》有章文“谨启五方宅神，五土将军，宅内众官等”①。狭义上，宅神与将军所指不同。

从引文可见，将军往四方出游，每三个月换一个方位，一年游遍四方。宅神定期出游，定期上天并返回。宅神定期出游的具体时间见下表。

宅神游去来时间

01 甲子，来	11 甲戌	21 甲申	31 甲午	41 甲辰	51 甲寅，去
02 乙丑	12 乙亥	22 乙酉	32 乙未	42 乙巳	52 乙卯
03 丙寅	13 丙子	23 丙戌，去	33 丙申，去	43 丙午	53 丙辰
04 丁卯，去	14 丁丑	24 丁亥	34 丁酉	44 丁未	54 丁巳
05 戊辰	15 戊寅，去	25 戊子	35 戊戌	45 戊申，去	55 戊午
06 己巳	16 己卯	26 己丑	36 己亥	46 己酉	56 己未，来
07 庚午	17 庚辰	27 庚寅，来	37 庚子	47 庚戌	57 庚申
08 辛未，来	18 辛巳	28 辛卯	38 辛丑，来	48 辛亥，来	58 辛酉
09 壬申	19 壬午来	29 壬辰	39 壬寅	49 壬子	59 壬戌，去
10 癸酉	20 癸未	30 癸巳	40 癸卯	50 癸丑	60 癸亥

注：灰底表示出游，白底表示在家。

无论是宅神游去来时间或是上天的时间，均不能看出宅神外出的规律。但是，宜忌的规则是，宅神在家时宜上章、醮宅。宅神将军所游之方不得冒犯。

讲求时间与空间的配合，是这类宜禁的原则。时间和空间的配合，事实上正是在构建一个和谐统一的系统。通过对于时间和空间的把握，达到把握自己命运的目的。杨庆堃先生指出：“凭借对事件发生之际时空的控制，占卜和风水体现了一种宗教观念的和谐体系，包括信仰‘天’‘地’具有预定万事万物发生过程的力量。正因为人们相信上天能够控制个人生活的命运，所以他们接受了‘天命’的观

① 《正一醮宅仪》，《道藏》第 18 册，第 298 页。

念和皇权至高无上的神圣性。否则，作为一种政治宗教仪式，对天的崇拜有可能远离民众日常的经验生活。从这种意义上讲，阴阳五行神学体系具有连接国家事务的超自然的基础和人们日常生活的作用。”①诚然，人们相信上天可以控制人的生活，然而并不意味人在上天面前完全被动，道教认为可以通过时日禁忌等择吉避害的方法，使时间和空间的配合更加和谐，事情可以朝着更好的方向发展。事实上，很多道教时日禁忌不仅考虑时间，一般也会考虑空间的因素。时空配合所遵照的方法或有不同，如五行理论或是其他理论。无论采用哪种理论，一定要遵照时间和空间和谐一致的原则。

5. 巫术思维

道教的时日禁忌使用了巫术的思维。弗雷泽将巫术分成两类，相似律和接触律。殗秽禁忌正是接触律的表达。殗，有病、死亡、污浊之意。

《赤松子章历》有“身经殗秽，不得书章”，并有不同情况殗秽的日期：

> 殗秽
>
> 科曰：家有死亡，无论大小，妇人生产，大丧，殗一百日。生产，女子伤身，殗一百日。入产妇房，殗三日。小儿及奴婢死，殗一月。六畜死，殗一日。在外即无殗。期丧四十日。大功缌麻，月内殗，出月即解。往丧家哭泣，其日殗。久丧无殗。丧家祭食，产妇三日，及满月之食，并不可吃。右已上诸殗，不可修斋、设醮、上章，如在别处遇者，但以符水解之。②

---

① 杨庆堃：《中国社会中的宗教》，范丽珠译，四川人民出版社，2016，第 109 页。

② 《赤松子章历》，《道藏》第 11 册，第 189 页。

死亡是最为严重的殗秽，死亡对象的身份和地位不同，导致殗秽禁忌天数的差别。妇人生产被看作非常严重的秽污。

对于此文本的解读，姜守诚教授指出“这里将‘奴婢’乃至‘六畜’都视作家庭成员”[①]。笔者持不同意见。从文本来看，前文有“家有死亡，无论大小”，后又提小儿和奴婢，两者死亡的殗秽时间不同，说明小儿和奴婢不被包括在“家”中，“家”的范围排除了小儿和奴婢。“小儿”的含义不是指小孩子，而应该是成年人。学者指出“小儿”在汉代的用法，可指代成年人，有亲昵义，有轻蔑义。[②] 此处小儿与奴婢并称，说明小儿与奴婢的地位基本相同。《后汉书·彭宠传》有称呼成年奴仆为“小儿”，可证小儿即与奴婢地位相当的成年人。

每一种文化都有洁净与不洁事物的区别。道格拉斯认为“理性行为都离不开分类。分类的活动是一种普同人性”[③]，并以圣经中的饮食禁忌为例，指出“那些对于不洁动物的禁止不是基于憎恨，而是关于规则的精细理智结构的一部分。这个规则结构反映了上帝与人之间所立的约法”[④]。道教的殗秽禁忌，同样也是一种分类方式。它将死亡、生产划为一类，古代妇人生产死亡率极高。这样的分类方式并不消极，而是积极地构建出道教的规则。道教贵生恶死，道教核心理念是长生不死，所以通过各种宗教活动来强化这一理念，如在书符时遇到“生”“死”二字的处理：“不得悬生露死，谓死字不居行首，生字不在行下，当度其行间。”[⑤]

---

① 姜守诚：《中国古代的“家先”观念》，《学术界》2011 年第 4 期，注释第20 条。

② 王子今、刘林：《汉代“小儿”称谓》，《南都学坛》（人文社会科学学报）2012 年第 32 卷第 2 期。

③ 〔英〕玛丽·道格拉斯：《洁净与危险》，黄剑波等译，民族出版社，2008，Routledge 经典文丛版序言第 9 页。

④ 〔英〕玛丽·道格拉斯：《洁净与危险》，黄剑波等译，民族出版社，2008，Routledge 经典文丛版序言，第 7 页。

⑤ 《正一修真略仪》，《道藏》第 32 册，第 181 页。

根据殗秽禁忌的时间长短，可以推出这一禁忌的三个原则。

第一个原则是与己身的关系亲密程度，越亲近的人的死亡，殗秽禁忌的时间越长，对自身的影响越大。依据上文，可以排出下面的亲疏顺序：家人死亡=妇人生产=大丧>小儿、奴婢死亡>大功、缌麻所服对象死亡>六畜死>往丧家哭泣。家人死亡、妇人生产、父母死亡是与自身关系最为密切的事情。家中奴婢的死亡也是与己身关系紧密的事情。大功、缌麻是古代丧礼的丧服。中国古代的丧服根据死者与己身亲疏关系分为五种，即斩衰、齐衰、大功、小功、缌麻。这是一套十分复杂的礼法系统，古代学者为了清楚表达丧服制度，绘制了不同的五服图，包括元代龚端礼的鸡笼图、菱形宗枝图和朱子学派的宗枝图等，宋代以前可能还有大量的丧服图类。[①] 从表面看道教遵从世俗礼法，因为采用了大功、缌麻等术语。然而，早期正一道却并没有完全按照五服的礼法系统来制定自己的行事规范。[②] 大功、缌麻两种丧服所表达的亲属关系本来有两级之差，道教统一处理为“殗一月”。道教在五服关系上的模糊处理，符合早期道教的宗教特色：不如儒家那样严格区分亲属关系的亲疏程度，又没有完全抛弃世俗礼法。大功、缌麻代指的五服关系中较远的亲属关系。这些亲戚的死亡对自己的影响程度较低。家中家畜的死亡和去丧家哭泣虽然与己身关系不大，但是毕竟接触过亡者，死亡的污秽会因为接触而传染。

第二个因素是随着死亡时间的增加，污秽程度会降低，直至污秽完全消失。文中有“久丧无殗”。

第三个原则是距离亡者越远，污秽程度越轻。“在外即无殗”。如果死亡不是在自家发生，而是在其他地方遇到的话，污染程度低，

---

① 参见吴飞《五服图与古代中国的亲属制度》，《中国社会科学》2014年第12期。

② 道教其他文献也未严格按照儒家经典进行严格区分。如《三洞珠囊》：“受黄书契令在身者，遭父母丧一年也，期丧百日，大功丧四十日，小功丧满月，缌麻经月。”见《三洞珠囊》，《道藏》第25册，第327页。

可以用符水解秽。

殗秽禁忌区分两种情况，一种是自己身边人的死亡或生产，另一种是路遇死亡或生产。自己身边人的死亡或生产不可以进行道教活动，如修斋、设醮和上章。只是路上所遇死亡或生产的话，污染程度更低，可以通过宗教行为消除污染。故殗秽的本质和其他污秽一样，都是“位置不当的东西”。正如道格拉斯所言：“如果把关于污秽的观念中的病源学和卫生学因素去掉，我们就会得到对于污秽的古老定义，即污秽就是位置不当的东西……简言之，我们的污染行为是一个反应，它声讨任何一种可能混淆或抵触我们所珍视的分类的物体或观念。”① 在此例中，身边人的生产和死亡不能进行道教活动，而路遇死亡则可以通过符水的方式解秽后进行道教活动。可见身边人的生产和死亡，于道教的修斋、设醮和上章等活动而言，是位置不当的东西。即道教的修斋、设醮和上章等追求生命长久的活动与死亡、生产等完全矛盾、互相排斥。

上文的“殗秽”是针对道教教团内部的祭酒等道士而言进行道教活动的规定。然而，殗秽并不限于道士，对于一般民众而言，家中有死亡或生产，也有殗秽。一般民众所遇殗秽，可通过道教祭酒等上章来解除。《赤松子章历》记录了请求解除凡俗之人殗秽的《生死解殗洗荡宅舍章》。章文节选如下：

> 今缘住宅生产死亡，恐有殗秽。宅中十二时辰，行年本命，害气相侵。今诣臣求乞章奏，洗浣宅庭，殗秽消荡，内外光明，神龙备卫，防保人口。唯专一心，上凭大道，乞求章文，解除殗秽，洗荡宅舍，安稳无虞，具如所陈。臣以凡愚，不明气候，辄承辞旨，伏地拜章一通，上闻天曹。谨为上请东方青帝解殗君、南方赤帝解殗君、西方白帝解殗君、北方黑帝解殗君、中央黄帝

① 〔英〕玛丽·道格拉斯：《洁净与危险》，黄剑波等译，民族出版社，2008，第45页。

解殗君，官将百二十人下，为洗浣肉人，解除殗秽。玉女使者，官将百二十人，各赍真精之水、五和之香，荡洒某家井灶等，大殗入海，小殗入江，千殗万秽，应时消灭。上请仙花玉女一千二百人，与东方青龙主水使者、南方赤龙主水使者、西方白龙主水使者、北方黑龙主水使者、中央黄龙主水使者，各赍真精之水，洗浣弟子某家住宅神灵，内外清净，并请敕河伯吕公子、营校尉督，一切水官将吏，更相传送，除解某家内外神真，皆令清净，利佑人口。大小若干人，乞无灾瘴，宅舍安宁，向去前途，五瘟不染，行年四出，常保无虞，以为效信，恩惟太上，云云。[①]

综上，殗秽禁忌的遵从对象既包括道教内部的道士，又包括世俗之人（肉人）。殗秽具有强烈的传染性，殗秽的污浊程度受三个因素影响：一是由已身与亡者或生产者的亲疏程度，关系越亲密，已身越污秽；二是死亡或生产发生的时间，时间越近越污秽；三是已身与死亡或生产发生的空间，距离越近越污秽。殗秽禁忌的产生是因为死亡、生产事件的发生，而这些事件危害了道教的斋醮等求长生活动，故为污秽。身心混浊会导致邪恶来害人。唐代道教将此解释为“夫神气清虚，神灵所守。身心混浊，邪来害人。入静思真，要须防患，不履众恶，吉祥止焉”[②]。不清除污秽，则不能祈得吉祥。

6. 神煞观念

神煞是古代方术中的星神，包括吉、凶两种。吉者称神，凶者称煞。古人将星神与时间相对应，通过神煞之所在来判断吉凶。与前文所述的建除术和月相有所不同，神煞思想更加突出神煞的自身吉凶特征。《赤松子章历》中的禁忌主要是凶煞，如阴杀、天纲和将军太岁。

① 《赤松子章历》，《道藏》第 11 册，第 214~215 页。

② 《要修科仪戒律钞》，《道藏》第 6 册，第 980 页。

（1）阴杀

《赤松子章历》中列出了阴杀所在的具体时间：

阴杀所在

正月在寅，癸亥。二月在巳，辛酉。三月在午，庚戌。四月在未，癸亥。五月在寅，壬子。六月在卯，癸丑。七月在辰，甲寅。八月在亥，九月在巳，乙卯。十月在丑，丁巳。十一月在酉，丙午。十二月在酉，丁未。

右十二月此日，阴杀，可避之。①

就目前笔者所见资料，阴杀时间有几种不同的记录，包括道教内外的文献。《赤松子章历》逐月同时用地支和天干地支表示。宋代灵宝派《灵宝玉鉴》逐月用地支表示。道教外部的一些占卜类书籍也记有阴杀：

各书载“阴杀”时间

文献来源	道教内			道教外			
文献名	《赤松子章历》		《灵宝玉鉴》	《卜筮全书》②	《断易大全》③	《断易大全》④	《御定六壬直指》⑤
成书年代	唐末以前		宋	明	清	清	清
正月	寅	癸亥	寅	寅	寅	寅	巳
二月	巳	辛酉	子	辰	子	辰	辰
三月	午	庚戌	戌	午	戌	午	卯
四月	未	癸亥	申	申	申	申	寅
五月	寅	壬子	午	戌	午	戌	丑

① 《赤松子章历》，《道藏》第11册，第185页。

② （明）姚际隆撰，谈易斋重订《卜筮全书》，崇祯庚午本，卷十四。

③ （清）余兴国：《断易大全》，中医古籍出版社，2012，第34页。

④ （清）余兴国：《断易大全》，中医古籍出版社，2012，第29页。

⑤ 李峰注解《御定六壬直指》，海南出版社，2002，第599页。

续表

文献来源	道教内			道教外			
文献名	《赤松子章历》		《灵宝玉鉴》	《卜筮全书》	《断易大全》	《断易大全》	《御定六壬直指》
成书年代	唐末以前		宋	明	清	清	清
六月	卯	癸丑	辰	子	辰	子	子
七月	辰	甲寅	申	寅	寅	寅	亥
八月	亥		巳	辰	子	辰	戌
九月	巳	乙丑	亥	午	戌	午	酉
十月	丑	丁巳	子	申	申	申	申
十一月	酉	丙午	子	戌	午	戌	未
十二月	酉	丁未	丑	子	辰	子	午
备注				生产忌之	阴谋病患，凶	生产忌动	

《断易大全》列出“阴杀”的两种时间。由上表可见，几种文献所记录的方式几乎都不同。只有《断易大全》的一种记录方式与《卜筮全书》的记录相同。

除逐月列出阴杀所在的方式，道教内外还有阴杀的其他推算方式。如唐代《太乙金镜式经》有《推飞行四杀》：“古法曰：‘若攻其域名与飞行四杀并合，必有屠城之象，常当以阴主加域名，地主下为灾杀，又以域名合神加域名，灾杀下为天贼杀。月杀者，孟月酉、仲月己、季月丑。阴杀下为天吏杀。常以阴主加岁、月、日、时。地主下为灾杀。又以岁、月、日、时合神加阴主。灾杀下为鬼杀。月杀下为天败杀也。”[①]《太乙金镜式经》属太一式或称太乙式，雷公、太一、六壬并称“三式”。

宋元间东华派斋醮科仪书《灵宝领教济度金书》是依出生年支

① （唐）王希明：《太乙金镜式经》，《影印文渊阁四库全书》第810册，台湾商务印书馆，1986，第918页。

来判定阴杀所在："阴杀，则子午生人见午，丑未见辰，寅申见寅，卯酉见子，辰戌见戌，巳亥见申是也。阳杀，则寅申生人见戌，卯酉见子，辰戌见寅，巳亥见辰，子午见午，丑未见申是也。"[①]

可见，阴杀在道教内外均未达成统一的看法。

阴杀与星象相关。明代《禽星易见》将阴杀解释为阴谋星，即女星泊于未位。《禽星易见》属星命学演禽术，是将二十八星宿与二十八种禽类相配，来占卜凶吉。女星与土蝠相配。"女禽在天，号阴谋星，其宿有四角，位居宝瓶，青州、齐国分野，乃飞禽，即飞鼠也。常居屋角、岩穴之中。自惊蛰后九月前有气。其禽虽小，诸禽难伏，喜天晴，怕寒冷。日伏夜游，遇四元己卯为将星，利用四火时吉……泊卯为妖女鹰纲，泊未曰阴杀，又曰蝠怀阴险。"[②]《断易大全》中释"阴杀"为"阴谋病患"，即以"阴谋星女星"星象为理论基础。

虽然多种书籍记载阴杀时间均不相同，然而阴杀都属于凶煞。早期正一道对"阴杀"的态度是"可避之"，而非绝对禁忌。故在后世的道教罕有记载，仅在灵宝派传播，而灵宝派内部的诠释也并不一致，说明其禁忌流行程度低。

（2）天纲忌用

《赤松子章历》有：

> 正月在未，二月在申，三月在酉，四月在戌，五月在亥，六月在子，七月在丑，八月在寅，九月在卯，十月在辰，十一月在巳，十二月在午。
>
> 右已上天纲，切须避之。[③]

---

① 《灵宝领教济度金书》，《道藏》第8册，第821页。

② （明）池本理：《禽星易见》，《影印文渊阁四库全书》第810册，台湾商务印书馆，1986，第1014页。

③ 《赤松子章历》，《道藏》第11册，第185页。

纲，是指渔网上提网的总绳。古人将天喻为网，即“天网”，天网横有纬线，纵有经线，与渔网类似。天纲则是比喻在天网中位处中央天极附近，起到控制作用的北斗星。

早期正一道将天纲看作北斗所主之煞。《女青鬼律》：“北斗主煞，南斗注生，煞是天纲，生是三台，自如人身，上应天地，法之日月，道在不远，三五来反，超然其可贵也。”[①] 民间《搜神记》也有“南斗注生，北斗注死。凡人受胎，皆从南斗过北斗”[②]。煞，即死。北斗是管理死亡的星宿。

在民间的术数里，天纲是吉神。如《阴阳五要奇书》天纲在十二星次中为上吉，是七政（日、月、金、木、水、火、土）的枢纽，有“主宰阴阳，调化神煞，纪纲造化，比之尊帝，发福尤重，极为妙用”[③]。《卜筮全书》中天纲所在的日子为“地解”，吉神。农书《四时纂要》天纲所在的日子为“小耗”，是凶神。

《赤松子章历》对“天纲”禁忌的规定是“切须避之”。从措辞上看，十分严格。而在术数系统中凶吉不定。可见，道教的禁忌和术数系统的凶吉未必相同。

（3）将军太岁

《赤松子章历》有“将军太岁游”：

> 甲子东游五日，己巳日还。丙子南游五日，辛巳日还。庚子西游五日，乙巳日还。壬子北游五日，丁巳日还。戊子中宫游五日，癸巳日还。
>
> 右将军太岁去来，切须避之。[④]

---

① 《女青鬼律》，《道藏》第 18 册，第 242 页。

② （晋）干宝撰，汪绍楹校注《搜神记》，中华书局，1979，第 34 页。

③ （晋）郭璞等：《阴阳五要奇书》，九州出版社，2014，第 304 页。

④ 《赤松子章历》，《道藏》第 11 册，第 185 页。

将军太岁也属于早期正一道的神煞系统。《太上老君说阳宅八经》[①]《太上安镇九垒龙神妙经》[②] 把“将军太岁”列为恶煞。《黄帝宅经》：“又此二宅修造，唯看天道、天德、月德、生气到即修之，不避将军太岁、豹尾、黄幡、黑方及音姓宜忌。顺阴阳二气为正。此诸神杀及五姓、六十甲子皆从二气而生，列在方隅，直一年公事，故不为灾。”[③] 可见将军太岁是煞。道教在方位上，把将军太岁安排在下方。《道门科范大全》在安宅仪式上要向十方诸多神灵忏谢，包括东、南、西、北、东北、东南、西南、西北、上、下十个方位。“将军太岁”与“豹尾黄幡”等被安排在下方神煞中。[④]

将军太岁究竟何指？

敦煌民间故事《燕子赋》讲到避将军太岁：“仲春二月，双燕翱翔，欲造宅舍，夫妻平章。东西步度，南北占详，但避将军太岁，自然得福无殃。”[⑤]《燕子赋》的创作年代为唐开元天宝年间。可见，避将军太岁是唐代民间通行的建造时日禁忌。项楚先生引清代《陔余丛考》认为“将军太岁”是方士巫术的称谓，实际就是指太岁。翻检《陔余丛考》：

> 太岁避忌之法，汉已有之。其大将军之称，欧阳公《集古录》载李康碑云：岁在亥，大将军在酉。公谓出于阴阳家，前史所未尝见。周密以为，即张晏所谓岁后二辰为太阴者也。《抱朴子》有诺皋太阴将军之称。术家盖本此。按《汉书》王莽号其将军曰岁宿，则以太岁为大将军并起于新莽矣。（按：《集古录》所云，则

① 《太上老君说安宅八阳经》，《道藏》第 11 册，第 372 页。
② 《太上安镇九垒龙神妙经》，《道藏》第 2 册，第 34 页。
③ 《黄帝宅经》，《道藏》第 4 册，第 980 页。
④ 《道门科范大全集》，《道藏》第 31 册，第 856 页。
⑤ 周绍良主编《敦煌文学作品选》，中华书局，1987，第 294 页。

大将军系岁后二辰，今术家则即以太岁为大将军）。[①]

从上文可见，太岁将军有两种解释，一种大将军不是太岁，大将军在岁后两辰；另一种是认为太岁就是大将军。然而邓文宽先生专门撰文《敦煌写本〈燕子赋〉（甲种）“将军”释词》讨论“将军”之意。他认为《燕子赋》中“将军”就是指“大将军”，而“太岁”与“大将军”不同。他列出了太岁、大将军、太阴在不同年份的方位，来说明三者不同。[②]

敦煌文献 P. 3594 有“推太岁游图法”，图中所载太岁出游时间与《赤松子章历》中完全一致。陈于柱教授整理出推太岁游图法如下：

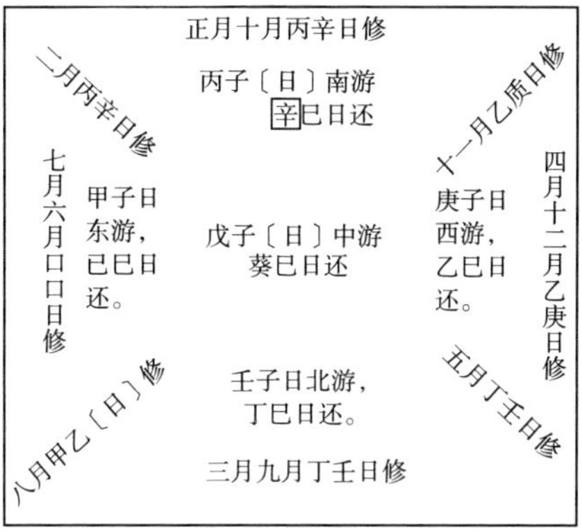

太岁游图法

资料来源：陈于柱：《敦煌写本宅经校录研究》，民族出版社，2007，第464页。

P. 3594 图下有文：“太岁太阴常同游，游后本位地修造吉。告还日立停，如作未了，更待后游日。重做妨其。太岁游在之处，不须修

① （清）赵翼：《陔余丛考》卷三十四，商务印书馆，1957，第 724~725 页。

② 邓文宽：《敦煌写本〈燕子赋〉（甲种）“将军”释词》，《中国敦煌吐鲁番学会研究通讯》第 23 期。

造动土，审看慎之，大吉。不忌之，便家长大凶。”[①] 即太岁所在之地不能修造。

《佛说天地八阳神咒经》中也列了“大将军太岁”。[②] 官方修订的择日历《星历考原》等有“太岁已下神杀出游日”，与《赤松子章历》所载时间完全一致。说明这一禁忌在官方、民俗生活、佛教等领域均有着重要影响。

太岁将军游的时间规律是每逢子日出游，每次出游五天。甲子日东游，丙子日南游，庚子日西游，壬子日北游，戊子日中游，其出游方向是由子日的天干的五行属性决定的。甲属木，方位配东；丙属火，方位配南；庚属金，方位配西；辛属水，方位配北；戊属土，方位配中。出游五天，《星历考原》解释为：“五者生数之极，故各出游五日，共五五二十五也。”[③] 《协纪辨方书》解释为“其以五日为断者，天数五，地数五，五者数之终也”[④]。

“将军太岁游”究竟禁忌何事？在《赤松子章历》中并未明确提出。考虑到这一禁忌安排的位置，处于“宅神将军游”、“宅神游去来”、“河伯土公游”和“宅神上天的时间”之间，可能是编撰者认为它们的内容相近。宅神在时醮宅有福，上章醮请无不应；河伯土公在时谢土有福。与之内容相近的“将军太岁游”应该也是禁忌上章醮请。另外，记有“将军太岁游”的其他道经——《太上老君说阳宅八经》、《太上安镇九垒龙神妙经》和《黄帝宅经》均属于宅经。因此，禁忌事项应与宅神相关的宜忌一致。

---

① 陈于柱：《敦煌写本宅经校录研究》，民族出版社，2007，第464~465页。

② 《佛说天地八阳神咒经》，《大正新修大藏经》第85册，台湾新文丰出版公司，1983，第1423页。

③ （清）李光地编《御定星历考原》卷二，谢路军主编，郑同点校《四库全书术数二集》第3册，华龄出版社，2007，第196页。

④ 《协纪辨方书》，李零主编，刘乐贤点校《中国方术概观·选择卷》，人民中国出版社，1993，第166页。

凶煞系统的产生以星象学为基础，但是具体推算的过程仍待进一步的研究。此类禁忌在道教应用中简单快捷地处理为煞，从时间上直接避忌。

7. 道教神灵信仰观念

《赤松子章历》的一些禁忌来源于道教神灵信仰观念，如天官朝礼天门、道父母忌、十二时辰和杀师忌日。

（1）天官朝礼天门

《赤松子章历》中有“天官朝礼天门”：

> 正月二日，二月九日，三月十日，四月十一日，五月十一日，六月十一日，七月二日，八月十三日，九月十三日，十月八日，十一月十五日，十二月十三日，闰月十一日。
>
> 右件日，不可拜章。[①]

天官在早期正一道的信仰体系中非常重要。“官”在道教信仰中有几种意思：官府义、道士、鬼神。[②]“天官”有广义和狭义之分。广义的“天官”是指仿照人间的官吏体系建立起来，位处天上、属于神圣世界的官员体系。如《赤松子章历》有“五方天官”等。《正一法文经章官品》有“天官扬秩君官一百二十人，君吏一百二十人”“天官五行君官将一百二十人”“天官五行三五七九君官将一百二十人”等。天官的职能范围较广，包括“监察考召山川社稷土地之主”来收除虎狼[③]，消灭“旱魃之鬼”、辟除“蝗虫鼠灾”、解“咒诅”、消怪、分解厄难、安宅、收捕五瘟疫疠鬼贼、解除五墓殃注灾厄、催生等。《正一法文经章官品》的内容主要是记述各位神灵的职责。狭义的“天

① 《赤松子章历》，《道藏》第 11 册，第 184 页。

② 参见叶贵良《敦煌道经词汇研究》，浙江大学博士学位论文，2004，第 87~91 页。

③ 《赤松子章历》，《道藏》第 11 册，第 194 页。

官”则是指三官信仰中与“地官”“水官”并称的“天官”。《赤松子章历》中“为天地神祇言功章”有“天官役使吏兵及天地水三官”，前一个“天官”是广义使用；后一个“天地水三官”即狭义使用。

天官朝礼天门之日不可拜章，原因主要是众多天官聚集在天门，没有时间处理人间事务。根据《赤松子章历》，早期正一道在书章后封章时书“谨诣三天门下，请进”，即章文送达的地方是三天门下。天门在《赤松子章历》中已有描述，如“门度一丈八尺”，有周将军驻守，仙童传章、玉童接章和引入、穿着朱衣玄冠的太一呈章，太上览章后交由太一办理和署名。而后仙童收章表分付日直曹官。《登真隐诀》中三天门为玉帝之所在：道民入静后所祈祷的内容最终送达玉帝处“守静四面玉女，（二朝时并云及侍经神童玉女。）并侍卫火烟，书记（某）所言，径入三天门玉帝几前。（二朝云上清宫太微天帝道君几前，上清上宫太上高圣玉晨道君几前。）”① 道教有仙品等级不同的神，几种道经都认为三天门有最高级别的神在，故天官需要定期朝礼天门，即朝礼最高神。

早期道经有三天，虽没有十分具体的表述，然而却是后世三天门思想发展的基础。宋代《灵宝玉鉴》详述三天门的名称、位置、神将、神吏、接受上章类别，如下表所示。

三天门神吏

三界	三天	位置	天门名称	神将神吏	接受上章内容
第一欲界	紫微星天文	今仰视周天星文霄汉之	阳精天门	神将将军唐灵君；神吏穆虚巳；功曹天辅英；童子杨伯华；引进丹元辉	为民祈福

① （南朝梁）陶弘景撰，王家葵辑校《登真隐诀辑校》，中华书局，2011，第72页。

续表

三界	三天	位置	天门名称	神将神吏	接受上章内容
第二色界	紫微垣玉晨天	紫微宝境禹余七宝紫微宫殿门	洞华天门	葛灵侠；神将韩全林；功曹幽界；童子邓方华；引进灵苑道三将军	
第三无色界	金阙寥阳天	此上帝之居，玉晨大道君治化之别境也	正阳门	将军周灵武	
三天门下	紫微府			神将李机青；功曹洞清臣；童子曹景华；引进阮子卿	呈进词章上表

资料来源：《灵宝玉鉴》，《道藏》第10册，第280页。

《灵宝玉鉴》中洞华天门和正阳门接受上章的类型缺失。元末明初所辑的《道法会元》洞华天门接受上章类型“为禳兵火三灾，水旱妖孽、星怪鬼魔，不祥之事”；正阳门接受上章类型“为国王帝主祈求景福、求嗣或四鄙兵贼、灾疫、社稷大事普及幽显”[①]。即根据上章的类别，选择上章的天门。

天官朝礼天门时间每月一天，然而从时间上却看不出规律。可能天官朝礼天门时间是来自道教信仰系统的规定，无须解释为何是这一天。天官朝礼天门时不上章的原因，主要反映了道教信仰者以现实世界的经验想象神仙世界。

（2）道父母忌

《赤松子章历》题名“道父母忌”下有：

> 丙寅丁卯道父忌，丙申丁酉道母忌。戊辰戊戌南帝忌，壬辰壬戌北帝忌。[②]

---

① 《道法会元》，《道藏》第30册，第155页。

② 《赤松子章历》，《道藏》第11册，第184页。

道父母是早期正一道信仰内容之一。几种道教经典均述道父、道母。

《上清黄书过度仪》是早期正一道房中修炼仪式的经文。在仪式过程中，向各方神灵祈求过度，众多神灵中包括道父和道母：

> 配甲
>
> 第十一配十二尊名言，甲寅明文章，道父赞厥又纵厥十某，甲申扈文长，道母阐揑尤戎拘。师言：（今有男女生某甲，从臣妾乞丐过度）。弟子言：（臣妾今从师某乙，乞丐更相过度）共奉行道德，乞丐阴阳和合，生炁布流臣妾身中，撤除死籍，著名长生玉历，过度九厄，得为后世种民。次呼甲子王文卿，师父康（可囊夏堂），甲午卫上卿，师母妞（乃丑切），次呼乙亥庞明心，道父橐颠托，乙巳唐文卿，道母閡（该罢切），次呼乙卯戴公阳，道父契欺制，乙酉孔利公，道母妈嫟（慈卒、慈律二切）。次呼甲辰孟非卿，道父杵祇藻东实，甲戌展子江，道母婕（知御切）。次呼乙丑龙季卿，道父挈宁琦男尾，乙未杜仲阳，道母嫼。①

《上清黄书过度仪》因文字古老、大量使用术语、缺乏图解的原因十分难读。上段引文在整个经文中尤其难读。葛兆光先生曾经对这一段进行了考察，认为其中“脱讹尤多”，他认为“阐揑尤戎拘”应为“阐，桎尤切”，“橐颠托”疑为“橐，颠托切”，“契欺制”疑为“契，欺制切”等。② 六甲和六乙一共十二个，与诸神的配属关系整理如下：

---

① 《上清黄书过度仪》，《道藏》第 32 册，第 737 页。

② 葛兆光：《〈上清黄书过度仪〉研究》，张国刚主编《中国社会历史评论》第四卷，商务印书馆，2002，第 332 页。

甲寅—道父赞厥又纵厥十某

甲申—道母阚

甲子—师父康

甲午—师母妞

乙亥—道父橐

乙巳—道母閻

乙卯—道父契

乙酉—道母妈嬑

甲辰—道父杵祇藻东实

甲戌—道母婕

乙丑—道父挐宁琦男尾

乙未—道母嫍

从上文可见，道父、道母有多位，且与师父、师母并列。道父、道母的名可能都是单名，但因为时间久远，加上早期正一道以戒律的方式要求对道父母的名讳保密，否则要受到惩罚，所以道父、道母在流传过程中讹误。《女青鬼律》："二十二者，不得妄以经书授与俗人，道父母名讳，泄漏真要诀语俗人，天夺算三百。"[①] 是否知晓道父、道母的真名，是道门中人和俗人的区别所在："三五七九之日，慎行生炁。子依吾图局，不犯三炁，如可仙，化民一千。不知道父母真名故为俗人。道士虽知《黄书契令》，不知二十四神人，故为伪人。"[②]《洞真黄书》有六甲、六乙与道父、道母名的对应的图：

① 《女青鬼律》，《道藏》第 18 册，第 245 页。

② 《女青鬼律》，《道藏》第 18 册，第 245 页。

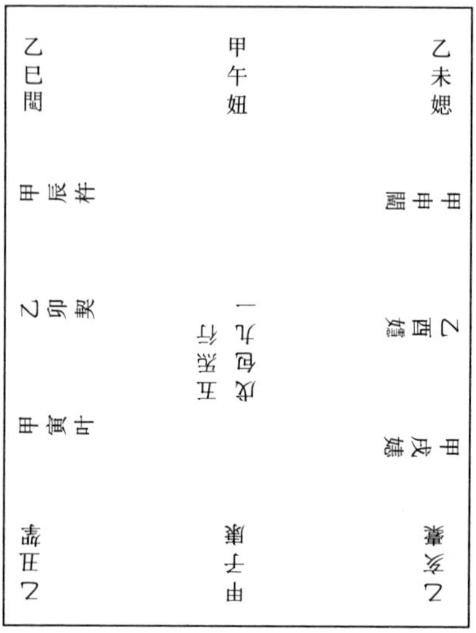

配十二尊图

资料来源：《道藏》第33册，第594页。

李零先生指出，干支配神共六十位，“男神三十，女神三十，两两相配”①。然而，道父、道母是否有六十位，其具体数量无法确切知道，也可能就是十二位。因为《元辰章醮立成历》和《六十甲子本命元辰历》并没有“道父”和“道母”。而且《洞真黄书》中六甲、六乙已占据了四方。

早期正一道中道父忌的时间为丙寅丁卯，道母忌的时间为丙申丁酉。按照六十甲子纳音，丙寅、丁卯为炉中火，居卯位，丙申丁酉为山下火，居酉位。卯在空间上属正东，酉在空间上属正西。标题“道父母忌”则包括道父忌，道母忌，南帝忌，北帝忌。空间上分别属于东、西、南、北。但是南帝、北帝忌的干支纳音所对应的不是正

① 李零：《东汉魏晋南北朝房中经典流派考》，《中国方术续考》，东方出版社，2000，第373页。

南和正北，南帝忌戊辰大林木，巳位；戊戌，平地木，亥位。北帝忌壬辰长流水，巳位；壬戌大海水，亥位。如下面“六十花甲纳音图”所示。所以道父母忌的理论依据还需要进一步的发掘和研究。

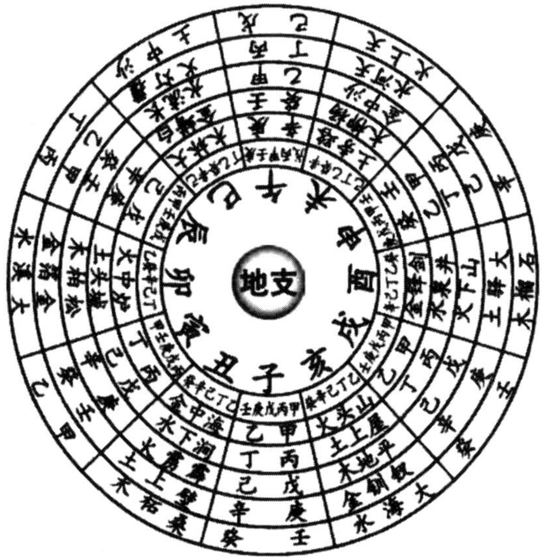

六十花甲纳音图

来自佛教的资料认为，道教中“道父”“道母”是合气之后所赠物名：“道姑、道男冠、女官、道父、道母、神君、种民，此是合气之后，赠物名也。”[①] 然而，我们认为，“道父”“道母”与“道姑”“女官”等一般修道人士不同，应为更高位阶的神灵。“建斋为道真、为道种、道父、道母、真人、神人、仙人、圣人，或共为道，同共饮食，长生无极。”[②] 引文中道教名号的排列遵循从低到高的原则，那么道父、道母的位阶当高于道种，低于真人。

① （南朝梁）僧佑、（唐）道宣：《弘明集广弘明集》卷八引，上海古籍出版社，1991，第 49~50 页。

② 《要修科仪戒律钞》，《道藏》第 6 册，第 963 页。

上清派将道父、道母解释为身中之神。如上清派经典《黄庭内经景》有“黄庭内人服锦衣”，唐代道士梁丘子注为“黄庭内人谓道母，黄庭真人谓道父，人身备有之”①。其他诸注本未作此解，包括题名吕祖所作《太上黄庭内景玉经》、明代李一元注的《黄庭内景经》。《上清三真旨要玉诀》有“欲饮食，先说姓名，建身为道，身为天府，道父道母，真人仙人，神人圣人，我合共饮食，神男玉女，侍在左侧，持我仙箓，生生无极。右出《道要》中”②。

明代编辑的道经《灵宝无量度人上经大法》将道父、道母解释为人身之外的神，道父、道母之炁可以与人体之气相结合。《解结塞死户法》曰：“师曰：凡人身中真炁与诸天炁合，人以胎生，胎中复受邪炁，与正炁混杂，故人身中有十二结、三十九死尸，当先解十二结、三十九死户，则人之真炁，上与天通，户解结有经，塞死户，有《大洞三十九章》：雄一雌一回风混合之道。雄一帝君、雌一帝君，乃两目中瞳人也。雄一长四寸在人之下唇内，坐以听诵经。雌一亦长四寸，在上唇内，坐以听诵经。况人之三田，每田有四结，并十三死户，解结之法，诵解结经，请道父道母之炁，先解下田结去了；次解中田；后解上田。”③《灵宝无量度人上经大法》更加清楚地指出人身之气可以与道父、道母之气合一：“解结之后，合道父、道母之炁为一身，归于黄庭。”④

上清派的道父、道母忌与早期正一道的时间有所不同。上清派以戊辰和戊戌为道父、道母忌。《上清童初五元素府玉册正法》有“元君入靖法”，称“道家以六戊日不烧香，如有急切祈告者，惟戊辰、

① （唐）梁丘子等注《黄庭经集释》，中央编译出版社，2015，第66页。
② 《上清三真旨要玉诀》，《道藏》第6册，第630页。
③ 《上清灵宝大法》，《道藏》第30册，第692~693页。
④ 《灵宝无量度人上经大法》，《道藏》第3册，第871页。

戊戌乃道父、道母之忌。余戊日亦听从便也"[①]。以戊辰和戊戌为道父、道母忌可能是后世流传之误。因为《赤松子章历》早出，其中"道父母忌"下包括道父忌、道母忌、南帝忌、北帝忌。《赤松子章历》中有"戊辰戊戌南帝忌"，故后世误将戊辰、戊戌作为道父道母忌。这种讹误流传较广，宋代官方征集编订的中医全书《圣济总录》有："戊辰戊戌日不带符法：凡戊辰、戊戌日不得带符，皆道父、道母忌日，勿用之。"[②] 表明宋代中医界也以戊辰戊戌为道父母忌。

唐代道士张万福是整理科仪的重要人物。他认为在他生活的年代，道父母忌已被误解。《洞玄灵宝道士受三洞经诫法箓择日历》有："昔尝游江、淮、吴、蜀，而师资付度，甚自轻率。至于斋静，殊不尽心。唯专醮祭，夜中施设。近来此风少行京洛，良由供奉道士多此中人，持兹鄙俗，施于帝里。又云靖忌：道父母忌，不入靖烧香，愚人景慕，用为奇诀。其道父母靖忌，上禁祭酒奏章设醮，元不及三洞上法，至如戊辰、己巳、戊戌、己亥，随日流行，而十斋、八节、五通太素朝第山等天之定日，求仙要领，若与之会得不朝真者乎？此盖济世之小道，非修身上法，汝之弟子宜识之焉。"[③] 张万福认为南方醮仪是鄙俗，道父母忌的原意是对祭酒的规定，而不是对于"三洞上法"即斋戒的要求。道父母忌等被看作"济世小法"，而非"上法"。张万福在道教界影响较大，或是受他影响，后世对道父母忌并不重视，以至于流传错误。

（3）十二时辰

《赤松子章历》中有：

---

① 《道法会元》，《道藏》第 30 册，第 103 页。

② （宋）赵佶编，王振国、杨金萍主校《圣济总录校注》，上海科学技术出版社，2016，第 1890 页。

③ 《洞玄灵宝道士受三洞经诫法箓择日历》，《道藏》第 32 册，第 184 页。

十二时辰

正月、四月、七月、十月，鸡鸣、食时、未、戌（神在门）；平旦、隅[①]中、申、亥（神在外）；日出[②]、午、酉、子（神在内）。二月、五月、八月、十一月，卯、午、酉、子（神在门）。鸡鸣、辰、未、戌（神在外）；寅、巳、申、亥（神在内）。三月、六月、九月、十二月，寅、巳、申、亥（神在门）。卯、午、酉、子（神在外）。辰、未、戌、丑。（神在内）。

右十二月十二时辰，所在不可犯。[③]

上段文字使用了时辰的两类名称。一是以地支称，如未、戌等；一种是以天色及对应的物象和人的活动称，如鸡鸣、食时。两类称呼虽不同，但指的时间相同，其对应关系如下。

地支纪时法与天色纪时法对应

地支称时	天色及对应物象、人的活动的称时
子	夜半
丑	鸡鸣
寅	平旦
卯	日出
辰	食时
巳	隅中
午	日中
未	日昳
申	晡时
酉	日入
戌	黄昏
亥	人定

① 原文为“禺中”，“禺”为“隅”之误。

② 原文为“日入”，疑为“日出”，因为“日入”即酉时，与后文重复。若为“日出”即卯时，正好十二时辰完整。

③ 《赤松子章历》，《道藏》第11册，第184~185页。

将上文两种称呼统一用地支来表示，则可将上述引文内容制作下表。

“十二时辰”禁忌

月份	地支计月	神在外	神在门	神在内	
正月、四月、七月、十月	寅月、巳月、申月、亥月	寅、巳、申、亥	丑、辰、未、戌	卯、午、酉、子	四孟
二月、五月、八月、十一月	卯月、午月、酉月、子月	丑、辰、未、戌	卯、午、酉、子	寅、巳、申、亥	四仲
三月、六月、九月、十二月	辰月、未月、戌月、丑月	卯、午、酉、子	寅、巳、申、亥	辰、未、戌、丑	四季

将月份和时辰全部按顺序排列入下表。

“十二时辰”逐月禁忌

时辰 月份	子	丑	寅	卯	辰	巳	午	未	申	酉	戌	亥
正	内	门	外	内	门	外	内	门	外	内	门	外
二	门	外	内	门	外	内	门	外	内	门	外	内
三	外	内	门	外	内	门	外	内	门	外	内	门
四	内	门	外	内	门	外	内	门	外	内	门	外
五	门	外	内	门	外	内	门	外	内	门	外	内
六	外	内	门	外	内	门	外	内	门	外	内	门
七	内	门	外	内	门	外	内	门	外	内	门	外
八	门	外	内	门	外	内	门	外	内	门	外	内
九	外	内	门	外	内	门	外	内	门	外	内	门
十	内	门	外	内	门	外	内	门	外	内	门	外
十一	门	外	内	门	外	内	门	外	内	门	外	内
十二	外	内	门	外	内	门	外	内	门	外	内	门

可见，神在的位置随着月份和时辰而变化。月份分为孟、仲、季月，孟月、仲月和季月每个时辰神在位置各不同，孟月包括孟春、孟夏、孟秋、孟冬，每个时辰神在位置相同。神在位置的变动有规律：……内→门→外→内→门→外……根据月份，起始位置不同，孟

月从内始，仲月从门始，季月从外始，均遵循此规律。

兵阴阳家根据神在位置选择不同的军事策略。如《太白阴经》“推突围法”：“又曰：‘被围时，神在内，可守；神在门，相伤；神在外，可出。’”①《武经总要》引《神枢经》曰：“闻贼来追欲避难者，神在内宜右避，神在门宜中避，神在外，宜左避。”②《虎钤经》引《金匮经》：“《金匮经》曰：战不战，视勾陈……又说曰：斗加孟，神在内，宜止；加仲，神在门，两相伤；加季，神在外，宜出战，必大胜。”③

“十二时辰”所用之法当为六壬法。六壬法常用于推断吉凶，如在军事中。六壬法出现时间甚早，汉代时已是风行之法。《论衡·难岁篇》曰：“或（式）上十二神，登明、从魁之辈，工伎家谓之皆天神也，常立子、丑之位，俱有冲抵之气。”④根据六壬法，有十二神，分别是神后、大吉、功曹、太冲、天刚⑤、太一⑥、胜先⑦、小吉、传送、从魁、河魁、登明⑧。分别对应十二支和五行，如下表所示。

十二神与地支五行对应

	正月	二月	三月	四月	五月	六月	七月	八月	九月	十月	十一月	十二月
神名	登明	河魁	从魁	传送	小吉	胜先	太乙	天罡	太冲	功曹	大吉	神后
地支	亥	戌	酉	申	未	午	巳	辰	卯	寅	丑	子
五行	水神	土神	金神	金神	土神	火神	火神	土神	木神	木神	土神	水神

① （唐）李筌著，刘乐贤整理《神机制敌太白阴经》，海南国际新闻出版中心：诚成文化出版有限公司，1995，第131页。

② （宋）曾公亮等著，陈建中，黄明珍点校《武经总要》，商务印书馆，2017，第680页。

③ （宋）许洞：《虎钤经》，中华书局，1985，第115~117页。

④ 黄晖：《论衡校释》，中华书局，1990，第1021~1023页。

⑤ 也作“天罡”。

⑥ 或作“太乙”。

⑦ 或作“胜光”。

⑧ 或作“徵明”“微明”。

古代典籍以阴阳分析十二神的名称。《五行大义》引《玄女拭经》曰："子神后者，子为黄钟，君道，故称后，阳之始也。阳动于内而未形，故称神也。丑大吉者，万物至丑，皆萌得阳生，故大吉也。寅功曹者，万物至寅，其功已见。曹众也。众物功既见于寅也。卯太冲者，万物至卯，其皆太冲其心皮抽萼也。辰天刚者，当斗星之柄，其神刚强也。巳太一者，纯乾用事，天德在焉，故太一神后也。午胜先者，阳气大威，阴气时动。惟阳在先为胜也。未小吉者，万物毕熟成，故为小吉也。申传送者，传其成物，送与冬藏也。酉从魁者，从斗之魁第二星也。戌河魁者，河当首也。当斗魁首也。亥徵明者，水体内明，不见于外。徵其阳气至子方明也。神后主妇女，大吉主田农，功曹主迁邦，太冲主对吏，天刚主杀伐，太一主金宝，胜先主神祀，小吉主婚会，传送主掩捕，从魁主死丧，河魁主疾病，徵明主辟召。"①

早期正一道已将六壬法纳入道教的体系。《赤松子章历》"谢土章"里有"十二时辰将吏"，并列出"天刚、太一、胜先、小吉、传送、从魁、河魁、登明、神后、大吉、功曹、太冲"等名。

道藏中六壬法使用较多。《黄帝授三子玄女经》用六壬法来占卜嫁娶时辰。俞正燮考证该书成于秦汉间，遂古相传。② 道藏中保存着一些六壬法的经典或与六壬法密切相关的经典，如《黄帝龙首经》《黄帝太乙八门入式诀》《黄帝金匮玉衡经》《玄精碧匣灵宝聚玄经》《太上六壬明鉴符阴经》《洪恩灵济真君礼愿文》等。六壬法在道教占卜术中占有重要的地位，六壬法涉及之神灵也在道教神灵中有一席之地。在《无上黄箓大斋立成仪》的"神位门"有六壬之神，被称

① （隋）萧吉撰，〔日〕中村璋八校注《五行大义校注》（增订版），汲古书院，1998，第172~173页。

② （清）俞正燮撰，涂小马等校点《癸巳类稿》，辽宁教育出版社，2001，第353页。

为“功曹神君”等。[①]

道教法术认为神将可以捉鬼。属天心正法的《太上助国救民总真秘要》有《十二神将捉鬼枷缚考责法》，请十二神将捉拿病人身中鬼以给人治病。[②] 道教还给十二神将分别配有下级神，登明将下有津梁神，河魁将下有天都神，从魁将下有玉靡神，传送下有天马神，小吉下有天井神，胜先下有花萼神，太乙下有天车神，天罡下有天枢神，太冲下有三光神，功曹下有天良神，大吉下有紫微神，神后下有玄枢神。[③] 然而宋元时期，很多人已经不知道十二将下的神。《道法会元》卷七十七《天罡说》：“师曰：取天罡气毕，然后呼召十二月将神。夫将与神者，变现无方，神功莫测，上达天心，下推地理，中变人伦。世无不察。今人只知有天罡将了，却不知下有神矣。所谓神逐将灵，神无将不行，将无神不动是也。”[④] 十二将与神相互支持，缺一不可。

《赤松子章历》中“十二时辰，所在不可犯”，其理论依据是神在之处不可侵犯。

8. 民间禁忌

《赤松子章历》很多禁忌直接来源于民间，比如血忌、九空、天狼籍日、天父日、天母日、龙虎日、罪至日、受死日。除此以外，还包括建除术的白虎、太岁等禁忌。

（1）血忌

血忌在汉代已是较为流行的禁忌。王充《论衡》数次提到“血忌”。《四讳篇》言当时社会禁忌血忌日祭祀：“诸工技之家，说吉凶之占，皆有事状。宅家言治宅犯凶神，移徙言忌岁月，祭祀言触血

① 《无上黄箓大斋立成仪》，《道藏》第 9 册，第 725 页。
② 《太上助国救民总真秘要》，《道藏》第 32 册，第 94 页。
③ 《道法会元》，《道藏》第 29 册，第 281 页。
④ 《道法会元》，《道藏》第 29 册，第 281 页。

忌，丧葬言犯刚柔，皆有鬼神凶恶之禁。人不忌避，有病死之祸。”[①]《讥日篇》曰：“祭祀之历，亦有吉凶。假令血忌、月杀之日固凶，以杀牲设祭，必有患祸。”[②]《辨祟篇》曰：“血忌不杀牲，屠肆不多祸。”[③] 可见，汉代“血忌”禁忌杀牲、祭祀等。东汉时期，血忌成为历注内容。出土文献中，永元六年（94）的木简历注中有“血忌”一项，居延新简有“血忌”。历注表明血忌在东汉民众生活中属于重要禁忌。

就血忌这一禁忌来源，邓文宽先生根据血忌只见于秦汉时代历注，而不见已出土的各种“日书”，推论“这些丛辰项目，当源自另外一些已轶的《日书》，或者与《日书》性质相同的术数文献”[④]。

血忌，主要禁忌见血，杀牲要见血，故禁之。道教设祭不用牺牲，并不见血，为何也有“血忌”禁忌？这与中国古代传统祭祀相关。古代国家祭祀要杀牲，不同的祭祀用不同的牺牲，太牢用牛、羊、豕。少牢用羊、豕。古代民众生活中也杀牲献祭。《诗·豳风·七月》：“二之日凿冰冲冲，三之日纳于凌阴，四之日其蚤，献羔祭韭。”道教设祭并不用牺牲。道教称祭为“醮”：“牲牷血食谓之祭，蔬果精珍谓之醮。醮者，祭之别名也。”[⑤] 道教早期文献《女青鬼律》有“血食鬼”，可见道教反对用牺牲祭祀的态度。虽然道教反对牺牲血食，但因血忌禁忌已入历注，且国家祭祀、民间禁忌均用牺牲，因此国家祭祀和民间祭祀均会见血，可能国家祭祀和民间祭祀禁用血忌。道教设祭虽不见血也仍禁血忌，其中一个原因是道教不敢与当时

---

① 黄晖：《论衡校释》，中华书局，1990，第 969 页。

② 黄晖：《论衡校释》，中华书局，1990，第 992 页。

③ 黄晖：《论衡校释》，中华书局，1990，第 1013 页。

④ 邓文宽：《敦煌历日与出土战国秦汉〈日书〉的文化关联》，见《邓文宽敦煌天文历法考索》，上海古籍出版社，2010，第 149 页。

⑤ 《无上黄箓大斋立成仪》，《道藏》第 9 册，第 464 页。

政权公然对立。丁若木在分析道教祭祀虽反对杀生祠祀，但对淫祠的规定不包括天子祭天等内容，是出于对封建政权的忌惮。“这在很大程度上是由于投鼠忌器，不敢过分冒犯封建专制政权，因为上述内容是统治者推行的祭祀之礼的核心。”[①] 另外一个原因是，道教的禁忌祭祀时间与民间禁忌祭祀的时间相一致，更加容易获得民众的好感和信任。若在民众熟知的血忌日进行道教祭祀，可能会引起民众对道教的怀疑。若道教信仰者对民众作更进一步解释，可能会引起道教与民众常识的冲突。为避免冲突，道教禁血忌是简单的处理方式。

血忌的时间，在《赤松子章历》中为：“正丑，二未，三寅，四申，五卯，六酉，七辰，八戌，九巳，十亥，十一午，十二子。右十二月血忌日，不可用。”永元六年历简有“闰十一月十一日甲午破血忌天李”。十一月午日血忌，和《赤松子章历》一致。检视后世文献，包括道教文献《云笈七签》的《摄生月令》[②]、敦煌文献唐元和四年乙丑岁（809）具注历日[③]和择日通书《协纪辨方书》[④] 等记载的血忌时间都完全相同。说明血忌是一种十分流行并且被人们广泛接受的禁忌。血忌禁忌在流传过程保持原貌的原因与中医有关。中医文献中，血忌禁针刺。通常针刺不会见血，但也会因为手法或个人身体原因等出血。早期中医文献《黄帝虾蟆经》记有血忌。并言：“一名‘致忌’。一名‘禁忌’。其日不可灸刺，见血忌凶。此日天之厨乎?”其后众多医书转载，如唐代孙思邈的《备急千金要方》、元代窦桂芳的《黄帝明堂灸经》、明代高武的《针灸聚英》、明代杨继洲的《针

① 丁若木：《都江堰神祠与道教》，《宗教学研究》1994 年第 4 期，第 28 页。

② （宋）张君房编《云笈七签》，中华书局，2003，第 797~804 页。

③ 邓文宽辑校《敦煌天文历法文献辑校》（影印本），江苏古籍出版社，1996，第 114~121 页。

④ 《协纪辨方书》，李零主编，刘乐贤点校《中国方术概观·选择卷》，人民中国出版社，1993，第 600~791 页。

灸大成》等。血忌在中医针刺文献中的记载，会更多促进针刺在实践中遵行此禁忌。从某种角度讲，中医对于血忌禁忌的世代延续起到了非常重要的作用。

（2）九空

《赤松子章历》中“九空”为：

> 正辰，二丑，三戌，四未，五卯，六子，七酉，八午，九寅，十亥，十一申，十二巳。
>
> 右十二月九空日，不可用。

《论衡·讥日》：“葬历曰：‘葬避九空、地臽，及日之刚柔，月之奇耦。’”九空在东汉时期为流行禁忌，《论衡》反映出来九空禁忌是丧葬方面的事项。《道藏》有几处提到九空禁忌。一是《赤松子章历》，二是宋代《云笈七签》所收的《摄生月令》，三是《太上洞渊神咒经》。《赤松子章历》和《摄生月令》是按月列出九空所在的地支，所记录的时间除了八月不同，其余全部相同。然而这两种文献均未说明九空日禁忌哪些事情。《太上洞渊神咒经》有《召诸天神龙安镇墓宅品》，言九空不能修造坟墓。《召诸天神龙安镇墓宅品》以元始天尊与太上道君对话的方式谈论世间饥寒贫苦者的苦难来源：“如是饥寒贫苦之者，或是先世劫剥，深害善人。或乃窃盗修造等物，见危不救，见厄不扶。或待人力数多。或倚连仓积谷。或托家盈财帛。或凭富厚钱银。或言人多宅狭。或嫌厅堂低小。不避身杀命灾，不识财衰禄绝。率意修换，干犯二黑、五黄，宅绝身衰，营运九空、四废。或乃葬埋眷属，只畏呼妇杀儿，不取亡人利益年月，营墓之所。又是死人五鬼三灾，致令生人受生殃祸，使其人丁凶暴。或乃交往恶徒。或时恃凶凌弱。或时抵突长者。或则骂父欺孃（娘），致被木石所伤，亦遭蛇虎所害。或遭雷霹。或被灾火焚烧，瘟瘴疫殂，兵伤狱死，连年诉讼，横失钱财，所作不成，所求难遂，田蚕失力，眷属不和，六畜不孳，累岁迍邅，连年不泰，求安无路可寻。”① 其中，造成生活饥寒的原因列了数条，包括先世作恶，或者在修墓时犯“二黑”“五黄”“九空”“四废”等禁忌。修墓时犯“九空”等禁忌，会导致与道德败坏相同的后果，可见道教对“九空”禁忌的重视。

“九空”在唐代民间也有流行，主要禁忌内容为不可作灶、种植、上官、求财。唐代类书《艺文类聚》保存了当时作灶法，特别提到九空作灶凶：“《杂五行书》曰：作灶法，当辰巳间隙地取土，先掘去上五寸，以水美酒一升，合和泥之。以癸亥日修之，此日安灶自如也。作灶法，广四尺，长五尺，欲安两釜，长七尺。子孙富贵。作灶余泥，不可泥井。井余土，不可泥灶，大凶。勿以壬癸庚辛，反支，九空，血忌破危，闭建寅日，皆凶。灶君名禅，字子郭，衣黄衣，披发，从灶中出，知其名呼之可得除凶恶贾市。不知其名，见之死。猪肝泥灶，令妇孝。灶君以壬子日死，不用此日治灶。”② 《杂五行书》被其后很多书籍引用，如《齐民要术》《酉阳杂俎》《艺文类聚》《太平广记》等。《杂五行书》记有刘宋武帝之女寿阳公主始创梅花妆，刘宋武帝在位时间为 420～422 年，《齐民要术》成书时间为公元 5 世纪。③《杂五行书》的成书时间当在刘宋武帝登基以后，《齐民要术》成书之前。《杂五行书》有九空忌作灶，说明南北朝时期九空禁忌在民间流行。唐代亦遵从此禁忌。唐代农书《四时纂要》记正月诸凶日有九空：“辰为九焦，又为九空，不可种莳；上官、求财为坎坷。④”

元代九空禁忌时间有争论。元代曹震圭《历事明原》记载，当时“历家”认为九空与九焦、九坎相同。而《历例》记九空与九焦、

① 《太上洞渊神咒经》，《道藏》第 6 册，第 62 页。

② （唐）欧阳询撰，汪绍楹校《艺文类聚》，上海古籍出版社，1982，第 1375 页。

③ 《齐民要术》成书年代，缪启愉定于 330～540 年，栾调甫认为是 526～538 年。

④ （唐）韩鄂原编，缪启愉校释《四时纂要校释》，农业出版社，1981，第 16 页。

九坎不同。曹震圭认为“历家”有误。曹震圭解释“九空”为“墓库破散之神也。库破则空，冲则散。假令寅、午、戌月火库在戌，辰能冲散也；亥、卯、未月木墓在未，丑能冲散也；申、子、辰月水墓在辰，戌能冲散也；巳、酉、丑月金墓在丑，未能冲散也”①。曹震圭的推算方式是以“五行寄生十二宫”理论为依据。寅、午、戌为火之三合。因为按照五行寄生十二宫的理论，火生于寅，旺于午，墓于戌。寅、午、戌火之三合。三合是“异位而同气”②。辰能冲散火，故寅（正月）、午（七月）、戌（十一月）的九空为辰。其他各月均按此法推算。曹震圭记的九空时间与《赤松子章历》不同，而被他批评的“历家”所记的九空时间与《赤松子章历》和后世所传九焦、九坎同。实际上是曹震圭之误。然而《历事明原》影响较大，清代《钦定协纪辨方书》采用了曹氏的说法。

明代九空禁忌仍在通书中流行，禁忌时间仍和《赤松子章历》相同，而禁忌内容为禁开仓库。据《永乐大典》，明代流通的通书九空时间与《赤松子章历》同。刘宗孟《历法统宗》开库凶神包括“九空空亡”，释为“百忌，开仓库凶”。③ 明代何士泰编《历法集成》开库店肆凶日包括“九空空亡”④。两书所记“九空”均与《赤松子章历》同。《历法集成》后被明代熊宗立收入《类编历法通书大全》。

综上，九空来自民间禁忌。汉代时民间禁忌九空下葬，道教亦禁修造坟墓。之后九空禁忌在道教中虽有记载，却记载不多，禁忌内容不详。九空禁忌在民间虽一直流行，但禁忌事项不一致——南北朝和

---

① 李零主编，刘乐贤点校《中国方术概观·选择卷》，人民中国出版社，1993，第211页。

② 李零主编，刘乐贤点校《中国方术概观·选择卷》，人民中国出版社，1993，第211、224页。

③ 《永乐大典》卷20139，明嘉靖隆庆间内府重写本，第26页。

④ 《永乐大典》卷20139，明嘉靖隆庆间内府重写本，第25页。

唐朝时期忌修灶、耕种、上官、求财，元明时期，禁开仓；禁忌时间记录不同——曹震圭与其他历家的不同。故九空禁忌应该流行范围不广，并没有形成统一的版本。

（3）天狼籍日

《赤松子章历》按月列出天狼籍日：

> 正子，二辰，三午，四酉，五子，六卯，七午，八未，九子，十卯，十一午，十二酉。
>
> 右十二月狼籍日，不可用。

“天狼籍日”这一说法并不多见，笔者仅在《赤松子章历》中见过。故研究者认为“天狼籍日”实际为“天火狼籍日”，其依据是农书《四时纂要》“天火日”和“狼籍日”为同一天。[①]《武经总要》有“天火狼籍日”的记载。

宋代《武经总要》记载“天火狼籍日”的时间为“正、五、九月在子，二、六、十月在卯，三、七、十一月在午，四、八、十二月在酉”[②]，禁忌事项为用兵。“天火狼籍”在后世通书中有记载。明朝《臞仙肘后方》中天火狼籍为历注内容，并有禁忌事项：“前三条俱忌朱雀黑道，天牢黑道，天火狼籍，独火月火……”[③] 前三条即指筑修城池建营寨、造仓库、修仓库。清代《象吉通书》记“天火狼籍”

---

① 周艳萍：《〈赤松子章历〉择日避忌》，北京大学硕士学位学位论文，2007，第22页。

② （宋）曾公亮等著，陈建中、黄明珍校《武经总要》，商务印书馆，2017，第672页。

③ （明）朱权：《臞仙肘后经》，顾颉主编，洪丕谟审校《选择集成》，重庆出版社，1994，第119~120页。

为凶日，忌耕种[1]，忌竖造宅舍[2]，忌盖屋泥饰[3]，忌造作门楼[4]，天火狼籍的时间逐月为正子、二卯、三午、四酉、五子、六卯、七午、八酉、九子、十卯、十一午、十二酉。[5]

“天火”“狼籍”分别记载在古代文献中，且较为多见。如上文提到的唐代农书《四时纂要》记正月“子为狼籍，巳为天刚，亥为河魁，不可为百事，嫁娶、埋葬尤忌。他月仿此”[6]。“子为天火，巳为地火，不可起造、种莳。”[7]《四时纂要》天火与狼籍时间相同。

元代以来，出现两种不同时间天火的记载。一种认为“正月在子，顺行四仲”。即正子、二卯、三午、四酉、五子、六卯、七午、八酉、九子、十卯、十一午、十二酉。如清代《星历考原》引《玉帐经》曰：“天火者，月中凶神也。其日忌苫盖、筑垒垣墙、振旅兴师、会亲、娶妇。”历例：“天火者，正月在子，顺行四仲。”[8]其解释“天火”为“天道自然”之火：“寅、午、戌月在子。盖子中藏阳气之火，其势最弱，待寅、午、戌月火势兴旺以显其光，故子中有霹雳火也，是水中之火见之于天也。亥、卯、未月在卯。盖卯中有伏焰之火也，火气既生于寅，至卯而木旺反蔽其焰而成炭，又待亥、卯、未月木再生之，故卯内有炉中火也。申、子、辰月在午。盖午中有正

① （清）魏明远著，陈明注释《象吉通书》，中医古籍出版社，2010，第 1305 页。

② （清）魏明远著，陈明注释《象吉通书》，中医古籍出版社，2010，第 1432 页。

③ （清）魏明远著，陈明注释《象吉通书》，中医古籍出版社，2010，第 1439 页。

④ （清）魏明远著，陈明注释《象吉通书》，中医古籍出版社，2010，第 1439 页。

⑤ 《象吉通书》多处记载“天火狼籍”，然而时间却不相同。在“盖屋泥饰、竖造宅舍”后记录的时间为“正子二卯三午四酉五子六卯七午八酉九子十卯十一午十二酉”。与《武经总要》同。而在“忌耕种”所列天火狼籍为“正子二午三卯四酉五子六午七卯八酉九子十午十一卯十二酉”。同一本书中，几次出现的同一禁忌时间应该相同，也应和其他书目时间一致，故疑“忌耕种”处所列时间为误。

⑥ （唐）韩鄂原编，缪启愉校释《四时纂要校释》，农业出版社，1981，第 16 页。

⑦ （唐）韩鄂原编，缪启愉校释《四时纂要校释》，农业出版社，1981，第 16 页。

⑧ （清）李光地编《御定星历考原》，谢路军主编，郑同点校《四库全书术数二集》第 3 册，华龄出版社，2007，第 230 页。

旺之火，其势最大，物莫敢侵其光，反暗待申、子、辰月水势将兴，反制其光，上下俱明，故午中有天上火也。巳、酉、丑月在酉。谓酉中有长生丁火如硫黄煤炭之类，故待巳、酉、丑月金石之气而再发旺也，故酉中有山下之火也。且子中之阳火、卯中之木火、午中之旺火、酉中长生丁火，莫非天道自然，故以名之。”[①] 另一种认为“逆行四仲”[②]，即正子二酉三午四卯五子六酉七午八卯九子十酉十一午十二卯。《钦定协纪辨方书》反驳了上述的观点，指出“古人立义命名纯一不二”，认为“寅、午、戌火既取子水，申、子、辰水既取午火，则亥、卯、未木必不取卯木而取酉金，巳、酉、丑金必不取酉金而取卯木，可断也。子水何以有火？曰子中之火乃真火。于人身验之，命门为真火；于海验之，无月之夜一海皆火。盖坎中一画是为纯阳，故寅、午、戌之火局根于子也。出乎震则为龙、为雷，而人乃见水中之火焉。不知其不见者乃子水之天火也。知乎此，则申、子、辰水之以午为天火一而非二，取左手以例右手可矣……是故天火亦应逆行四仲”[③]。

记载狼籍日具体时间的文献并不多。然而狼籍在明代由一种凶日变成狼籍星。明代《星学大成》多处提到狼籍星，并用它进行占卜。如“金星逢天耗、狼籍二星，女命全见，主克尽外家财帛、人口之类”[④]。明代通俗小说《封神演义》中，汜水关总兵韩荣被封为狼籍星，可见狼籍禁忌在民间仍然有一定影响。

“天火”和“狼籍”在道教中均被视为凶日。南宋类书《事林广

① 李零主编，刘乐贤点校《中国方术概观·选择卷》，人民中国出版社，1993，第228页。

② 李零主编，刘乐贤点校《中国方术概观·选择卷》，人民中国出版社，1993，第228页。

③ 李零主编，刘乐贤点校《中国方术概观·选择卷》，人民中国出版社，1993，第228页。

④ （明）万民英：《星学大成》，中央编译出版社，2015，第169页。

记·道教类》曰："及夫日辰如遇天火、狼籍、天罡、河魁、长短星、九丑、招摇、阴阳错绝、孤阴、孤阳、往亡、归忌、孤神、寡宿、五离、白虎、月建、月破、亥日及外有所谓土鬼暗金伏断等日，皆日之至凶者。又岂可不讲与重避而加慎之。"① 在中国文化中，"天火"和"狼籍"二词本非褒义。"天火"，在中国古代文化中为灾。《左传·宣公十六年》："凡火，人火曰火，天火曰灾。"故"天火"之名，意味着不祥，靠自身的力量无法避免。故"天火"为凶日。"狼籍"，《资治通鉴》引《苏鹗演义》曰："狼籍者物杂乱之貌，狼所卧籍之草皆秽乱。"② 顾名思义，此二日为禁忌日。

各种文献中所记载的天火、狼籍的时间均与《赤松子章历》略有不同。《赤松子章历》中天狼籍日二月为辰，八月为未。而其他后世通书中天火、狼籍看上去更加有规律：或从正月开始子、酉、午、卯，然后循环；或是从正月开始子、卯、午、酉，然后循环。故《赤松子章历》中的"天狼籍日"可能与天火、狼籍日时间相同，道教人士在传抄时出了错误。

天火日、狼籍日在后世出现多种版本，时间不统一的原因可能与知识分子对它的认识有关。

南宋储泳认为狼籍是"小而缓"的禁忌，可以略去，否则不胜其烦。"太史公言阴阳家多拘忌。信哉斯言！将尽从之，则彼可此否，不胜其牵制；将尽弃之，则祸福显验有不可诬者，然则何为而可？余为之断曰：大而紧者避之，小而缓者略之。合于理者从之，背于理者去之。如太岁一星（出元经非岁建也）、九梁、会煞之类。此大而紧者，所当避忌。如蚕室、太阴、狼籍流财之类，此小

① （宋）陈元靓：《事林广记》，中华书局，1998，第113~114页。

② （宋）司马光：《资治通鉴》，《影印文渊阁四库全书》第307册，台湾商务印书馆，1986，第182页。

而缓者，可以略去，不必尽求合也。”[1]《周易参同契》的注者储泳字华谷[2]，善于术数。他的看法一定程度上反映了知识分子及其道教界的态度。

虽然狼籍、天火在后世衰落，但并未完全从民间消失，仍然是择日的参考。清朝末年新思想的倡导者魏源在《海国图志》介绍“西洋自来火铳制法”时说制作火药要选择天火日。[3]

综上，《赤松子章历》中“天狼籍日”应为“天火”和“狼籍”的合成，或在书写时有遗漏。《赤松子章历》中天火狼籍的时间记载应是书写错误。天火、狼籍是来自民间的禁忌，忌用兵、筑修城池建营寨、造仓库、修仓库、竖造宅舍，盖屋泥饰、造作门楼、耕种，特别是嫁娶、埋葬，正如《四时纂要》中所言“不可为百事”。此禁忌在道教经典中较少记载，说明这一禁忌对道教影响较小。

（4）天父日、天母日

《赤松子章历》中天父日、天母日不能上章。天父日和天母日每月各四天：

> 天父日：三日、九日、十五日、二十七日。右此四日不上章。
>
> 天母日：四日、十日、十六日、一十八日。右此四日不上章。

---

① （宋）储泳：《祛疑说》，《影印文渊阁四库全书》第 865 册，台湾商务印书馆，1986，第 211 页。

② 朱越利：《〈周易参同契〉注者储华谷考》，《中国道教》2011 年第 3 期，第 37~41 页。

③ （清）魏源：《海国图志》第九十一卷，光绪二年刻本，早稻田大学图书馆藏。

天父日、天母日属于中古民间的一种历法表述。这种历法将一个月三十天分为六类，从每月一日开始依次是太阳日、太阴日、天父日、天母日、天帝日和天王日。天王日后又从太阳日开始循环。这种历法在中古时期民间时常使用，比如用于占卜婚嫁凶吉。《法藏敦煌西域文献》P.2905《推择日法》有：

> 每月一日、七日、十三日、十九日、廿五日，此是太阳日，嫁娶子孙，官迁，六十年安乐。
>
> 月二日、八日、十四日、廿日、廿六日，此是太阴日，嫁娶凶。
>
> 月三日、九日、十五日、廿一日、廿七日，此是天父日，嫁娶大吉利。
>
> 月四日、十日、十六日、廿二日、廿八日，此是天母日，嫁娶贫弊，凶。
>
> 月五日、十一日、十七日、廿三日、廿九日，此是天帝日，嫁娶安乐，男女□□。
>
> 月六日、十二日、十八日、廿四日、卅日，此是天王日，嫁娶大吉利。
>
> 右件事宜明好看之吉凶矣。[①]

敦煌文献的研究者未见《赤松子章历》的记载，故言："此种方法中的'天父'、'天母'等不见于其他记载，或者与佛教道教的影响有些关系，但这种方法显然没有流行起来。"[②] 诚然，这

① 上海古籍出版社、法国国家图书馆编《法藏敦煌西域文献》第19册，上海古籍出版社，2001，第383页。

② 黄正建：《敦煌占卜婚嫁文书与唐五代的占婚嫁》，项楚、郑阿财主编《新世纪敦煌学论集》，巴蜀书社，2003，第281页。

种方法和道教有关系。然而此方法究竟来自道教还是来自民间呢?《道藏》中只有《赤松子章历》记有“天父日”“天母日”。敦煌文献也只有一处记载此方法——王晶波教授指出“以太阳、太阴等六类日子定吉凶的内容在敦煌占卜文献中仅此一见”[①]。敦煌文献记载此方法更加完整。另外，还有其他民间文献提及了此方法。

《三元宅经》有这类日子占卜移徙、安宅吉凶的记载。《三元宅经》有太阳日、太阴日、□父日、天帝日、天王日。[②] 其时间与敦煌文献 P. 2905 完全一致。《三元宅经》也被敦煌文献 P. 2615a 引用。[③]《黄帝宅经》也提到《三元宅经》，而《黄帝宅经》的成书时间，研究者认为“内容部分是历代流传下来，在唐五代时期进行了综合，而在宋以后又托名为黄帝所作，是名《黄帝宅经》”[④]。《三元宅经》反映了唐代前后的思想。

这种简单方便的占卜方法，从地域上来看，其传播范围很广，传至千里之外的西北边塞城市——黑水城，今天的内蒙古阿拉善盟额济纳旗附近。

《俄藏黑水城文献》TK190《推占法》用这种方法进行占卜入宅、出行求财、五谷下种、买卖等吉凶：

> 天地日：一百卅年，富贵大吉。天父日：大富贵，宜子孙，富贵。
>
> 天母日：不出三年，岁大凶。天王日：七十年，富贵，宜六畜。

---

① 王晶波：《敦煌占卜文献与社会生活》，甘肃教育出版社，2013，第 440 页。

② （明）柳洪泉：《三元宅经》，关长龙点校《中华礼藏·礼术卷·堪舆之属》第 1 册，浙江大学出版社，2016，第 169~170 页。

③ 黄正建：《敦煌占卜文书与唐五代占卜研究》，学苑出版社，2001，第 73 页。

④ 冯静：《〈黄帝宅经〉考》，浙江大学硕士学位论文，2004，第 12 页。

推入宅吉凶法

大阳日：入宅富贵，出宅大吉。大阴日：入宅见病死，失财，大凶。

天王日：入宅不宜人口，凶。天父日：入宅家口平安，大吉。

天母日：入宅有口舌，失财，病。天地日：入宅宜家口平安，九年，吉。

推出行求财吉凶法

大阳日：道路开通，所求皆吉。大阴日：病不煞，失财，大凶。

天地日者：外财入，大吉。天父日：四路通，所求皆遂。

天母日：遭横事，并失财，凶。天王日：半路病，大凶。

推五谷下种子法

大阳日：得收万倍。大阴日：不成，焦厄。

天地日：多收万倍。天父日：半生半不生，不成。

天母日：盈仓，大吉利。天王日：少收，不成。

推买卖吉凶法

大阳日：利生一倍。大阴日：折本。

天王日：得利，少吉。天父日：得利，吉。

天母日：无利，失财，凶。天地日：称意，吉。[①]

这一方法流传的主要原因在于简单易行。研究者将这种卜法称为"占验立成的卜法"，其特点是"几乎没有相关知识的介绍，也没有占

① 俄罗斯科学院东方研究所圣彼得堡分所、上海古籍出版社等编，史金波等主编《俄罗斯科学院东方研究所圣彼得堡分所藏黑水城文献汉文部分》第4册，上海古籍出版社，1996，第192页。

卜程序，只是卜算结果和相应结论的组合”，[1] 使用这一方法的人群主要是对术数知识掌握较少、知识水平和接受能力相对更低的一般民众。

敦煌文献 P. 2905《推择日法》中天父日和天母日关于嫁娶吉凶刚好相反，天父日吉则天母日凶。黑水城文献 TK190《推占法》所占的四类事宜也符合这种规律：入宅，天父日吉，天母日凶；出行，天父日吉，天母日凶；五谷下种，天父日凶，天母日吉；买卖，天父日吉，天母日凶。按照此规律，关于道教上章事项，天父日、天母日应该吉凶交错，隔日为吉。然而《赤松子章历》却将天父日、天母日均列为上章不吉，不知何据，可能从阴阳的角度进行理解，将天父日、天母日看成独阳、孤阴，故不宜上章。《赤松子章历》只列了天父日、天母日，未提及太阳日、太阴日等，或许因为道教对此方法了解不多、不深所致。因此，可以推测此法来自民间，而非道教。

综上，天父日、天母日源自民间的、与历法相关的择吉方法，该体系包括太阳日、太阴日、天父日、天母日、天帝日和天王日。在敦煌和黑水城文献均有记载，人们使用此法进行婚嫁、占卜入宅、出行求财、五谷下种、买卖等事宜的占卜。道教采用了部分内容作为宗教活动的指导。

（5）龙虎日、罪至日、受死日

《赤松子章历》在“要安凶吉”记龙虎日、罪至日和受死日不宜或不能章醮：

> 龙虎日章醮，诸天不降，少福。
>
> 罪至日章醮，诸天烦恼，有理不申，大凶。
>
> 受死日章醮，诸天书罪，主人受殃，大凶。

---

① 赵坤：《西夏占卜类型的理论差异与知识接受——以卜法、易占、星占为中心》，《西夏学》2018 年第 1 期，第 53 页。

龙虎日、罪至日和受死日属于同一种占卜吉凶的方法体系。这一体系包括十二种日子的循环，《赤松子章历》逐月列出了具体的名称和时间。

“要安凶吉”逐月所在

月份	要安	玉堂	金堂	龙虎	罪至	敬心	普护	福生	受死	圣心	益后	续世
正	寅	卯	辰	巳	午	未	申	酉	戌	亥	子	丑
二	申	酉	戌	亥	子	丑	寅	卯	辰	巳	午	未
三	卯	辰	巳	午	未	申	酉	戌	亥	子	丑	寅
四	酉	戌	亥	子	丑	寅	卯	辰	巳	午	未	申
五	辰	巳	午	未	申	酉	戌	亥	子	丑	寅	卯
六	戌	亥	子	丑	寅	卯	辰	巳	午	未	申	酉
七	巳	午	未	申	酉	戌	亥	子	丑	寅	卯	辰
八	亥	子	丑	寅	卯	辰	巳	午	未	申	酉	戌
九	午	未	申	酉	戌	亥	子	丑	寅	卯	辰	巳
十	子	丑	寅	卯	辰	巳	午	未	申	酉	戌	亥
十一	未	申	酉*	戌	亥	子	丑	寅	卯	辰	巳	午
十二	丑	寅	卯**	辰	巳	午	未	申	酉	戌	亥	子

* 《赤松子章历》作“卯”，误，当为“酉”。

**《赤松子章历》作“酉”，误，当为“卯”。

这一择吉方法在民间十分流行。为了方便人们记忆和使用，有人将此择吉法编成了诗：

正寅二申三起卯，四酉五辰六戌先。
七巳八亥九起午，十子十一未上传。
十二月从何处起，却来丑上起回旋。
要安玉堂与金堂，龙虎罪至敬心连。
普护福生并受死，圣心益后续世言。①

① （清）魏明远著，陈明注释《象吉通书》，中医古籍出版社，2010，第987页。

此诗见于《象吉通书》，此书在民间影响颇大。中医古籍出版社出版此书时将它喻为与“《鳌头通书全书》《协纪辨方书》统称为择吉典籍中三大扛鼎之作”。事实上，今天此书仍然是浙江、福建一带常用的风水信仰的重要参考书。[①]

这种择吉方法最晚在北宋开始流行。《武经总要》：“凡受死日凶：正戌，二辰，三亥，四巳，五子，六午，七丑，八未，九寅，十申，十一卯，十二酉。凡龙虎日凶：正巳，二亥，三午，四子，五未，六丑，七申，八寅，九酉，十卯，十一戌，十二辰。凡罪至日凶：正午，二子，三未，四丑，五申，六寅，七酉，八卯，九戌，十辰，十一亥，十二巳。”[②] 南宋时此法的名称已成为历注内容。黑水城出土《宋嘉定四年辛未岁（1211）具注历日》廿七日丙午注为“要安”、廿九日戊申注为“金堂”。[③]

社会生活的很多领域择吉均考虑了此法。如中医方面，元代以前的《铜人针灸经》针灸择吉“天医、要安并吉”[④]。置产室忌受死日。[⑤] 在农业方面，受死日忌蚕事。明代《吴中小志》有“一切蚕事，并忌大小耗并受死日”[⑥]。渔业方面，忌受死日行船。[⑦] 在婚嫁方面，结婚嫁娶纳婿应选宜后、续世，忌受死。[⑧] 甚至在以知识分子为

① 陈进国：《民间通书的流行与风水术的民俗化——以闽台洪潮和通书为例》，《台湾宗教研究通讯》2002 年第 4 期，注释第 52。

② （宋）曾公亮等著，陈建中、黄明珍校《武经总要》，商务印书馆，2017，第 673 页。

③ 转引自邓文宽《敦煌吐鲁番天文历法研究》，2002，甘肃教育出版社，第 281~285 页。

④ 《铜人针灸经》，《影印文渊阁四库全书》第 738 册，台湾商务印书馆，1986，第 46 页。

⑤ （明）朱权：《臞仙肘后经》，顾劼主编，洪丕谟审校《选择集成》，重庆出版社，1994，第 116 页。

⑥ （明）杨循吉等著，陈其弟点校《吴中小志丛刊》，广陵书社，2004，第 161 页。

⑦ （明）朱权：《臞仙肘后经》，顾劼主编，洪丕谟审校《选择集成》，重庆出版社，1994，第 122 页。

⑧ （明）朱权：《臞仙肘后经》，顾劼主编，洪丕谟审校《选择集成》，重庆出版社，1994，第 114 页。

主体的政务领域，在择吉时也特别忌讳受死日。明代《大统皇历经世》有袭爵受封、施恩封败和上官到任“忌受死、伏断、九丑、灭没、赤口……”①

这种择吉方法不仅在汉族广泛使用，而且在少数民族文化中亦有影响。黔北仡佬傩仪式冲傩时间选择避“受死日”，其时间与《赤松子章历》一致。② 广东连南县瑶族“订婚，请外家吃三餐饭时，忌用空亡、受死日，否则会遭疾病或伤亡”③。

正如道教其他禁忌一样，龙虎日、罪至日、受死日并非完全禁忌所有道教活动。受死日是法师造令的好日子。《道法会元》曰：“法官造令取癸亥日及诸亥日、十恶大败日、受死日等，造令极妙。”④ 民间禁忌也正好相似。受死日宜塞鼠穴。⑤ 当代出版的辞典释“受死日”为“旧时迷信日。百事忌，唯宜捕猎”⑥。受死日，在道教活动中宜法师造令和在民间活动中宜打猎和塞鼠穴有相似意义。道教的令牌有驱鬼、伐恶等功能，受死日造令牌，意为要令牌所对付的对象受死。民间塞鼠穴和捕猎选受死日，也是为了让鼠和猎物受死。可见受死日禁忌在道教和民间禁忌的原理相同。

道教记载“要安吉凶”这一方法较早和较为完整——列出了十二日的具体名称和时间。道教中最早的关于“要安吉凶”的完整记录是道藏本的《赤松子章历》。此后，《上清灵宝大法》《灵宝济度金书》等科仪类道书也记录了“龙虎日”和“受死日”。就笔者所见的

---

① （明）胡献忠编《大统皇历经世》，故宫博物院编《奇门遁甲统宗大全等三种》，海南出版社，2000，第 182 页。《臞仙肘后经》亦有记。

② 罗中昌、冉文玉：《黔北仡佬傩仪式大观》，民族出版社，2013，第 201 页。

③ 国家民委《民族问题五种丛书》编辑委员会：《中国民族问题资料·档案集成》第 5 辑，中央民族大学出版社，2005，第 435 页。

④ 《道法会元》，《道藏》第 30 册，第 628 页。

⑤ （明）午荣编，李峰整理《新刊京版工师雕斫正式鲁班经匠家镜》，海南出版社，2003，第 268 页。

⑥ 周一平、沈茶英编著《岁时纪时辞典》，湖南出版社，1991，第 246 页。

列出十二日的具体名称和时间的民间文献是清代的《象吉通书》。虽然从时间上看，道教的记载更早，但仍将此方法列为民间禁忌。因为道教中虽列此法，却并未有理论来解释此禁忌，故推测它是外来禁忌。民间有此方法的大量应用，故将此法判定为民间禁忌。

源自民间的时日禁忌比较难以指出它的理论依据。血忌、九空、天火、狼籍等是曾经流行的历注事项；天父日、天母日是立成占卜系统中的两天，未见任何理论解释，且不能从名称和时间上推测出理论依据；龙虎日、罪至日和受死日是另外一种占卜体系的名称。民间在使用这些禁忌时多以名称进行联想，比如血忌禁见血，九空禁止进行与仓库、丰收相关的事项，受死日禁止可能威胁生命的事项。然而也并不能全部作此解释，比如天父日、天母日、龙虎日就很难根据名字来联想禁忌事项。民间时日禁忌的特点是方便立成，不需要大量的理论支撑，方便民众理解和运用。正是如此，民间时日禁忌有相应的特点：从空间上看，方便传播，如天父、天母禁忌，在道教（汉文化的代表）和边地文化中都有采用。然而，这些禁忌在历史上由于缺乏理论依据，人们难以理解其原理。从时间的延续性上看，并没有太大的影响。如天父、天母禁忌中古以后鲜有记载。而同样是立成的占卜方法，受死日等由于能够通过名称联想的方法被人理解，在传播的广度和深度上看，都比难以理解的天父、天母禁忌更加有影响。

（6）杀师忌日

《赤松子章历》中有：

杀师忌日

正月巳，四日、十六日、二十一日。二月寅，五日、十九日、二十一日、二十八日。三月酉，六日、十二日、二十七日。四月申，一日、八日、十三日、十五日。五月辰，六日、十四日、二十三日。六月戌，七日、十一日、二十二日、二十九日。

七月未，七日、十五日、二十三日。八月丑，二日、十一日、十四日、二十六日。九月午，六日、七日、八日、九日、二十五日。十月寅，二日、七日、二十四日、二十九日。十一月卯，二日、九日、十二日、十三日、二十五日。十二月酉，四日、七日、二十日、二十八日。

右天杀日，上章避之。①

以上忌日既包括用地支来表示的日子，又包括以数字来表示的日子。从地支方面看不出规律，十二个地支并未全部出现，每个月都不忌子和亥，寅在二月和十月均为忌日，酉在三月和十二月均为忌日。从数字上来看，似乎也看不出来规律。

笔者仅见《灵宝玉鉴》有“杀师避忌”，时间为“正月未日，二月申日，三月酉日，四月戌日，五月亥日，六月子日，七月丑日，八月寅日，九月卯日，十月辰日，十一月巳日，十二月午日”。《灵宝玉鉴》也有天杀，用地支表示：“正月，天杀在戌……二月，天杀在午……三月，天杀在午……四月，天杀在未……五月，天杀在寅……六月，天杀在卯……七月，天杀在辰……八月，天杀在亥……九月，天杀在子……十月，天杀在丑……十一月，天杀在申……十二月，天杀在酉。”②《灵宝玉鉴》的杀师避忌看起来更有规律，从未开始，按十二支的顺序依序排列。从时间上看，《灵宝玉鉴》较《赤松子章历》后出，可能是当时的编撰者也不能理解《赤松子章历》“杀师忌日”的依据，故改之。又或者编撰者另有所据。

由于资料有限，我们很难断定“杀师忌日”的具体内涵。“师”到底是指什么？《赤松子章历》有道父母忌，六甲六乙十二个干支对

① 《赤松子章历》，《道藏》第 11 册，第 185 页。
② 《灵宝玉鉴》，《道藏》第 10 册，第 271 页。

应的十二个神中，十个被称为道父、道母，甲子、甲午被称为师父、师母。既然道父、道母有忌，同属一个系统的师，也有可能有忌。然而，道父忌是丙寅、丁卯，道母忌是丙申、丁酉，按照干支标注。若“师”指的是和道父母同一系统的神，那么应该按照同样的规则。然而杀师忌日却是按月进行避忌。故推断，这里的“师”并非是道父母系统中的神。

风水术中有杀师山、杀师水、杀师日子等，要避忌。在风水术中，“杀师”即是对风水师不利的意思。风水活动由风水师负责，同样，道教的上章活动也是由专门的人士——法师来负责。按照《宗教大辞典》和《简明道教辞典》，法师是指“道士学法精进能主持行法事者”或者“精通道法，为人师者也叫法师”。早期正一道的上章仪式中，法师是仪式的主持者和展演者。其中，祭酒和道官可以上章。① 道教认为，只有受过箓的道官才能够传送章文，传递章文需要“出官”。法师在上章仪式中起主导作用。法师要斋戒沐浴，整理衣冠，再入靖室进行存想，按照早期正一道书符的要求虔诚地书写章文，选定了上章时间后，进行上章仪式。其中“出官”是一个重要的环节，即祭酒和道官将体内之神召唤出来。体内之神能够沟通人间和天曹。因为体内之神在人体之内，清楚人的祈愿，又因其是神，能够通达天曹。然而，只有受过箓的道士的身体内才有神灵，才能将神灵请出。故杀师忌日应该是指对早期正一道上章仪式的主导者——法师不利的日子。风水术与道教关系紧密，道教在吸收风水术的基础上形成了道教风水学，民间风水术也受到道教影响颇多。风水师和部分道士都从事风水活动，因此在禁忌方面可能会相互影响。

9. 速查类

速查类的时日禁忌是指在一类禁忌名称中包含多种时日宜忌，方

---

① 〔日〕小林正美：《中国的道教》，王皓月译，齐鲁书社，2010，第25页。

便使用者快速翻阅选择。如六甲章符日，是根据天干地支逐日标注出上章、设醮和书符的凶吉，方便法师选择吉日。月忌综合了两种禁忌，方便法师避忌凶日。

（1）六甲章符日

根据《赤松子章历》所载“六甲章符日”制作下表：

六甲章符日

	上章	设醮	书符	厌劾	笔者注
甲子	凶	吉	吉	厌百鬼不去	
乙丑	凶	吉	凶	厌百鬼去不远	
丙寅	凶	凶	损三人	厌百鬼去百里	
丁卯	吉	吉	镇宅凶	百鬼不去	
戊辰	凶	凶	凶	鬼煞三人	皆凶
己巳	吉	凶	吉	鬼南去百里	
庚午	吉	吉	吉	鬼速去	皆吉
辛未	吉	凶	凶	鬼不去	
壬申	凶	吉	凶	鬼损二人；鬼西去七百里	
癸酉	凶	吉	凶	鬼杀人不去	
甲戌	吉	吉	五人凶	鬼去千里	
乙亥	吉	吉	二人凶	鬼东去一百里	
丙子	吉	吉	吉	鬼南去七百里	皆吉
丁丑	吉	凶	妻凶	鬼东去九百里	
戊寅	凶	凶	吉	鬼东去百里	
己卯	凶	吉	中子凶	鬼南去百里	
庚辰	吉	凶	奴婢凶	鬼不去	
辛巳	吉	吉	凶	鬼南去千里	
壬午	吉	吉	失火	鬼南去万里	
癸未	吉	凶	得财	鬼南去万里	
甲申	吉	吉	宅得财	鬼西去万里	皆吉
乙酉	吉，生贵子	吉，生贵子	凶	鬼西去万里	
丙戌	吉	吉	宜财	鬼去千里	皆吉
丁亥	吉	吉	中子吉	鬼不去	

续表

	上章	设醮	书符	厌劾	笔者注
戊子	吉	吉	吉	鬼东去万里	皆吉
己丑	吉	吉	吉	鬼东去万里	皆吉
庚寅	吉	吉	凶	鬼不去，杀家长	
辛卯	吉	凶	凶	损中子，鬼不去	
壬辰	吉	凶	凶	鬼不去	
癸巳	吉	吉	伤母	鬼不去	
甲午	吉	吉	王凶	鬼去不远	
乙未	吉	凶	失火	鬼东去万里	
丙申	吉	吉	凶	鬼去他方	
丁酉	凶	吉	小子凶	鬼南去十里	
戊戌	八靖忌	不带二人凶	不带二人凶	鬼不去	皆凶
己亥	吉	杀妇	吉	鬼不去，杀六畜，凶	
庚子	吉	吉	失火	鬼不去	
辛丑	吉	凶	女子凶	鬼不去	
壬寅	吉	凶	吉	鬼不去	
癸卯	吉	凶	吉	鬼不远去	
甲辰	凶	吉	吉	鬼不去	
乙巳	吉	吉	家长凶	鬼妨家母	
丙午	凶	凶	妇凶	鬼去千里	
丁未	吉	吉	子凶	鬼南去万里	
戊申	吉	凶	得财	鬼去，不五人凶	
己酉	吉	吉	长子凶	鬼	
庚戌	吉	吉	凶	鬼不去	
辛亥	凶	吉	必斗	鬼去不远	
壬子	吉	吉	吉	鬼不去	
癸丑	吉	吉	吉	鬼去不远	
甲寅	吉	吉	二人凶	鬼不去	

续表

	上章	设醮	书符	厌劾	笔者注
乙卯	吉	吉	得财	鬼不去	
丙辰	吉	吉	得财	鬼南去万里	
丁巳	吉	吉	凶	鬼南去万里	
戊午	吉	吉	吉	鬼去不远	
己未	凶	吉	二千石	鬼不去	
庚申	吉	吉	凶，杀三人	鬼不去	
辛酉	吉	吉	凶	鬼去千里	
壬戌	吉	凶		鬼去七百里	
癸亥	吉	吉	凶	鬼不去	

从上表可以查询早期正一道主要活动的凶吉，包括上章、设醮、书符和厌劾百鬼。选择正确的时间会得吉得财等。如果选择了不利的时间，则会导致失火，妻、子等凶的后果。厌劾百鬼的效果也不相同，适当的日子厌鬼则百鬼去千里或万里，不适当的日子则鬼不去。上章、设醮、书符和厌鬼的凶吉标准不同，因此适合某项活动的日子不一定适合其他活动。比如甲子上章凶，设醮、书符吉，厌劾鬼不去。只有少数的日子是四项活动皆吉或皆凶：戊辰、戊戌皆凶；庚午、丙子、甲申、丙戌、戊子、己丑皆吉。

那么《赤松子章历》中其他诸种时间禁忌，是否与六甲章符日符合呢？如“道父母忌”丙寅、丁卯、丙申、丁酉、戊辰、戊戌、壬辰、壬戌不可烧香启奏。查上表中，戊辰和戊戌上章、设醮、书符、厌劾均凶。丙寅、丁酉上章凶，丁卯、丙申、壬辰、壬戌上章吉。可见，六甲章符日与“道父母忌”所禁忌的日子并不一致。只有戊辰和戊戌在道父母忌和六甲章符中皆凶，但《赤松子章历》也有戊戌作符得福之说。《赤松子章历》“天老问三皇”：“天老问三皇曰：何以用戊戌作符？三皇对曰：戊者，天门也。戊者，土中官君像也。天帝常以戊戌日从天门来游，观见此日作符，欢悦，赏赐所愿。戊者，土也，必得官爵，封侯食土邑矣。用午时佩之。午为太阳之精，纯金之光也。金紫高位之像。”① 可见六甲章符与道父母忌、“天老问三皇”等内容并不相符。那么六甲章符日的内容可能另有所据，但因在其他文献中未见，故很难推测其理论依据。

（2）月忌

《赤松子章历》“月忌”是依月标注出不可章醮的日子，绘制成表，如下。

《赤松子章历》“月忌”

月份 \ 禁忌日	“每月凶妨”的时间（干支计日）	“天官朝礼天门”的时间（数字计日）
正	庚申	二日
二	辛酉	九日
三	甲戌	十日
四	癸亥	十一日
五	壬子	十一日
六	癸丑	十一日
七	甲寅	十二日
八	乙卯	十三日
九	甲辰	十三日
十	丁巳	八日
十一	丙午	十五日
十二	丁未②	十三日
又戊辰、庚辰、壬辰、乙巳、辛巳、癸巳、己巳、丁巳。		

① 《赤松子章历》，《道藏》第 11 册，第 190 页。

② 原文作“癸未”，根据道藏本《上清灵宝大法》和《天皇至道太清玉册》月忌日内容改。

此表中第二列的内容为“每月凶妨”的时间，第三列的内容是“天官朝礼天门”的时间。即这张表整合了“每月凶妨”和“天官朝礼天门”时间。另外加上了戊辰、庚辰、壬辰、乙巳、辛巳、癸巳、己巳和丁巳。这些日子不可上章和设醮。前文已述，天官朝礼天门的时间看不出规律。同样，每月凶妨也看不出规律。但无论如何，主持道教活动的法师可以根据这张表进行避忌。

速查类的禁忌，似乎是早期正一道试图对不同时日禁忌进行整理的一种努力方式。然而，早期正一道所涉及的道教时日禁忌实在是过于繁多，造成整理工作异常复杂，导致最终并未完成对所有禁忌的整理。但通过这种速查类的禁忌，法师们可以较方便地根据天干地支获得某日的吉凶，再结合自身的道教知识储备进行更详细、更专业的择日。

《赤松子章历》是早期正一道时日禁忌的重要典籍，集中整理了早期正一道的大量时日禁忌内容。但正如《赤松子章历》所言：“尔后年代绵远，宝章缺失，今之所存，十得一二。”毕竟《赤松子章历》记录有限，我们还需要从早期正一道的其他资料中发掘时日禁忌。

二 《玄都律文》所见时日禁忌

《玄都律文》是早期正一道在刘宋时期编制的。据小林正美的分析，其中引用了“禁制三十六条”，他认为“诸多灵宝斋法在刘宋末期也被天师道所施行”。[①] 张泽洪先生将《玄都律文》和《女青鬼律》归为蜀中正一道的戒律条文。[②] 因此，笔者认为《玄都律文》所反映的时日禁忌应该是早期正一道时日禁忌，无论来源如何，《玄都律文》的禁忌得到了早期正一道的认同。

① 〔日〕小林正美：《新范式道教史的构建》，王皓月译，齐鲁书社，2014，第125页。
② 张泽洪：《道教礼仪学》，宗教文化出版社，2012，第227页。

《玄都律文》有几条时日禁忌，包括戊辰、戊戌禁忌，避秽禁忌，相刑自刑日和天租米输送时间禁忌。其中，避秽禁忌、相刑自刑日与《赤松子章历》相似，仅内容有细微调整。戊辰、戊戌禁忌可以从《赤松子章历》中归纳出来，天租米输送时间禁忌主要和早期正一道政教合一的制度相关。

（一）避秽禁忌

《玄都律文》的入治避秽禁忌有：

> 律曰：男官、女官、箓生、道民家有秽污，不过晦朔，不得入治。哭亦三日秽，三年之丧未满百日，不得入治拜礼、奏表、章书。违律者，考坐，罚算一纪。[①]

与《赤松子章历》相比较，这里明确指出了遵从禁忌的人，既包括入道者，也包括一般道民。此处的秽污没有指明包括哪些内容，根据《赤松子章历》，应该包括死亡和生产。父母之丧的秽污禁忌时间相同，均为一百日。《玄都律文》言“三年之丧，未满百日，不得入治拜礼、奏表、章书”。《赤松子章历》言“大丧，殗一百日”。

《玄都律文》中“哭”这种秽污的范围更加扩大。《赤松子章历》中殗秽也包括哭，但仅包括特定情况下的哭：“往丧家哭，其日殗。久丧无殗。”可以认为，其日殗的原因在于见到过死亡。哭通常与不吉利的事情联系在一起，人们在悲痛难过时通过哭这种情绪来宣泄自己的情感。比如祭奠亡人要哭。因此，在汉语中，“哭”引申为“吊唁”。《淮南子》曰：“桀辜谏者，汤使人哭之。”高诱注曰：“哭，犹吊也。”[②] 然而，吊唁只是哭的一种用法。《玄都律文》去掉

① 《玄都律文》，《道藏》第3册，第461页。

② 何宁：《淮南子集释》，中华书局，1998，第1222页。

了“往丧家”三个字，即将任何情况下“哭”均归为秽污。表面上看，因为“哭”代表不祥，民间有很多关于哭的禁忌。比如婚礼、寿礼等喜庆的日子忌哭，春节忌哭。由于哭经常和死亡联系在一起，尤其是成人之哭，故哭被认为预示着灾难的发生，甚至是死亡的到来。

道教忌讳哭泣，认为哭泣会打扰神灵。南北朝上清经《洞真高上玉帝大洞雌一玉检五老宝经》曰：“兆存金华洞房雌一之精，常当别室寝处，不杂服用，禁忌哭泣，令金房炁襄，亦不欲哭泣之声，令三素戚扰。”① 三素，即三元君。哭泣会让三元君悲伤被扰。南北朝灵宝派道经《洞玄灵宝道学科仪》规定了学道之人的丧礼仪制：“若道士、女冠祖父母期年之丧，不得临尸，于别房制哀，哭五日，不得受吊。伯叔兄弟皆如祖父母，五日未殡者，在哀也。儿妇下流，不得哭哀。毕，沐浴复旧，而不得制世服。犯者失道，罪剧上科。若己父母，听哭展哀，哀百日竟。复巾服，变衣作浅黄色，心丧三年。无复哀哭。若日有远近，同师尊制几筵，小功五月，缌麻三月服。及四海周游共事等死皆听殡敛讫，往问讯，依悒惨怆，而不得哭也。道法无吊问，既在人门，理不容顿却，此为灵宝世间科也。”② 灵宝派规定只有父母、祖父母、伯叔兄弟之丧可以哭，儿妇等地位卑微和共事之人死亡不能哭。

这一时期，道教反对哀伤过度，即使是亲友辞世。《庄子》被道教尊为《南华真经》，其中有一个“秦失吊老聃”的故事：

> 老聃死，秦失吊之，三号而出。
>
> 弟子曰：“非夫子之友邪？”

① 《洞真高上玉帝大洞雌一玉检五老宝经》，《道藏》第 33 册，第 392 页。

② 《洞玄灵宝道学科仪》，《道藏》第 24 册，第 778~779 页。

曰："然。"

"然则吊焉若此，可乎？"

曰："然。始也吾以为其人也，而今非也。向吾入而吊焉，有老者哭之，如哭其子；少者哭之，如哭其母。彼其所以会之，必有不蕲言而言，不蕲哭而哭者。是遁天倍情，忘其所受，古者谓之遁天之刑。适来，夫子时也；适去，夫子顺也。安时而处顺，哀乐不能入也，古者谓是帝之悬解。"①

"适来，夫子时也；适去，夫子顺也。""安时而处顺"是庄子赞成的态度。"齐同生死"则哀乐的情绪不能侵入心中。道教对待死亡和哭泣，深受道家的影响，唐代成玄英疏《南华真经》："秦失初始入吊，谓哭者是方外门人，及见哀痛过，知非老君弟子也。"② 成玄英是初唐道士。可见，初唐道门明确认为，道士不应该在丧礼时哀痛过度，而哀痛过度的表现就是大哭。

道教将哭作为一种秽污，实际上表达了道教乐观豁达的态度。道教淡泊名利、无为不争，不在乎俗世的金钱、地位，积极争取修道成仙。道教认为，日常生活的琐事、小事不用斤斤计较，就连对于道教最为紧要的死亡问题上，也主张不要过度的悲伤。哭表达悲伤难过的情绪，道教看来天下没有太多值得悲伤难过的事情。故《洞玄灵宝道学科仪》规定只有父母、祖父母去世等可以哭泣，表达对父母等长辈之恩的感激。平常的哭泣被看作秽污，不符合道门形象。

（二）相刑自刑

《玄都律文》也有相刑自刑：

① （清）郭庆藩辑，王孝鱼整理《庄子集释》，中华书局，1961，第127~128页。

② （清）郭庆藩辑，王孝鱼整理《庄子集释》，中华书局，1961，第128页。

律曰：上章，求财富贵，用天仓日，戊子是求爵位，用天府日上，不用自刑日。午酉亥辰，皆自刑。寅刑巳，戌刑未，子刑卯，申刑寅，卯刑子，巳刑申。违律被罚，考病五十日也。[①]

《玄都律文》自刑、相刑的干支关系与《赤松子章历》完全相同，只是通过律法的形式规定了具体的惩罚措施——罚生病。

（三）戊辰、戊戌禁忌

《赤松子章历》有大量的天干地支禁忌，戊辰、戊戌没有单独列出。虽然被命名为“南帝忌”，然而和南帝忌并列的还有北帝忌、道父忌、道母忌，每种忌两个日子，也就是说戊辰和戊戌与其他六个日子处于同一地位。《玄都律文》中戊辰和戊戌禁忌被单独凸显出来。《玄都律文》一文提及时日禁忌的地方并不多，然而有三处提到戊辰和戊戌，可见这一禁忌在六朝正一道的重要地位。

《玄读律文》有两条涉及戊辰、戊戌禁忌：

律曰：戊辰、戊戌日不得颂，正心守一念道，眼无妄视，口无妄言，心无妄念，耳无妄听，违律夺算五十。[②]

律曰：道士、女官、主者、箓生朔望皆朝拜，鸡鸣皆起，严敬整容，冠带朝拜，衣帻袴褶，入治依位号执笏朝拜，讫，便简阅如旧法。出朝于师，皆五拜，问讯起居安否而退。其戊辰、戊戌不朝。违律罚算一纪。[③]

律曰：入治上章，避戊辰、戊戌，不上章秽污法。[④]

① 《玄都律文》，《道藏》第 3 册，第 462 页。

② 《玄都律文》，《道藏》第 3 册，第 457 页。

③ 《玄都律文》，《道藏》第 3 册，第 461 页。

④ 《玄都律文》，《道藏》第 3 册，第 462 页。

《玄都律文》规定戊辰、戊戌不能颂、不朝拜、不上章，正心守一念道，眼、口、心、耳保持清净，否则将受到惩罚。颂和朝是早期正一道常见的科仪。《洞玄灵宝三洞奉道仪科戒营始》中有“常朝仪”，“可旦夕常行”，包括入堂、上香、颂、三上香等步骤，说明“颂”和“朝”都是日常行道的重要内容。据吉冈义丰考证《洞玄灵宝三洞奉道科戒营始》为梁代经典，它收录了道教科仪戒律。考虑到这些科仪戒律不是一时形成，可能梁代以前已有这些科仪。从用词上看，《玄都律文》规定“朔望皆朝拜”，即朔日和望日必须朝拜，除了戊辰和戊戌。《洞玄灵宝三洞奉道仪科戒营始》用“可旦夕常行”，即非强制性，可以长期进行。颂和朝在很多科仪活动中都有涉及，如章仪、醮仪等。不能颂、不能拜事实上禁止了大部分的道教行为。

为何在《玄都律文》中戊辰和戊戌禁忌受到如此重视呢?《赤松子章历》戊辰、戊戌并无单独列出，只是“六甲章符日”中逐日列了六十甲子每天从事上章、设醮、书符、厌劾的凶吉，要通过认真阅读比对，才能得出“戊辰戊戌从事章、醮、符、厌均凶”的结论。《玄都律文》将戊辰和戊戌单独列出，可能因为《赤松子章历》提供了方便快捷的速查表类的时日禁忌，速查表类的禁忌因为其自身便捷性受到了道门人士的欢迎，故在戒律条文中将戊辰、戊戌这一道门人士通过速查表总结出来的禁忌单列出来。

戊辰、戊戌禁忌在道教历史发展过程中影响很大，唐代道教类书《三洞珠囊》将戊辰、戊戌禁忌纳入，并解释原因：“戊辰戊戌日，不可用。戌为天门，辰为地户，戌将是狗，辰将是龙。戊是中王神也。其日太上丈人诣太上老君，对校天下男女应生者，注玉历。九老丈人诣九老君，对校天下男女，应死者注死籍；道德丈人诣道德君，对校天下男女，为功德者记名左契；天帝丈人诣天帝君对校天下男女，为罪过者著名右契；仙都丈人诣仙都君，对校天下男女，应得仙者，上名仙箓；天师还天曹校梀（初角反）簿箓，分别善恶。此日闭天门、塞地户，龙游五岳，狗行河梁，中黄犬神备守天门，中黄丈人备守地户。外事一断，其日不得烧香、行道、关启章奏。汝曹妄有触耗此日者，中黄大神收摄汝曹魂魄，付候狱栲掠六十日。关启章奏，不得通闻，六十日。考竟遣魂魄还汝曹身中，令汝曹轗轲，衰耗亡失，疾病口舌皆由于此。若戊戌日卒有疾病县官者，当正心端坐，思过悔请，吾自悬知汝心，自为汝曹宽停考罚，明日汝曹有文书陈乞，即下赦恕之书汝曹也。”① 经文的口吻似神灵对道教信众说教。它解释戊辰、戊戌不可用的原因，主要是因为辰和戌为天门地户。戊辰、戊戌天门地户关闭，太上丈人、九天丈人、道德丈人、天帝丈人、仙都丈人等低阶神拜见他们各自的上级神灵太上老君、九老君、道德君、天帝君、仙都君，天师还天曹，对校功过，登记生死之时。由于此日所做事情非常重要，不能疏漏，一旦出错将会导致天渊之别，故断绝外事。如果世人通过烧香、行道、上章等打扰众神，打扰者灵魂将受到牢狱拷打多日后才回到肉体，打扰者将患疾病遭口舌之灾。如果戊戌日确实生病了，就端正身心，神灵自然能够悬知其心，为病者争取减轻惩罚，他日上章时再下赦恕之书。《三洞珠囊》要求世人戊戌日“正心端坐，思过悔请”和《玄都律文》要求的眼、口、耳、心清净一致。

《三洞珠囊》是类书，包含当时各道派的内容。戊辰、戊戌禁忌的解释究竟出自何派，很难从《三洞珠囊》的道派归属来判断。我们从戊辰、戊戌禁忌的解释本身来看，涉及了太上丈人、太上老君、九老丈人、九老君、道德丈人、道德君、仙都丈人、仙都君、天师等神灵。我们试图通过判断神灵的道派推测是哪个道派给出的这一解释。太上丈人、太上老君、天师等在早期正一道文献中有载，如

① 《三洞珠囊》，《道藏》第 25 册，第 327 页。

《上清黄书过度仪》等。九老君和仙都君被分为两位神在《道藏》中比较少见。早期正一道的九老仙都君是一位尊神，在《真灵位业图》中属太清三天东宫之真宫，排序仅次于太清尊神。灵宝派经典《太上洞房内经注》有九老君，上清派《皇天上清金阙帝君灵书紫文上经》有“五老上真仙都君”，不知是否为仙都君。“九老君”和“仙都君”被分作两个神，在道教中很少见，且分属不同道派。说明戊辰、戊戌的解释者从思想上讲没有完全归属于某一个道派。另外，南北朝时期上清经《太上洞房内经注》的主要内容为道教存思术，也有“忌戊辰、戊戌日，不得颂此。颂出《正一玄都律》第九卷”①，证明南北朝时期上清派也尊行此禁忌。

戊辰、戊戌禁忌的原因和阴阳五行理论相关。早期道教中，戌为天门，辰为地户，戊是中央土。阴阳二气的消息变化，引起天地万物的变化。“天门地户”之说在西汉时期已经流行。西汉《焦氏易林》“损”卦：天门地户，幽冥不观，不知所在。近代易学家尚秉和先生解读为：“损上艮，故曰‘天门’；下兑，故曰‘地户’。”② 他举了《睽之晋》《井之鼎》《未济之困》等多例证明艮为天门，举《既济之损》《大壮之离》等证兑为地户。早期道经《太平经》中也有辰、戌为天门地户之说：“辰戌之岁，天门地户，天土地土，自当所生。”③

《黄帝内经·素问·五运行大论》有：

> 夫数之可数者，人中之阴阳也。然所合数之可得者也。夫阴阳者，数之可十，推之可百，数之可千，推之可万。天地阴阳者，不以数推以象之谓也。

① 《太上洞房内经注》，《道藏》第2册，第877页。

② 尚秉和：《焦氏易诂》，光明日报出版社，2005，第17页。

③ 王明编《太平经合校》，中华书局，1960，第547页。

帝曰：愿闻其所始也。

岐伯曰：昭乎哉问也！臣览《太始天元册》文，丹天之气经于牛女戊分，黅天之气，经于心、尾己分；苍天之气，经于危、室、柳、鬼；素天之气，经于亢、氐、昴、毕；玄天之气，经于张、冀、娄、胃。所谓戊己分者，奎壁、角轸，则天地之门户也。①

《五运行大论》是唐代王冰所补。从上文看，天门地户之说来自《太始天元册》。《太始天元册》一般被认为是上古之书。民国著名中医学家恽铁樵认为《太始天元册》的"太虚寥廓，肇基化元"等文字风格绝似《阴符经》《道德经》。② 易学家潘雨廷先生推断《太始天元册》成书在《参同契》之前。③ 可见，天门地户之说所传确实很久。上段引文从天文学的角度，对五气的运行做出解释，丹天之气、黅天之气、苍天之气、素天之气、玄天之气在二十八星宿所组成的圆圈内运动。二十八星宿是古人为了观测天象，在天赤道和黄道附近选取二十八颗恒星来作为标志。二十八星宿又分为四宫，对应四神兽，每宫七宿。东方苍龙包含角、亢、氐、房、心、尾、箕七宿；南方朱雀包括井、鬼、柳、星、张、翼、轸七宿；西方白虎包含奎、娄、胃、昴、毕、觜、参七宿；北方玄武包括斗、牛、女、虚、危、室、壁七宿。人们可以通过太阳所在的位置判断季节，二十八星宿可以与地支、节气相配，因为《周易》卦象所表示的是阴阳二气的变化，因此，易学家也将卦象与之相配。明代易学家来知德将二十八星宿、十二地支和节气的二分二至

① 《黄帝内经素问补注释文》，《道藏》第21册，第249页。

② 余云岫、恽铁樵著，周鸿飞等点校《〈灵素商兑〉〈群经见智录〉合刊》，学苑出版社，2007，第85页。

③ 潘雨廷：《潘雨廷著作集》第十二册，上海古籍出版社，2016，第176~177页。

与八卦相配。

封配方图

资料来源：（明）来知德：《来注易经图解》，杜永明、柯誉点校，中央编译出版社，2010，第 580 页。

结合上图可以直观地理解内经中言“奎壁、角轸，则天地之门户也”。太阳运行到奎宿、壁宿时是春分，对应的地支是戌，意味着阴阳二气在此时合并。当太阳运行至角宿、轸宿时是秋分，对应地支是辰，阴气顺阳。明代医家张景岳以天文学中太阳运行之象来解释天门地户：“予尝考周天七政躔度，则春分二月中，日躔壁初，以次而南，三月入奎娄，四月入胃昴毕，五月入觜参，六月入井鬼，七月入柳星张；秋分八月中，日躔翼末，以交于轸，循次而北，九月入角亢，十月入氐房心，十一月入尾箕，十二月入斗牛，正月入女虚危，至二月复交于春分而入奎壁矣。是日之长也，时之暖也，万物之发生也，皆从奎壁始；日之短也，时之寒也，万物之收藏也，皆从角轸始。故曰春分司启，秋分司闭。夫既司启闭，要非门户而何？然自奎壁而南，日就阳道，故曰天门；角轸而北，日就阴道，故曰地户。”[1]

① （明）张介宾：《类经图翼》，人民卫生出版社，1982，第 26 页。

笔者曾以十二消息卦之卦象说明天门地户。

十二消息卦

十二消息卦是以十二个卦象与十二个月相配。戌所对应的是剥卦，从卦象上看，剥卦的初爻至第五爻均为阴爻，上爻为阳爻。表明阳气即将被剥尽。《说文解字》对“戌”的释义：“戌，灭也。九月，阳气微，万物毕成，阳气下入地也。”然而因为阴阳二气的矛盾运动，天道循环，周而复始，万物毕成之时，是生机的丧尽，同时也是生门的开启，是为天门。同样，辰所对应的是夬卦，其卦象为初爻至第五爻为阳爻，第六爻为阴爻。此时阳气已达最盛，盛极必衰，在万物生命力极度彰显之时，同时蕴含着生机的衰退，故为地户。戊的五行属性为土，故为中宫土神。

不管早期道教具体以哪种说法来诠释天门和地户，都不离阴阳五行理论。

戊辰、戊戌禁忌在后世有很大的影响力，和民间禁忌也有密切的互动，如民间有“戊不动土”的习俗。清代的地方志记载颇多。至今在一些偏远地区的汉族聚集地仍有保留，如四川阿坝州松潘县小河乡。

（四）天租米输送时间禁忌

《玄都律文》有天租米输送时限的规定，在截止日前输送有功，截止日当日无功无过，超过截止日未输送会有灾祸。因此可以说，早期正一道禁忌逾十月五日不缴纳天租米。

> 律曰：制男官、女官、箓生、道民天租米是天之重宝，命籍之大信，不可轻脱，祸福所因，皆由此也。七月七日为上功，八月为中功，九月为下功，十月五日输者无功无过，皆输送本治。违法则命籍不上吏守人，上延七祖，下流后代，家长罚算二百日，户口皆各罚二纪。①

道民缴纳天租米是早期正一道实行的经济管理制度。早期正一道的创始人张道陵、其子张衡、其孙张鲁在蜀中实行政教合一的制度。张道陵建立了二十四个教区，称为二十四治，分布在今天的四川地区和陕西南部。道书称二十四治是“应天二十四气，合二十八宿，付天师张道陵奉行布化”②。据北周道书《无上秘要》：

<table>
<tr><th></th><th>治名</th><th>应宿</th><th>位置</th><th>治地典故</th></tr>
<tr><td rowspan="8">上八治</td><td>阳平治</td><td>角宿</td><td>蜀郡界</td><td></td></tr>
<tr><td>鹿堂治</td><td>亢宿</td><td>蜀郡界</td><td>张天师与太上老君盟约</td></tr>
<tr><td>鹤鸣山治</td><td>氐宿</td><td>蜀郡界</td><td></td></tr>
<tr><td>漓沅山治</td><td>房宿</td><td>蜀郡界</td><td></td></tr>
<tr><td>葛璝山治</td><td>心宿</td><td>蜀郡界</td><td></td></tr>
<tr><td>更除治</td><td>尾宿</td><td>广汉郡界</td><td rowspan="2">时有仙人往来，可以度厄，养性。昔张力士得道之处</td></tr>
<tr><td>秦中治</td><td>箕宿</td><td>广汉郡界</td></tr>
<tr><td>真多治</td><td>斗宿</td><td>广汉郡界</td><td></td></tr>
</table>

① 《玄都律文》，《道藏》第 3 册，第 459 页。

② 《云笈七签》，《道藏》第 22 册，第 204 页。

续表

	治名	应宿	位置	治地典故
中八治	昌利治	牛宿	广汉郡界	昔李八百初学道处
	隶上治	女宿	广汉郡界	昔李子先生学道飞仙在此山
	涌泉治	虚宿	遂宁郡界	昔马明生学道得仙，太上老君至此，化形往此治。上有泉水，治万民疾病，无不际愈，时世之人，遂传为咒水
	稠稉治	危宿	犍为郡界	昔轩辕黄帝学道之处。山亦有芝草神药
	北平治	室宿	犍为郡界	中有芝草神药，昔王子乔得仙之处
	本竹治	壁宿	犍为郡界	昔郭子得道之处
	蒙秦治	奎宿	越巂郡界	昔伊尹于此山学道。上有芝英金液草，服之得度世
	平盖治	娄宿	犍为郡界	昔吴郡崔孝通于此山学道，遂得飞仙
下八治	云台治	胃宿	巴西郡界	昔张天师将诸弟子三百七十人住山治上，教化二年，白日升天。其后一年，天师夫人复升天。此即赵升取桃之处是也
	浕口治	昴宿	汉中郡界	昔陈安世于此山学道得仙
	后城治	毕宿	汉中郡界	昔夏子然于此山上学道得仙
	公慕治	觜宿	汉中郡界	苏子玉于此山学道得仙
	平刚治	参宿	犍为郡界	昔李阿于此山学道得仙
	主簿治	井宿	犍为郡界	昔王兴于此山学道得仙
	玉局治	鬼宿	成都南门左	昔永寿元年正月七日，太上老君乘白鹿，张天师乘白鹄，来此坐局脚玉床，即名玉局治
	北邙治	柳宿	京兆郡界	昔务成子于此山学仙得道

上表中为首次设立的二十四治。随后又增设了四治：刚氐治、白石治、具山治和钟茂治。张衡又立八品配治，来配中八品治。随着早期正一道的发展，张鲁掌教时又增设了八品游治。各治重要程度不同。其中首治阳平治地位最为特殊。《正一法文传都功版仪》："……阳平治都功版，非天师之胤不受。所以云系天师若干世孙，异姓当言系天师王甲此师名……自阳平治以下任意传授。"① 阳平治只有天师后人才可以署理。僧人释道宣在《二教论·明典真伪》注曰："依张鲁《蜀记》，凡有二十四治，而阳平一治最为大者。今道士上章及奏符厌皆称阳平，重其本故也。"②

天租米，即信米。早期正一道收纳信米是学界公认的事情。《三国志·张鲁传》有"从受道者出五斗米，故世号'米贼'"。《后汉书·刘焉传》："受其道者辄出米五斗，故谓之'米贼'。"然而，究竟是所有信徒被强制缴纳还是部分信徒自愿缴纳或是治病后作为酬金缴纳仍需讨论。《后汉书》李贤注有"时巴郡巫人张修疗病，愈者雇以五斗米，号为'五斗米师'"。缴纳信米是自愿还是强制，可能需要分阶段讨论。如果是强制缴纳的话，应该有现实生活中强制的手段，无须通过宗教戒律和宗教惩罚来进行规劝。胡文辉据《华阳国志》和《水经注》提出，五斗米道的米是"当地所有百姓都得交纳的费用，实质上属于税收性质——不过张鲁政权以'鬼道'治民，故以'供道'形式隐蔽地收税而已"③。蒋朝君博士提出的观点"张陵老祖天师收取信众的五斗信米的做法，具有较大偶然性……张鲁天师的时候，交纳五斗米成了一种常态，是所有五斗米信众必须要交纳

① 《正法文传都功版仪》，《道藏》第 28 册，第 490 页。

② （唐）释道宣编《广弘明集》卷第八，《四部丛刊》景上海涵芬楼藏明刊本，上海商务印书馆，1922，第 195 页。

③ 胡文辉：《"五斗米道"得名辩证》，《中国文化》2017 年第 1 期。

的"[1] 比较客观。

《玄都律文》提到天输米的关键时间节点是七月七日和十月五日。七月七日缴纳有上功。十月五日缴纳无功无过。早期正一道有三会日。《陆先生道门科略》《斋戒箓》《犹龙传》等大部分道书记载正月七日上会，七月七日中会，十月五日下会。《赤松子章历》上会时间是正月五日。三会日是早期正一道盛大吉日，这三日既不需要避忌异常天象，也不需要顾虑是否天地禁闭，均可以上章言功。《赤松子章历》言："其日，天帝一切大圣俱下，同会治堂，分形布影，万里之外，响应齐同。"[2] 三会日聚集道众进行斋会，上章言功。上会日所修斋为举迁赏会斋，中会修庆生中会斋，下会修建功大会斋。早期正一道的道民都"编户著籍"，三会日当天，道民前往治师处进行核实，主动申报死亡者和新生儿，更新道民名簿。"令以正月七日、七月七日、十月五日，一年三会，民各投集本治师，当改治箓籍，落死上生，隐实口数，正定名簿，三宣五令，令民知法。"[3]《玄都律文》选取七月七日和十月五日作为缴纳天租米的关键时间点，因为此时是道民聚会之时。十月五日之后，只有等到第二年上会日才会大规模的聚集道民了。从水稻生长时间来看，四川地区的水稻成熟时间一般在七八月，十月还未缴纳的话，显然是对缴纳天租米有意拖延。故言"七月七日为上功，八月为中功，九月为下功，十月五日输者无功无过"。

我们很明显可以看出，天租米的缴纳时日禁忌主要出于早期正一道管理的实际需要。天租米为当时的政教合一的统治提供了经济基础。按期收纳了信米，政权的统治才足够牢固，才能够承担宗教、政治和军事方面的开支。也就是说，早期正一道为了保障其经济基础，

---

① 蒋朝君：《中国历代张天师评传》第 1 卷，江西人民出版社，2014，第 221~222 页。

② 《赤松子章历》，《道藏》第 11 册，第 183 页。

③ 《陆先生道门科略》，《道藏》第 24 册，第 780 页。

给予所收纳的米信仰的意义，即天租米关乎道民命籍。逾期不交，会使祖先后世的命籍受影响，家长和家庭成员都会遭到减寿的惩罚。早期正一道从信仰的角度解读禁忌，并强化它的管理制度。

《玄都律文》通过宗教戒律的形式展现早期正一道的时日禁忌。《玄都律文》中时日禁忌的内容并不多，较之《赤松子章历》少了很多，说明虽然早期正一道存在大量的时日禁忌，但并非所有的禁忌地位相同。有的禁忌非常重要和严格，如果违背会受到严厉的惩罚，有的禁忌相对宽松一些。

早期正一道时日禁忌的内容主要见于《赤松子章历》和《玄都律文》。通过上文的分析，我们看到早期正一道的时日禁忌内容主要包括两种类型：一种是因为信仰而产生的禁忌，绝大部分属这种禁忌；另一种是因为政治治理需要而产生的禁忌，通过信仰的方式给禁忌披上神圣的外衣，这类禁忌在早期正一道中记载较少。前一类因信仰所产生的禁忌中有不同的信仰基础：阴阳五行理论、天人感应观念、时空相配理论、巫术思维、神煞神灵观念、民间禁忌等。总而言之，早期正一道时日禁忌从内容上看，十分庞杂，从来源上看，非常多端。这也符合道教甚至宗教的发展规律。每一种宗教在创教初期，都会大量吸收其他思想来丰富自身的理论。

第二节　早期正一道对待时日禁忌的态度

早期正一道对待时日禁忌的态度，可以通过《女青鬼律》《老子想尔注》等道经进行探讨。

一　遵行时日禁忌的原因："顺天奉时"

《正一法文天师教戒科经·大道家令戒》有："魏氏承天驱除，

历使其然，载在河雒，悬象垂天，是吾顺天奉时，以国师命武帝行天下，死者填坑。"[①] 这句话在宣扬当时的统治是天命所归，是为政权的合法性进行论证，也表明了天师的态度是要"顺天奉时"。此处也可以看出早期正一道对于时间的态度在于"奉时"，"奉时"是要"顺天"。

"顺天"是中国文化的一个基本特征，事实上反映的是天人合一的观念。各家学说从不同的方面对"顺天"进行理解。《周易·大有》曰："其德刚健而文明，应乎天而时行，是以'元亨'。"[②] "君子以遏恶扬善，顺天休命。"[③] 儒家更加偏重从人伦道德角度立论，认为"顺天"就是在道德方面的遏恶扬善。"应乎天则时行"说明"时行"是"应天"的结果。《孟子》有"顺天者存，逆天者亡"[④]，告诫人们要顺从天时。

道家更加注重自然，更偏重从自然立论。道家看来，"顺天"即是"法天道、顺自然"。《道德经》描述水的性状为："居善地，心善渊，与善仁，言善信，正善治，事善能，动善时。"河上公注"动善时"为"夏散冬凝，应期而动，不失天时"。[⑤] 水在老子看来是"上善"的代名词，"应期而动，不失天时"是水的特性，也是"上善"应有之义。《庄子·应帝王》有天根向无名人请教治理天下的方法，无名人回答："汝游心于淡，合气于漠，顺物自然而无容私焉，而天下治矣。"顺自然的本性是治理

---

① 《正一法文天师教戒科经·大道家令戒》，《道藏》第 18 册，第 237 页。

② （三国·魏）王弼注，（唐）孔颖达疏，李学勤主编《十三经注疏·周易正义》，北京大学出版社，1999，第 76 页。

③ （三国·魏）王弼注，（唐）孔颖达疏，李学勤主编《十三经注疏·周易正义》，北京大学出版社，1999，第 77 页。

④ （汉）赵岐注，（宋）孙奭疏，李学勤主编《十三经注疏·孟子注疏》，北京大学出版社，1999，第 194 页。

⑤ 王卡点校《老子道德经河上公章句》，中华书局，1993，第 30 页。

天下的要点之一。《淮南子》观察人体规律和观察天的规律时，发现天和人在某些数字上相同，因此将人体与天相类比，要求人举事顺天："天有九重，人亦有九窍。天有四时以制十二月，人亦有四肢以使十二节。天有十二月以制三百六十日，人亦有十二肢以使三百六十节。故举事而不顺天者，逆其生者也。"[①] 道教继承了道家"法天道、顺自然"的思想。

《大道家令戒》中天师政治行为的依据是"顺天奉时"，虽未明言时日禁忌，但实则可以看到早期正一道对待时间的态度是敬奉天时，顺应天道。早期正一道畏天尊道。《老子想尔注》注"如何万乘之主以身轻天下？"为"天子乘人之权，尤当畏天尊道。设误意自谓尊贵，不复惧天道，即为自轻其身于天下也"[②]。天子也要畏天尊道，何况其他人？时日禁忌是天道反映，由此推测早期正一道敬畏天道、敬畏时日禁忌的态度。

二　吉凶观："奉道者可长处吉不凶"

时日禁忌主要解决吉凶问题，希望能够通过避忌来达到趋吉避害的目的。早期正一道在凶吉问题上，认为奉道可以处吉不凶。

《老子想尔注》是早期重要的道经之一，是张道陵或者张鲁所作。而且《老子想尔注》是当时正一道内部学习《道德经》的教材，所以《老子想尔注》的吉凶观有助于人们了解正一道禁忌观。

《老子想尔注》将"将欲翕之，必固张之；将欲弱之，必故强之；将欲废之，必固兴之；将夺之，必固与之：是谓微明"注为："奉道诫者可长处吉不凶，不能止足相返不虚也。道人不可敢非，实有微明之知。"[③]"奉道诫者可长处吉不凶"可以由此推出趋吉避害，

---

① 何宁：《淮南子集释》，中华书局，1998，第282~283页。

② 饶宗颐：《老子想尔注校证》，上海古籍出版社，1991，第33页。

③ 饶宗颐：《老子想尔注校证》，上海古籍出版社，1991，第46页。

最为紧要的事情是奉道诫。

《老子想尔注》十分强调守道诫，多处提到勿违道诫。违背道诫的结果会伤王气，守道诫就是守一。《老子想尔注》曰："动善时。人欲举动勿违道诫，不可得伤王气。"① "载营魄抱一能无离"注"一者道也，今在人身何许？守之云何？一不在人身也，诸附身者悉世间常伪伎，非真道也；一在天地外，入在天地间，但往来人身中耳，都皮里悉是，非独一处。一散形为气，聚形为太上老君，常治昆仑，或言虚无，或言自然，或言无名，皆同一耳。今布道诫教人，守诫不违，即为守一矣，不行其诫，即为失一也"②。违背道诫，道将远去，违背道诫，将在负责记录罪过的右契上记名，不能长寿。"人欲举事，先孝（考）之道诫，安思其义不犯道，乃徐施之，生道不去。"③ "天地为飘风趋雨，为人为诫不合道，故令不久也。"④ "人举事不惧畏道诫，失道意，道即去之，自然如此。"⑤ "欲求仙寿天福要在信道，守诫守信，不为贰过。罪成结在天曹，右契无到而穷，不复在徐也。"⑥

遵守道诫可以长处吉不凶，对于修道者来讲，更加重要的是遵守道诫、修行道法。这是一种从根本意义上趋吉避害的方式。然而对于时日禁忌，《老子想尔注》并没有明确的态度，但是应该不排斥，六朝的《玄都律文》、唐末以前的《赤松子章历》都记有大量的时日禁忌。早期正一道对待时日禁忌的态度应该是严格的遵守，否则不会将时日禁忌以道教戒律的形式呈现，而遵行道诫包含遵行时日禁忌之义。

---

① 饶宗颐：《老子想尔注校证》，上海古籍出版社，1991，第 11 页。
② 饶宗颐：《老子想尔注校证》，上海古籍出版社，1991，第 12 页。
③ 饶宗颐：《老子想尔注校证》，上海古籍出版社，1991，第 19 页。
④ 饶宗颐：《老子想尔注校证》，上海古籍出版社，1991，第 30 页。
⑤ 饶宗颐：《老子想尔注校证》，上海古籍出版社，1991，第 31 页。
⑥ 饶宗颐：《老子想尔注校证》，上海古籍出版社，1991，第 31 页。

三　时日禁忌可以预防或者解除

早期正一道积极乐观，表现在时日禁忌上，积极防止时日之鬼作祟和通过法术解除。

（一）防止时日之鬼作祟："知其名鬼不敢近人"

时日禁忌中有些与神煞或鬼相关。这类的禁忌可以通过鬼的名称来对它们进行遏制，使得鬼无法对人造成伤害，自然不会有凶恶之事发生。

早期正一道认为，世上之鬼很多，类型多样，规模众多。如《太上三五正一盟威箓》的"太上正一九州社令箓品"："某法箓弟子某乙……奉受太上正一九州社令箓……限召众邪故炁，万鬼立到，不得迁历，救治万民，千二百鬼注依法收箓，万神常在，左右侍从，延年益寿，除凶度厄。"[①] 经中所言"万鬼""千二百鬼"虽是虚指，但可见早期正一道观念中鬼的数量众多。

早期正一道认为，只要掌握了鬼的名称，鬼就不敢作祟。"人随日忆知其名，鬼不敢近人。"[②] 古代很多民族均有相似的观念，认为姓名和实体之间的关系十分紧密。如弗雷泽言"未开化的民族对于语言和事物不能明确区分，常以为名字和它们所代表的人或物之间不仅是人的思想上的联系，还是实在的物质的联系，从而巫术容易通过名字，犹如通过头发指甲及人身其他任何部分一样，来为害于人。事实上，原始人把自己的名字看作是自身极重要的部分，因此非常注意保护它"[③]。弗雷泽列举了几例：北美印第安人把名字看作自己身体的一部分，如同眼睛和牙齿等器官一样；大西洋到太平洋的许多部落也有此观念，而且还会瞒自己的名字；有的老年因纽特人会取新名

---

① 《太上三五正一盟威箓》，《道藏》第28册，第440页。

② 《女青鬼律》，《道藏》第18册，第241页。

③ 〔英〕G. 弗雷泽：《金枝》，徐育新等译，新世界出版社，2006，第245页。

字，认为新名字寓意新的生命；西里伯斯的托兰波人相信你只要写下了别人的名字，就能够将他的灵魂和名字一起带走；澳大利亚的一些人除了有公开的名字还有秘密的名字，平时绝不能提；古代埃及人有两个名字，真名或大名一定要小心隐瞒。

早期道教不仅认为名字对人很重要，同样对鬼也很重要。当掌握了鬼的名字时，鬼不敢危害人。早期正一道驱鬼之术通常是通过名字对鬼产生威胁而达到目的。

名字禁忌应该早于道教产生。李丰楙先生根据《抱朴子·登涉篇》抄写《白泽图》，而《白泽图》是古谶纬书之一，推论出“道教形成之后，依其含融汉人旧说的习惯，也被引用，成为古谶纬影响初期道教的例证之一”[①]。周西波先生将《白泽图》的成书时间判定为“不会晚于东晋，也可能在三国前”。[②] 而《白泽图》所依据的原理就是“呼名辟邪”。《白泽图》记有数种精怪之名，如车之精名宁野、池之精名意、川石精名庆忌等。[③] 民间流行此俗，《岁时广记》引《风俗通》：“夏至日，着五彩辟兵，题曰游光厉鬼，知其名者无瘟疫。”[④]《风俗通》为东汉应劭所作，说明名字禁忌由来已久。

早期正一道认为，不仅人、物所化精怪有名，时间亦有名。《女青鬼律》里面记载了很多种类的鬼的姓名，有的还注明了鬼的住处和危害。和时日相关的鬼包括北斗主煞、斗纲加煞、太一主煞无形无名鬼、天三五考煞鬼，六十甲子日直煞逆鬼，六甲神逆厄主煞神君，十二月温鬼、十二日温鬼等，并描述了各鬼的样貌：

---

① 李丰楙：《不死的探求——抱朴子》，三环出版社，1992，第411~421页。

② 周西波：《〈白泽图〉研究》，项楚编《中国俗文化研究》第1辑，巴蜀书社，2003，第166页。

③ 游自勇：《〈白泽图〉与〈白泽精怪图〉关系析论》，余欣主编《存思集：中古中国共同研究班论文萃编》，上海古籍出版社，2013，第269页。

④ （宋）陈元靓：《岁时广记》，商务印书馆，1939，第280页。

北斗主煞一人，上下乌衣，长七千丈，姓吴名还临子。

斗纲加煞七人，长九丈，赤帻，主煞天下奸邪逆鬼。太一主煞无形无名鬼，长一丈六尺，赤帻赤衣服，天三五考煞鬼，名慧，长一丈七尺，白衣赤帻，持戟向人。[①]

右甲子六十日直煞逆鬼六十人，人身无异，赤毛无衣，有耳无目，飞行千里，其身三。凶逆不孝，煞害天民。[②]

《女青鬼律》中诸鬼有形有象，有名有姓。如此这般详细地掌握了各种鬼的情况，可以传递给信众以信心，使他们对于早期正一道能够驱鬼毋庸置疑。早期正一道还提出防止时日之鬼作乱的方法："天下散民中有孝顺忠信者，可书六十日鬼名，着乌囊贮之，常以正月一日日中时以身诣师家受之，系着左右臂，以此行来，鬼不敢干。"[③]

掌握了时日之鬼的姓名之后，可以防止时日之鬼作祟害人。

（二）通过法术进行消解

早期正一道使用的救济方法是上章、斋法和醮法，其中重要的救济方法是上章。早期正一道对于时日禁忌的态度是要严格遵行，但是如果因为某些原因而违背了禁忌呢？早期正一道有消解的方法。

《正一法文经章官品》有："毕女君一人，官将一百二十人，治仙室，主解祭酒犯录上禁忌饮酒食肉，行轻重于民间奸淫通之罪，皆使无它。"[④] 犯录上禁忌是严重的过失，录上禁忌包括时日禁忌，可以通过求助于毕女君及其官将进行消解。另外，还有几处提到了与时日相关的官将。如消解岁杀、月杀、日杀和时杀，葬送斩草的"二

① 《女青鬼律》，《道藏》第 18 册，第 240 页。
② 《女青鬼律》，《道藏》第 18 册，第 241 页。
③ 《女青鬼律》，《道藏》第 18 册，第 242 页。
④ 《正一法文经章官品》，《道藏》第 28 册，第 540 页。

部君官将吏"[①]；收嫁娶时鬼的"左右宣奉君官将"[②]；主解嫁娶不宜姑翁、生命在天，年岁星逆鬼之中，各有嫉鬼妒神，丑宿厄星，悬尸六害，胞形骨消，不宜子孙者的北平君官将；收正月至十二月建墓鬼，葬埋以续疾病咒讼鬼法所为的九地君官将。[③]

上述时日禁忌主要发生在两个领域，一是丧葬，二是嫁娶。上文提及的"斩草"是丧葬仪式下葬的一个步骤。鲁西奇教授指出"下葬环节包括置立明堂、斩草、营墓、葬埋、镇墓等步骤，并在斩草仪式中使用买地券"。他认为"斩草是传统民间葬仪中最重要的仪式"[④]。欧阳运森《荆门雄风》附录二《执笏山玄帝观古道教经文目录选》之《圣教文稿》第236的名称为"斩草破土文"[⑤]，可见道教丧葬仪式中亦重视斩草。因为"斩草"是一个重要的仪式，所以时间的选择很重要，可能会犯岁杀、月杀、日杀和时杀，然而早期正一道认为可以辟斥这些禁忌。九地君官将是与丧葬相关的神灵。除了丧葬之外，另一个道教关注时间禁忌的领域是嫁娶。嫁娶时可能有嫁娶时鬼、年岁星逆鬼、嫉鬼妒神、丑宿厄星等作怪，对公婆不利、对子孙不利，可请左右宣奉君官将和北平君官将等帮助化解。丧葬和嫁娶，是人生最重要的两件大事。丧葬解决的是人死后的去向问题；嫁娶是男女结合，直接关系生命如何繁衍的问题。这两件大事备受普通百姓关注，当然对道民而言也十分重要。在这样的大事面前，需要十分谨慎，容不得半点差错，否则可能会给家人甚至子孙后代带来无穷的祸患。故时间的因素也受到关注。早期正一道试图通过祈求相关神灵来防止时日之鬼作祟，消除出生时间等先天命里相克等情况。这些

---

① 《正一法文经章官品》，《道藏》第28册，第549页。

② 《正一法文经章官品》，《道藏》第28册，第552页。

③ 《正一法文经章官品》，《道藏》第28册，第539~552页。

④ 鲁西奇：《中国古代买地券研究》后记，厦门大学出版社，2014，第647页。

⑤ 欧阳运森：《荆门雄风》，中央文献出版社，2000，第102页。

时日禁忌与东汉的方术相关，说明早期正一道与东汉方士之间存在某种联系，道教吸纳了这些方术。

早期正一道主张用箓来解除时日禁忌。《正一法文经章官品》曰："箓可用移徙，吏主营护某家男女釜灶六畜移徙出宅，开通无它，却十二辰禁忌。"此处十二辰禁忌应为《赤松子章历》中名为"十二时辰"的禁忌。通过受箓，可以到达保护家庭成员、家畜财产、消除禁忌的功能。

综上，早期正一道存在多种时日禁忌，并且敬畏时日禁忌。该派认为应该遵循时日禁忌，并严格奉行包括时日禁忌在内的道诫，因为遵奉大道可以长期处于吉利而不会遭遇凶恶。早期正一道对于时日禁忌的态度较为乐观，认为可以通过掌握时日之鬼的姓名来防止它们作祟。如果因为某种原因违背了时日禁忌，可以通过祈求神灵的帮助防止鬼作祟，也可以通过受箓的方式消除禁忌。

第二章　太平道时日禁忌

太平道是早期道派之一，在当时的影响较大。太平道的创始时间和早期正一道时间相近，也是在东汉时期。其创始人是张角。《后汉书·皇甫嵩列传》记载："初，钜鹿张角自称'大贤良师'，奉事黄老道，畜养弟子，跪拜首过，符水咒说以疗病，病者颇愈，百姓信向之。角因遣弟子八人使于四方，以善道教化天下，转相诳惑。十余年间，众徒数十万，连结郡国，自青、徐、幽、冀、荆、杨、兖、豫八州之人，莫不毕应。遂置三十六方。方犹将军号也。大方万余人，小方六七千，各立渠帅。"① 可见，太平道在东汉时期盛极一时，信仰者众，太平道通过跪拜首过、符水咒说治病，与张道陵早期正一道相似。张角建立了军队和宗教相结合的方，张角自称"天公将军"，其弟张宝、张梁分别称"地公将军"和"人公将军"，他们发动了黄巾起义。

《太平经》是太平道的主要经典。《后汉书·襄楷传》言顺帝时琅琊人宫崇上其师干吉神书《太平清领书》，桓帝时襄楷再次献上，并言"张角颇有其书焉"。学界大都认为，《太平清领书》即《太平经》。然而，也有学者指出，传世的《太平经》的思想与农民思想毫

---

① （南朝宋）范晔撰，（唐）李贤等注《后汉书》，中华书局，1965，第2299页。

无相干之处。[①] 唐长孺先生认为，“襄楷所献大致即今《太平经》，但未必即张角所有《太平经》……襄楷所献的《太平经》是一种历经改窜，对统治阶级绝对无害，而且可以‘兴国广嗣，消灾延祚’的‘神书’”[②]。即使如此，张角所有的《太平经》和传世的《太平经》的紧密关系学界大都承认，如大渊忍尔、杨宽、戎笙等学者。[③] 但是处理《太平经》和太平道之间的关系需要谨慎，正如唐长孺先生提醒我们的那样：“张角为首的太平道与《太平经》有关也是可信的。虽然如此，我们却决不能无条件地把传世《太平经》就当作‘张角颇有其书’之《太平经》。”[④]

由于关于太平道的文献资料较少，我们要对太平道的时日禁忌进行研究，目前只能通过《太平经》。我们首先分析《太平经》的时日禁忌，然后再对太平道的时日观念作分析。

第一节　太平道时日禁忌内容

一　《太平经》的时日禁忌内容

《太平经》直言时日禁忌的内容不多，可能与它自身的性质有关：《太平经》不是为某一道派提供指导的斋醮科仪书，而是多人多年所作，汇集了道家学说、阴阳五行、神仙方术等内容。

《太平经》没有直接在经文中标注某日不能做某事。但可以通过经文的表达来理解其时日禁忌内容。如《太平经》有生子怀妊的禁

① 熊德基：《〈太平经〉的作者和思想及其与黄巾和天师道的关系》，《历史研究》1962 年第 4 期。

② 唐长孺：《太平道与天师道——札记十一则》，《中华文史论丛》2006 年第3 期。

③ 参见冯渝杰《“致太平”思潮与黄巾初起动机考——兼及原始道教的辅汉情结与终末论说》，《学术月刊》2018 年第 5 期。

④ 唐长孺：《太平道与天师道——札记十一则》，《中华文史论丛》2006 年第3 期。

忌，它并未出现“禁忌”二字，但说“生子不遂，必有祸殃”，明显可以看出禁忌的心态。《太平经》共有四处时日禁忌，逐一分析如下：

（一）怀妊避不良之日

《太平经·写书不用徒自苦诫》有：

> 先时为恶，殃咎下及。故令生子，必不良之日；或当怀妊之时，雷电霹雳，弦望朔晦，血忌反支，以合阴阳。生子不遂，必有祸殃。地气所召，反怨仓狼。为恶报恶，何复所望？不知变易，自职当绝灭无户，死不与众等。[①]

由上文可知，《太平经》禁忌几种时刻怀妊：雷电霹雳、弦望朔晦和血忌反支。如果在这些时刻合阴阳怀妊，生下的孩子必有祸殃。观察这几种日子，包括几种情况：第一种是异常天象，第二种是特殊的月相，第三种是民间广泛流行的禁忌。

1. 异常天象：雷电霹雳

中国房中术产生时间较早，最初的内容是关于性医学的知识，包括房中宜忌等内容。因为中国古代文化十分重视子嗣的传承，故房中术自然也包含了此内容。正如高罗佩所言，“为了得到至关重要的后代，古老的房中书和医书都非常强调优生。它们对产前的护理包括饮食，讨论得细致入微，对妇女的产后护理也极为重视”[②]。道教注重卫生养生，所以继承了古代的房中思想，并将房中术发展成为养生之术。

雷电霹雳不宜合阴阳，可以从两个方面进行解释。一是从房中思

① 王明编《太平经合校》，中华书局，1960，第572~573页。

② 〔荷〕高罗佩：《中国古代房内考》，李零、郭晓慧等译，上海人民出版社，1990，第69页。

想的角度，二是从古人对于雷电的认识的角度。房中术主张交接阴阳时安心和志，精神充归。《玉房秘诀》属于最早的一批古代房中书。晋代葛洪《抱朴子》有著录，《医心方》大量引用了《玉房秘诀》。其中以黄帝与素女的对话说明安心和志乃阴阳交接之道。《玉房秘诀》云："黄帝曰：夫阴阳之道，交接奈何？素女曰：交接之道，固有形状，男以致气，女以除病，心意娱乐，气力益壮，不知道者，则侵以衰。欲知其道，在安心和志，精神充归，不寒不暑，不饱不饥，定身正意，性必舒迟，滑纳徐动，出入欲稀，以是为节，慎无敢违，女即欢喜，男则不衰。"[①]《素女经》有一段与此相仿的文字："欲知其道，在于定气、安心、和志，三气皆至，神明统归……"[②] 雷电属于自然现象，极其容易引发气象灾害。古人认识到在雷电天气，人们容易心绪不宁，还可能造成灾害。《诗经·小雅·十月之交》有："烨烨震电，不宁不令。"《论衡》有："盛夏之时，雷电迅疾，击折树木，坏败室屋，时犯杀人。"在雷电天气，不容易达到安心和志的状态，因此合阴阳不利于致气除病。另外，古人对于雷电产生的原因并不十分清楚，或是从自然主义的角度进行解释，如《淮南子》将雷电解释为"阴阳相薄为雷，激扬为电"，即认为雷电是阴阳两种力量互相冲突的结果。或是从天人感应的角度出发，认为雷电是上天发怒，《论衡》曰："世俗以为……饮食人以不洁净，天怒击而杀之。"人应该反省是不是自己做错了事情，《礼记·玉藻》曰："若有疾风迅雷甚雨则必变，虽夜必兴，衣服冠而坐。"按照自然主义的解释，雷电是阴阳相冲突，合阴阳当然不利；按照天人相应的理论，雷电之时应该自省。雷电时合阴阳，不符合自然之理，故生子有祸殃。

---

① 〔日〕丹波康赖撰，高文柱校注《医心方》，华夏出版社，2011，第582页。

② 〔日〕丹波康赖撰，高文柱校注《医心方》，华夏出版社，2011，第580页。

2. 特殊月象：晦朔弦望

晦朔弦望不能合阴阳，主要是从阴阳的角度来考虑。晦、朔、弦、望虽是自然现象，但古人认为它反映了阴阳二气的变动。晦、朔、弦、望正好是阴阳二气变化的关键点，此时合阴阳不利于后人。

3. 民间流行的禁忌：血忌和反支

血忌和反支是秦汉时期流行的禁忌。血忌在《赤松子章历》时日禁忌已经讨论过，反支也是当时流行禁忌。反支在秦代已出现，在历史上的影响很大。从汉代开始到清代，反支一直是历注项目。汉代已盛行反支，多种汉简均注反支，包括元光元年（前134）、本始四年（前70）和永元六年（94）的历谱。

学界对反支的研究较多，主要有两种观点：一种认为一月有三个反支，一种认为一个月有五种反支。

一月有三个反支日的观点以睡虎地秦简“一月当有三反枳（支）”为依据。睡虎地秦简有：

> 反枳（支）：
>
> 子丑朔，六日反枳（支）；寅卯朔，五日反枳（支）；辰巳朔，四日反枳（支）；午未朔，三日反［枳（支）］；申酉朔，二日反枳（支）；戌亥朔，一日反枳（支）。复卒其日，子有（又）复反枳（支）。一月当有三反枳（支）。①

反支的计算方法是以每个月初一的地支为依据进行推算。若当月朔日地支为子丑，那么当月六日、十四日和二十六日为反支。日本学者森和用数学公式来说明反支的推算：

① 陈伟主编，彭浩、刘乐贤撰《秦简牍合集：释文注释修订本》（壹、贰），武汉大学出版社，2016，第472页。

睡虎地《反枳篇》的反支日、推算方法

月朔	定数	反支日（地支）	推算方法（0≤a≤2）
子	6	六日·十八日·三十日（巳）	6+12a
丑	6	六日·十八日·三十日（午）	6+12a
寅	5	五日·十七日·廿九日（午）	5+12a
卯	5	五日·十七日·廿九日（未）	5+12a
辰	4	四日·十六日·廿八日（未）	4+12a
巳	4	四日·十六日·廿八日（申）	4+12a
午	3	三日·十五日·廿七日（申）	3+12a
未	3	三日·十五日·廿七日（酉）	3+12a
申	2	二日·十四日·廿六日（酉）	2+12a
酉	2	二日·十四日·廿六日（戌）	2+12a
戌	1	朔日·十三日·廿五日（戌）	1+12a
亥	1	朔日·十三日·廿五日（亥）	1+12a

资料来源：〔日〕森和：《从离日与反支日看〈日书〉的继承关系》，首发于简帛网。

按照这种方式，一月有三个反支。

认为一月有五个反支日的，有陈梦家、李学勤等先生。他们的依据是《后汉书·王符传》李贤引《阴阳书》注："凡反支日用月朔为正。戌、亥朔一日反支，申、酉朔二日反支，午、未朔三日反支，辰、巳朔四日反支，寅、卯朔五日反支，子、丑朔六日反支。"补足后列表如下。

依月朔之地支定反支日

戌、亥	申、酉	午、未	辰、巳	寅、卯	子、丑
一	二	三	四	五	六
七	八	九	十	十一	十二
十三	十四	十五	十六	十七	十八
十九	廿	廿一	廿二	廿三	廿四
廿五	廿六	廿七	廿八	廿九	三十

资料来源：陈梦家：《汉简缀述》，中华书局，1980，第238页。

按这种方式，一月有五个反支。那么如何解释“一月当有三反枳（支）”呢？李学勤先生认为“三反支”为“五反支”之误。[①]江晓原先生认为“三反支”并不是指一个月有三个反支日，而是“一月中连头带尾遇到三次地支循环”[②]。刘乐贤先生认为每月五个反支和每月三个反支日在历史不同阶段都出现过，他认为最初每月五反支，秦简《日书》改为三反支，汉代又改回去。刘乐贤先生指出应当注意“复卒其日，子又复反支”这句话，他认为“‘复卒其日’，乃是接着数完十二支中剩下的那些日子。举例来说，假如朔日的地支是子，第六日巳日是反支日，然后再接着数完十二地支中巳日以后的日子，那样就轮到了下一个子日，所以简文接着说‘子有（又）复反枳（支）’。这样一来，每个月就只有三个反支日了。因为每月只有三十天左右，十二地支最多只能轮流用三次”。[③]

另外，孔家坡汉简日书提供了反支日的另一种方式，大部分学者认为孔家坡汉简和睡虎地秦简《日书》推算方式不同。[④]孔家坡汉简《日书》的反支日数量更多，不但包括秦简《日书》的反支日，还包括反支日相对冲的地支。刘增贵先生认为孔家坡汉简提供了两种推求反支日的计算方法，即北斗之神“雌右行，雄左行”，睡虎地秦简等大都采用“雌右行”的推算方式。[⑤]学者森和认为，后世流行的是睡

---

① 见李学勤《简帛佚籍与学术史》，江西教育出版社，2001，第147页。李零先生从其说，见李零《中国方术考》（修订本），东方出版社，2001，第202页。刘乐贤先生称起初也如此认为。

② 江晓原：《天学真原》，译林出版社，2011，第146页。

③ 刘乐贤：《睡虎地秦简〈日书〉“反支篇”及其相关问题》，《简帛研究》第1辑，法律出版社，1993，第57~58页。江晓原先生亦赞成这样解释“一月当有三反支”。

④ 也有学者认为睡虎地秦简和孔家坡汉简计算反支日的方法相同，如王贵元《论孔家坡汉简札记》，首发于简帛网。

⑤ 转引自刘增贵《“左右”、“雌雄”与“反”——孔家坡〈日书·反支〉考释》，首发于简帛网。

虎地《日书》系统的推算方式。[①]

反支日在汉代禁忌章奏和出行。东汉时期，反支日不受章奏十分流行，后被明帝废："孝明皇帝尝问：'今旦何得无上书者?'左右对曰：'反支故。'帝曰：'民既废农远来诣阙，而复使避反支，是则又夺其日而冤之也。'乃敕公车受章，无避反支。"王符评价"上明圣主为民爱日如此，而有司轻夺民时如彼，盖所谓有君无臣，有主无佐，元首聪明，股肱怠惰者也"[②]。《汉书·陈遵传》中有"及王莽败，二人俱客于池阳，竦为贼兵所杀"。颜师古引李奇曰："竦知有贼当去，会反支日，不去，因为贼所杀。"[③] 张竦明知有敌人应当离开，但因为他相信反支日不利于出行，即使事关性命亦不离开，可见他对反支日禁忌之笃信。

反支日禁忌合阴阳，与反支日不受章奏和不利于出行相关。不受章奏，意味着章奏不能够上达天听，不出行则意味着内外无法交流，二者都有无法沟通之意。合阴阳，本意是要沟通阴阳。反支日阴阳无法沟通的话，合阴阳效果不佳，故生子有祸殃。

血忌日忌合阴阳的原因可能禁忌见血相关。上文分析说血忌日禁忌祭祀，因为道教之外其他文化中存在血忌禁忌；血忌禁忌针刺，可能与针刺出血是针灸临床上有时遇到的现象相关，当然也属于异常情况。故血忌日禁忌合阴阳。

《太平经》的"怀妊避不良之日"禁忌原理主要源自阴阳理论，受到当时民间流行的禁忌影响。《太平经》怀妊合阴阳禁忌对后世影响很大，特别是在医学方面。范行准先生指出后汉以前医书中已禁忌反支和血忌，并传入印度："后汉时波斯王子出身的佛教徒安世高，从天

---

① 〔日〕森和:《从离日与反支日看〈日书〉的继承关系》，首发于简帛网。

② （汉）王符著，（清）汪继培笺，彭铎校正《潜夫论笺校正》，中华书局，1985，第221页。

③ （汉）班固撰，（唐）颜师古注《汉书》，中华书局，1962，第3714页。

竺三藏僧伽罗刹的《地道经》中，知道印度在此以前已从中国传入针灸，故书中有禁忌‘反支’、‘血忌’、‘上相’、‘四激’等日时漏克之说，此类丛辰名辞，是我国所特有，针灸上亦用为禁忌名称。”[①] 后世多种医书引用了这种观念，如隋代《诸病源候论》认为：“百致运也。其运之状，心烦闷，气欲绝是也。故须预以法术防之。”[②]

（二）王相微气日不怒不言恶事

《太平经》有：“古者圣王，睹天禁明，不敢妄为也。古者圣王得六甲王相微气之日，不怒不言恶事。至此之日，故言善事，饮食作乐，以止灾去凶邪也。故王气常欲见尊敬。”[③]《太平经今注今译》将“王相微气”解释为王相微气之日，王相日是为吉日，微气之日指冬至和夏至。[④]《太平经注译》也持此观点。[⑤]《太平经全译》将“王相微气”释为“王气，王者之气；相气，大臣之气；和微气，小吏小气”[⑥]。敦煌遗书《太平经目录》有与上面引文相近的内容，卷名为《与天有人，王相日不怒决》。此处言“王相日”而不言“微日”，可以判定“王相微气日”是指“王相日”和“微气之日”。

王相日源自“五行休王”理论。王、相、胎、没、死、囚、废、休被称为“五行休王”。《淮南子》有：“木壮水老火生金囚土死，火壮木老土生水囚金死，土壮火老金生木囚水死，金壮土老水生火囚木死，水壮金老木生土囚火死。”[⑦] 这是五行休王的雏形，表述为壮、老、生、囚、死。《太玄》曰：“五行用事者王，王所生相，故王废，

---

① 范行准：《中国医学史略》，中医古籍出版社，1986，第 94 页。

② 南京中医学院校释《诸病源候论校释》，人民卫生出版社，1980，第 1190 页。

③ 王明编《太平经合校》，中华书局，1960，第 713 页。

④ 杨寄林译注《太平经今注今译》，河北人民出版社，2002，第 1682 页。

⑤ 罗炽主编《太平经注译》，西南师范大学出版社，1996，第 1195 页。

⑥ 龙晦等译注《太平经全译》，贵州人民出版社，1999，第 1476 页。

⑦ 何宁：《淮南子集释》，中华书局，1998，第 354~355 页。

胜王囚，王所胜死。”① 五行休王的名称为：王、相、废、囚、死。《白虎通》：“五行所以更王何？以其转相生，故有始终也。木生火，火生土，土生金，金生水，水生木。是以木王，火相，土死，金囚，水休。王所胜者死，囚，故王者休。”② 五行休王的名称被统一为：王、相、死、囚、休。

王，是五行用事，即在这一时期发生作用。如春季木王。相是王之所生，春季木为王，那么木所生为火，火为相。王所胜者死，春季木王，所胜土，土死。相所胜囚，春季火相，火所胜金，金囚。“故王”，即上季王，春之上季为冬，冬季水王，春季水为故王，水在春季为休。

“五行休王”理论也有用八种状态来表示的。如《论衡·难岁篇》：“立春，艮王、震相、巽胎、离没、坤死、兑囚、乾废、坎休。”③ “五行休王”包括王、相、胎、没、死、囚、废、休。与《白虎通》相比较，增加了胎、没和废。

东晋道经《抱朴子》已明确提到“王相日”，提出作金丹的时间应在王相日：“当以王相日作，服之神良。勿传非人，传示非人，令药不成不神。”④ 但并没有说王相日具体是哪天。陶弘景的《养性延命录》明确记载了王相日的具体时间：“其王相日，谓春甲、乙，夏丙、丁，秋庚、辛，冬壬、癸。”⑤ 曾召南先生言：“王相，犹言吉利的日子……王相，表示物得其时。”⑥ 根据前述分析，“王”应当是用

---

① （汉）扬雄原著，郑万耕校释《太玄校释》，北京师范大学出版社，1989，第297页。

② （清）陈立撰，吴则虞点校《白虎通疏证》，中华书局，1994，第187~188页。

③ 黄晖：《论衡校释》，中华书局，1990，第1024页。

④ 王明：《抱朴子内篇校释》，中华书局，1985，第87页。

⑤ （南朝梁）陶弘景撰，曾召南注译，刘正浩校阅《新译养性延命录》，三民书局，2006，第265页。

⑥ （南朝梁）陶弘景撰，曾召南注译，刘正浩校阅《新译养性延命录》，三民书局，2006，第265页。

事的五行，而“相”则是王所生的五行。那么春天木王，火相，木所对应的天干是甲、乙，火所对应的天干是丙、丁。《养性延命录》中春季王相日是甲、乙。可见，此处王相日所指的就是王日。后世的文献所载王相日的具体时间，基本都和《养性延命录》相同。如唐代医书《外台秘要方》、宋代医书《妇人大全良方》“旺相日”、元代医书《世医得效方》。

微气日指夏至和冬至。《太平御览》引《五经通义》：“夏至阴始动而未达，故寝兵鼓，不设政事，所以助微气之养也。”[①]《白虎通》：“冬至所以休兵不举事，闭关商旅不行何？此日阳气微弱，王者承天理物，故率天下静，不复行役，扶助微气，成万物也。故《孝经谶》曰：‘夏至阴气始动，冬至阳气始萌。’”[②]《五经通义》是西汉刘向所作，《白虎通》为东汉经学著作。可见，汉代已达成共识：夏至是阴气萌芽，冬至为阳气始发。二至为微气初始之时，要辅助之。

“六甲王相微气之日，不怒不言恶事。”王相日是五行正当用事之时，气正盛时。微气日是气微时。这一禁忌主要是从气的角度而言，气盛和气微之时，均不能发怒和言恶事，而应言善事。发怒和言恶事向来被看作不祥之事，在气之初始和气之盛行时做不祥之事是不尊敬王气的行为，会给自身带来灾邪。此禁忌建立在天人感应的理论之上。《太平经》认为人的行为应该与天地之间流行之气相一致。

（三）皇、帝、王、霸初受天地微气造生，不得有刑

《太平经》有：

> 问曰：“北方为皇之始，东方为帝之始，南方为王之始，西方为霸之始。今天有六甲十二子，皇道当于何起？”

① （宋）李昉等：《太平御览》卷二十三，中华书局，1960，第111页。

② （清）陈立撰，吴则虞点校《白虎通疏证》，中华书局，1994，第217页。

“然，天有三统，各有大无。初一者天皇，二者帝，三者王，四者霸。天皇起于上甲子，地皇起于乙丑，人皇起于丙寅，霸道起于丁卯，是天历气数也。地历者，皇道起于子，帝道起于丑，王道起于寅，霸道起于卯。此四者，初受天地微气造生，不得有刑。有刑者伤皇道，道法不得有伤。故子刑卯，丑刑戌，寅刑巳，皆出刑气，不与同处。”①

以上引文中，皇、帝、王、霸分别始自北、东、南、西。上文中，皇、帝、王、霸并没有严格按照五行配属的关系，如帝道始于丑，帝之始为东方，丑属土，东方属木，两者并不相配。这里所遵行的规律是天皇起始时间先于帝皇，帝皇先于人皇，人皇先于霸道，皇道先于帝道，帝道先于王道，王道先于霸道。说明皇、帝、王、霸四者正如其名称一样，有政治优劣的分别。皇、帝、王、霸“初受天地微气造生，不得有刑”，主要强调气之初始，十分微弱，要小心保护。和前文微气日“不怒不言恶事”的禁忌原理相同，均要尊重天地之间运行之气。刑，是杀害之意。《太平经》认为刑气为下气，会害人：“刑者，太阴之精也。阳盛则阴服，阴盛则阳服。故乐盛则刑绝也……阳者，动而有音声；阴者无声。故刑多以阴害人。古者圣人，将从乐者，随天意，亦随地意。顺之者吉，逆之凶。故天三气，上气称乐，中气称和，下气称刑。”②

上文中地支刑的关系为“子刑卯，丑刑戌，寅刑巳”，这与《赤松子章历》中相刑自刑的关系一样。此处只列出“子刑卯，丑刑戌，寅刑巳”，因为“皇道起于子，帝道起于丑，王道起于寅，霸道起于卯”。强调皇道、帝道、王道和霸道起时之气不可杀害。皇道起于

① 王明编《太平经合校》，中华书局，1960，第707页。
② 王明编《太平经合校》，中华书局，1960，第634页。

子，霸道起于卯，子刑卯，即皇道可以制约霸道，霸道将伤害皇道。“不与同处”，即皇道与霸道相互对立。

二　《太平经》时日禁忌原则

（一）王气不可背：气之旺衰理论

《太平经》提出了时日禁忌的原则——“王气不可背”。这一原则可以解释建除法和其他的时日禁忌。

王气的作用是主生、主成善事。王气所为，正是天之所欲为。故王气顺天意。“王相之气乃为皇天主生，主成善事，乃而助天生成也。”[①] 故王气是诸气之君，所处之处，万物归之：

> 愿闻四时为尊贵，然王气乃为无气之长也，众气所系属，诸尊贵之君也。王气乃为天、为皇、为帝、为王、为太岁、为月建、为斗冈、为青龙、为大德、为盛兴、为帝王、为无上王、为生成主。是故王气所处，万物莫不归王之；王气所居，皆王而生；所背去悉死，由元气也。故王气处阳则阳王，居阴则阴王，居天则天王，居地则地王，所处者皆王，受命主理。是古者圣人王者，春东、夏南、秋西、冬北、六月中央，币气则谒见天，王气乃尊于天。[②]

王气所在地十分尊贵，对应自然界的事物是天，对应人间皇、帝、王，对应星象是太岁、月建、斗冈，对应的神兽是青龙，对应的德行是大德和盛兴，对应的王是帝王、无上王、生成主。王气所在之地，万物旺盛生长，所背之地万物衰败死亡。

《太平经》用王气的理论解释当时所流行的建除法：

---

① 王明编《太平经合校》，中华书局，1960，第 640 页。
② 王明编《太平经合校》，中华书局，1960，第 304 页。

当月建名为破大耗，当帝王气冲为名死灭亡，元气建位，帝王气为第一气，尊严不可妄当也。月建后一为闭，闭者，乃天主闭塞其后，阴休气恐来前为奸猾，干帝王建气也，故闭其后也。开者，天之法，不乐害伤也。故开其后者，示教休气，为其有为奸者乐开使退去也。不去当见收，收则考问之则成罪，罪则不可除，令死危。故后五为危，危则近死矣。故后六为破，天斗所破乃死，故魁主死亡，乃至危也。故帝王气起少阳，太阳常守斗建。死亡气乃起于少阴，太阴常守斗魁。①

后世亦用气来解释建除法，如《协纪辨方书》。然而《太平经》将十二建除中的闭、开、收、成、危、破这六将解释为阴，斗前为阳，斗后为阴。斗前日吉，为吉，斗后日衰。“是故后六将天常休之空之，与地同气，主闭藏匿，奸宄与邪鬼物同处，不可妄开发。古者贤人好生也，悉气属斗前，与天行并，故日吉能有气也。诸为奸猾阴贼恶邪，悉象阴气，属斗后，故日衰，所为者凶。”② “王气不可背”提出了一个时日禁忌的原则，这个原则可以解释建除法，也可以解释其他的时日禁忌。

（二）刑德：气之阴阳理论

《太平经》用很大的篇幅来解释刑德。总的来讲，《太平经》认为刑德是“天地阴阳神治之明效也，为万物人民之法度”③。《太平经》结合了《周易》卦象和气的理论来解释德和刑之所在：

“故十一月大德在初九，居地下，德时在室中，故内有气，万物归之也。时刑在上六，在四远野，故外无气而清也，外空万

① 王明编《太平经合校》，中华书局，1960，第304页。
② 王明编《太平经合校》，中华书局，1960，第305页。
③ 王明编《太平经合校》，中华书局，1960，第105页。

物，士众皆归，王德随之入黄泉之下。十二月德在九二之时，在丑，居土之中，而未出达，时德在明堂，万物随德而上，未敢出见，上有刑也。正月寅，德在九三，万物莫不随盛德乐窥于天地而生，时德居庭。二月德在九四，在卯，已去地，未及天，谪在界上，德在门，故万物悉乐出窥于门也。三月盛德在九五，辰上及天之中，盛德时在外道巷，故万物皆出居外也。四月巳，德在上九，到于六远八境，盛德八方，善气阳气莫不响应相生，扰扰之属，去内室之野处，时刑在万物之根，居内室，故下空无物，而上茂盛也，莫不乐从德而为治也，是治以德之大明效也。”

“今谨已闻用德，愿闻用刑。”

“然，五月刑在初六，在午，地下，下内清无气，地下空，时刑在室中，内无物，皆居外。六月刑居六二，在未，居土之中，未出达也，时刑在堂，时刑气在内，德气在外，扰扰之属莫不乐露其身，归盛德者也。七月刑在六三，申之时，刑在庭，万物未敢入，固固乐居外。八月刑在六四，酉时，上未及天界，时德在门，万物俱乐，窥于门乐入，随德而还反也。九月刑在六五，在戌，上及天中，时刑在道巷，万物莫不且死困，随德入藏，故内日兴，外者空亡。十月刑在上六，亥，时刑及六远八境，四野万物扰扰之属莫不入藏逃，随德行到于明堂，跂行自怀居内，野外空无士众，是非好用刑罚者见从去邪哉？但心意欲内怀以刑，治其士众，辄日为其衰少也。故五月内怀一刑，一群众叛。六月内怀二刑，二群众叛。七月内怀三刑，三群众叛。八月内怀四刑，四群众叛。九月内怀五刑，五群众叛。十月内怀六刑，六群众叛。故外悉无物，皆逃于内，是明证效也。故以刑治者，外恭谨而内叛，故士众日少也。是故十一月内怀一德，一群众入从。十二月内怀二德，二群众入从。正月内怀三德，三群众入从。二月内怀四德，四方群众入从。三月内怀五阳盛德，五群众贤者入从。四月内怀六德，万物并出见，莫不扰扰，中外归之。此天明法效也。二月八月，德与刑相半，故二月物半伤于寒，八月物亦半伤于寒；二月之时，德欲出其士众于门，刑欲内其士众于门，俱在界上；故二月八月万物刑德适相逢，生死相半，故半伤也。子今乐知天地之常法，阴阳之明证，此即是也。夫刑乃日伤杀，厌畏之，而不得众力，反曰无人；德乃舒缓日生，无刑罚而不畏万物，反曰降服，悉归王之助其为治，即是天之明证，昭然不疑也。"①

《太平经》将十二月与十二卦象相配，其刑德情况见下表。

十二月刑德

月份	十二地支	卦名	德所在爻	德时在处	刑所在爻	刑时在处
十一	子	复	初九	室中	上六	四远野
十二	丑	临	九二	明堂		
正	寅	泰	九三	庭		
二	卯	大壮	九四	门		
三	辰	夬	九五	外道巷		
四	巳	乾	上九	六远八境		内室
五	午	姤			初六	室中
六	未	遁			六二	堂
七	申	否			六三	庭
八	酉	观			六四	门
九	戌	剥			六五	道巷
十	亥	坤			上六	六远八境

① 王明编《太平经合校》，中华书局，1960，第105~107页。

刑德表示阴阳二气的变化，由十一月到四月，阳气渐长，阴气渐消，以德为主。德所在领域由室中移至明堂、庭、门、外道巷到六远八境，越来越远。刑由四远野由远至近到内室。从五月到十月，阳气渐消，阴气渐长，以刑为主。刑的领域从室中由近至远至六远八境。德越近，刑越远。反之亦然。

十二个月中，二月和八月是德刑相半的时候："二月八月，德与刑相半，故二月物半伤于寒，八月物亦半伤于寒；二月之时，德欲出其士众于门，刑欲内其士众于门，俱在界上；故二月八月万物刑德适相逢，生死相半，故半伤也。子今乐知天地之常法，阴阳之明证，此即是也。夫刑乃日伤杀，厌畏之，而不得众力，反曰无人；德乃舒缓日生，无刑罚而不畏万物，反曰降服，悉归王之助其为治，即是天之明证，昭然不疑也。"[1] "刑"对人和万物有伤杀，"刑"想让人害怕，但人们并不支持它。"德"舒缓地生育万物，不施刑法，不让万物畏惧，人们反而降服于德，尊其为王并帮助它进行治理。刑德对人与万物有影响，给了人们行事的指南。世间的帝王的行为应当效仿德，不用威刑，不用恐吓，助生万物，而能获得众人降服。普通百姓的行为也应以刑德为依据："夫刑德者……天地阴阳神治之明效也，为万物人民之法度。"

刑德体现了阴阳二气的变化：刑属阴，德属阳。刑德是汉代流行的思想，《淮南子》、居延汉简等对其均有论述。《太平经》虽未具体说明刑德观念下应当遵行具体的时日禁忌，然而刑德却是《太平经》时日禁忌的原则。

总的来讲，《太平经》的时日禁忌所遵循的原则均来自汉代盛行的气的理论——气的旺衰理论和气的阴阳理论。人与天地万物同构，相互感应，故人的行为应与天地间气的运行规律相一致。

---

① 王明编《太平经合校》，中华书局，1960，第107页。

第二节 《太平经》对待时日禁忌的态度

一 遵奉时日禁忌能避灾害魔邪

《太平经》认为，遵奉禁忌可以避免灾害。《太平经·太平金阙帝晨后圣帝君师辅历纪岁次平气去来兆候贤圣功行种民定法本起》有：

> 青童匍匐而前，请受《灵书紫文》、口口传诀在经者二十有四：一者真记谛，冥谙忆；二者仙忌详存无忘；……备此二十四，变化无穷，超凌三界之外，游浪六合之中。灾害不能伤，魔邪不敢难。①

青童请求受《灵书紫文》和口口传诀。“口口传诀”是指通过口授的秘诀，包括二十四条。全部掌握并严格执行这二十四条口诀，就可以达到变化无穷，超凌三界之外，游浪六合之中，灾害和魔邪都不能伤害的程度。

这二十四条当中，第二条是“仙忌详存无忘”。“仙忌”究竟指什么呢？是否包括时日禁忌的内容呢？

王明先生认为，《灵书紫文》似“一丛书之总名”②，“至少包括《灵书紫文上经》《仙忌真记上经》及《华丹神真上经》”③。此三书在道藏中全称为《皇天上清金阙帝君灵书紫文上经》《太微灵书紫文

---

① 王明编《太平经合校》，中华书局，1960，第 8 页。

② 王明：《论〈太平经钞〉甲部之伪》，《王明集》，中国社会科学出版社，2007，第 147 页。

③ 王明：《论〈太平经钞〉甲部之伪》，《王明集》，中国社会科学出版社，2007，第 148 页。

仙忌真记上经》《太微灵书紫文琅玕华丹神真上经》，分别属于洞神部本文类、洞真部戒律类和洞真部方法类。“仙忌”的内容应与《太微灵书紫文仙忌真记上经》相关。《太微灵书紫文仙忌真记上经》有大量时日禁忌，包括：“勿以八节日行威刑；勿以月朔日怒恚；勿以六甲日食龟龙鳞甲之物肉；勿以丙午日食雉肉；勿以丙子日食黑兽物肉；勿以庚申日行阴阳，与妇人同床而卧；勿以乙卯日大醉；勿以正月四日北向杀生；勿以二月九日食鱼；勿以三月三日食诸五藏肉、百草心；勿以四月八日杀草伐树；勿以五月五日见血；勿以六月六日起土；勿以七月七日思存恶事；勿以八月四日市诸履屐，诸附足之物；勿以九月九日起床席；勿以十月五日罚责人；勿以十一月十一日不沐浴；勿以十二月晦内三日不斋烧香念仙也……学道者至秋分之日皆当存真斋戒，勿念邪恶，心当常愿飞仙。古之神人曰：‘子欲升天慎秋分，罪无大小皆上闻。’”[①]《太微灵书紫文仙忌真记上经》，朱越利先生认为是六朝时期的上清经[②]，丁培仁先生认为“疑出自南朝”[③]。无论《太微灵书紫文仙忌真记上经》是否就是《太平经》所引的《灵书紫文》的原样，二者均称“灵书紫文”，而且“仙忌”一词完全相同，两者之间应当有密切联系。故上文所引的二十四诀中的“仙忌”应当包含时日禁忌。

“仙忌详存勿忘”要求修道者详细记住包括时日禁忌在内的仙忌，这是二十四诀中的第二诀，做到此诀和其他诸诀，可以远离灾害和邪魔。由此可见，《太平经》重视包括时日禁忌在内的仙忌，并且倡导学道之人身体力行地谨守仙忌。

---

① 《太微灵书紫文仙忌真记上经》，《道藏》第3册，第402~403页。

② 朱越利：《道藏分类解题》，华夏出版社，1996，第35页。

③ 丁培仁：《道教典籍百问》，今日中国出版社，1996，第30页。

二　吉凶观

（一）吉凶乃人自求得之

《太平经》对于人的主观能动性有十分明确的认识。道教是一个积极乐观的宗教，认为人可以通过自己的努力达到长寿，修道养生能长生久视。《抱朴子内篇》引龟甲文："我命在我不在天，还丹成金亿万年。"《西升经》也有"我命在我，不属天地"。

道教的乐观表现在吉凶观上，即认为吉凶不是上天注定，而是人所造成的。《太平经》曰："夫吉凶，本非天也，过也，人自求得之耳。"[①]《太平经》强调道德对于吉凶的意义，性善行善之人能够得到上天的护佑，行善之人的子孙能够因其祖先而得福，他们出生的日子就是善日，没有禁忌："性善之人，天所祐也。子孙生辄以，善日下无禁忌，复直月建，日月星光明之时，用是生者，何忧不寿乎？是为善行所致也。"[②]

吉凶的显示，实际是神灵告诫人们，吉凶是对人们是否获取天地心意的反映。如果事情日渐吉利的话，则表示此人得到天地心意。反之，如果事情越来越衰败和凶恶，则表明此人失去了天地心意："恐子为道中懈，故以是神事以戒子，子乃为天地使，而日吉者，是其得天地心意也；日凶衰恶，是其失天地心意也。与道神交，日吉善者，是其得道心意也；而日凶衰者，是其失道心意也。与人交，日益厚善者，是其相得心意也；而反日凶恶薄者，是其相失心意也。"[③] 人们应当留心观察，揣度天地心意。古代圣人贤人，就是通过细致入微的考察，观察事情的苗头来推测事物的发展方向，通过小事来思索上天

① 王明编《太平经合校》，中华书局，1960，第389页。

② 王明编《太平经合校》，中华书局，1960，第599页。断句为"子孙生辄以善日，下无禁忌"。依据《太平经全译》。见龙晦等译注《太平经全译》，贵州人民出版社，1999，第1201页。

③ 王明编《太平经合校》，中华书局，1960，第415页。

的旨意。所以没有忧患和危亡，也不会有凶事发生，这正是因为圣人贤人洞察了天心，其行为符合天意："是故古者圣贤见事，辄惟论思其意，不敢懈忽，失毛发之间，以见微知著。故不失皇天心，故能存其身，安其居，无忧患，无危亡，凶不得来者，计事校竿，实乃天心意同也。"[①]《太平经》反复述说获取上天心意的重要性，圣贤当像侍奉父母一样侍奉皇天皇地，像侍奉兄姐一样对待日月，端正天文，顺应五行四时，通过四时五行来检查自己的行为是否合道。如果不听上天的谏正，则大凶："故古者圣贤，旦夕垂拱，能深思虑，未尝敢失天心也。故能父事皇天，母事皇地，兄事日，姊事月，正天文，保五行，顺四时，观其进退，以自照正行，以深知天得失也。唯天地自守要道，以天保应图书为大命，故所行者悉得应若神，是乃独深得天意也。比若重现合矩，相对而语也。故神灵为其动摇也，如逆不肯用其谏正也，乃要天反与地错，五行四时为其乱逆，不得其理。故所为者不中，因而大凶矣，此之谓也。"[②] 如何能够常处吉呢？大贤圣观察事物深刻，就能常常吉利："故大贤圣见事明，是以常独吉也。"[③]

吉凶是人自求之，所以对于学道之人，甚至对一般民众而言，最重要的是体会天心，顺天意行，行善积德，能趋吉避凶。恪守时日禁忌，并非仅是经典的要求，也体现了顺从天地心意。

（二）事阴过阳，气逆生灾

《太平经》明确提出"事阴不得过阳"的观念。《太平经》有《事死不得过生法》，认为生属阳，卒属阴，生是大事，死是小事，所以对待死亡不能超过在世之时，否则将导致"气逆而生灾""政逆而祸大"。"疾疫不绝，而阳气不通"[④] 这一观念仍以气的理论为基

① 王明编《太平经合校》，中华书局，1960，第100页。
② 王明编《太平经合校》，中华书局，1960，第101~102页。
③ 王明编《太平经合校》，中华书局，1960，第94页。
④ 王明编《太平经合校》，中华书局，1960，第50页。

础："阴气胜阳，下欺上，鬼神邪物大兴。"[①]

此观念落实到具体的行为上，包括两个方面的内容。一是丧葬的仪式、用品不能超过生时。因为丧礼属凶事，如果太过于隆重，尸鬼大兴反而会导致凶殃："敬其兴凶事大过，反生凶殃，尸鬼大兴，行病害人，为怪变纷纷，以何明之耶？"[②] 二是治丧心意到了就行，不能够大操大办。《太平经》指出上古时期圣人治丧心至，和亡者生时一样供应饮食，所以当时的人吉祥的事情多而疾病少，尽享天年。中古时期的人偏离了法度，不能专心于心意上，以更浮华的形式来满足活人，心意和财物只有一半能达到死人处。祭祀隆重了，反而致邪，来源不明的鬼神物都来享用祭品，还留下害人，所以中古的人小病增多。下古时期的人既承负中古的过失，又增加了巨大的过失，丧葬不专心致志，只希望大大地满足活人的颜面。行为失去法度，使得死者变成的鬼不能经常来饮食。不知来路的鬼神物都来饮食，那些鬼神物放肆为害，杀了很多人。[③]《太平经》认为"死丧"为天下大凶恶之事，而"兴凶事者为害"。

《太平经》主张世间应当有秩序。这一秩序的原则是"阴不能过阳"：在社会关系上，为臣不能欺上；在家庭关系中，子不能欺父。万事万物，各种地位的人都有自己的阴阳属性。当然阴阳属性并非固定不变，而是相对而言的。比如某人，在家庭中是父，为阳；而他在面对君主时为阴。阴阳两分，尊卑各异。兴阳衰阴，才能够使得气顺，兴阴衰阳，是为逆气："所以然者，令良平气且临至，凡事当顺，一气逆，转不至。何谓也？夫天道，当兴阳也而衰阴，则致顺，令反兴阴而厌衰阳，故为逆也。反为敬凶事，致凶气，令使治乱失其

① 王明编《太平经合校》，中华书局，1960，第50页。
② 王明编《太平经合校》，中华书局，1960，第51页。
③ 王明编《太平经合校》，中华书局，1960，第52页。

政位，此非小过也。”[①]

《太平经》以“事死不能过生法”为题，实际上要表达“事阴不得过阳”的理想秩序。如果事阴过阳，事死过生，则会招致凶恶之事。

（三）大道人长于占知吉凶

《太平经》将人分为九类，分别负责不同的事务，如下表所示。

九类人职责

称呼	职责
无形委气之神人	理元气
大神人	理天
真人	理地
仙人	理四时
大道人	理五行
圣人	理阴阳
贤人	理文书
凡民	理草木五谷
奴婢	理财货

资料来源：王明编《太平经合校》，中华书局，1960，第88~89页。

上表中九类人的地位从上往下递减，所担任的职责的重要程度也是依次递减。但缺一不可，如果其中一气不合，就会导致不太平。

为何大道人理五行呢？《太平经》解释：“大道人长于占知吉凶，与五行相似，故理五行。”[②] 大道人擅长占卜吉凶，所以理五行。《太平经》认为，当太上皇气降临时，九种人都会前来协助帝王治理：“无形神人来告王者，其心日明。大神人时见教其治意；真人仙人大道人悉来为师，助其教化；圣人贤者出，其隐士来为臣；凡民奴婢皆

① 王明编《太平经合校》，中华书局，1960，第52页。

② 王明编《太平经合校》，中华书局，1960，第88页。

顺善不为邪恶，是乃天地大喜之征也。”[①] 大道人在太平时为帝王师，帮助帝王教化百姓。大道人擅长占卜吉凶，所以主要教授帝王与占卜吉凶相关的内容。从此可以推断，《太平经》认为吉凶可以预测，大道人擅长占卜吉凶，占卜吉凶是帝王教化百姓所需要的技能。

大道人在此表中位于最中间的位置，即道人的地位高于圣人和贤人。儒家认为，圣贤是理想人格的最高境界。然而在《太平经》中圣人要通过努力才能够成为道人：“贤人学不止成圣人，圣人学不止成道人。”[②] 道人知“天道门户”，入道以后再努力“成不死之事，更仙”[③]。由此可知，道人是已入道，但未达到不死之人。道人的特长是占知吉凶，时日禁忌主要解决的是吉凶问题，可见道人应该熟知时日禁忌。

第三节　太平道对待时间选择的态度

上一节的内容是关于《太平经》对待时日禁忌的态度。然而《太平经》的态度和太平道的态度会有些差异。因为《太平经》并非一人一时所成，太平道虽然以《太平经》为基础，但如上文所言，对待张角所有的《太平经》或与存世《太平经》应有所差异。

太平道对待时间的态度如何？可以通过太平道首领张角选择的黄巾起义时间来进行探析。张角有著名的口号：“苍天已死，黄天当立，岁在甲子，天下大吉。”这一口号指明了甲子年（中平元年，公元 184 年）起事。甲子在天干地支纪年法中排列第一，具有新生之意。《太平经》：“甲，天也，纲也，阳也；坎者，子也，水也，阴也，纪也；故天与地常合，其纲纪于玄甲子初出，此可为有德上君治

① 王明编《太平经合校》，中华书局，1960，第 89~90 页。
② 王明编《太平经合校》，中华书局，1960，第 222 页。
③ 王明编《太平经合校》，中华书局，1960，第 222 页。

纲纪也，……凡物生者，皆以甲为首，子为本，故以上甲子序出之也。”[①]“故子者，滋也，三而得阴阳中和气，都具成而更反初起，故反本名为甲子。”[②] 甲为首，子为本，甲子年在六十年的周期中具有重要的意义。孙英刚教授指出“甲子年也开始被历算家和谶纬家进行政治性的敷演”。他指出日本《纬书集成》中辑有：“辛酉为革命，甲子为革令。”他认为受中国文化影响颇深的日本，在 784 年“甲子”年迁都，即是借助“甲子革政”来为迁都造势。他以日本更改年号为例，说明甲子对于日本文化影响深远：“从 724 年到 1861 年的 20 个甲子年中，也有 16 次更改年号。”[③] 贺昌群引《后汉书·公孙述传》说明在公孙述时已流行意思为“汉代历数已尽”的谶语，汉哀帝承认了这一说法，试图通过改元易号的方式来厌胜。贺昌群认为，“甲子”是当时的谶文。[④] 所以一百多年以后，太平道选择“甲子”年不是偶然，而是刻意选择。事实上，在公元 184 年以前，太平道有机会起事，但当时他们选择等待，一是出于太平道自身对“甲子”的信仰，也可能因为组织者相信“甲子”谶语对民众有巨大的号召力。正如丁培仁先生所分析的那样，中平元年三月五日起义，客观上不利。因为时间太长，变数较多。[⑤]

太平道计划在甲子年哪一天起事呢？历史上有两种记载。陈寿《三国志》作“三月甲子”，袁宏《后汉纪》、范晔《后汉书》、司马光《资治通鉴》和袁枢《通鉴纪事本末》作“三月五日”。如《后汉纪·灵帝纪》曰：“中平元年春正月，钜鹿人张角谋反。……十余

① 王明编《太平经合校》，中华书局，1960，第 66 页。
② 王明编《太平经合校》，中华书局，1960，第 77 页。
③ 孙英刚：《神文时代：谶纬、术数与中古政治研究》，上海古籍出版社，2015，第 334~343 页。
④ 贺昌群：《论黄巾农民起义的口号》，《历史研究》1959 年第 6 期。
⑤ 丁培仁：《关于黄巾起义时间的几个问题——兼与刘九生同志商榷》，《四川大学学报》（哲学社会科学版）1986 年第 2 期。

年间，弟子数十万人，周遍天下，置三十六坊，各有所主，期三月五日起兵，同时俱发。角弟子济阴人唐客上书告角，天子遣使捕角，角等知事已露，因晨夜敕诸坊促令起兵。”《后汉书·皇甫嵩列传》曰：“中平元年，大方马元义等先收荆、扬数万人，期会发于邺。元义数往来京师，以中常侍封谞、徐奉等为内应，约以三月五日内外俱起。”“期三月五日”和“约以三月五日”都是指预期起事时间。

然而中平元年三月五日并非甲子日，而是“庚戌日”，三月的甲子日是十九日。[①] 根据史料，学界有两种不同的看法。一种认为是在甲子年三月甲子日。如刘九生先生认为太平道十六字口号的意思就是“甲子年苍黄之交是个好吉日”，苍天是指春天，中央土主季春，黄天是指季春。而这个大吉日是三月甲子。[②] 另一种看法认为是在甲子年三月五日。如丁培仁先生认为《三国志》的时间记载错误，可能因为“陈寿对原始材料过分裁削而发生窜乱现象”。[③] 丁文认为：三月五日，主要取决于谶纬神学中三五这两个数字。三五是指三正（天、地、人）五行（金、木、水、火、土）相包循环来解释朝代更替。他举《汉书·律历志》“三五”指三辰五星的天道运行和三统五行的对应关系。又举《易纬辨终备》“三五环复”，《汉书·律历志》“三五相包而生”，《云笈七签》引《太平经》“三五气和，日月常光明，乃为太平”，《后汉书》郎觊语“三五复反”，《春秋保乾图》语“阳起于一，天帝为北辰，气成于三，以立五神，三五展转，机以动

① 参见魏仲展《中平元年三月五日不是“甲子日”——辨范文澜〈中国通史〉中的一点疏忽》，《社会科学》1981 年第 3 期；丁培仁《关于黄巾起义时间的几个问题——兼与刘九生同志商榷》，《四川大学学报》（哲学社会科学版）1986 年第 2 期。

② 刘九生：《黄巾口号之谜》，《陕西师大学报》（哲学社会科学版）1985 年第2 期。

③ 丁培仁：《关于黄巾起义时间的几个问题——兼与刘九生同志商榷》，《四川大学学报》（哲学社会科学版）1986 年第 2 期。

运”等说明三五是改朝换代的际会。[①]

不管太平道选择在甲子日还是三月五日起事，可以肯定的是，这一时间是太平道刻意而为。选择的依据不是基于实际情况或战略原因，而是出于谶纬等信仰。日本学者三石善吉指出太平道信徒的时间观以“‘等待’的时间认识”为主流，“因为懂得由‘首过’而清算过去（因失去宗族连带，也从祖先崇拜的思想中解放），由‘守一’而否定现世体制的诸价值（因是被压迫阶级），必然是将重点放在倒进式的等待未来某时的终末性时间，即未来时态上。……这个‘等待’的时间认识，或终末论的时间体验，正是他们的主流”[②]。太平道产生于东汉末年，此时流行末世论，姜生先生提出“宗教的‘种民’思想似乎是终末论的‘共生物’”[③]。在这样的时代背景下，太平道的信徒期待着“天下大吉”的太平来临，这一时刻应是吉年吉日。通过太平道的起事时间的选择，可见太平道认为时间有吉凶之分，并且希望在起事等重大事情上选择吉日。

由于缺乏更多的资料，我们很难了解太平道对于时日禁忌的真正态度如何。太平道在起事之前在民间已经传播了相当长一段时间。张角通过符水治病的方式引人入道，而且在其教区内举行斋戒祭祀活动。通过前文分析，我们认为太平道重视时日，所以在治病和斋戒、祭祀时可能存在相关的时日禁忌。《太平经》所载的时日禁忌可能是太平道禁忌的依据。

综上，《太平经》所载的时日禁忌内容并不多，大部分与早期正一道的内容相同。《太平经》讨论了关于时日禁忌的原则，主要依据气的理论，包括气的旺衰和阴阳理论。《太平经》认为：遵奉时日禁

① 丁培仁：《关于黄巾起义时间的几个问题——兼与刘九生同志商榷》，《四川大学学报》（哲学社会科学版）1986 年第 2 期。

② 〔日〕三石善吉：《中国的千年王国》，李遇玫译，上海三联书店，1997，第41 页。

③ 姜生：《原始道教之兴起与两汉社会秩序》，《中国社会科学》2000 年第 6 期。

忌能避灾害魔邪。对待吉凶，《太平经》认为吉凶乃人自求得之；事阴过阳，气逆生灾；大道人长于占知吉凶。通过太平道的起事时间的选择，可以看出太平道重视时日，可能平时的治病、斋戒、祭祀等活动遵奉时日禁忌。

第三章　早期金丹派时日禁忌

金丹派，又称丹鼎派，是指以炼金丹为主要修炼方式，以求长生成仙的道教派别。金丹分为外丹和内丹。外丹是以炉鼎烧炼自然界的矿石等药物，提炼出使人长生不死的金属丹药。内丹是与外丹相对应的一个概念，它以人体为炉鼎，以体内精气神为药物，进行炼养，以求长生成仙。

历史上看，外丹术“及前汉始有金丹术与黄白术之发端也”[①]，唐代兴盛，唐末衰落，但至清代仍有炼外丹者。宋以前，道教以外丹修炼为主。宋代开始，以内丹修炼为主。早期金丹派指宋以前的以炼丹为主要修炼方式的道教派别，代表人物包括魏伯阳、葛洪、陶弘景、孙思邈、张果等。

道教的道派划分常以丹鼎派与符箓派相并列，说明修炼方式的侧重点不同。符箓派也包含许多具体的派别，如正一道、灵宝派等。早期金丹派似乎没有形成一个有组织的教团，更多靠师徒之间的授受。毋庸置疑，葛洪是金丹修炼者甚至是道教发展史上重要的人物，其思想对于道教有举足轻重的意义。然而葛洪的道派归属问题却没有一个统一的说法。学者们将葛洪归于葛氏道、丹鼎派或神仙道教。

日本学者福井康顺最早使用葛氏道的名称，小林正美认为“葛氏道”的传授为左慈传葛玄，葛玄传郑隐，郑隐传葛洪。但刘屹教

① 陈国符：《道藏源流考》，中华书局，1963，第371页。

授认为"'葛氏道'则是个含糊和权宜的概念"，并质疑："除了明显带有神话色彩的灵宝经传承谱系之外，'葛氏道'还存在于何处？"① 钟国发先生也指出："所谓有一个葛氏道流派的判断，不能成立。"② 神仙道教可以部分地形容葛洪等人的思想。然而，神仙道教似乎不能突出他们炼丹的特征。如果称为金丹派的话，主要困难是以修炼方式为依据进行划分，金丹派与符箓派相并列，当金丹派与上清派、灵宝派相并列时，并不完全符合逻辑要求。故我们权且采用早期金丹派来称谓宋代以前的金丹派，再次申明，金丹派并没有体系化的教团，主要通过师徒授受和经典传授作为此派延续的方式。

从炼丹的具体方法来看，金丹派分为还丹派和金液派。还丹派以火法反应炼丹为主，主要典籍为《参同契》《黄帝九鼎神丹经》。金液派以水法反应为主，兼用火法反应，主要典籍为《太清金液神丹经》《三十六水法》。包含大量时日禁忌内容的早期金丹派的著作有《抱朴子》《太清丹经要诀》《黄帝九鼎神丹经》《三十六水法》《天皇太一神律避秽经》。这些著作既有葛洪等代表人物的著作，又包括未署名的炼丹著作；既有还丹派的著作，又包括金液派的著作。

我们考察早期金丹派时日禁忌的内容，主要从以下几种文献进行分析，从时间跨度上看，从道教产生到唐宋之间。按照成书时间排序如下表。

早期金丹派道经成书时间及相互关系

经名	成书时间	与其他道经关系
黄帝九鼎神丹经	西汉末东汉初*	《抱朴子》引
太清金液神丹经	西汉末东汉初	
三十六水法	汉代古籍**	《抱朴子》引

① 刘屹：《评〈六朝道教史研究〉》，《中国史研究》2002年第4期。

② 钟国发：《"葛氏道"问题辨析》，《祖庭重光：中华道教灵宝文化学术论坛论文集》，宗教文化出版社，2017，第249页。

续表

经名	成书时间	与其他道经关系
抱朴子	晋代	
三洞道士居山修炼科	魏晋南北朝时期 ***	
黄帝九鼎神丹经诀	唐初显庆年间 ****	辑录大量唐前炼丹资料
天皇太一神律避秽经	唐宋之间 *****	《上清修身要事经》《九天上圣秘传金符经》引

* 陈国符先生根据真人歌用韵推断其年代。见陈国符《道教源流续考》，台湾明文书店，1983，第 292~297 页。

** 陈国符先生根据《黄帝九鼎神丹经诀》卷八提到“三十六水法”判定其为汉代古籍。

*** 李平博士初步推断《三洞道士居山修炼科》的成书当早于唐代，应在魏晋南北朝时期。见李平《宫观之外的长生与成仙：晚唐五代道教修道变迁研究》，中央编译出版社，2014，第 47~48 页。

**** 韩吉绍：《〈黄帝九鼎神丹经〉源流辨正》，《宗教学研究》2014 年第 4 期。

***** 王卡先生认为此经“似出于唐宋间”，见胡孚琛《中华道教大辞典》，中国社会科学出版社，1995，第 362 页。

比较上述道经的时日禁忌内容，《黄帝九鼎神丹经》《太清金液神丹经》《三十六水法》虽然分别属于还丹派和金液派，但是内容多有重复。

第一节　早期金丹派时日禁忌内容

早期金丹派时日禁忌内容丰富，涉及的事项包括：入山、采药、炼丹、用火、服丹等方面。《丹房须知》介绍了炼丹的程序和设备。前辈学者将炼丹术的操作程序归纳为准备、作屋、立坛、安炉、置鼎、辨药、固济、用火、开炉和服食十个步骤。[①] 早期金丹派的道经众多，时代特点明显，且金丹派道经多处相互引用，本节按照禁忌事项分别进行介绍。

① 胡孚琛、陈耀庭：《中华文化通志·宗教与民俗典·道教志》，上海人民出版社，1998，第 338~342 页。

一　入山时日禁忌

炼丹活动首选地点为名山幽静之处，其次是海中大岛屿。《抱朴子》认为，炼丹选择名山的原因在于只有名山才有正神，不会被邪炁所扰："作药者若不绝迹幽僻之地，令俗间愚人得经过闻见之，则诸神便责作药者之不遵承经戒，致令恶人有谤毁之言，则不复佑助人，而邪气得进，药不成也。必入名山之中，斋戒百日，不食五辛生鱼，不与俗人相见，尔乃可作大药。作药须成乃解斋，不但初作时斋也。郑君云，左君告之，言诸小小山，皆不可于其中作金液神丹也。凡小山皆无正神为主，多是木石之精，千岁老物，血食之鬼，此辈皆邪炁，不念为人作福，但能作祸，善试道士，道士须当以术辟身，及将从弟子，然或能坏人药也。今之医家，每合好药好膏，皆不欲令鸡犬小儿妇人见之。若被诸物犯之，用便无验。又染采者恶恶目者见之，皆失美色。况神仙大药乎？是以古之道士，合作神药，必入名山，不止凡山之中，正为此也。"① 名山较之小山而言，必是大山，山中人迹罕至，十分危险。故道士在入山前慎重选择时间。入山是关系炼丹成败的前提条件。

早期金丹派入山禁忌主要包括入五岳时日忌、制日、伐日、入山大忌、入山大月忌、入山小月忌、三庚三壬三辛禁忌。按照其禁忌原理可以分为几类，即五行关系、时间空间同名、遁甲术。这些禁忌中利用五行关系原理的占多数，包括五岳时日忌、制日、伐日。第二种是时空同名，如三庚三辛三壬。"入山大月忌、小月忌"的禁忌原理是遁甲术。另外，入山大忌还不能确定其禁忌原理。

（一）五行原理

1. 五岳岁月忌：五行配物

《抱朴子内篇》、《黄帝九鼎神丹经诀》卷四均记有五岳岁月忌。

① 王明：《抱朴子内篇校释》，中华书局，1985，第 84~85 页。

《抱朴子》的成书年代为晋代,《黄帝九鼎神丹经诀》辑录了大量唐前炼丹资料。究竟是《黄帝九鼎神丹经诀》抄了《抱朴子》,还是另有所本,似乎难以判定。

《抱朴子》中此条禁忌没有单独的名称,表述为:

> 按《周公城名录》,天下分野,灾之所及,可避不可禳,居宅亦然,山岳皆尔也。又大忌不可以甲乙寅卯之岁,正月二月入东岳;不以丙丁巳午之岁,四月五月入南岳;不以庚辛申酉之岁,七月八月入西岳;不以戊己之岁,四季之月入中岳;不以壬癸亥子之岁,十月十一月入北岳。不须入太华、霍山、恒山、太山、嵩高山,乃忌此岁,其岳之方面,皆同禁也。[①]

此条禁忌的原理十分简单,即以五岳的方位的五行属性,年干、年支的五行属性,每月的五行属性相配,如下表所示。

《抱朴子》中"五岳岁月忌"

五行属性	五岳	年干	年支	月份
木	东岳(太山)	甲、乙	寅、卯	正月、二月
火	南岳(霍山)	丙、丁	巳、午	四月、五月
土	中岳(嵩高山)	戊、己		四季之月
金	西岳(太华)	庚、辛	申、酉	七月、八月
水	北岳(恒山)	壬、癸	亥、子	十月、十一月

《黄帝九鼎神丹经诀》入中岳禁忌年岁增加了"辰、戌、丑、未":"不可以戊己辰戌丑未之岁四季之月入也。"[②] 并提出:"右不

① 王明:《抱朴子内篇校释》,中华书局,1985,第299~300页。

② 《黄帝九鼎神丹经诀》,《道藏》第18册,第806页。

必五岳忌此岁月，但所之此山属其岳之者方面皆悉禁此岁月也。”这个地方值得注意，列表如下。

《黄帝九鼎神丹经诀》中“五岳岁月忌”

五行属性	五岳	年干	年支	月份
木	东岳	甲、乙	寅、卯	正月、二月
火	南岳	丙、丁	巳、午	四月、五月
土	中岳	戊、己	辰、戌、丑、未	四季之月
金	西岳	庚、辛	申、酉	七月、八月
水	北岳	壬、癸	亥、子	十月、十一月

除五岳岁月忌外，还有与之相仿，普遍适用于各山的禁忌。《九转流珠神仙九丹经》有采芝入山的禁忌：“采芝之法，春正月、二月、三月勿以寅卯、甲乙之日入山也。夏四月、五月、六月，勿以巳午、丙丁之日入山也。秋七月、八月、九月，勿以申酉、庚辛之日入山也。冬十月、十一月、十二月，勿以亥子、壬癸之日入山也。”[①]列表如下。

《九转流珠神仙九丹经》中采芝入山时日禁忌

五行属性	日干	日支	月份	季节
木	甲、乙	寅、卯	正月、二月、三月	春
火	丙、丁	巳、午	四月、五月、六月	夏
金	庚、辛	申、酉	七月、八月、九月	秋
水	壬、癸	亥、子	十月、十一月、十二月	冬

以上三种道经主要的区别在于地支“辰、戌、丑、未”是否与土相配的问题，或者三月、六月、九月、十二月的五行属性问题。因

① 《九转流珠神仙九丹经》，《道藏》第19册，第436页。

为三月、六月、九月、十二月的地支分别为辰、戌、丑、未。《抱朴子》和《黄帝九鼎神丹经诀》，辰、戌、丑、未与土相配。《九转流珠神仙九丹经》中，三月、六月、九月、十二月分别属木、火、金、水。

土与季节的配属关系有几种。一种认为五行对应五季，每季 72 天，或者 73 天 5 刻。第二种认为土对应每季最后的 18 天。第三种是土对应夏季的季月，即六月。第四种认为土分别在每个季节当中。第五种是认为土对应四个季月，即三月、六月、九月、十二月。王光华博士等根据秦简《日书》提出，"'四季土'有两种含义：以建除论，'辰、戌、丑、未'值四季季月之月建，此乃秦人所创；以五行生旺论，土分旺于四时之季月各十八天，此为汉人之说"[1]。土存在于一年当中，这一点各书都承认，但以何种方式存在却有不同的说法。《抱朴子》更加突出"土"与三月、六月、九月和十二月的关系。《九转流珠神仙九丹经》中"土"以更加隐蔽的方式存在。或许《九转流珠神仙九丹经》认为，土不同于其他四种，因为土生万物，万物得土而生，故它并不需要特别的禁忌。

2. 制日、伐日不可入山：干支五行生克

《抱朴子》、《黄帝九鼎神丹经诀》卷四均有此禁忌，《抱朴子》云：

> 而《灵宝经》云，入山当以保日及义日，若专日者大吉，以制日伐日必死，又不一一道之也。[2]

《抱朴子》详细说明了制日、伐日的意义：

---

① 王光华、李秀茹：《试析秦简〈日书〉辰、戌、丑、未四季土》，《求索》2006 年第 9 期。

② 王明：《抱朴子内篇校释》，中华书局，1985，第 302 页。

抱朴子曰："《灵宝经》曰，所谓宝日者，谓支干上生下之日也，若用甲午乙巳之日是也。甲者，木也。午者，火也。乙亦木也，巳亦火也，火生于木故也。又谓义日者，支干下生上之日也，若壬申癸酉之日是也。壬者，水也。申者，金也。癸者，水也。酉者，金也，水生于金故也。所谓制日者，支干上克下之日也。若戊子己亥之日是也。戊者，土也。子者，水也。己亦土也，亥亦水也，五行之义，土克水也。所谓伐日者，支干下克上之日，若甲申乙酉之日是也。甲者，木也。申者，金也。乙亦木也，酉亦金也，金克木故也。他皆仿此，引而长之，皆可知之也。"①

上文可见，宝日、义日、制日、伐日的依据是天干地支五行属性的生克关系。宝日是天干五行生地支五行之日，义日是地支五行生天干五行之日，制日是天干五行克地支五行之日，伐日是地支五行克天干五行之日。

这里列举了四种天干地支五行属性的日子。但在其他典籍中，这种天干地支关系有五种。《淮南子》记载有义、保、专、制、困干支的五行关系。"宝"与"保"同音，"伐日"对应"困"。《淮南子》将天干地支的关系比作母子关系，天干是母，地支是子。取象于树木的树干和树枝，树干生出树枝。《淮南子》解释了名称的来历："子生母曰义，母生子曰保，子母相得曰专，母胜子曰制，子胜母曰困。"② 其意甚明：子生母，是子之义。母生子，保护幼子，故为保。子母相同是为专。母胜子是制约，子胜母，则为困。《淮南子》指出了各日的凶吉："以胜击杀，胜而无报；以专从事而有功，以义行

① 王明：《抱朴子内篇校释》，中华书局，1985，第303页。

② 何宁：《淮南子集释》，中华书局，1998，第277页。

理，名立而不堕；以保畜养，万物蕃昌；以困举事，破灭死亡。”[①]其中仅有困日为凶。

《抱朴子》和所引的《灵宝经》认为制日和伐日为入山凶日，即天干地支相克的日子。此禁忌在其他道教活动中亦有反映。唐代张万福《洞玄灵宝道士受三洞经诫法箓择日历》规定受正一仙灵符箓不可用天干地支相克的日子：“凡受道合和，上下相生，大吉，专小吉；自刑，上下相克，凶，不可度法箓经戒。”[②] 上下相克，即是制日和伐日。

陈国符先生指出《抱朴子》所引的《灵宝经》，皆出于《太上灵宝五符序》，即《五符经》。此书成书于东晋以前。刘师培认为道藏本《太上灵宝五符序》即古《五符经》，出自汉代。陈国符赞同此说，但认为有后人增益之处。[③]《太上灵宝五符序》称此禁忌来自“夏禹受钟山真人”。在道教的叙事中，此禁忌可能来自更加尊贵之神。《太平御览》引《太上太霄琅书》：“太上真人灵宝秘文内符者，九天真王、三天真皇以授帝喾，藏于钟山北阿。夏禹治水毕，诣钟山，钟山真人以授之。”[④]

以上两条入山禁忌，均源自五行原理。“五岳岁月忌”禁忌原理是依据时间的五行属性不入五行属性相同之地。“制日、伐日”是根据天干地支五行属性的相克关系。

（二）时空同名

道教认为时空同名会有凶灾。“三庚三辛三壬”禁忌原理就是时间和空间同名。《三洞道士居山修炼科》有此禁忌。该书包括服气、金丹、绝谷、采药、治虫等方法，主要论述山居道士的行为规定。该书涉及内容广泛，但都没有展开论述，有可能各部分内容分别抄自其

① 何宁：《淮南子集释》，中华书局，1998，第277页。

② 《洞玄灵宝道士受三洞经诫法箓择日历》，《道藏》第32册，第182页。

③ 朱越利：《道藏分类解题》，华夏出版社，1996，第259~260页。

④ 《太平御览》，《影印文渊阁四库全书》第899册，台湾商务印书馆，1986，第114页。

他经书。此书中包括入山禁忌：

> 又入名山，常用甲子开除日。以五色缯各五寸，安大石上，所作事必得。初行，避三庚、三辛、三壬。庚者，庚日、庚时，入庚地是也。三辛、三壬，皆是如此也。①

三庚，即日、时、地均为庚，同样，三辛和三壬也是如此。日、时等时间以天干表示十分常见，方位也可以用天干地支来表示。这是古代数术家的常识。古代数术家占验时日用式，式是模拟宇宙的模型。至晚在西汉时期，式盘上已出现了天干地支。下图是现藏故宫博物院，传山西离石出土的象牙式的天盘：

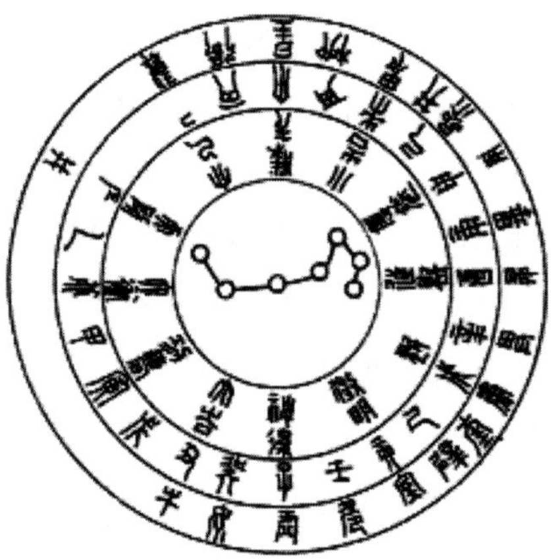

象牙式（故宫博物院藏）天盘正面

资料来源：转引自李零《中国方术考》（修订本），东方出版社，2001，第 94 页。

《淮南子》将天干地支与天下诸国相配："甲齐，乙东夷，丙楚，

① 《三洞道士居山修炼科》，《道藏》第 32 册，第 592 页。

丁南夷，戊魏，己韩，庚秦，辛西夷，壬卫，癸越，子周，丑翟，寅楚，卯郑，辰晋，巳卫，午秦，未宋，申齐，酉鲁，戌赵，亥燕。”[①] 庚日、庚时不入庚地，因为时间和空间的天干相同，古人认为时间和空间相一致，则会产生出一种特别的力量，这时不能贸然前行。

为何三庚、三辛、三壬被特别列出来呢？庚、辛、壬分别位于天干的七、八、九位，从五行上分别属于金和水。看上去没有什么特别之处。这一禁忌在道经中记载不多，明代《臞仙肘后经》有引此条，同样未说明原因。我们怀疑，除了三庚、三辛、三壬之外，其他的日时天干与空间的天干相同的情况也应该要避忌，如甲日甲时入甲地，但目前缺乏证据。

此禁忌与入五岳禁忌的原理相同，只是两者依据略有不同：三庚、三辛、三壬禁忌根据天干，入五岳禁忌依据是时间和空间的五行属性。

（三）遁甲术

《抱朴子》有入山大月忌和小月忌：

> 抱朴子曰：“按《九天秘记》及《太乙》《遁甲》云，入山大月忌：三日、十一日、十五日、十八日、二十四日、二十六日、三十日；小月忌：一日、五日、十三日、十六日、二十六日、二十八日。以此日入山，必为山神所试。又所求不得，所作不成。不但道士，凡人以此日入山，皆凶害，与虎狼毒虫相遇也。”[②]

上文明确指出此禁忌的来源是遁甲之书。葛洪自言学过遁甲术：“按《玉钤经》云，欲入名山，不可不知遁甲之秘术，而不为人委曲说其事也……余少有入山之志，由此乃行学遁甲书，乃有六十余卷，事

① 何宁：《淮南子集释》，中华书局，1998，第276页。

② 王明：《抱朴子内篇校释》，中华书局，1985，第301页。

不可卒精，故钞集其要，以为《囊中立成》，然不中以笔传。”①

中国科技史专家何丙郁先生指出《抱朴子内篇》是最早提到奇门遁甲的文献，② 此处的入山禁忌就是对遁甲的运用。然而，何丙郁先生也指出，道教的遁甲与宋、元、明历代官方采用的遁甲术不同，道教有自己的一套遁甲体系。“奇门遁甲”在后世常连称，但在葛洪那里，只有遁甲而没有奇门。通过葛洪的自述，可见道教遁甲术是秘密传授的。

遁甲之法是古代的一种方术。从名称上看，遁与甲各有其意。遁有两种意思：一是隐秘、逃避之意，如“遁地术”；第二，遁也有“推算”的意思，如“五虎遁”“五鼠遁”。甲是指天干中的首位，在遁甲术中，“甲”的地位十分尊贵和特殊，虚而不用。《遁甲符应经·遁甲总序》：“古法，遁者隐也，幽隐之道；甲者仪也，谓六甲六仪，在有直符天之鬼神也。常隐于六戊之下，盖取用兵机通神明之德，故以遁甲为名。”③ 何丙郁先生简明扼要地解释了遁甲：“遁甲是为了避免甲木受到庚金所克，把‘六甲’（即甲子、甲寅、甲辰、甲午、甲申、甲戌）藏在‘六仪’里（即以戊、己、庚、辛、壬、癸的六个天干取代）。其他三个天干，即乙、丙、丁，说是‘日奇’、‘月奇’和‘星奇’，合称所谓‘三奇’。术数家要找出三奇和开、休、生三个吉门配合的方位，作为大利的方向。”④ 遁甲术用式进行推演分析，式分为天盘、门盘和地盘。天盘排列九星，象征季节、气候和昼夜的变化。门盘列八门，分别是休、生、伤、杜、景、死、惊、开，象征天地之间的人事。地盘列八卦，象征着地。三盘相互关联。

---

① 王明：《抱朴子内篇校释》，中华书局，1985，第 301～302 页。

② 何丙郁：《从科学史观点试谈奇门遁甲（待续）——1997-10-03 在西北大学的讲演》，《西北大学学报》（自然科学版）1998 年第 1 期。

③ （宋）杨维德等：《遁甲符应经》，《续修四库全书》编委会“续修四库全书术数类丛书”第 13 册，上海古籍出版社，2006，第 285 页。

④ 何丙郁：《研究中国科学史的新途径——奇门遁甲与科学》，王渝生主编《第七届国际中国科学史会议文集》，大象出版社，1999，第 14 页。

早期道教中遁甲法如何具体操作，似乎难以得知。葛洪虽自言学过遁甲术,但对于遁甲术持保密的态度。詹石窗先生对北宋之后的道教遁甲学进行了研究，认为在这一时期“遁甲”之学符箓化，表现在符箓的形式——应以遁甲之意。《秘藏通玄变化六阴洞微遁甲真经》有两类符：“存”甲而不用甲之符和以天干地支命名之符。符箓之运用贯彻遁甲精神。符箓之功效体现遁甲之理。[①] 综合遁甲术原理、宋代道教遁甲术、奇门遁甲术，我们认为，根据遁甲术所推算出来吉日或凶日应该用天干和地支表示。

然而《抱朴子》中的入山大月忌和小月忌以数字表示，似乎不是直接通过遁甲术推算出来。那么究竟什么原因导致自称源于遁甲经的禁忌用数字表示呢？有几种可能。一是早期遁甲术和后世不同，推算出来的结果就是数字计日表示，这和后世遁甲法的思想原则并不一致。另一种可能性是，那些经典中可能记载了某一次采用遁甲法推算出来的干支计日结果，再被转化为数字计日。但此禁忌多种古代道书有载，且那些遁甲类道书的作者都应当了解遁甲之术，应知遁甲术起式须用当日时间，遁甲对时间要求较高，不太会犯此错误。第三种可能性为此禁忌不是通过遁甲法推算出来，但由于某种原因保存在《遁甲》一书中。保留在《遁甲》里的内容，即便不是遁甲术，但也可能所用方法与遁甲术相关。

入山大月忌和小月忌，除《抱朴子》外其他道经记载极少。《黄帝九鼎神丹经诀》和《紫庭内秘诀修行法》有记，但这两种道经和《抱朴子》本来就相互引用，除此之外，未见记载。

（四）有待分析的禁忌

1. 入山大忌

《抱朴子内篇》有入山大忌，《道藏》本为：

① 詹石窗：《遁甲之学符箓化》，《周易研究》1988 年第 2 期。

抱朴子曰："入山之大忌，正月午，二月亥，三月申，四月戌，五月未（一作戌），六月卯，七月甲子，八月申子，九月寅，十月辰未，十一月己丑，十二月寅。"[①]

《黄帝九鼎神丹经诀》有同一条禁忌：

甲又入山月忌之日：正月午、二月亥、三月甲、四月戌、五月戌、六月申卯、七月甲子、八月甲午、九月寅、十月辰、十一月乙、十二月丑。[②]

《上洞心丹经诀》几乎与上文相同，只有六月不忌卯，估计是抄时遗漏。

清代文献学家孙星衍校勘《抱朴子内篇》，我们将孙校和上两种列入下表对比。

三种"入山大忌"

	正月	二月	三月	四月	五月	六月	七月	八月	九月	十月	十一月	十二月
地支	寅	卯	辰	巳	午	未	申	酉	戌	亥	子	丑
道藏本《抱朴子内篇》	午	亥	申	戌	未（一作戌）	卯	甲子	申子	寅	辰未	己丑	寅
《黄帝九鼎神丹经诀》	午	亥	甲	戌	戌	申卯	甲子	甲午	寅	辰	乙	丑
孙星衍校《抱朴子内篇》	午	亥	申	丑	戌	卯	子	巳	寅	未	辰	酉

《黄帝九鼎神丹经诀》的入山月忌既包括天干日，又有地支日。

① （东晋）葛洪：《抱朴子内篇》，《道藏》第28册，第236页。
② 《黄帝九鼎神丹经诀》，《道藏》第18册，第806页。

对照《抱朴子内篇》和《黄帝九鼎神丹经诀》入山忌日，有的月份相同，有的月份可能是形近而误。如《抱朴子内篇》三月“申”，《黄帝九鼎神丹经诀》写作“甲”，“甲”和“申”形近。又如道藏本《抱朴子内篇》四月“戌”，《黄帝九鼎神丹经诀》作“戊”，“戊”和“戌”形近。还有的月份不同。但是总的来看，《抱朴子内篇》入山大忌和《黄帝九鼎神丹经诀》应属同一个来源，且《抱朴子·金丹》也引用了《黄帝九鼎神丹经》。

孙校的《抱朴子内篇》只忌地支不忌天干，比道藏本既有天干又有地支更加工整。孙星衍校勘此禁忌解释为“此以寅、午、戌逆行于正、五、九月，亥、卯、未顺行于二、六、十月，申、子、辰之于三、七、十一月亦逆行，巳、酉、丑之于四、八、十二月亦顺行，而各忌之也”。孙校《抱朴子内篇》的此条禁忌时间有：正午、二亥、三申、四丑、五戌、六卯、七子、八巳、九寅、十未、十一辰、十二酉。秦简《日书》认为这些日子出行不利：“凡且有大行、远行若饮食、歌舞、聚畜生及夫妻同衣，毋以正月上旬午，二月上旬亥，三月上旬申，四月上旬丑，五月上旬戌，六月上旬卯，七月上旬子，八月上旬巳，九月上旬寅，十月上旬未，十一月上旬辰，十二月上旬酉。凡是日赤帝王恒以开临下民而降其殃，不可具为百事，皆无所利。即有为也，其殃不出岁中，小大必至。有为而遇雨，命曰殃早至，不出三月，必有死亡之志至。凡是有为也，必先计月中闲日，苟无直赤帝临日，它日虽有不吉之名，无所大害。”① 赤帝临日被看作出行或行事最为凶煞的日子。入山是远行，故应忌之。这些时间在《枢要经》中被称作临日，“上临下之义也，其日忌临民、诉讼”。孙星衍可能以此为据。

然而，因为道藏本《抱朴子内篇》、《黄帝九鼎神丹经诀》和孙

① 陈伟主编，彭浩、刘乐贤撰《秦简牍合集：释文注释修订本》（壹、贰），武汉大学出版社，2016，第384页。

校正后的入山大忌内容差异太大，也非形近或音近而误，故虽孙校《抱朴子内篇》被张之洞《书目答问》列为善本[①]，我们仍需要进一步研究此禁忌内容和原理。

2. 五岳伤绝日

《黄帝九鼎神丹经诀》有炼丹的五忌、三讳、四败、六畏。其中五忌中的第三忌，即忌五岳伤绝日入名山："三者，忌造合神丹入名山，忌五岳伤绝日。谓春庚寅、夏癸未、秋丙申、冬丁丑。以其日入山合药，及采芝草，神灵录人魂魄，丹药则坏，身伤病。"[②]

《道藏》关于五岳伤绝日的记载不多，仅《黄帝九鼎神丹经诀》和《上洞心丹经诀》有载，这两本道经的记载完全相同，应该来源一致。由于缺乏资料，很难推测出春庚寅、夏癸未、秋丙申、冬丁丑为五岳伤绝日的原因。

二　采药时日禁忌

早期金丹派认为，服药可以延命、养性和除病。所服之药包括两类，一是草木类植物，二是金石类矿物。在古代，大部分的药物需要入山采集。孔令宏教授指出外丹有两种含义："其一是指通过各种秘法把多种自然物烧炼成丹药，用来服食，或直接服食某些芝草，以点化自身阴质，使之化为阳气。其二，外丹是指'虚空中清灵之气'。"[③] 也有学者认为"芝"本来就包含矿石的含义。如芦笛认为"芝"包括两重含义：一种是服食丹药，"涵盖大量植物、动物、菌类、矿石，甚至云烟，其中极少数为现实生活中的药材，绝大多数是仙家药品"；另一种存在于人

① （清）张之洞：《书目答问》，商务印书馆，1935，第31页。

② 《黄帝九鼎神丹经诀》，《道藏》第18册，第855页。

③ 孔令宏：《道教的"形"、"神"理论》，盖建民主编《第四届中国（成都）道教文化节"道在养生高峰论坛暨道教研究学术前沿国际会议"论文集》，巴蜀书社，2015，第65页。

体五脏甚至全身。[①] 事实上，后一种是内丹修炼时参照外丹的术语。这两种含义对“芝”定义宽窄程度不同。前者是狭义，后者是广义。

（一）山佷日禁忌

《抱朴子》认为采芝应择日，用“王相专和之日，支干上下相生为佳”[②]。支干相生即上文所言义日和宝日。《抱朴子》也有采芝草禁忌日：

> 欲求芝草，入名山，必以三月九月，此山开出神药之月也，勿以山佷日，必以天辅时，三奇会尤佳。[③]

这段文字也被《广博物志》和《本草乘雅半偈》引用。山佷日的含义有两种说法，一是孙人和《抱朴子校补》认为“佷”应为“浪”，意思是“当三月九月山出神药，既入名山，不可流连山之风景而费日也”。[④] 裘梧博士认为，山佷日很可能就是“艮山日”，即秦简日书中的“离日”[⑤]。

秦简《日书》“艮山”为：

> 此所胃（谓）艮山，禹之离日也。从上右方数朔之初，日及枳（支）各一日，尽之而复从上数，日与枳（支）剌艮山，之胃（谓）离日。离日不可以家（嫁）女、取妇及入人民畜生，唯利以分异。离日不可以行，行不反（返）。[⑥]

① 芦笛：《道教文献中“芝”之涵义考论》，《宗教学研究》2015 年第 2 期。

② 王明：《抱朴子内篇校释》，中华书局，1985，第 202 页。

③ 王明：《抱朴子内篇校释》，中华书局，1985，第 202 页。

④ 王明：《抱朴子内篇校释》，中华书局，1985，第 217 页。

⑤ 裘梧：《葛洪养生思想中所见的数术——以服食术为例》，李满林主编《葛洪生态健康文化研究》，华中师范大学出版社，2013，第 131 页。

⑥ 陈伟主编，彭浩、刘乐贤等撰《秦简牍合集：释文注释修订本》（壹、贰），武汉大学出版社，2016，第 358 页。

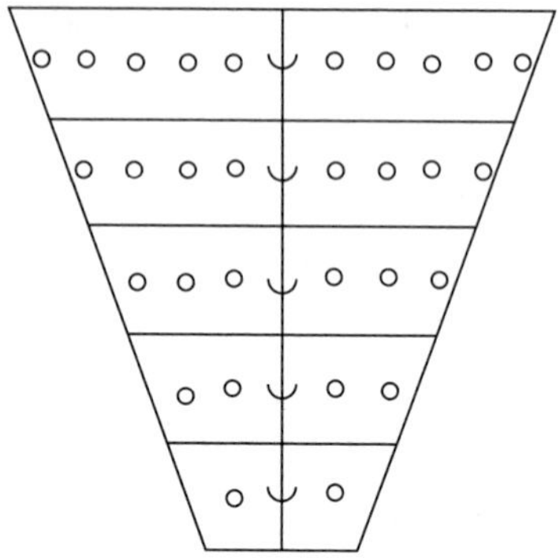

秦简艮山图

李学勤先生的《〈日书〉中的〈艮山图〉》是对离日研究较早并有重要贡献的文章。他认为艮山图的图像本身就像山形，左右两边和中线及底边，是一个大“山”字。四条中线又将大山分成了五个小“山”字。中线左右两边的圆圈各十五个，一共三十个，和一个月三十日数量相同。数的顺序是自右上角圆圈起，从上往下，向左转行，和读汉字的情形一致。“朔”指月初。他将简文读作“朔之初日及枳（支）各一日”。他认为“支”是反支。“刺”是“夹”字之误。离日就是与“反支”夹艮山的日子，即和“反支”日紧贴着《艮山图》中线两侧的日子。每月离日只能在十一日到十二日之间，数量为一天或两天。李学勤先生认为“离日”和艮山的关系源自周易《艮卦》的释意“止而不相交通之卦”，是“象止之卦”。①

陈伟先生将简文读作“从右上方数朔之初，日及枳各一日，数之而复从上数”。将“朔之初”当成推算起点，“日及枳”作为具体的计数单位。陈伟认为枳不是反支，而是指各行中间的垂线以及由之

① 李学勤：《〈日书〉中的〈艮山图〉》，李学勤《简帛佚籍与学术史》，江西教育出版社，2007，第145~150页。

生出的犄角形弧线。读的顺序是从第一行的右端开始，自右向左，至左端；再转至下一行的右端，并依次而下，一直到底行的左端。图中30个圆圈代表30个日辰，加上横线上5个枳，一共35个。其占断方式是："每年从开始的那天起算，在图中最上一行自右至左，每天移动一'日'（即圆圈）或'枳(枝）'；在上一行数完后，转到其下一行再自右而左计数；当底行数完后，再回到最上一行重新计数。在'枳（枝)'之两旁的日辰，就是所谓的'离日'。在这种情况下，所谓离日的出现有两个特点：一是成对出现，即出现一个后，间隔一日（枳）后会再次出现。二是在图中所包含的日辰周期内，出现频率由低到高。"①

裘梧博士"山佷日很可能就是'艮山日'，即秦简日书中的'离日'"的判断应该正确，因为"山佷日"之"佷"字与艮字形近。且"佷"字有"凶恶"和"刚愎"之义。② 山佷可能形容此日入山之危险。秦简《日书》中的离日忌出行，"出不返"，与山佷日禁忌入名山求芝草意思相近。

（二）勿以有日入山采芝

《三洞道士居山修炼科》："入山采芝者，以有阴云不见日，勿以有日也。"③

此条禁忌应与《抱朴子》所记采芝用"六阴之时"有关："出三奇吉门到山，须六阴之日，明堂之时，带灵宝符，牵白犬，抱白鸡，以白盐一斗，及开山符檄，著大石上，执吴唐草（或作花）一把以入山，山神喜，必得芝也。"④ 臧振先生从地支的阴阳属性释"六阴

① 陈伟：《睡虎地日书〈艮山〉试读》，《燕说集》，商务印书馆，2001，第312~319页。

② 商务印书馆辞书研究中心编《古今汉语词典》，商务印书馆，2000，第570页。

③ 《三洞道士居山修炼科》，《道藏》第32册，第591页。

④ （东晋）葛洪：《抱朴子内篇》，《道藏》第28册，第211页。

之日”，即丑、卯、巳、未、酉、亥。“明堂之时”释为巳、午、未时。[①] 许嘉璐等人释“明堂之时”为“地气聚合之时”。[②]

《抱朴子》的“六阴之日”或许根据地支的阴阳确定，或许根据其他的方法计算。但“六阴之日”应该不是指天气的阴晴。《三洞道士居山修炼科》似乎将“六阴之日”理解为“阴云不见日”，故忌“有日”，可能是理解错误。所以“入山采芝者，以有阴云不见日，勿以有日也”这条禁忌在道教经典中记录不多。

（三）五邪生日

《黄帝九鼎神丹经诀》五忌之第二忌有市具神药和论说丹事的时日禁忌：“二者忌市具神药，及论说丹事，无用五邪生日。”[③] 《上洞心丹经诀》有：“二者忌市具神药及论说丹事，无用五邪生日。谓春壬寅，夏癸巳，秋壬申，冬癸亥。以其日入山合神药，皆无所成，神尽不佑，鬼邪败人。”[④]

春壬寅，夏癸巳，秋壬申，冬癸亥是五邪生日。从天干地支的五行属性上看，这一禁忌春秋天干为壬，冬夏的天干为癸。壬和癸的五行均属水。禁忌日的地支春季为寅、夏季为巳、秋季为申、冬季为亥，即四孟的地支。

除外丹外，采药在其他领域也备受关注。如内丹采体内之药和医药采山林之药。内丹采药指“夺取天地灵炁”。《抱一函三秘诀》：“修真之士，日以甲庚二时，夺取天地发生之灵炁，谓之采药。盖此二时，以应月之上下弦，阴阳中分之候，如年春秋之分也。”[⑤] 采药时间关系到丹成或病愈。孙思邈多次言要注重采药时节：“今之为

① 臧振：《蒙昧中的智慧——中国巫术》，华夏出版社，1995，第126页。

② 许嘉璐主编《文白对照诸子集成》下册，广西教育出版社、陕西人民教育出版社、广东教育出版社，2006，第3512页。

③ 《黄帝九鼎神丹经诀》，《道藏》第18册，第854页。

④ 《上洞心丹经诀》，《道藏》第19册，第411页。

⑤ （元）金月岩：《抱一函三秘诀》，《道藏》第10册，第697页。

医，不自采药，且不委节气。早晚只共采取，用以为药，又不知冷热消息分两多少。徒有疗病之心，永无必愈之效。"[①]"今之医者，但知诊脉处方，不委采药时节，至于出处土地、新陈虚实，一皆不悉，所以治十不得五六者，实由于此。"[②]

道教十分重视采药的时间，认为采药的原则是依时运符合刻，以达到与道合真的目标："采药依时运符合刻，自然阴阳相推而变化顺，是得形神俱妙，与道合真也。"[③]

三 作炉时日禁忌

作炉是炼丹的一个步骤。丹经有作炉忌日。朝鲜编撰的收集了大量中国古代医书的《医方类聚》，保存《宝丹要诀》。此经主要是炼丹的内容，其中很多内容与早期金丹派经典相同，应与早期金丹派的经典同源。

《宝丹要诀》："作炉忌日：'春卯为九龙，损身。夏子为长龙，流血，作之者死。秋酉为丘符恶会日，作灶大凶。冬寅不可作之，作之杀身，伏之杀人。'"[④] 此禁忌不是简单从地支的五行属性解释，因为春、卯均属木，夏属火，子属水，秋、酉属金，冬属水，寅属木。其中所引的"丘符恶会日"笔者未见其他文献记载。其禁忌原理需要进一步研究。

四 固济时日禁忌

固济，又称密封或泥法，即用药泥把反应器（丹、炉、釜）等

---

① （唐）孙思邈：《孙真人备急千金要方》，《道藏》第26册，第29页。

② （唐）孙思邈：《孙真人备急千金要方》，《道藏》第26册，第32页。

③ 《黄帝阴符经夹颂解注》，《道藏》第2册，第844页。

④ 《宝丹要诀》，浙江省中医研究所、湖州中医院校《医方类聚》第9分册，人民卫生出版社，1981，第370页。

密封起来。固济亦有时日禁忌。

《黄帝九鼎神丹经诀》的“五忌”之第四有固济时日禁忌：“四者忌合神丹炉釜，及封泥神药，无用天开地破日。春丙戌、丙辰，夏辛未、辛丑，秋壬辰、壬戌，冬癸未、癸丑。以此日合神丹灶炉釜，则室自开，丹精散泄，五石飞扬，霜华皆败。”[①] 此禁忌与《上洞心丹经诀》的记载一致，禁忌时间相同。观察其规律，可见春秋二季所忌地支相同，为戌和辰，冬夏二季所忌地支均是未、丑。从天干上看，春夏为丙辛，秋冬为壬癸。不知何据。我们怀疑夏季忌丁未和丁丑。那么禁忌日，从天干上看：春夏属于丙丁，属火；秋冬为壬癸，属水。春夏属阳，配火；秋冬属阴，配水。辰、戌、丑、未的五行属性为土。辰、戌为阳土，丑、未为阴土。该禁忌应与阴阳五行相关。

五　作药时日禁忌

作药忌日是金丹派时日禁忌最为核心的内容。上述几种文献均有作药时间禁忌，包括合药四时忌、月杀、反支、天李、月收、月建、日建、日杀、朔望、上朔、晦朔、八魁、往亡、留后日和《天皇太一神律避秽法》所涉及的各种秽日。大致可根据禁忌原理或来源分成以下几类：秦汉民间禁忌、建除法、避神灵、诸交会日、天象禁忌、阴阳理论和原因待考的禁忌。

（一）秦汉民间禁忌

作药时日禁忌包含大量秦汉民间流行的禁忌，如反支、天李、八魁、往亡、上朔等。作药时日禁忌中，民间禁忌所占的比例较大。

1. 反支

前文太平道生子时日禁忌已分析过反支禁忌。《太清金液神丹经》《三十六水法》均明确指出反支日不可作药。《黄帝九鼎神丹经

① 《黄帝九鼎神丹经诀》，《道藏》第18册，第855页。

诀》有“及月杀、及支、天季……不可用以起火合神药”[①]，对照前面两种道经，我们可知“支”即“反支”。

前文已述，反支不利于出行，无法沟通。合阴阳是沟通阴阳，而炼丹也是要调和阴阳。《周易参同契》有“乾刚坤柔，配合相包”。阴长生注：“乾，阳也，故刚直。坤，阴也，故柔顺。柔顺喻水，刚直比金。刚柔相包，以为配偶也。”[②] 既然炼丹也要调和阴阳，那么在无法沟通的日子则不吉。故反支为作药禁忌。医家也有此禁忌，也能如此解释。《诸病源候论》有：“诸临产若触犯日游、反支诸所禁忌，则令血气不调理，而致运也。其运之状，心烦闷，气欲绝是也，故须预以法术防之。注曰：‘运：通“晕”。’”[③] 反支日因不能交通，而血气不通，可能晕倒。

2. 天李

《黄帝九鼎神丹经》有：“及月杀、及支、天季……不可用以起火合神药。”[④]《上洞心丹经诀》应是引用了《黄帝九鼎神丹经》，亦作“天季”。

我们认为，“天季”实际上应该指“天李”。“天李”是汉代重要的禁忌，学界有很多研究。张培瑜先生指出它是“一个重要的丛辰类目”。[⑤]

睡虎地秦简《日书》记载了“天李”：

> 天李，正月居子，二月居子，三月居午，四月居酉，五月居子，六月居卯，七月居午，八月居酉，九月居子，十月居卯，十

① 《黄帝九鼎神丹经诀》，《道藏》第 18 册，第 795 页。

② 《周易参同契》，《道藏》第 20 册，第 79 页。

③ 南京中医学院校释《诸病源候论校释》，人民卫生出版社，1980，第 1190 页。

④ 《黄帝九鼎神丹经诀》，《道藏》第 18 册，第 795 页。

⑤ 张培瑜：《出土汉简帛书上的历注》，国家文物局古文献研究室编《出土文献研究续集》，文物出版社，1989，第 141 页。

> 一月居午，十二月居辰。凡此日不可以入官及入室，入室必灭，入官必有罪。

其中，二月被刘乐贤先生校正为居卯，十二月校正为居酉。①

天李，与天理相同。《管子》有："禹为司空，契为司徒，皋陶为李。"李即李官。尹知章注："古治狱之官也。"《说文通训定声》："李假借为理，实为吏。"天理是天上的恒星，位于斗魁之中。《史记·天官书》曰："斗魁戴匡六星曰文昌宫：一曰上将，二曰次将，三曰贵相，四曰司命，五曰司中，六曰司禄。在斗魁中，贵人之牢。"《集解》引孟康注："《传》曰'天理四星在斗魁中。贵人牢名曰天理'。"② 天理是贵人牢，故不祥。

"天李"与通书中"天狱""天吏"的关系，学者看法不同。郑刚认为"天李"是"天狱"，而李零在马王堆帛书中同时发现"天李"和"天狱"，说明这两者不同。刘昭瑞认为"天李"是《钦定协纪辨方书》中的"天吏"，因为"李""吏"两字同音。刘乐贤经过考证认为，"天李"不可能为"天吏"，他认为马王堆"天李"不一定就是《日书》"天李"，并且神煞名称古今变化较为常见。③ 陆平指出，"天李"和"天狱"可能存在某种替代关系，因"天李"是贵人之牢，而"天狱"是贱人之牢。因为后世择日不分贵贱，官民通用。所以出现"天李"被"天狱"取代。

"天李"不可合药，应因"天李"为凶日故。这一禁忌在医界有记录和传播，医界仍称"天季"，时间与秦简《日书》中"天李"一致："《湛余经》云：天季日：正月子、二月卯、三月午、四月酉、五

---

① 刘乐贤：《简帛数术文献探论》，湖北教育出版社，2002，第384页。

② （汉）司马迁撰，（南朝宋）裴骃集解，（唐）司马贞索隐，（唐）张守节正义《史记》，中华书局，2013，第1539页。

③ 刘乐贤：《简帛数术文献探论》，湖北教育出版社，2002，第378~384页。

月子、六月卯、七月午、八月酉、九月子、十月卯、十一月午、十二月酉。右日，不可用。今按：《耆婆方》云：天狱日也。《大清经》云：不得和药、服药。"[①] 日本阴阳道文献《阴阳杂书》所记载的天季日与《医心方》所记完全一致："天季日，正五九月子，二六十月卯，三七十一月午，四八十二月酉。"[②] 可见，医界传承的天季日应与道教的天季日属同一系统，因其名称相同，时间也一致。

3. 八魁

《三十六水法》有八魁"作丹不成"。

八魁是汉代的禁忌，敦煌永元六年（94）的历简记有八魁。考古发现东汉镇墓文材料中亦有见，如陕西宝鸡市斗鸡台出土的永元四年（92）朱书陶瓶和五里庙出土的光和年间（178～183）朱书陶瓶。[③] 两种陶瓶上均有"八魁"字样。

传世文献中八魁的具体时间有两种，一种是《道藏》本《素问六气玄珠密语》，时间是"春己巳丁丑，夏甲子壬戌，秋己亥丁未，冬甲午壬辰也"。[④] 另一种是《后汉书·苏竟传》："'夫仲夏甲申为八魁。八魁，上帝开塞之将也，主退恶攘逆。"李贤注："历法，春三月己巳、丁丑，夏三月甲申、壬辰，秋三月己亥、丁未，冬三月甲寅、壬戌，为八魁。"[⑤] 对照两种方式，春秋时间相同，冬夏时间不同。哪一种记载更准确呢？陈梦家先生根据永元六年历简"十二月大……二日甲寅除、八魁……十七日己巳平□、八魁"，并据后汉四分历推定冬至时间为十一月二十九日壬午，立春为十二月十六日戊辰，那么十二月二日属冬季，甲寅为八魁，十二月十七日在立春后，

① 〔日〕丹波康赖：《医心方》，辽宁科学技术出版社，1996，第 108 页。

② 转引自刘乐贤《简帛数术文献探论》，湖北教育出版社，2002，第 384 页。

③ 王光永：《宝鸡市汉墓发现光和与永元年间朱书陶器》，《文物》1981 年第 3 期。

④ 《素问六气玄珠密语》，《道藏》第 21 册，第 578 页。

⑤ （南朝宋）范晔撰，（唐）李贤等注《后汉书》，中华书局，1965，第 1045 页。

属春季，己巳为八魁。[①] 故永元六年历简所记载的八魁日时间与《后汉书》李贤注所引《历法》相同。故《后汉书》记载八魁日时间应是正确的，即春己巳、丁丑，夏甲申、壬辰，秋己亥、丁未，冬甲寅、壬戌。

八魁日在全年的数量是多少呢？有人认为是八天。但事实上，八魁日的数量超过八天。以每个季节90天算，即60天的1.5倍。每60天出现该季的八魁日2个，每季约有3个。四季则超过八天。

“八魁日不作丹”的原因是八魁被看作凶神。八魁日除道教禁忌炼丹外，还有其他禁忌事项，如不藏胞衣和不开墓。《医心方·藏胞衣吉凶日法》：“又云：无以八魁日、复日、伯日、小儿生相克日，皆忌。”[②] 后唐同光二年（924）历书有“八魁日不开墓”。[③]

八魁在宋以后不再流行。张培瑜先生：“宋以后历本以及行用中国历法时的日本历书亦都不见采用。现存元、明、清有关选择通书中也不再记述。虽然《敦煌掇琐》87《北宋雍熙三年（986年）历》及《后晋开运二年（945年）历》序言中尚有记载并用以注历，但在南宋宝祐四年丙辰1256年历书中已不见。”[④]

4. 往亡

“往亡”是古代重要的民间禁忌。汉代时此禁忌已非常流行。从西汉到清代多种文献记录了“往亡”，时间跨度比较长。《论衡·辨祟篇》：“涂上之暴尸，未必出以往亡；室中之殡柩，未必还以归忌。”[⑤] 王充点名批评了“往亡”，说明“往亡”在当时社会影响较大。

北魏《十六国春秋》：“丁亥裕悉众攻城，或曰：今日往亡不利

---

① 陈梦家：《汉简缀述》，中华书局，1980，第238页。

② 〔日〕丹波康赖：《医心方》，辽宁科学技术出版社，1996，第913页。

③ 转引自江晓原《天学真原》，译林出版社，2011，第165页。

④ 张培瑜：《出土汉简帛书上的历注》，国家文物局古文献研究室编《出土文献研究续集》，文物出版社，1989，第140页。

⑤ 黄晖：《论衡校释》，中华书局，1990，第1013页。

行师（一云：今往亡之日，兵家所忌）。裕曰：我往彼亡，何为不利？遂四面急攻之，杀伤甚众，广固鬼夜哭不止。”[①] 往亡在东晋是行师禁忌日，但并非所有人都遵从。

《旧唐书·李晟传》附其子李愬传云：“十二月，吴秀琳以文成栅兵三千降。愬乃径徙之新兴栅，遂以秀琳之众攻吴房县，收其外城。初，将攻吴房，军吏曰：‘往亡日，请避之。’愬曰：‘贼以往亡谓吾不来，正可击也。’”[②] 此处是李愬利用敌人认为“往亡”不会来袭的心态趁机攻击了吴房县，获得胜利。说明时人普遍禁忌“往亡”。

秦简日书记有“往亡”。饶宗颐先生推定日书中“正月乙丑、二月丙寅、三月甲子、四月乙丑、五月丙寅、六月甲子、七月乙丑、八月丙寅、九月甲子、十月乙丑、十一月丙寅、十二月甲子”为往亡日的记录。[③]

《协纪辨方书》有“往亡”与“气往亡”。“气往亡”是以节气为基础进行推算，“往亡”每月有固定避忌的地支日。“气往亡者，立春后七日，惊蛰后十四日，清明后二十一日，立夏后八日，芒种后十六日，小暑后二十四日，立秋后九日，白露后十八日，寒露后二十七日，立冬后十日，大雪后二十日，小寒后三十日。”“往亡”则是“正月在寅、二月在巳、三月在申、四月在亥、五月在卯、六月在午、七月在酉、八月在子、九月在辰、十月在未、十一月在戌、十二月在丑”[④]。刘乐贤先生认为“气往亡”是《日书》和历代选择书里的“往亡”。而《协纪辨方书》的“往亡”应是古代动土禁忌的“土忌”或名“地激”。二者并不相关，由

① （北魏）崔鸿：《十六国春秋》，《影印文渊阁四库全书》第463册，台湾商务印书馆，1986，第858页。

② （后晋）刘昫等：《旧唐书》，中华书局，1975，第3679页。

③ 饶宗颐、曾宪通：《云梦秦简日书研究》，香港中文大学出版社，1982，第20页。

④ 《协纪辨方书》，李零主编，刘乐贤点校《中国方术概观·选择卷》，人民中国出版社，1993，第247~249页。

于后世术士分辨不清这两种禁忌，故出现混淆。

刘乐贤先生解释了“往亡”禁忌的原因，是与五行成数相关。“春三月（木）与七及七的倍数（火）相配，夏三月（火）与八及八倍数（木）相配，秋三月（金）与九及九的倍数（金）相配，冬三月（水）与十及十的倍数（土）相配。”①

晏昌贵先生认为“空亡日”的一种推算方式与“气往亡”相同。他分析了唐元和四年至宋淳化四年（809~993）具注历中的空亡日，并将空亡日分为三种类型：A 型，以立春、立夏、立秋、立冬四个节气为起始点，以 7 天、8 天、9 天、10 天为周期分布的；B 型，亦以节气为起始点，算法与 A 型相异；C 型，以月朔为起始点，分布周期与A 型同。晏先生指出，A 型与《协纪辨方书》中“气往亡”同；C 型与秦简《日书》同，源头在江陵九店楚简《日书》。A、C 二型之区别在于以节气或是以月朔为起始。因为节气进入历法的时间大致在西汉武帝制定太初历后，因此推定 C 型以月朔为起始的推算往亡的方式较为古老，后来成为主流的 A 型以节气为起始的推算方式较为后起。②

《道藏》没有说明往亡的推算方式。但是《云笈七签·摄生月令》的历注项目有往亡。时间是孟春在寅，仲春在巳，季春在申，孟夏在亥，仲夏在卯，季夏在午，孟秋在酉，仲秋在子，季秋在辰，孟冬在未，仲冬在戌，季冬在丑。③ 按照刘乐贤先生的看法，上述诸日是“土忌”而非“往亡”。《云笈七签》收集的内容是唐宋道经。故在唐宋之际，已出现“土忌”与“往亡”的混用。

早期金丹派禁忌往亡作丹，与“往亡”不利于行军相关。

---

① 刘乐贤：《睡虎地秦简〈日书〉中的“往亡”与“归忌”》，见李学勤主编《简帛研究》第 2 辑，法律出版社，1996，第 118~124 页。

② 晏昌贵：《简帛数术与历史地理论集》，商务印书馆，2010，第 117~125 页。

③ （宋）张君房编，李永晟点校《云笈七签》，中华书局，2003，第 797~804 页。

5. 上朔

《三十六水法》有“上朔”作药不成。

古代有两种“上朔”的推算方式。一是马王堆帛书《上朔》有“天一所居为上朔”[①]，另一种是《协纪辨方书》所记“上朔”。

马王堆《上朔》有两个部分：五行统领的六十甲子干支表、占法和凶吉的说明。五行的每一行中，分为逆七、上朔、顺四、顺六、顺七五项。举部分内容如下。

木	逆七	丁亥	戊子	己丑	庚寅	辛卯	壬辰
	上朔	癸巳	甲午	乙未	丙申	丁酉	戊戌
	顺四	丙申	丁酉	戊戌	己亥	庚子	辛丑
	顺六	戊戌	己亥	庚子	辛丑	壬寅	癸卯
	顺七	己亥	庚子	辛丑	壬寅	癸卯	甲辰

上朔根据“天一”所在确定。晏昌贵先生认为：“以上朔日为基点，顺数四日、五日、八日、十二日、十三日，逆数一日、七日等，来定吉凶。”[②]

《协纪辨方书》记录“上朔”为：

> 《堪舆经》曰：“上朔日忌宴会、嫁娶、远行、上官。”历例曰：“阳年以年干加寅，顺数至亥，阴年以年干加丑，顺数至巳也。”曹震圭曰：“丑寅者，艮卦之方也，万物始终之所也。巳者，阳极之辰，亥者，阴极之辰。故阳有生发万物之功者，寅

① 马王堆汉墓帛书整理小组：《马王堆帛书〈式法〉释文摘要》，《文物》2000年第7期。

② 晏昌贵：《读马王堆帛书〈式法〉》，见《简帛数术与历史地理论集》，商务印书馆，2010，第113页。

也；阴有成终万物之道者，丑也。以阳而来会于极阴，以阴而往会于极阳，则非真相会之道也。其忌可知。”①

可见，《协纪辨方书》根据年干的阴阳推定上朔。阳年年干加寅，顺数至亥。阴年年干加丑，顺数至巳。取寅“生”之意和丑“成”之意。亥是阴极之辰，巳是阳极之辰。阴极遇阳，阳极遇阴，均为不祥。

黄儒宣博士根据马王堆帛书《上朔》等材料，认为上朔理论应是民间治历方士所造，时间不早于秦始皇二十年，并提出上朔运行规律有两种：“其一，与刑德小游相配的上朔，见于《刑德》甲篇，周期为六十六日，只有十个干支，为己亥、乙巳、辛亥、丁巳、癸亥、己巳、乙亥、辛巳、丁亥、癸巳，依次循环。其二，与刑德大游相配的上朔，见于《阴阳五行》甲篇《上朔》《阴阳五行》乙篇《上朔》、‘太阴刑德大游上朔图’、《凶》日表，周期为六十一日，共六十个干支：‘亥’、‘巳’与‘十二月正月’相配；‘子’、‘午’与‘二月三月’相配；‘丑’、‘未’与‘四月五月’相配；‘寅’、‘申’与‘六月七月’相配；‘卯’、‘酉’与‘八月九月’相配；‘辰’、‘戌’与‘十月十一月’相配。传世文献所见上朔，就是马王堆帛书与刑德大游相配的第一个上朔。”②

早期金丹派所避忌的上朔究竟是哪种，因为材料不足不能确定。《论衡》有“上朔不会众”，加之上文所引《协纪辨方书》，可见上朔禁忌的事项包括宴会、嫁娶、远行、会众、作药等。

上朔作药不成的原因与阴阳观念相关。上文言上朔是“阴会阳极，阳会阴极”，故阴阳不协调。作药法阴阳，故有此忌。

---

① 《协纪辨方书》，李零主编，刘乐贤点校《中国方术概观·选择卷》，人民中国出版社，1993，第249页。

② 黄儒宣：《马王堆帛书〈上朔〉综论》，《文史》2017年第2期。

（二）建除法

早期正一道有用建除法作为依据的禁忌，如天狗下日，即收日。早期金丹派亦有以建除法为依据的作药禁忌。《黄帝九鼎神丹经诀》称“四孟仲季月收……月建……皆凶”。《太清金液神丹经》和《三十六水法》称：“孟仲季月收闭……，皆凶，作药不成。”其中月收、月建、月闭均是建除法的术语。

《太清金液神丹经》指出作丹良日有开日和除日。姜守诚先生认为，用除日作为炼丹良日，取除日“除旧布新”的意思。他认为这是建除法的一次理论创新，发生在秦代。另外，他还举汉代的解除术也多在除日进行来佐证他的观点。[①] 事实上，他是用气论来解释除日炼丹。同样，开日也可作此解。《协纪辨方书》开日：“开之云者，十即一也，一生二。二生三，由此一而三之则复为建矣。建固生于开者，故开为生气也。”[②] 开为生气，象征生生不息，与炼丹之旨相符合。

用同样理论来看收日、闭日和建日。《太平经》分析建除法：“当月建名为破大耗，当帝王气冲为名死灭亡，元气建位，帝王气为第一气，尊严不可妄当也。月建后一为闭，闭者，乃天主闭塞其后，阴休气恐来前为奸猾，干帝王建气也，故闭其后也。开者，天之法，不乐害伤也。故开其后者，示教休气，为其有为奸者乐开使退去也。不去当见收，收则考问之则成罪，罪则不可除，令死危。”[③] 建为帝王之气，闭是断绝前来干扰帝王的阴休气。天道乐生，不忍伤害，开其后给奸者一个退去的机会。若再不去就只

---

① 姜守诚：《试论〈太平经〉的“解除”术》，《鲁东大学学报》（哲学社会科学版）2008 年第 4 期。

② 《协纪辨方书》，李零主编，刘乐贤点校《中国方术概观·选择卷》，人民中国出版社，1993，第 170 页。

③ 王明编《太平经合校》，中华书局，1960，第 304 页。

能收了。故闭日和收日禁忌炼丹。建日是帝王之气，炼丹恐犯王气，故不能炼丹。

（三）避神灵

早期金丹派中有一类禁忌是为了避神灵。《天皇太一神律避秽经》是一部专门论述炼丹禁忌的著作。据王卡先生考证，此经成书于唐宋间。这是早期金丹派时日禁忌研究非常重要的一份材料。整部经文不到600字，列了十二种作丹之秽，每种秽均有名称，其中十种是时间禁忌，剩余两种是空间禁忌。《天皇太一神律避秽经》有两种避神灵之秽：黄帝幸中华丹秽和玉女追流秽。

1. 黄帝幸中华丹秽

《天皇太一神律避秽经》：

> 黄帝幸中华丹秽，辰年辰月辰日是，子年子月子日是，十二辰仿此，不可为事，造丹不成。①

黄帝幸中华丹秽，一共有十二个日子，即年、月、日地支相同的日子。这一禁忌与太岁信仰相关，太岁在民间信仰中地位非常高，被视为“人君之象”。太岁之处十分尊贵，不容冒犯。同样，太岁所在之时亦是无比尊贵。年、月、日支相同的那一天具有非常尊贵之意，故认为此日不可冒犯。《天皇太一神律避秽经》给此类日子取名为“黄帝幸中华丹秽”。以“黄帝”为名，表明此日异常尊贵。因为黄帝是传说中的远古帝王，被尊为中华民族的始祖。黄帝与老子并列，称为黄老。黄老是道教的思想渊源之一。黄帝是众神之主，《列仙传》：“黄帝者，号轩辕，能劾百神朝而使之。”② 黄帝在神仙体系中

① 《天皇太一神律避秽经》，《道藏》第32册，第562页。

② 王叔岷：《列仙传校笺》，中华书局，2007，第9页。

的地位与太岁在民间信仰中的地位相似，故太岁所在之时以黄帝为名。

因为黄帝的崇高地位，很多发明都归功于黄帝。袁珂先生《中国神话传说》（简明版）列举了很多传说为黄帝的发明，包括车、冕旒、煮饭的锅和甑、猎捕飞禽走兽的陷阱、房子、踢球的游戏等。[①]黄帝与炼丹的关系密切。在传说故事中，黄帝炼丹得仙。《史记·封禅书》有："黄帝采首山铜，铸鼎于荆山下。鼎既成，有龙垂胡髯下迎黄帝。黄帝上骑，群臣后宫从上龙七十余人，龙乃上去。"[②] 黄帝铸鼎的目的就是炼丹。晋崔豹《古今注》曰："世称皇（黄）帝炼丹于凿砚山，乃得仙，乘龙上天。群臣援龙须，须堕而生草，曰龙须。"黄帝因炼丹而仙，故在丹经中黄帝拥有至高无上的地位。《黄帝九鼎神丹经诀》亦以"黄帝"为名。因此，在黄帝幸中华时要特别避忌。

2. 玉女追流秽

《天皇太一神律避秽经》："玉女追游秽，每六丁日是，不可作丹，忌六丁女也。"[③]

六丁是道教崇拜的女神。丁为天干之一，属阴，因此六丁被看作女神。六丁即所有天干为丁的日子，包括丁卯、丁巳、丁未、丁酉、丁亥和丁丑。道经中六丁玉女管理死籍，汉代《太上老君中经》咒语有"司命司录，六丁玉女，削去某甲死籍，著玉历生录"[④]。

《黄帝太乙八门入式诀》有六丁神将符，并谈及六丁之神通："三皇大天帝曰：随式有太阴玉女六丁八吏神符六道，飞行万里，为

① 袁珂：《中国神话传说》（简明版），北京联合出版公司，2015，第186页。

② （汉）司马迁撰，（南朝宋）裴骃集解，（唐）司马贞索隐，（唐）张守节正义《史记》，中华书局，2013，第1666页。

③ 《天皇太一神律避秽经》，《道藏》第32册，第562页。

④ 《太上老君中经》，《道藏》第27册，第148页。

国报仇。又能追取世间珍宝财帛，用之无穷，给印书符，无不通灵，无不所从。太阴玉女主领九天仙女兼知千里之外消息，如在目前。通天地不可思议，戴符入阵，敌人自退归伏。”[①] 刘师培认为《黄帝太乙八门入式诀》成书于唐宋以前，是术数书中近古者。[②]《黄帝太乙八门入式诀》中有六丁神将的形象和门户神名。从形象上来看，每位神将有其地支对应的动物特征。如丁卯神将冠中有兔头，丁丑神将冠中有牛头，丁酉神将冠中有鸡头等。然而其中门户神名似乎和《虎钤经》六甲神的门户名一致，[③] 可能是记载混淆。

后世道经中六丁神女各有姓名和形象。成书于北宋初年的《秘藏通玄变化六阴洞微遁甲真经》有六丁玉女之名、仪服色和下降时间、地点以及所掌事宜，仅举六丁的形象描述如下。

六丁玉女形象

	名	字	号	衣	冠	裙	神态	手中物品
丁卯	足日之，又名丁文明	保中，又字仁高	无极仁福真君	青朝服	兔头冠	黄裙	敛愁眉	左手执如意珠，右手仗剑
丁丑	炁无上，又名丁文公	太和又字仁贵	横天仁实真君	青碧朝服	牛头冠	淡黄裙	含笑	手执戟或袂
丁亥	陆明集，又名丁文通	广阳，又字仁和	都府仁元真君	黑朝服	猪头冠	淡黄裙		手执仙果，仗剑
丁酉	救钦灵，又名丁文卿	正一，又字仁修	亚夫仁休真君	白素朝服	鸡头冠	淡黄裙	蹙敛黛眉	手执弩箭二枝
丁未	乘素灵，又名丁寂通	玄英，又字仁恭	无比仁至真君	红粉朝服	羊头冠	黄裙	含笑	手执双戟或剑
丁巳	朱福称，又名丁廷卿	文广，又字仁敬	高上仁德真君	绿色朝服	蛇尾冠	红裙	大笑	手执长矛

资料来源：《秘藏通玄变化六阴洞微遁甲真经》，《道藏》第18册，第590~591页。

① 《黄帝太乙八门入式诀》，《道藏》第10册，第773页。

② 刘师培：《读书随笔（外五种）》，广陵书社，2013，第144页。

③ 《虎钤经》，《影印文渊阁四库全书》第727册，台湾商务印书馆，1986，第48页。

从上表可见，六丁玉女形象十分具体，包括衣、冠、裙、神态和手中执物。六丁玉女楚楚动人，且在祭祀时不能呼“六丁”二字以避讳。《秘藏通玄变化六阴洞微遁甲真经》认为奉事六丁人，有长生、安邦安国之功：“黄帝曰：奉事六丁人，欲得长生者，皆当六丁之日，不得淫欲杀生，更能存守中正精气内外，即不过六会。六丁献汝还丹，常因事而成道身，为地仙，乃得长生。如欲要安邦定国，行师阃外，百战百克。奉事六丁人，若至六会神出现，其分明见其形像，勿起私心，即当虔诚恭敬，不得妄想。邪心犯之者，立杀其身。”[①]

《三十六水法》仅有两种与具体神灵相关的禁忌，这两种神是黄帝和六丁，说明黄帝和六丁在炼丹家心中地位较高。

（四）诸交会日

《天皇太一神律避秽经》有三种交会秽，一种是天龙交会秽，另一种是阴阳交会秽。还有一种“苍天神龙交会秽”，因与天象相关，归入“天象禁忌”中。

1. 天龙交会秽

《天皇太一神律避秽经》：“天龙交会秽，三月上辰日末，下旬辰日，不可为丹，忌之。”[②] 即三月上旬的辰日和下旬的辰日为“天龙交会秽”。

汉代开始用夏历，那么三月按照地支计是辰月。三月辰日即辰月辰日。辰所属的动物是龙。辰月辰日，月支和日支均为龙，故谓之“天龙交会”。

龙在中国古代文化中地位十分尊贵，一直被看作皇权的象征。龙能腾云驾雾，上天入地，《庄子》有“龙合而成体，散而成章，乘云

① 《秘藏通玄变化六阴洞微遁甲真经》，《道藏》第 18 册，第 593 页。

② 《天皇太一神律避秽经》，《道藏》第 32 册，第 562 页。

气而养乎阴阳”。在道教中，龙常被看作神仙的乘骑。《史记》中黄帝铸鼎，鼎成以后有龙下迎黄帝，黄帝上骑。故天龙交会之时是神圣的日子，不能炼丹。

天龙交会秽在每年都会出现。但是若是遇上辰年，那么天龙交会秽就与黄帝幸中华丹秽相重合。

2. 阴阳交会秽

《天皇太一神律避秽经》：“阴阳交会秽，春丁卯，夏甲午，秋庚申，冬壬癸，作丹忌之。”①

此禁忌在其他道经中较少见，笔者仅见《医方类聚》里的《宝丹要诀》有此禁忌，禁忌内容完全一致。从《宝丹要诀》的内容来看，很多与早期金丹派道经相同，辰年三月辰日、日蚀月蚀不作丹等。故，《宝丹要诀》和《天皇太一神律避秽经》应该属于同一系统的，甚至直接抄写的。所以，我们从《宝丹要诀》只能推出此禁忌在当时有一定影响。

此禁忌可能有误，因为春夏秋三季所忌的丁卯、甲午和庚申都是天干加地支的组合，而冬季所忌的壬癸却是两个天干。从逻辑上讲，冬季所忌的应该也是天干加地支的组合。但由于资料的缺乏，我们很难校正原文，更不能指出此禁忌的原因。

（五）天象禁忌

早期金丹派很多禁忌与天象相关。仅《天皇太一神律避秽经》所列举的十二种禁忌中有一半都是与天象相关的禁忌。具体如下：

> 紫云初成龙虎秽，迅雷发日忌之，不可成丹。
>
> 日月行道秽，日月蚀日，不可挂炉固际，忌之。
>
> 北斗真行秽，正月平旦斗指寅，十二月可知。又云：北斗不

① 《天皇太一神律避秽经》，《道藏》第 32 册，第 562 页。

见，不可作丹，忌之。

苍天神龙交会秽，天有赤云，及有龙形出者，不可作药、封炉，犯之如云圻。太岁在卯，其神见申，不可为丹，忌之。

有色秽，日有朝霞，作丹忌之。

天魔战血秽，石鼓鸣如地雷日忌之。地神惊奔不安，静而后鸣，七日不得作药，流入黄泉，化飞尽矣。①

紫云初成龙虎秽是指打雷时，天魔战血秽指地震，日月行道秽是指日食和月食，北斗真行秽指北斗不见时，苍天神龙交会秽是指出现红云和龙形云时，有色秽指日出时有朝霞。这些都与天象相关。

这些禁忌包含着古代炼丹家对于气象的生活总结。比如有色秽禁忌作丹，即日出有朝霞不作丹。这一禁忌就是道士对于天象的观察和总结，发现日出伴有朝霞，当日通常会下雨。民间亦有“朝霞不出门”的说法。从今天的现代气象学的角度分析，彩霞的出现是阳光通过大气层被大量的空气分子散射的结果。空气中的尘埃和水汽含量越高，彩霞的颜色越鲜艳。早上出现朝霞，表明空气中的水汽已经很多，云层来到本地，所以当天有很大的概率会下雨。而下雨对于炼丹活动会有影响。打雷、地震亦不宜山林活动。日食、月食、北斗不见、红云和龙形云的出现虽不一定对炼丹有直接影响，但被看作不祥，可能会增加炼丹者心理负担，因此影响炼丹的效果。

从文化上讲，以上的禁忌分成两类。一种是苍天神龙交会秽，即红云和龙形云出现时为神圣的时刻，需要避忌。另一种是异常天象。这些异常之时被看作阴阳不协调，象征着不吉。比如《国语》解释地震：“阳伏不能出，阴迫而不能蒸，于是有地震。”即地震是阴阳失调。《太平经》解释日、月食：“‘请问天之三光，

① 《天皇太一神律避秽经》,《道藏》第32册，第562页。

何故时蚀邪？’‘善哉！子之所问。是天地之大怒，天地战斗不和，其验见效于日月星辰。然亦可蚀，亦可不蚀，咎在阴阳气战斗。’‘何故战斗乎？’‘阴阳相奸，递诤胜负。夫阴与阳，本当更相利祐，共为和气，而反战斗，悉过在此不和调。’”① 日、月食是阴阳不和。北斗不见是极凶之事，《白孔六帖》“瓮藏北斗”条注：“僧一行长于数。所善王生其子，以杀人系狱求救于一行。一行曰：‘吾以数推之，当有赦矣。’遣其徒授以布囊，戒令某处废园，伺之。有物来，其数七，共捕之，以囊携来，勿脱也。至晡时，有七豕入园，尽获之，一行置之大瓮中，密覆封以太一泥朱书梵字志之。太史奏北斗不见，召一行问之，曰：‘莫若大赦。’从之。其夕，太史奏见大星如故。”② 即僧一行通过法术使北斗不见，利用“北斗不见”是不祥的象征，使皇帝大赦天下。

月相变化也是炼丹的禁忌依据之一。《黄帝九鼎神丹经》有：“诸朔望皆凶，不可用以起火合神药。”③ 《三十六水法》有晦朔、上朔、八魁等皆凶，作药不成。④ 晦、朔、望都属气之不定，不适合炼丹。

（六）阴阳理论禁忌

《黄帝九鼎神丹经诀》“五忌”之第五忌，是石精交战合鬼之日：

> 五忌者，合丹男忌七月三日，及七月甲寅日，女合丹忌正月七日，及正月庚申日，此四日是石精交战合鬼之日，以其日执事起火，则丹精不发，神灵不感，邪鬼来入，皆为凶败。⑤

---

① 王明编《太平经合校》，中华书局，1960，第365~366页。
② （唐）白居易：《白孔六帖》，《影印文渊阁四库全书》第891册，台湾商务印书馆，1986，第766页。
③ 《黄帝九鼎神丹经诀》，《道藏》第18册，第795页。
④ 《三十六水法》，《道藏》第19册，第326页。
⑤ 《黄帝九鼎神丹经诀》，《道藏》第18册，第855~856页。

此禁忌分男女进行讨论。男性禁忌七月三日和七月甲寅日合丹，女性禁忌正月七日和正月庚申日合丹。男性禁忌七月，即地支的申月。女性禁忌正月，即地支的寅月。地支申被看作女立之时，地支寅被看作男立之时。《淮南子·汜论训》："礼三十而娶。"许慎注曰："三十而娶者，阴阳未分时，俱生于子。男从子数，左行三十年立于巳，女从子数，右行二十年亦立于巳，合夫妇。故圣人因是制礼，使男三十而娶，女二十而嫁。其男子自巳数，左行十得寅，故人十月而生于寅，故男子数从寅起，女自巳数，右行得申，亦十月而生于申，故女子数从申起。"庄逵吉云："甲寅、庚申也。甲者阳正，寅亦阳正也。庚者阴正，申亦阴正也。《难经》曰：'男立于寅，寅为木阳；女立于申，申为金阴。'"①

男性合丹禁忌申月三日和申月甲寅日，申月是女立之时，阴立。又遇上甲寅，甲寅是阳正。阳正之日，又是阴立之月，可能有剧烈的争斗，故有此禁忌。同样，女性合丹禁忌是正月七日，及正月庚申日，即寅月七日和庚申日。寅月是男立之时，阳立，而庚申是阴正，亦是阴阳二气剧烈争斗之时。

此四日被称为"石精交战合鬼日"。石精为金石所化。《太清金阙玉华仙书八极神章三皇内秘文》列出了不同石精样貌：

> 一名朱砂精，形赤。一名曾青精，形青。一名石膏精，形白。一名雄黄精，形赤。一名硫黄精，形黄。一名空青精，形淡赤。一名白矾精，形绿。一名云母石精，形黑。一名石砂精，形紫。此九种仙药之精，皆金石所化也，形状如一大鬼，朱发红眉而多现矣。然各有体色辩焉。
>
> 一名乌石精，十六足。一名禹余精，二十四足。一名井泉石

① 何宁：《淮南子集释》，中华书局，1998，第917页。

精，十二足。一名盐土精，十足。一名雌黄精，无足，肉翅，善飞。一名滑石精，八足。一名阳起石精，六足。一名石脂精，四足。一名水银精，二足。此九种石精，皆金石所化也。形如一蝎，大小莫测，色如白练，其有无足以辨之也。[①]

以上所列诸石，是炼丹时所用的材料。道教认为诸石均有石精，石精的形象或如鬼状，朱发红眉，或如蝎状，色如白练。“石精交战合鬼之日”，丹精不发，神灵不感。所以炼丹不能成，故忌此日炼丹。

（七）不明原因的时日禁忌

有一些合药时日禁忌原因不明。如《黄帝九鼎神丹经诀》所记载的“作药忌日”包括“春戊辰、己巳，夏丁巳、戊申、壬辰、己未，秋戊戌、辛亥、庚子，冬戊寅、己未、癸卯、癸酉，及月杀、反支、天季、四孟仲季、月收、壬午、丙戌、癸亥、辛巳、月建、诸朔望，皆凶，不可用以起火合神药”[②]。其中“春戊辰、己巳，夏丁巳、戊申、壬辰、己未，秋戊戌、辛亥、庚子”等内容在《太清金液神丹经》亦有载。春、夏、秋三季完全相同，唯冬季为“戊寅、壬戌、己卯、癸酉”[③]。《太清金液神丹经诀》属金液派，《黄帝九鼎神丹经》属还丹派，说明此禁忌在早期金丹派较为流行。

此禁忌原因不明，每季的禁忌日数量也不相同，春季两天，夏季四天，秋季三天，冬季四天。

此禁忌名为“作药禁忌”，故在医学界传播广泛。因为炼丹与治病的目标一致，都是想要保持健康，长生久视。而且，炼丹和治病都要作药。《医心方》记载《药辨决》和《虾蟆经》均记有此禁忌。

---

① 《太清金阙玉华仙书八极神章三皇内秘文》，《道藏》第18册，第575页。

② 《黄帝九鼎神丹经诀》，《道藏》第18册，第795页。

③ 《太清金液神丹经》，《道藏》第18册，第748页。

《虾蟆经》称此禁忌为“皇帝禁合药日四时忌”。[①]《医心方》所引的《虾蟆经》即《黄帝虾蟆经》，学界认为此经是成书于汉代的《黄帝针灸虾蟆忌》。[②]《药辨決》久不见于中国。《隋书·经籍志》、《旧唐书·经籍志》和《新唐书·经籍志》均无此书。但其书应在10世纪初，即唐朝末年以前传入日本。[③] 这些医书的记载，说明此禁忌已经流行于汉唐时期的医学界。

六　服丹时日禁忌

服药是一件标志性的事项。丹成之后不能立刻服药，道经认为服药要特别小心谨慎，并避开禁忌日。

服药之前需要斋戒沐浴。《黄帝九鼎神丹经诀》言须“斋戒沐浴五七日，焚香”，礼拜后服之。[④]《上清经真丹秘诀》要求服药前“先须沐浴，着新衣，鲜洁素食七日”[⑤]。《诸家神品丹法》专门指出“须断肉味，大忌房事”[⑥]。宋代之后的道经还强调在服丹之前应该进行道德方面的准备，如行善积德：“先须行阴功三年，启告天地，发愿施慈，方可服饵。常面东咽液二十四遍了，方服丹三粒。”[⑦] 五代宋初[⑧]的《太上说南斗六司延寿度人妙经》（《南斗经》）以祖师张道陵的口吻，要求服丹前先除害兴利：“道陵先于中岳已获得黄帝九鼎

① 〔日〕丹波康赖：《医心方》，辽宁科学技术出版社，1996，第108页。

② 见朱现民《关于针灸古籍〈黄帝虾蟆经〉的探考》，《辽宁中医杂志》2011年第1期。

③ 《药辨决》应当又作《药辨诀》。《药辨诀》见成书于876~884年的日本文献《本朝见在书目录》。见王旭光、黄安宁《十世纪初之前传入日本的中国医籍》，《中医文献杂志》1999年第3期。

④ 《黄帝九鼎神丹经诀》，《道藏》第18册，第796页。

⑤ 《上清经真丹秘诀》，《道藏》第18册，第506页。

⑥ 《诸家神品丹法》，《道藏》第19册，第226页。

⑦ 《诸家神品丹法》，《道藏》第19册，第226页。

⑧ 成书时间据丁培仁先生考证。丁培仁：《增注新修道藏目录》，巴蜀书社，2008，第136页。

丹书后，始在鹤鸣山隐居，遂备药物，乃依其方法，修炼三年，丹成，未敢服之，乃谓弟子王长曰：‘神丹成就，若服饵之，当必冲天，便为真人矣。然吾未有大德，宜须为国为家除害兴利，利济民庶，所谓先施勤劳，后可服丹。’”①

服丹的方位也有规定。要向本命，不能北向。

服丹忌多种食物。各经记载不同，列表如下。

服丹禁忌食物

经名	太清石壁记②	混俗颐生录③	真元妙道要略④	三洞道士居山修炼科⑤	孙真人备急千金要方⑥	至言总⑦
忌食内容	唯忌牛肉、白酒、麻子、血羹、生菜、萝卜、芥子、胡荽、芸薹、蒜、荞面	尤忌三般受气不足之肉。肉者：鸡、猪、无鳞鱼。又忌三般受飞不足之菜。菜者，萡达、莴苣、波稜，闭血触故也	忌无鳞鱼、羊血、狗、鳖，及自死马、牛，及猿肉、姜、蒜、胡荽、苦菜、芸薹等	禁食血、饮酒、诸肉、生菜	不可食鹿肉	不欲食蒜及石榴子、猪肉、犬肉
忌食时间	服丹后七日		总不食为上			

其忌食的原因主要是道教认为它们污秽，比如味重，或受气不

① 《太上说南斗六司延寿度人妙经》，《道藏》第 11 册，第 350 页。

② 《太清石壁记》，《道藏》第 18 册，第 771 页。

③ 《混俗颐生录》，《道藏》第 18 册，第 513 页。

④ 《真元妙道要略》，《道藏》第 19 册，第 296 页

⑤ 《三洞道士居山修炼科》，《道藏》第 32 册，第 588 页。

⑥ 《孙真人备急千金要方》，《道藏》第 26 册，第 527 页。

⑦ 《至言总》，《道藏》第 22 册，第 860 页。

足，或因为影响死后上天。比如“断食猪犬肉，食此物肉令人死，不得上天，但止泰山，入三官地狱，为守槛鬼吏。此科施于道士矣。又忌食猪犬肉者，食之令人老则忘误，面目黶瘦，齿败声坏”①。也有因为食物本身具有解毒功能，影响服药效果：“凡饵药之人，不可食鹿肉，服药必不得力。所以然者，以鹿常食解毒之草，是故能制毒、散诸药故也。”②

服药应该选择王相日。③ 服丹的主要禁忌日包括天象禁忌和亥子日。

（一）天象禁忌

《黄帝九鼎神丹经诀》有：“凡服丹药时，勿以天阴、雪寒、风雨、大露五日，服药须在静处，得力大速。”④ 阴天、雨雪、风雨和大露天均非晴天。此经前文有合丹宜选天晴：“合仙药用四时王相日，日辰不相克，见天晴，日月精明，气色静可起手。”⑤ 古代文化中，天气晴好与否不仅是自然现象，还反映了人世的统治是否符合天道运行的规律。如《淮南子·览冥训》认为君主德薄时奏《白雪》，引来神物，却是风雨暴至。齐国有寡妇被冤枉时，怨结叫天，天作雷电。黄帝治天下，“邑无盗贼，鄙旅之人，相让以财，狗彘吐菽粟于路，而无忿争之心；于是日月精明，星辰不失其行，风雨时节，五谷登孰，虎狼不妄噬，鸷鸟不妄搏，凤皇翔于庭，麒麟游于郊，青龙进驾，飞黄伏皂，诸北、儋耳之国，莫不献其贡职”⑥。晴朗的天气，意味统治符合天道运行规则。故服丹不用天阴、雪寒、风雨、大露等日。《太上灵宝五符序》有服药时日选择“天清无云，乃丸药于静

① 《太上灵宝五符序》，《道藏》第 6 册，第 331 页。
② 《孙真人备急千金要方》，《道藏》第 26 册，第 527 页。
③ 《云笈七签》，《道藏》第 22 册，第 544 页。
④ 《黄帝九鼎神丹经诀》，《道藏》第 18 册，第 814 页。
⑤ 《黄帝九鼎神丹经诀》，《道藏》第 18 册，第 814 页。
⑥ 何宁：《淮南子集释》，中华书局，1998，第 477~479 页。

处，勿说服药也”①。

（二）亥子日

《至言总》有：“服神药勿北向，亥子日勿服药。”②

《至言总》是唐代的经书。更早成书的《真诰》有类似的内容：“沈羲口诀：服神药，勿向北方，大忌。亥子日不可唾，亡精失气，减损年命，药势如土。”③ 故我们在上清派的禁忌内容基础上重点分析此禁忌。

亥、子五行属水。丹经中亥子之间是为“阴极”：“盖所谓虚危者，亥子之间阴极阳生之时也。”④ 上文提到，服丹应该在晴天，亦取阳之意。故亥子之间是阴极之时，不符合服丹原则。

综上可见，服丹的两条禁忌均选择属性为阳的日子，而避开属性为阴的日子。“天阴、雪寒、风雨、大露”等气候属阴，亥子日属阴，都属于服丹的禁忌时日。

另外，有一类禁忌也是服药禁忌，但主要是治病之药，而非金丹大药。比如《孙真人备急千金要方》：“戊午、甲午，此二日大忌刺出血，服药针灸皆凶。”⑤ 又如“治病服药针灸法诀：凡针灸服药，皆须审知病人生年月日，推其行年游宫生气绝命讫，乃处断之。旧法：男避除，女避破。又男忌戊，女忌己”⑥。服治病之药与金丹大药的禁忌内容和方法均有区别，故此类禁忌不在我们讨论之列。

早期金丹派时日禁忌的内容包括入山、采药、作炉、固济、作丹、服丹等多方面的禁忌，可见金丹派时日禁忌众多，并且涉及面广。

---

① 《太上灵宝五符序》，《道藏》第6册，第331页。

② 《至言总》，《道藏》第22册，第860页。

③ 〔日〕吉川忠夫、麦谷邦夫编《真诰校注》，朱越利译，中国社会科学出版社，2006，第340页。

④ 《周易参同契发挥》，《道藏》第20册，第247页。

⑤ 《孙真人备急千金要方》，《道藏》第26册，第577页。

⑥ （唐）孙思邈著，李景荣等校释《千金翼方校释》，人民卫生出版社，1998，第436页。

第二节　早期金丹派对待时间选择的态度

早期金丹派对时日禁忌的态度，我们主要通过《抱朴子内篇》、《黄帝九鼎神丹经诀》和《周易参同契》等有代表性的道经进行分析。

一　重视时日选择

（一）时间选择具有必要性

《抱朴子内篇》有："抱朴子曰：'天地之情状，阴阳之吉凶，茫茫乎其亦难详也，吾亦不必谓之有，又亦不敢保其无也……'"[①] 在这段话中，葛洪对于择日以求吉凶持一种存疑的态度，既不肯定，也不否定。但接下来，他举了"自古以来则有择日"来说明他的态度："然黄帝、太公皆所信仗，近代达者严君平、司马迁皆所据用，而经传有治历明时刚柔之日。古言曰，吉日惟戊。有自来矣。王者立太史之官，封拜置立，有事宗庙，郊祀天地，皆择良辰；而近才庸夫，自许脱俗，举动所为，耻拣善日，不亦戆愚哉？"[②] 通过举出黄帝、太公、严君平、司马迁等先贤都曾采用吉日，说明自古有择吉日的传统。帝王有重要的事情也要择良辰。他直接表明自己的观点：耻于择日的行为是愚蠢的。可见，葛洪认为时日选择有必要。

（二）择月重于择日

《黄帝九鼎神丹经诀》有："凡入山，当择四时王相，支干相生之日，吉也。又依遁甲良时，佳也。又当择其月中吉日佳时也。若至急不得徐待吉日，要须此月者，但少选日时。"[③] 即入山当择日择时。

① 王明：《抱朴子内篇校释》，中华书局，1985，第 301 页。

② 王明：《抱朴子内篇校释》，中华书局，1985，第 301 页。

③ 《黄帝九鼎神丹经诀》，《道藏》第 18 册，第 805~806 页。

然而在一些紧急的情况必须入山，无法完全按照吉日吉时入山，也必须首先考虑入山的岁月忌。即“东岳岁月忌，不可以甲乙、寅卯之岁，正月、二月入……”①。即使因紧急情况不能保证年、月、日、时，也要在一定程度上择吉，即通过避岁月忌等达到时间选择的目的。

（三）得《三皇文》之法可不择日

《抱朴子内篇》有：

> 其经曰，家有《三皇文》，辟邪恶鬼、温疫气、横殃飞祸……道士欲求长生，持此书入山，辟虎狼山精，五毒百邪，皆不敢近人。可以涉江海，却蛟龙，止风波。得其法，可以变化起工。不问地择日，家无殃咎。②

此书是指《三皇文》。陈国符先生的考证：“《三皇文》，三国帛和所得者为最古。又郑隐以授葛洪，其师授今不可考。至晋鲍靓所传，云于嵩山石室中得之，亦以传葛洪。《三皇文》即《三皇经》，后人增其他道经及斋仪，编成《洞神经》。”③ 早期金丹派十分重视《三皇文》。《抱朴子内篇》有葛洪引其师对《三皇内文》的评价：“余闻郑君言，道书之重者，莫过于《三皇内文》《五岳真形图》也。古者仙官至人，尊秘此道，非有仙名者，不可授也。”④ 由此可见，《三皇文》属于十分重要的道书，传授至秘，能得其法者少之又少。葛洪认为得《三皇文》之法，可以不用问地择日。因此，绝大部分的人均须重视择日。

---

① 《黄帝九鼎神丹经诀》，《道藏》第18册，第806页。

② 王明：《抱朴子内篇校释》，中华书局，1985，第336页。

③ 陈国符：《道藏源流考》，中华书局，1963，第71页。

④ 王明：《抱朴子内篇校释》，中华书局，1985，第336页。

二　吉凶观

（一）吉凶可知

早期金丹派认为，人可以通过多种方法预知吉凶。

1. 召神问吉凶

《抱朴子内篇》有以《三皇文》召神问吉凶："又此文先洁斋百日，乃可以召天神司命，及太岁日游五岳四渎，社庙之神，皆见形如人，可问以吉凶安危，及病者之祸祟所由也。"[①]《黄帝九鼎神丹经诀》亦有此段文字。

《抱朴子内篇·杂应》有："或以三皇天文，召司命司危五岳之君，阡陌亭长六丁之灵，皆使人见之，而对问以诸事，则吉凶昭然，若存诸掌，无远近幽深，咸可先知也。或召六阴玉女，其法六十日而成，成则长可役使。或祭致八史，八史者，八卦之精也，亦足以预识未形矣。或服葛花及秋芒麻勃刀圭方寸匕，忽然如欲卧，而闻人语之以所不决之事，吉凶立定也。或用明镜九寸以上自照，有所思存，七日七夕则见神仙，或男或女，或老或少，一示之后，心中自知千里之外，方来之事也。"[②]

由此可见，天神、司命、司危、太岁、日游、五岳、四渎、社庙、阡陌亭长六丁、六阴、八史均有其神，诸神有形，他们知道吉凶安危和病者的祸祟，并可告知世人。

这种方法可以召神来问吉凶，但是道人并不能亲自预知事情的吉凶。

2. 服丹可见千里之外吉凶

早期金丹派最重视炼丹，认为服丹有诸多益处，其中一种是能坐见千里之外的吉凶。

---

① 王明：《抱朴子内篇校释》，中华书局，1985，第337页。

② 王明：《抱朴子内篇校释》，中华书局，1985，第272~273页。

《抱朴子内篇》有预测吉凶之法："欲隐形及先知未然方来之事，及住年不老，服黄丹一刀圭，即便长生不老矣。及坐见千里之外，吉凶皆知，如在目前也。人生宿命，盛衰寿夭，富贵贫贱，皆知之也，其法俱在《太清经》中卷耳。"①

道教其他派别亦有预测吉凶之法，因早期金丹派最重炼丹，故特别突出炼丹可以预测吉凶。

3. 用下术预测吉凶者未必有道

早期金丹派认为，很多方式可以预测吉凶，但未必是大道。《抱朴子内篇》以问答的方式表明葛洪的观点：

> 或问："将来吉凶，安危去就，知之可全身，为有道乎？"抱朴子曰："仰观天文，俯察地理，占风气，布筹算，推三棋，步九宫，检八卦，考飞伏之所集，诊訞讹于物类，占休咎于龟策，皆下术常伎，疲劳而难恃。若乃不出帷幕而见天下，乃为入神矣。"②

以上所列方术包括风角、星算、三棋、九宫、八卦、龟策等，均可以占卜吉凶，但是葛洪认为这些方术均属下术常伎，"疲劳而难恃"，并未达到入神的程度。葛洪认为要达到"不出帷幕而见天下"才是入神。

（二）吉凶受人自身和子孙影响

道教历来讲究秘传。法国汉学家葛兰言观察到："道教哲学家们的教授方式是神秘主义的秘传，他们在陌生人面前总是缄口不语，而对于他们自己的弟子，他们重视的是对道的领悟。"③ 道教各种道术

① 王明：《抱朴子内篇校释》，中华书局，1985，第 78 页。
② 王明：《抱朴子内篇校释》，中华书局，1985，第 272 页。
③ 〔法〕葛兰言：《中国人的信仰》，汪润译，哈尔滨出版社，2012，第 102 页。

都讲求秘传，其中丹道又尤其注重保密。

《抱朴子内篇》："凡人唯知美食好衣，声色富贵而已，恣心尽欲，奄忽终殁之徒，慎无以神丹告之，令其笑道谤真。传丹经不得其人，身必不吉。"[①] 主张传丹经要慎重，不能传给贪图享受之人，若所传非人，会给自己带来不吉。

《龙虎中丹诀》认为所传非人，不仅会给自身带来不吉，还会罪及祖先。"得人授之者，法先斋心洁身，上闻上天，置生死二字于净器中，探得生字则天意大同，然后镌金石，誓契刺血，书丹经，付口诀，咒印法式。若非其人，天意不同，妄授者罪及九祖。秘之！慎之！无忘天诫。"[②] 如何知道是否其人呢？上文提到以抽字的方式得知天意。判定某人是其人比较困难，但要判定某人非所传之人就比较简单，如道德品质不高者不能传授。《黄石公素书》："不许传于不道、不神、不圣、不贤之人；若非其人，必受其殃；得人不传，亦受其殃。"虽《黄石公素书》非丹经，但不传道的原则也和炼丹一样。又如口是心非不能传，亦不能传道。《黄帝九鼎神丹经诀》有程伟之妻受到程伟百般逼迫，仍坚持不传道于口是心非之人：

> 又按：昔汉黄门侍郎程伟，好黄白术，娶妻，妻乃知方之妙也。伟方扇炭烧火，筒中有水银。伟按《枕中鸿宝》，作金不成。妻曰：吾欲试作之一两，乃出其囊中药，少少投之，食顷发之成银。伟大惊曰：道近汝处也。而不早告我，何哉？妻曰：得之须有命者。伟设百计逼之，欲取其法。妻曰告伟言，道而合传，虽道路相逢付之。若非其人，口是心非者，虽寸断支解，犹不出也。伟复威胁不已，妻乃发狂裸走，以泥自涂，遂卒，死以化去。[③]

---

① 王明：《抱朴子内篇校释》，中华书局，1985，第 76 页。

② 《龙虎中丹诀》，《道藏》第 4 册，第 321 页。

③ 《黄帝九鼎神丹经诀》，《道藏》第 18 册，第 826 页。

从“妄授者罪及九祖”可见早期金丹派认为，吉凶受人自身的行为所影响，也受到子孙后代的行为影响。

（三）顺时则吉

早期金丹派十分重视把握时间。金丹修炼法象自然。《周易参同契》大量内容强调顺时则吉。《周易参同契》认为“赏罚应春秋，昏明顺寒暑”。阴真人注曰：“春生万物，如天之行赏；秋杀百草，如天之行罚。火气行，则金水冲融，是春也。水气行，而金水凝结，是秋也。虽昼夜用，而不违寒暑。寒则以文，暑则以武，以顺其时，不违天道。”①

早期金丹派在入山、采药、合药、服药等各方面都非常注重时间的选择。特别是在合药的过程中，重视火候的把握。把握火候，包括控制火的时间和温度等，比如何时进火，何时退火，何时用文火，何时用武火等。《周易参同契》有“发号顺时令，勿失爻动时”。阴真人认为起火时间为冬至后：“冬至后，一阳爻动于黄泉之下。此时起火，可谓顺时宜也。”②《周易参同契》强调用火得当适时：“爻象内动，吉凶始起。”阴真人注为：“夫列卦者，爻象也。爻象动乎内，吉凶见乎外。谓金水取准于爻象焉。吉者，金能留水。凶者，谓水逃亡。二者之中，在于水火，少失时候，凶其降之。”③

《周易参同契》认为除乾、坤、坎、离外，六十卦分别对应不同的时间，顺之则吉：“君子居其室，出其言善者，千里之外应之。喻金公处神室，为万乘之主，处九重之室，发号出政，顺阴阳节令，藏

① 长生阴真人注《周易参同契》，（东汉）魏伯阳著，（宋）朱熹等注《周易参同契集释》，中央编译出版社，2015，第6~7页。

② 长生阴真人注《周易参同契》，（东汉）魏伯阳著，（宋）朱熹等注《周易参同契集释》，中央编译出版社，2015，第16页。

③ 长生阴真人注《周易参同契》，（东汉）魏伯阳著，（宋）朱熹等注《周易参同契集释》，中央编译出版社，2015，第17~18页。

器俟时，勿违卦日。屯以申子，蒙用寅戌。余六十卦，各自有日。聊陈两象，未能究悉。当仁施德，立义刑设。逆之者凶，顺之者吉。”①若是在时间把握上有丝毫差错，则会导致金丹不成，甚至生出灾害。阴真人注“按历法令，至诚专密。谨候日月，审察消息。纤介不正，悔吝为贼”为“《系辞》曰：吉、凶、悔、吝，生乎动。动，有火也。火气既动，审明消息。消息无方，悔吝生矣。若日辰过刻，纤介有差，则金水不凝，而生灾害也”②。

顺时则吉是道教的一个普遍观念。在重视炼丹的早期金丹派中，这一观念主要体现在金丹制作过程中的时间把握。

第三节　早期金丹派时日禁忌的特点

早期金丹派时日禁忌的特点有：内容包含大量的秦汉时期禁忌，具有明显的时代特征；时日禁忌包含大量的天象禁忌，符合炼丹活动的实际需要；禁忌多崇阳忌阴；与中医禁忌重合度高。

一　内容包含大量的秦汉时期禁忌

早期金丹派时日禁忌包含大量秦汉时期的民间禁忌，比如反支、天李、八魁、往亡、上朔。这与早期金丹派产生的时代相关。

早期金丹派通过炼金丹的方式来追求长生不死。这一行为源于对死亡的恐惧。按陈国符先生的考证，炼丹术“可溯源至战国时代燕齐方士之神仙传说与求神仙仙药；盖战国时代先有神仙传说与求神仙

---

① 长生阴真人注《周易参同契》，（东汉）魏伯阳著，（宋）朱熹等注《周易参同契集释》，中央编译出版社，2015，第35页。

② 长生阴真人注《周易参同契》，（东汉）魏伯阳著，（宋）朱熹等注《周易参同契集释》，中央编译出版社，2015，第36页。

奇药，及前汉始有金丹术与黄白术之发端也”①。早在战国时期，我国就有很多神仙传说和求仙活动。齐威王、齐宣王和燕昭王都曾派人去寻找仙药。秦始皇频繁派人求仙的活动受人瞩目，《史记·秦始皇本纪》有：“遣徐市发童男女数千人，入海求仙人。”② “三十二年，始皇之碣石，使燕人卢生求羡门、高誓。”③ “因使韩终、侯公、石生求仙人不死之药。”④

史书记载最早的炼丹活动在西汉时期。韩吉绍教授指出，西汉炼丹有南北两系，北方一系以齐、燕为中心，以李少君、李少翁、栾大等人为代表。南方一系以楚地为中心，以淮南王刘安为代表。⑤ 道教中最早的丹经出现在西汉末东汉初。《黄帝九鼎神丹经》就是其中的一种。

秦汉时期，禁忌文化盛行。几乎各个领域都有相应的禁忌。《论衡》称“俗有大讳四”。包括“讳西宜宅”、“讳被刑为徒，不上丘墓”、“讳妇人乳子”和“讳举正月、五月子”。禁忌繁多，王充总结为：“世俗信祸祟，以为人之疾病死亡，及更患被罪，戮辱欢笑，皆有所犯。起功、移徙、祭祀、丧葬、行作、入官、嫁娶，不择吉日，不避岁、月，触鬼逢神，忌时相害。故发病生祸，絓法入罪，至于死亡，殚家灭门，皆不重慎，犯触忌讳之所致也。如实论之，乃妄言也。”⑥ 王充对“世俗信祸祟”持批判态度，但由上文可知时人对禁忌的态度，即若不择吉日，不避岁月会导致病祸发生、犯罪、个人死亡，甚至全家灭门。

---

① 陈国符：《道藏源流考》，中华书局，1963，第371页。

② （汉）司马迁撰，（南朝宋）裴骃集解，（唐）司马贞索隐，（唐）张守节正义《史记》，中华书局，2013，第313页。

③ （汉）司马迁撰，（南朝宋）裴骃集解，（唐）司马贞索隐，（唐）张守节正义《史记》，中华书局，2013，第318页。

④ （汉）司马迁撰，（南朝宋）裴骃集解，（唐）司马贞索隐，（唐）张守节正义《史记》，中华书局，2013，第319页。

⑤ 韩吉绍：《论西汉的炼丹术》，《自然科学史研究》2009年第3期。

⑥ 黄晖：《论衡校释》，中华书局，1990，第1008页。

产生于秦汉时期的炼丹术受到秦汉时期禁忌文化影响很大，具有明显的时代特征。在前文中，我们看到有大量直接来自秦汉时期的民间禁忌。可见早期金丹派时日禁忌具有时代特征，反映了秦汉文化，并通过丹经代代相传。

二　天象类禁忌较其他教派多

早期金丹派时日禁忌的第二个特征是，天象禁忌内容较多。如前文所举《天皇太一神律避秽经》所列举的作丹的十二种禁忌，其中一半都是与天象相关的禁忌。选择服药时间的其中一个标准是以晴天为佳，避免其他天气。还有月相的晦、朔、望等亦属天象禁忌。

金丹派较之其他教派更加注重天象禁忌，有两个原因：一是出于炼丹活动的实际需要，二是异常天象的象征意义。

和道教其他活动相比，炼丹活动具有特殊性。炼制金丹在很大程度上要依赖自然条件。因为炼制金丹要入山采药、作丹等，名山大川中虎狼众多，毒蛇遍布，虽道士用符来对付虎狼毒蛇，但事实上并没有消除危险。入山遇上雷电、暴雨、地震等异常天象，就更加危险。所以出于炼丹活动的实际，金丹派对于天象类的禁忌特别留意。

一般认为，中国古代的天象包括两类：一类是星象，即日、月、星等，一类是云气、风、雷等。陈敏学博士指出，前者对应现代天文学意义上的天体/星象，后者对应现代气象学意义上的气象，古代合称“星气”。[①] 大部分异常天象在中国古代文化中被认为是不祥之兆。或从天人感应的角度，“把异常天象的产生归因于人事而又不借助于有意志的天或神的干预”；或从天谴式的解释，认为灾变是对人君的

① 陈敏学：《秦汉政治视野下的天象解说》，中央民族大学博士学位论文，2017。

谴告；或从天道自然式的解释，认为异常天象是自然自身的变化。[①] 天人感应和天谴式的解释是主流。所以，一般情况下都将异常天象看作不祥的象征。丹药的炼制取象于天地的生化，所以选择时日比较重视天象禁忌。

两种原因中，出于炼丹实际需要是最直接的原因。

三 时日选择尚阳忌阴

通过上文的分析，我们看到早期金丹派选择时日尚阳忌阴。比如“天阴、雪寒、风雨、大露”等气候属阴，亥子日等地支属阴，为禁忌服药的日子。

“阴阳”是道教中最为重要的一对概念。阴阳的变化导致万物的生化。阴阳缺一不可，阴阳所表征的意义完全不同：“天体是由那具有阴阳两性的宇宙灵魂所给的生气。像太阳（日）是代表普遍的、积极的、有活力的原理——和道家的‘道’字功用相同。同例‘太阴’（月）是代表相反的、消极的、静止的原理。”[②]《周易参同契》阴真人注释“爻辞有仁义，随时发喜怒”为：“爻者，昼也。仁义者，阴阳也。谓卦六画之内，有阴阳，阳则生物，故称仁；阴则成物，故称义。在阳则舒，故喜；在阴则惨，故怒。”[③] 阳通常代表积极的意义，炼丹家在炼丹时偏好阳以及代表阳的事物，有学者提出：“我国古代医学认为，阳气有益于人的健康，阳所代表的天，上升的力量也使炼丹家们相信阳有助于他们升天成仙，而红色的丹砂又刚好是属阳的，恰好可以完美地满

---

① 徐凤先：《中国古代的异常天象观》，《自然科学史研究》1994 年第 3 期。

② 〔美〕约翰生：《中国炼丹术考》，黄素封译，上海文艺出版社，1992，第 91 页。

③ 长生阴真人注《周易参同契》，（东汉）魏伯阳著，（宋）朱熹等注《周易参同契集释》，中央编译出版社，2015，第 7 页。

足方术们的目的。”[1]

古代文化认为丹属阳。汉代《论衡》：“鬼者，太阳之妖也。微者，疾谓之边，其治用蜜与丹。蜜、丹阳物，以类治之也。”[2] 王充不是医家也不是道士，他所记的“蜜、丹阳物”应该是知识界常识。《龙虎经注疏》：“所谓丹之变化者，丹砂变为水银，乃阳返阴也；水银复变为丹砂，乃阴返阳也。方号纯阳之丹，而人服之，决得长生。”[3] 内丹亦被看作纯阳。道教界认为内丹有成时是一种“纯阳”的境界，当代道士任法融对此有一段描述：“修炼丹道到有成就之后，人的精气与形神凝聚为一，到此境界，其情景似一个红太阳，故称‘朱’。到此境地，入水不溺，入火不焚，称为‘纯阳’。”[4] 内丹、外丹均被认为是纯阳，人服之或得之可以长生。

道教时日禁忌也显示了道教炼丹崇阳忌阴的特点。

四　与中医禁忌重合度高

炼丹和医学的关系十分紧密。古代炼丹家多为医家，如葛洪、陶弘景、孙思邈等人。学者认为，早期金丹派服食的基础观念“假求于外物以自坚固”源于古代医学实践。[5] 外丹对于古代医学的影响十分深远，很多学者承认外丹与古代医学有着非常密切的关系，甚至有学者提出“外丹是中医药最精华构成成分”[6]。古代很多医学类的书籍都有外丹的内容。

---

① 张刚峰：《中国古代炼丹术中的丹砂与阴阳》，《世界宗教研究》1995 年第 1 期。

② 黄晖：《论衡校释》，中华书局，1990，第 951 页。

③ 《古文龙虎经注疏》，《道藏》第 20 册，第 40 页。

④ 梁库望主编《玉清至正道宗楼观——一代大师任法融》，三秦出版社，2015，第 154 页。

⑤ 马宗军：《〈周易参同契〉研究》，齐鲁书社，2013，第 307 页。

⑥ 何振中等：《外丹临床运用的现状与展望》，柳长华主编《医道贯珠——中国中医科学院首届中医药文化论坛论文集》，中医古籍出版社，2014，第 273 页。

从时日禁忌方面来看，早期金丹派很多禁忌与中医时日禁忌相重合。特别是合药、服药禁忌。金丹大药和治病之药均称为“药”，并且在制作程序上几乎完全相同，都包括入山采药、合药和服药等方面，故两者有很高的重合度。

综上，我们看到早期金丹派的特点，包括四个方面。一是包含多种秦汉禁忌，因为炼丹之术和早期丹经均始于秦汉时期。二是天象禁忌较多，主要因为炼丹活动对自然条件的严格要求。三是时间选择崇阳忌阴，炼丹之术的目标是炼出纯阳之丹。四是早期金丹派时日禁忌内容多和中医禁忌相重合。

第四章　上清派时日禁忌

上清派是产生于魏晋时期的道派。该派因奉持《上清经》而得名。该派声称上清经来自已故女祭酒魏华存夫人，魏华存被奉为上清派第一代宗师。学界认为，魏华存生活的时代已有部分上清经流行。实际上，大部分上清经可能是东晋时期的"好道者"通过扶乱的方式制造出来的。最先参与造经的著名人物有杨羲、许谧、许翙。陶弘景在梳理道经时言："伏寻上清真经出世之源，始于晋哀帝兴宁二年太岁甲子，紫虚元君上真司命南岳魏夫人下降，授弟子琅琊王司徒公府舍人杨某，使作隶字写出，以传护军长史句容许某，并弟三息上计掾某某。二许又更起写，修行得道。"① 可见，声称是魏夫人口授的道经实际由杨羲、许谧、许翙写出，陶弘景应该亲见过三人的手迹，他本人精于书法，还比较过三人书写的差异："三君手迹，杨君书最工，不今不古，能大能细……掾书乃是学杨，而字体劲利，偏善写经画符，……长史章草乃能，而正书古拙，符又不巧，故不写经也。"② 故"一杨二许"是上清派的实际开创者。

《上清经》有两次造经运动，一次是东晋早期"一杨二许"。第二次是在东晋晚期，以王灵期为主要代表。这一次造经，据陶弘景述

① （南朝梁）陶弘景：《真诰》，《道藏》第20册，第603页。

② （南朝梁）陶弘景：《真诰》，《道藏》第20册，第602页。

有两个原因，一是因为“上经已往往舛杂”，二是因为受到《灵宝经》造经运动的刺激。[①]

上清派在六朝时期影响较大。陶弘景是该派的著名道士，《南史》有“陶弘景传”，称“国家每有吉凶征讨大事，无不前以咨询，月中常有数信，时人谓为‘山中宰相’”[②]。陶弘景在茅山隐居，自号“华阳隐居”，收徒授法，影响甚大，上清派的中心逐渐移至茅山。上清派又被称作“茅山宗”。唐代颜真卿《茅山玄靖先生广陵李君碑铭（并序）》称“茅山为天下道学之所宗”，柳识《唐茅山紫阳观玄静先生碑》称“道门华阳，亦儒门洙泗”（《茅山志》卷二十三）。“洙泗”是儒家创始人孔子讲学之地，将茅山与之相提并论，可见茅山在道教中的地位。日本学者小林正美认为，由于南朝天师道信奉三洞四辅十二类的所有道书，促进了各道流道书整合，在他看来，“南朝时天师道以外只有上清派尚且存在”。[③] 可见，上清派在当时的影响较大。

上清派的创教者和信仰者主要是具有较高文化修养的江南士族文人。因此，在修炼方式上，上清派更加注重存神服气等个人修炼。

第一节　上清派时日禁忌内容

上清派的主要经典包括《上清大洞真经》、《黄庭经》、《真诰》和《上清九真中经内诀》等。《上清大洞真经》是上清派早期的经典，也是最重要的上清经。上清派认为此经为上清诸经之首。在众多修炼术当中，读诵理解《上清大洞真经》是最为直接的一种方式。

---

① （南朝梁）陶弘景:《真诰》,《道藏》第 20 册，第 604~605 页。

② （唐）李延寿:《南史》，《影印文渊阁四库全书》第 265 册，台湾商务印书馆，1986，第 1084 页。

③ 〔日〕小林正美:《中国的道教》，王皓月译，齐鲁书社，2010，第 196 页。

《真诰》有："君曰：'食草木之药，不知房中之法及行炁、导引，服药无益也，终不得道。若至志感灵，所存必至者，亦不须草药之益也。若但知行房中、导引、行炁，不知神丹之法，亦不得仙也。若得金汋神丹，不须其他术也，立便仙矣。若得《大洞真经》者，复不须金丹之道也，读之万过，毕便仙也。'"[①] 然而，《上清大洞真经》的内容是关于存思术的修炼方法，要求修炼者应该如何做，没有直接提出禁止时间，故没有时日禁忌的内容。

上清派著名高道陶弘景著作等身，据学者统计，陶弘景在世所著书共有一百六十一卷。[②] 其中影响较大的有《真诰》《登真隐诀》《养性延命录》《华阳陶隐居集》，学界一般认为《真诰》在上清经派中的地位更加重要，[③] 理由是《真诰》较之陶弘景其他作品，更能反映上清经的教义理论和修炼法术。但是就时日禁忌而言，《登真隐诀》和《养性延命录》都包含许多时日禁忌。故我们在分析上清派时日禁忌时，既用《真诰》，又用《登真隐诀》和《养性延命录》。由于这几种经典都出自陶弘景之手，故内容有所重复。上清派的经典浩繁，我们只能择取几种与道教时日禁忌联系紧密的道经来考察。

一　《真诰》所见时日禁忌

《真诰》由陶弘景整理，其中包含"一杨二许"三君手书。"三君"为上清派的实际创始人，陶弘景为上清派的代表人物。故《真诰》是上清派极有代表性的经典。

《真诰》的时日禁忌涉及以下几个方面。

---

① 〔日〕吉川忠夫、麦谷邦夫编《真诰校注》，朱越利译，中国社会科学出版社，2006，第 184 页。

② 钟来因：《长生不死的探求——道经〈真诰〉之谜》，文汇出版社，1992，第 26 页。

③ 钟来因持此说，见《长生不死的探求——道经〈真诰〉之谜》，文汇出版社，1992，第 33 页。宇汝松从此说，见《六朝道教上清派研究》，山东文艺出版社，2009，第 78 页。

（一）天人大忌：八节日不可以忿争喜怒及行威刑

《真诰》曰：

> 又八节之日，皆当斋盛谋诸善事，以营于道之方也。慎不可以其日忿争喜怒及行威刑，皆天人大忌，为重罪也。①

八节日是指节气中的二分二至和四立，即立春、春分、立夏、夏至、立秋、秋分、立冬、冬至。八节是每个季节中的第一个节气和中间的节气。历法颇重视八节。《左传》以“分、至、启、闭”名八节。“分”即春分、秋分，“至”是夏至、冬至，“启”是立春、立夏，“闭”是立秋、立冬。可见，八节是气的变化的关键节点。

《真诰》中八节禁忌并非突然出现在东晋。事实上，更早时期的文献已存在八节禁忌。《黄帝内经》是中国最早的医书，其成书时间大约在战国到秦汉之间。《黄帝内经》将“八节”称为“八正”，禁忌八节针刺和灸治：“岐伯曰：凡刺之法，必候日月星辰、四时八正之气。气定乃刺之。”② 古代认为寒来暑往、四季更替的原因在于天地间气的变化。《黄帝内经》认为人体内气的变化和天地间气的变化规律相一致，可以被观测。《黄帝内经素问补注释文》中引《灵枢经》曰：“水下一刻，人气在太阳；水下二刻，人气在少阳；水下三刻，人气在阳明；水下四刻，人气在阴分。水下不止，气行亦尔。”③用古代的计时工具水漏刻来观察，随着时间的流逝，漏壶中的浮箭下降，人体内之气也不断变动。气的运动有关键的时间节点，八节就是关键节点。八节前后是阴阳二气变动最激烈的时候，此时针刺和灸治

---

① 〔日〕吉川忠夫、麦谷邦夫编《真诰校注》，朱越利译，中国社会科学出版社，2006，第 334 页。

② 《黄帝内经素问补注释文 · 卷十九》，《道藏》第 21 册，第 112~113 页。

③ 《黄帝内经素问补注释文 · 卷十九》，《道藏》第 21 册，第 113 页。

恐对人体有损伤。等到人体内气静定之时，方可针刺，调理虚实。《黄帝内经素问补注释文》引《历忌》曰："八节前后各五日，不可刺灸，凶。"①

《太上大道玉清经》引《八节宝经》阐释了八节时气的具体变化：

> 大悲天尊《八节宝经》曰："立春之日，温气始生。云宫开东北之门，三司进朝，以定善恶。春分之日，和气始成。云宫开正东之门，三司进朝，以定善恶。立夏之日，暄气始生。云宫开东南之门，三司进朝，以定善恶。夏至之日，炎气始成。云宫开正南之门，三司进朝，以定善恶。立秋之日，清气始生。云宫开西南之门，三司进朝，以定善恶。秋分之日，凉气始成。云宫开正西之门，百神俱朝，议定罪福生死簿录。功过进退，纤尘显露。众真大镂，百神受事，功过毫分，无不上达。立冬之息（日），严气始生。云宫开西北之门，三司进朝，以定善恶。冬至之日，凝气始成。云宫开正北之门，三司进朝，以定善恶。"天尊告当来学真之士：修吾八节之道，立功修行，身不履非，志不邪游。常当斋戒，以求升度。严其始终，供赡所须。丹志勤勤，恒始救燔；拳拳不怠，动息无忘。②

朱越利先生《道藏提要》认为《太上大道玉清经》是六朝上清派道经。丁培仁先生认为该经形成于隋唐之间，作者似为正一道中人。日本学者山田俊认为该经至早也是唐初以后形成的。③《太上大道玉清经》区分了八种不同的气，从立春开始依次是：温气、和气、暄气、炎气、清气、凉气、严气和凝气。从立春开始，云宫依次开八

① 《黄帝内经素问补注释文・卷十九》，《道藏》第21册，第113页。

② 《太上大道玉清经》，《道藏》第33册，第326页。

③ 丁培仁：《增注新修道藏目录》，巴蜀书社，2008，第113页。

方之门：东北、正东、东南、正南、西南、正西、西北、正北。八节之中，秋分是“百神俱朝，议定罪福生死簿录”的时候，其余各节为“三司进朝”定善恶之时。

即便学者对《太上大道玉清经》所属道派仍有着分歧，但《上清洞真解过诀》是上清派的经书几乎没有异议。《上清洞真解过诀》更加具体地描述了八节时众仙真的活动，修道之人应该根据仙真的活动进行礼拜、陈罪等：

> 清灵真人裴君曰：太极真人常以立春日日中时，会仙人于太极宫，刻玉简，记仙名。常以其夕夜半时，正北向，仰视北极，再拜顿首，陈己罪多少之数，求解释之意。毕，复再拜乃止。
>
> 至春分之日，日中之时，昆仑瑶台太素真人会诸仙官，定真经。
>
> 至立夏之日，日中之时，上清五帝会诸仙人于紫微宫，见四真人，论求道之功罪。
>
> 至夏至之日，日中，天上三官会于司命、河侯，校定万民罪福，增年减算。
>
> 至立秋之日，日中，五岳诸真人诣中央黄老君于黄房云庭山，会仙官于日中，定天下神图灵药。
>
> 至秋分之日，日中之时，上皇太帝乃登上清灵阙太微之馆，会太上三老君、北极诸真公、八海大神、五岳尊灵、仙官万万，共集议天下万兆之罪福，记学道之勤懈，一二条列，付之司命。
>
> 至立冬之日，日中，阳台真人会诸仙官玉女，新定得道始入仙名录籍。
>
> 至冬至之日，日中，天真众仙皆诣方诸东华太宫，诣东海青童君，刻定众仙籍金书内字。
>
> 常以八节夕、夜半、日中，谢七世祖、父母罪，及自身中罪

过，过名自除也。久行之，神仙不死。夫秋分、春分日，太上神真观议万仙，自非真正者，不可轻用其日谢罪也。众真仙官，以八节日日中共会集，凡三日乃解。欲修道者，当先斋戒，勿失之也。[①]

八节是众多仙真集会并处理人间功过和求仙方面问题的时候，因此是吉庆的日子，故《云笈七签》曰："凡八节之日，是上天八会大庆之日也。"[②]

因为八节是盛大的庆祝之日，故上清派认为八节应该斋戒，不能忿争、喜怒和行威刑。因八节是上天大庆之日，人的行为应该和上天一致，故吉日不能忿争、行威刑，反映了天人感应的思想。古代"秋后问斩"也是此意。

八节不能忿争、喜怒也因为斋戒的缘故。人类学家李亦园先生指出岁时节日的目的是"希望借节日的庆典，使一年的各阶段顺利通过"，节日中常有斋戒，"这种禁食荤腥，遵守禁忌的斋戒期"的特点是"企图用一段'空白'期作为隔离，以便把过去的时间与即将来临的新阶段隔开来"[③]。节日期间的斋戒有众多禁忌，都是为了确保顺利隔离过去和未来。斋戒须严肃，在严肃的场合出现忿争和喜怒显然不合时宜。道家道教共同尊崇的经典——《庄子》认为"喜怒不忘"是不好的行为。首先，喜怒是道的罪过。《庄子·刻意篇》曰："悲乐者，德之邪；喜怒者，道之过；好恶者，德之失。"[④] 成玄英疏"称心则喜，乖情则怒，喜怒不忘，是道之罪过"[⑤]。其次，喜

① 《上清洞真解过诀》，《道藏》第6册，第633页。
② （宋）张君房编《云笈七签》，中华书局，2003，第812页。
③ 李亦园：《文化与修养》，广西师范大学出版社，2004，第182页。
④ （清）郭庆藩辑，王孝鱼整理《庄子集释》，中华书局，2004，第542页。
⑤ （清）郭庆藩辑，王孝鱼整理《庄子集释》，中华书局，2004，第542页。

怒是德的患累。《庄子·庚桑楚篇》曰："恶欲喜怒哀乐六者，累德也。"[①] 如果想成为"得至美而游乎至乐"的至人，就要"喜怒哀乐不入于胸次"[②]。《庄子》认为斋戒不是外在行为的"不饮酒不茹荤"，而应当是"心斋"。他借孔子之口说出道家的"心斋"的真义："回曰：'敢问心斋。'仲尼曰：'若一志，无听之以耳而听之以心，无听之以心而听之以气！听止于耳，心止于符。气也者，虚而待物者也。唯道集虚。虚者，心斋也。'"[③] 心斋是要达到虚心，使心灵不为外物所动。忿争和喜怒的行为，是心灵不宁静的表现。坚持己见，不容他声，才有忿争；称心则喜，乖情则怒，才有喜怒。若心境处于"其寝不梦，其觉不忧，其食不甘，其息深深"的状态，自然不会有忿争和喜怒。道教认为喜怒是"不达违顺"。题名为顾欢的《道德真经注疏》有"世人不达违顺，妄生喜怒，闻唯则喜，闻阿则嗔，不知唯、阿两声同出一口，相去非远"[④]。

八节禁忌在上清派看来非常重要，并将它称为"天人大忌"。上清派希望修道者在任何情况下都严守"天人大忌"，即便在山中修道，不知人间历日，也要使用固定的日期作为八节。《上清金阙帝君五斗三一图诀》曰："道士志学，山林隐静，久遁岩室，远绝人间，为之者益精，而神速至也。必如此者，多不知推算历度分数，作历日也。不知历日之道，则二十四气、八节之日，永不可得知也。复不能年年出人间，寻问求写，亦是学士之一疑也。今请按《北帝自然之经》法云：'用正月三日当立春，二月十五日当春分，四月一日当立夏，五月十六日当夏至，七月七日当立秋，八月十二日当秋分，十月五日当立冬，十一月十一日当冬至。山林之士，当用此法也。若晓外历日之八节，自宜按之。历之八节，盖

① （清）郭庆藩辑，王孝鱼整理《庄子集释》，中华书局，2004，第 810 页。
② （清）郭庆藩辑，王孝鱼整理《庄子集释》，中华书局，2004，第 714 页。
③ （清）郭庆藩辑，王孝鱼整理《庄子集释》，中华书局，2004，第 147 页。
④ 《道德真经注疏》，《道藏》第 13 册，第 292 页。

璇玑之至度也，万真灵仙神明朝晏之日也。’”[①]

八节禁忌在道教其他派别中也颇有影响。如灵宝派重视八节，孙思邈的《摄养枕中方》亦有八节禁忌，《太上感应篇》等善书亦有载。

（二）三尸信仰：甲寅（或甲子）、庚申不可男女相见

关于男女不可会面的时间，有两种记载。一种是《道藏》本《真诰》和《云笈七签》，禁忌“甲寅、庚申之日”；一种是他书引《真诰》和道经的记载，禁忌甲子和庚申。两种都包含庚申日。

《道藏》本《真诰》禁止甲寅、庚申日夫妻同席、言语和面会：

> 凡甲寅、庚申之日，是尸鬼竞乱精神躁秽之日也。不可与夫妻同席及言语面会。当清斋不寝，警备其日，遣诸可欲。[②]
>
> 又学道之士，当先检制魂魄，消灭尸鬼。常以月晦朔之日，庚申、甲寅之日，当清斋入室，沐浴尘埃，正席而坐，得不眠者益善。[③]

此禁忌源自道教的三尸信仰。三尸，最早见于《抱朴子》。《抱朴子》引用了《易内戒》、《赤松子经》和《河图记命符》，说人身中有三尸。三尸没有具体形状，是“魂灵鬼神之属”。人死之后，三尸可称为鬼，“自放纵游行，享人祭酻”，所以三尸希望人早死，每到庚申日的时候，三尸就上天报告人所犯的过错。[④] 葛洪的态度不置可否：“吾亦未能审此事之有无也。”[⑤] 日本学者窪德忠推测“三尸”

---

① 《上清金阙帝君五斗三一图诀》，《道藏》第17册，第220页。

② 〔日〕吉川忠夫、麦谷邦夫编《真诰校注》，朱越利译，中国社会科学出版社，2006，第336页。

③ 〔日〕吉川忠夫、麦谷邦夫编《真诰校注》，朱越利译，中国社会科学出版社，2006，第337页。

④ 王明：《抱朴子内篇校释》，中华书局，1985，第125页。

⑤ 王明：《抱朴子内篇校释》，中华书局，1985，第125页。

的说法是2世纪由编造“纬书”的方士首先提出来，因为《抱朴子》引用的《易内戒》为纬书。

《抱朴子》只言庚申日三尸上天言人罪过，但未提甲寅日。《真诰》禁忌的时间，除庚申日外，还有甲寅日。禁忌的原因也不同：“尸鬼竞乱精神躁秽。”禁忌内容是夫妻同席、言语和面会。此日应该清斋沐浴，最好不睡。《真诰》中甲寅、庚申禁忌最基本的要求是男女不见面，当晚不睡觉是更高一级的要求。

宋代《纬略》引《真诰》曰：“甲子庚申，是中鬼录□，青□躁秽之日。夫妇不可以同席，当清斋不寝。”① 明代神霄派“去三尸法”在甲子、庚申日。② 除此之外，很多道经要求甲子、庚申沐浴清斋，如《上清元始变化宝真上经九灵太妙龟山玄箓》、王契真《上清灵宝大法》，也与三尸信仰相关。

《云笈七签》、《纬略》和《上清灵宝大法》均为宋代之书，说明至晚在宋代，男女不可会面的时间已出现分歧。两种不同的时间记载均包括庚申日。加之《抱朴子》只载“庚申日”禁忌。因此，后世更加注重庚申日，而不重视甲子或甲寅。

《真诰》有一则女仙口诀，与三尸信仰相关：

> 女仙人刘纲妻口诀：求仙者勿与女子。三月九日、六月二日、九月六日、十二月三日，是其日当入室，不可见女子。六尸乱则藏血扰溃飞越，三魂失守，神凋气逝，积以致死。所以忌此日者，非但塞遏淫泆而已，将以安女宫。女宫在申，男宫在寅。寅申相刑，刑杀相加。是日男女三尸出于目珠瞳之中。女尸招男，男尸招女。祸害往来，丧神亏正。虽人不自觉，而形露已

① （宋）高似孙：《纬略》，《影印文渊阁四库全书》第852册，台湾商务印书馆，1986，第370页。

② 《高上神霄玉清真王紫书大法》，《道藏》第28册，第578页。

损。由三尸战于眼中，流血于泥丸也。子至其日，虽至宠之女子，亲爱之令妇，固不可相对。我先师但修此道而仙矣。复不及至亲无心者矣。子其慎之矣。①

陶弘景对上文的评价是可以施用："凡此杂事皆与真经相符，并可按而施用也。"② 上文所言的三月九日、六月二日、九月六日、十二月三日四个特殊的日子，三尸出现在眼珠瞳孔中，男尸招女，女尸招男，男女一旦见面便有灾祸。《登真隐诀》亦记此禁忌。③

《真诰》中防止三尸作祟的方法，除了男女不见面以外，还有不吃血物。"女仙程伟妻口诀：服食，勿食血物。食血物，使不得去三尸。干肉可耳。"④

从《真诰》来看，六朝时期上清派在甲寅（或甲子）、庚申日主要的禁忌是男女不相见。男女不相见、清斋、沐浴，自然包含禁忌房事。《太微灵书紫文仙忌真记上经》曰："勿以庚申日行阴阳，与妇人同床而卧。"⑤

《真诰》的"甲寅（或甲子）、庚申日男女不相见"禁忌发展至唐代已成为社会习俗——"守庚申"。当时这一习俗影响较广。唐德宗时期权德舆曾写《与道者同守庚申》，记录他参与守庚申一事："洞真善救世，守夜看仙经。"并称赞"守庚申"比金丹术更加重要："岂资金丹术，即此驻颓龄。"唐末著名道士程紫霄有诗《示守庚申众》："不守

① 〔日〕吉川忠夫、麦谷邦夫编《真诰校注》，朱越利译，中国社会科学出版社，2006，第 342 页。

② 〔日〕吉川忠夫、麦谷邦夫编《真诰校注》，朱越利译，中国社会科学出版社，2006，第 342 页。

③ （南朝梁）陶弘景撰，王家葵辑校《登真隐诀辑校》，中华书局，2011，第 285 页。

④ 〔日〕吉川忠夫、麦谷邦夫编《真诰校注》，朱越利译，中国社会科学出版社，2006，第 341 页。

⑤ 《太微灵书紫文仙忌真记上经》，《道藏》第 3 册，第 402 页。

庚申亦不疑，此心常与道相依。玉皇已自知行止，任汝三彭说是非。”他不怀疑守庚申，但认为更重要的是一心向道。批评者认为，守庚申从两个角度来讲靠不住。一是学道者欺罔上帝，不可以为神仙。二是上帝也不可能听信三尸谗言，“道家言三尸神，谓之三彭，以为人身中皆有是三虫，能记人过失，至庚申日，乘人睡去，而谗之上帝。故学道者，至庚申日，辄不睡，谓之守庚申，或服药以杀之。小人之妄诞，有如此者。学道之人，积功累行，以求无过，岂有侥幸蔽覆、欺罔上帝，可以为神仙者乎？上帝照临四方，而乃纳三尸谗言，则亦谬悖之甚矣。然凡学道者，未有不信其说。柳子厚最号强项，亦作《骂尸虫文》”①。然而即便到清代，“守庚申”在福建民间亦流行。《清稗类钞·迷信》有：“闽人多喜守庚申，处女尤信之。咸丰时，福州城南李某有二妹二女，妹曰琼，曰瑶，女曰韵卿，曰桂英，皆未字。好读佛老书，日必市楮帛香烛，深夜焚化。兼修庚申之术，刻意为之。不及一年，寝食锐减，形销骨立。某归，见四人状，大骇，疑有病。询之妻林氏，始知其详，亟为议婚。遂以琼婚于邑之陈氏子，以瑶婚于皖之某商。亲迎有日矣，韵卿乃谓桂英曰：‘两姑皆将嫁矣，婚姻之议，恐将及我，宜早自为计，勿蹈其覆辙也。’韵卿旋谓桂英曰：‘事亟矣，妹好自图之。’桂英曰：‘将如何？’韵卿曰：‘舍死无他策足以保全清白之身也，妹甘之乎？’桂英曰：‘固所愿也。’翌日，二人皆投缳死。”② 可见“守庚申”习俗流传甚久。

（三）亥、子日不可唾

《真诰》有：

> 沈羲口诀：服神药，勿向北方，大忌。亥子日不可唾，亡精

① （明）张燧：《〈千百年眼〉校释》，朱志先校释，武汉大学出版社，2018，第265页。

② （清）徐珂编撰《清稗类钞》，中华书局，1984，第4676页。

> 失气，减损年命，药势如土。[1]

陶弘景整理《真诰》时将“亥子日不可唾”放入“养性禁忌口诀”，认为这些是小诀，未见于仙人所授的真书，他推测这些口诀是“二许”抄来的，但是他并未完全否定这些口诀，而认为它们“有助于施行，故并撰录”[2]。

亥子日禁忌在很多道教文献中都有，包括《真诰》《正一法文修真旨要》《上清握中诀》《摄养枕中方》《上玄高真延寿赤书》《太清导引养生经》《至言总》《天皇至道太清玉册》等。说明此禁忌从晋代到明代均被道教注意。据王卡先生考证，《正一法文修真旨要》是属于早期天师道《正一法文》的内容。因此，这一禁忌至少在早期正一道和上清派中流行。亥子日的禁忌包括三种版本：不可唾（《真诰》《上清握中诀》《摄养枕中方》等）、不可向正北方唾（《正一法文修真旨要》《太清导引养生经》）和不可服药（《至言总》）。

此禁忌称来自沈羲。《神仙传》有沈羲传：

> 沈羲者，吴郡人也。学道于蜀中，但能消灾治病，救济百姓，而不知服食药物，功德感于天，天神识之……拜羲为碧落侍郎，主吴越生死之籍……而后四百余年，忽来还乡，推求得其数世孙名怀喜，怀喜告曰：“闻仙人相传说，家祖有仙人，今仙人果归也。”留数十日，羲因话初上天时，不得见天尊，但见老君，东向坐，有左右敕……老君形体略高一丈，披发垂衣，顶项有光，须臾数发，有玉女持金盘玉杯盛药赐羲，曰：

---

① 〔日〕吉川忠夫、麦谷邦夫编《真诰校注》，朱越利译，中国社会科学出版社，2006，第340页。

② 〔日〕吉川忠夫、麦谷邦夫编《真诰校注》，朱越利译，中国社会科学出版社，2006，第340页。

> “此是神丹，服之者不死矣。”妻各得一刀圭，告言饮毕而谢之。服药后，赐枣二枚，大如鸡子，脯五寸，遣羲去，曰：“汝还人间，救治百姓之疾病者。君欲来上天，书此符悬于竿杪，吾当迎汝。”乃以一符及仙方一首赐羲。羲奄忽如睡，已在地上。后人多得其方术者也。①

《神仙传》虽是小说，但是可以看出沈羲信仰的几个重要特征：一是在蜀中学道；二是通过服食太上老君赐予的神丹而成仙；三是成仙后被派来人间救治百姓疾病。沈羲口诀是与服药相关的禁忌，而且在传说中，他被派遣来人间救治百姓，所以沈羲口诀很容易得到人们的信任。沈羲在魏晋时期道人心中有较高的地位。《抱朴子内篇》列举了诸多神符，“沈羲符”是其中一道，葛洪认为它属于大符：“其次有诸符，则有自来符、金光符、太玄符三卷……沈羲符……玉斧符十卷，此皆大符也。其余小小，不可具记。”② 以“沈羲”命名的符是大符，可见沈羲是较为重要的神仙。

我们曾经分析过亥、子日不可唾的原因。③ 亥和子五行属水，北方亦属水，北方是神圣的北斗和北极所居之地，北斗和北极的位置在中国古人心中都是永恒不变的。这种永恒不变的空间属性是空间的永恒，与时间的永恒相通。时间的永恒就是无限。故北极星象征着道——不可言说的生命之根和万物之源。

唾，作名词时为“唾液”，作动词使用时为“吐唾沫”。唾，是人可以控制的一种主动行为。人们经常用唾来表示对他人的鄙夷、侮辱和轻蔑。故在尊长面前不得唾。《礼记》有：“在父母舅姑之

① （晋）葛洪撰，胡守为校释《神仙传校释》，中华书局，2010，第69~70页。

② 王明：《抱朴子内篇校释》，中华书局，1985，第335页。

③ 此部分可参见廖宇《道教亥子日禁忌考》，盖建民主编《回顾与展望：青城山道教学术研究前沿问题国际论坛文集》，巴蜀书社，2016，第728~734页。

所，……不敢唾洟。”[①] 在尊敬的凡人面前不得唾，自然在神圣的事物面前更不得唾。道教第一部劝善书《太上感应篇》禁唾流星：“传曰：神降自斗而天师生，虚危分秀而真武生，女节感星而白帝生，流星入口而叶君生。然则星之所以分灵孕秀者，为如何哉？流星者，亦星之一也。”[②] 唾，在民间传说中有治鬼之作用。《搜神记》中宋定伯假扮新鬼，问鬼有何所畏忌，鬼答言“唯不喜人唾”。道教将唾发展为一种法术。唐宋之前的术数书《黄帝太乙八门入式诀》[③] 有：“吾口若神，吾口若圣，向东唾木摧折，向南唾火消灭，向西唾金刚缺，向北唾水枯竭，向上唾天天柱倒，向下唾地地分裂，唾一贼万贼灭。急急如太上律令摄。”[④] 古代医书亦用唾进行治疗，如孙思邈的《千金要方》有治疗“客忤病”，即“外人来气息忤之”，实际上是小儿受到惊吓。咒语有：“扁鹊虽良，不如善唾良。”“取一刀横着灶上，解儿衣发其心腹讫，取刀持向儿咒之唾，辄以刀拟向心腹。”[⑤] 古人认为，小儿受到惊吓可能有鬼怪作祟，鬼畏唾，人们以唾表示对鬼怪的鄙夷和侮辱。

故神圣的方位、神圣的时间不允许做“唾”这种侮辱性的行为，目的是隔绝世俗事物、世俗行为与神圣事物、神圣行为，使世俗事物和行为不污染神圣事物。此禁忌归根到底源自道的神圣性，道人遵行此禁忌出于对道的敬畏和尊崇。能够佐证“亥子日禁忌”的是道经记载的其他各种北向禁忌，如《仙道忌十败》第十条“勿向北大小便、仰视三光”。[⑥]《禁忌篇》曰：“凡人不得北首而卧……亦不得北

① 《礼记正义》，（清）阮元校刻《十三经注疏》，中华书局，1980，第 1462 页。
② 《太上感应篇》，《道藏》第 27 册，第 131 页。
③ 《黄帝太乙八门入式诀》的成书时间参照刘师培《读书随笔（外五种）》，广陵书社，2013，第 144 页。
④ 《黄帝太乙八门入式诀》，《道藏》第 10 册，1988，第 777 页。
⑤ 《孙真人备急千金要方》，《道藏》第 26 册，第 109 页。
⑥ 《仙道忌十败》，丁福保编《道藏精华录》第 2 册，北京图书馆出版社，2005，第 188 页。

向吃食，北向尿，北向久坐思惟，不祥起。勿北向唾骂，犯魁罡神，勿北向冠带。”[①] 道教也有应当向北的行为，如书符等。《学仙杂记》曰：“凡书符当向北。”[②] 书符是神圣行为，吃食、大小便和冠带是世俗行为。神圣行为向北，世俗行为不能向北。

《真诰》整理者陶弘景推测亥子日禁忌是“二许”抄自其他经书。我们猜测可能来自早期正一道，有以下原因。首先，从时间上看，记载亥子日禁忌最早的文献应当是《正一法文修真旨要》，属于早期正一道经典。其次，从逻辑上看，《正一法文修真旨要》“亥子日不可唾正北方”的表述从思想上讲更有逻辑。再次，亥子日禁忌以“沈羲”命名，沈羲与正一道有紧密联系。《神仙传》中沈羲学道的地方是蜀中，蜀中是早期正一道流行之地，故推断《真诰》是抄自《正一法文修真旨要》或其他正一派经典。其最初的形式是“亥子日不可唾北方”，后来可能在传抄过程中出现疏漏，有的道经作“亥子日不可唾”。因为《神仙传》中沈羲与服药的故事，及“服药不可向北方”这一禁忌的出现，有的道经中亥子日禁忌又表达为“亥子日勿服药”（《至言总》）。

亥子日禁忌主要流行于正一派和上清派。《摄生枕中方》的作者孙思邈医术高明，随着孙思邈在道教中地位不断提高，亥子日禁忌在医学类、养生类的书籍中不断延续，宋代周守中辑的《养生类纂》和元代李鹏飞的《三元参赞延寿书》均有载。

（四）上帝煞害日

《真诰》有“上帝煞害日”：

正月庚申、二月辛酉、三月庚戌、四月癸亥、五月壬子、六

---

① 《禁忌篇》，丁福保编《道藏精华录》第2册，北京图书馆出版社，2005，第94页。

② 《学仙杂记》，丁福保编《道藏精华录》第2册，北京图书馆出版社，2005，第189页。

月癸丑、七月甲寅、八月乙卯、九月甲辰、十月丁巳、十一月丙午、十二月丁未。

右上帝煞害日，不可请乞，百事无宜（此诸日皆是随月支干冲破凶日也，可以类求之，亦恐非真受。虽百事无宜，而常所修行，或值诸吉，恐不可阙也）。[①]

《真诰》“上帝煞害日”逐月标注，与《赤松子章历》“每月凶妨”所记时间几乎完全一致，除十一月《真诰》作“丙午”，《赤松子章历》作“戊午”。《赤松子章历》未说明禁忌的原因，《真诰》认为“上帝煞害日”可能不是来自仙真所受，它可以通过地支的五行冲破关系推算。如正月地支寅，上帝煞害日为申，寅和申相冲。其余月份均可以如此推算。然而上帝煞害日的天干如何推算，经书没有提到，所以《赤松子章历》和《真诰》十一月的“上帝煞害日”究竟是丙午还是戊午就不好判定。

《赤松子章历》在此日禁忌的事项为上章，而《真诰》禁忌事项是请乞，并未言上章。这里可以看出早期正一道与上清派的区别。上章和请乞均有“请求仙真帮助以实现愿望或赎罪”的含义。上清派继承了早期正一道上章的传统，但上章并不是上清派主要的宗教行为，而是一种辅助手段。故早期正一道和上清派关于此禁忌内容有细微差别，但宗旨相同，即避免在凶日请求神灵帮助。

二　《黄庭经》所见时日禁忌

《黄庭经》是道教重要的经典之一。《黄庭经》有《内景经》、《外景经》和《中景经》三种。关于《内景经》和《外景经》的成书时

① 〔日〕吉川忠夫、麦谷邦夫编《真诰校注》，朱越利译，中国社会科学出版社，2006，第548页。

间，学界有两种不同的观点。一种认为《内景经》先出，《外景经》后出，如王明先生等人。另一种观点认为《外景经》先出，早于上清派创立，名曰《黄庭经》，如欧阳修、周必大及当代学者杨福程先生等。“《外景》本名《黄庭经》，由于有了《内景》，故被称为《外景》。”① 丁培仁先生认为，上清派创立之后，称崇奉的经典为《内景经》，先出的称《外景经》。他举《升玄内教经》自尊为“内教”而贬低先出的《灵宝五篇真文》为“外教”为例，说明《内景经》命名是表示其正统性。② 上清派所重视的《黄庭经》即《黄庭内景经》。

《黄庭内景经》用七言韵语写成，一共四百三十二句。古今有很多注释者。原文没有时日禁忌的内容，但注家解释涉及时日禁忌。唐代白履忠（因曾经隐居在大梁城，被当时人称为“梁丘子”）和务成子的注较早，并且影响较大。

（一）殗秽禁忌

《黄庭经内景玉经注》第二十七章“至忌死气诸秽贱”。梁丘子注：“凡飞丹炼药、服气吞霞等事，皆忌见死尸殗秽之事，此卫生家之共忌也。然至道冲虚，本无净秽。未获真正，则净秽有殊。殊而不齐，则是非起于内，生死见于外，则清净者生之徒，浊秽者死之徒，故为养生之所忌也。”③

殗秽禁忌在早期正一道中存在，我们已经在上文中分析过，它的形成原因是巫术思维。

梁丘子的注将禁忌中的“净秽观”进一步发展。他明确指出净秽的区别是有条件的，学道者仍然应该遵行殗秽禁忌。为什么梁丘子强调净秽的区别是有条件的，“未获真正，净秽有殊”呢？

---

① 杨福程：《〈黄庭〉内外二景考》，《世界宗教研究》1995年第3期。

② 丁培仁：《道教典籍百问》，今日中国出版社，1996，第158~159页。

③ （唐）梁丘子：《黄庭内景玉经注》，（唐）梁丘子等注《黄庭经集释》，中央编译出版社，2015，第112页。

这与唐代一部重要道经——《太玄真一本际经》相关。《太玄真一本际经》的重要性，可以通过它在敦煌道经中的数量来反映。1978 年日本学者大渊忍尔统计敦煌道经写本中《太玄真一本际经》的数量最多，为 103 件，王卡先生在 2004 年重新统计敦煌道经数量时发现《太玄真一本际经》有 140 多件。两位学者的统计，《太玄真一本际经》都占到敦煌道经写本总数的五分之一，可见《太玄真一本际经》在唐代道经的重要地位。《太玄真一本际经》卷一《护国品》便提出“法无净秽”：“诸法清净，一相平等，本无净秽优劣之别，皆由众生业缘所感，随其福报，所见不同……净秽不同，皆由众生业缘所感。”[①] 然而道教哲学方面的“法无净秽”必然会带来学道者在实践上的疑惑：到底是否应该遵守殗秽禁忌？在道教过去一贯的思想中，认为事物有净秽之分，死亡等属于污秽。学道者也一直遵守殗秽禁忌，然而随着《太玄真一本际经》的流行，“法无净秽”的思想出现，怎么处理与之相关的殗秽禁忌呢？梁丘子认为清净和浊秽的区分并非绝对，本来大道没有净秽之别，以得道与否为界限解释净秽：得道之前，净秽有殊。所以学道之人仍需要遵行殗秽禁忌。这样一来，梁丘子处理了“法无净秽”的观念带来的人们对道教殗秽禁忌的疑惑，使遵从禁忌行为与道教的思想相统一。

上清派和早期正一道的殗秽禁忌所禁忌的事项不同。早期正一道殗秽禁忌事项是修斋、设醮和上章。上清派禁忌事项为飞丹炼药和服气吞霞。此处可见，两派在具体修炼方式上侧重点不同：正一派侧重于斋、醮、章，上清派侧重于存思、服气、丹药。

（二）摄魂还魄法所涉禁忌

《黄庭内景玉经注》第十一章“摄魂还魄永无倾”。梁丘子注：

① 《太玄真一本际经》，《藏外道书》第 21 册，巴蜀书社，1994，第 179 页。

“《太微灵书》云：每月三日、十三日、二十三日夕，三魂弃身游外，摄之者当仰眠，去枕伸足，交手心上，瞑目，闭气三息，叩齿三通，存心中有赤气如鸡子从内出于咽中，赤气转大覆身变成火，以烧身使匝，觉体中小热，呼三魂名曰爽灵、胎光、幽精，即微咒曰：‘太微玄宫，中黄始青。内炼三魂，胎光安宁。神宝玉室，与我俱生。不得妄动，鉴者太灵。若欲飞行，唯诣上清。若有饥渴，得饮玄水玉精。’又每月朔、望、晦日，七魄流荡，交通鬼魅。制检还魄之法，当此夕仰眠伸足，掌心掩两耳，令指相接于项上，闭息七遍，叩齿七通，心存鼻端白气如小豆大，须臾渐大，冠身上下九重，气忽变成两青龙在两目中，两白虎在两鼻孔中，皆向外，朱鸟在心上，向人口，苍龟在左足下，灵蛇在右足下，两玉女着锦衣，手把火光，当两耳门。毕，咽液七过，呼七魄名曰尸狗、伏矢、雀阴、吞贼、非毒、除秽、臭肺。即微咒曰：素气九回，制魄邪奸。天兽守门，娇女执关。炼既和柔，与我相安。不得妄动，看察形源。若有饥渴，听饮月黄日丹。”①

道教中“三魂七魄”思想产生得较早。《抱朴子》认为在勤服大药，金水分形后可以看到自己身体中的三魂七魄。三魂七魄的躁动会使人有灾患，身体不宁，不能成道。故在早期正一道有“录魂长生”：玉女素历千二百人，使人的三魂七魄不能远离人身，使人长生；素女千二百人具录魂魄，使人身精人安；周玉君将一百二十人，节禁人三魂七魄，保命延年。②

《太上除三尸九虫保生经》有三魂七魄的描述和形象：

> 三魂在肝下，状如人形，并着青衣，内黄衣。③

---

① （唐）梁丘子：《黄庭内景玉经注》，（唐）梁丘子等注《黄庭经集释》，中央编译出版社，2015，第 79 页。

② 《正一法文经章官品》，《道藏》第 28 册，第 538 页。

③ 《太上除三尸九虫保生经》，《道藏》第 18 册，第 697 页。

三魂图

夫七魄，积阴之气，其形类于鬼也。令人多欲伤劳，室塞拘急，好秽不好净，能使行尸，背生向死，谄曲诡诈，慕恋女色，日夜兴恶，催人早死。遣入鬼趣，能蔽障人生门，名曰尸狗、伏矢、雀阴、吞贼、飞毒、除秽、臭肺。[①]

七魄图

资料来源：《太上除三尸九虫保生经》，《道藏》第 18 册，第 698 页。

梁丘子注释三魂“弃身游外”的时间是每月三日、十三日和二十

① 《太上除三尸九虫保生经》，《道藏》第 18 册，第 698 页。

三日夕。修道者通过仰眠、瞑目、闭气、叩齿、存气、微咒等方式炼魂。这一时间与《太上除三尸九虫保生经》所载相同，咒语也相同。咒语中有“不得妄动……若有饥渴，得饮玄水玉精”，“玄水玉精”在有些书中释为“口中唾”①，“玉精”解释为“玉之精液”②。除了“玄水玉精”，不允许饮用其他东西。三魂“弃身游外”的时间是每月尾数为三的日子，其禁忌的原因，可能是“三魂”和日期的“三”数字相同，故道教认为三魂在尾数为三的日期格外具有活力。《登真隐诀》注有“魄既有三，故以月之诸三。而神鬼尚阴，并皆以夕”③。

七魄流荡、交通鬼魅的时间是每月的朔、望、晦日。这三天晚上，仰眠、闭息、叩齿存思、咽液等，亦“不能妄动……若有饥渴，听饮月黄日丹”。同样，除“月黄日丹”不能饮用其他东西。七魄流荡、交通鬼魅的时间与月亮的朔、望、晦相关，七魄是“积阴之气”，而月亮是“太阴”，七魄与月亮同属阴，故月相变化明显之时，也是七魄最为活跃的时候。《登真隐诀》注曰：“此三日并月中之要，会诸鬼司行游纵逸之日也。月望依历算取之，或十五、十六。魄既凶躁，弥宜恒制，自可夕夕为之。”④

“摄魂还魄法”是通过特定的时间，禁忌某些事情以控制三魂七魄不离开人身，不与鬼魅交通，以保护人的身体健康。

《黄庭内景经》以七言歌诀的形式论述养生之理的内容较短，涉及的时日禁忌不多，但从以上两条禁忌，我们可以看出上清派主要注重存思服气的修炼方式，故时日禁忌更多出现在存思服气等领域。

---

① 吕光荣：《中国气功辞典》，人民卫生出版社，1988，第441页。

② 广东、广西、湖南、河南辞源修订组《辞源》（修订本），商务印书馆，1981，第2036页。

③ （南朝梁）陶弘景撰，王家葵辑校《登真隐诀辑校》，中华书局，2011，第218页。

④ （南朝梁）陶弘景撰，王家葵辑校《登真隐诀辑校》，中华书局，2011，第220页。

三　《登真隐诀》所见时日禁忌

《登真隐诀》是陶弘景的著作。宋代贾嵩《华阳陶隐居内传》评价陶弘景作品时言“著《隐诀》以析纲目，述《真诰》以旌降嗳”[①]。《登真隐诀》和《真诰》是互为表里之作，故《登真隐诀》有一些和《真诰》相同的时日禁忌。我们为了避免重复，不再列出已分析的时日禁忌。

（一）入山相关禁忌

1. 五行天地凶门日

《太平御览·时序部》引《登真隐诀》有天地凶门日：

> 正月午，天地凶门日，不可建造穿凿。
>
> 四月戌，天地凶门日，不可入山建创。[②]

天地凶门日包括正月午和四月戌。这里有两种可能性：一是天地凶门日每月均有，但在流传过程中未保存下来；二是天地凶门日只包含正月午和四月戌。

先讨论第一种可能性。可能《登真隐诀》原本中有其他内容，但它们在流传过程中未保存下来。《登真隐诀》的内容保存下来的很少，“而今《正统道藏》中之《登真隐诀》只有寥寥三卷，约为原帙二十四（五）卷的八分之一”[③]。故可能天地凶门日包括一年十二个月，即每月均有天地凶门日。

《抱朴子》入山禁忌有相似内容，忌正月午和四月戌：

---

① 《华阳陶隐居内传》，《道藏》第5册，第499页。

② （南朝梁）陶弘景撰，王家葵辑校《登真隐诀辑校》，中华书局，2011，第202页。

③ （南朝梁）陶弘景撰，王家葵辑校《登真隐诀辑校》，中华书局，2011，前言第1页。

抱朴子曰："入山之大忌，正月午，二月亥，三月申，四月戌，五月未，六月卯，七月甲子，八月申子，九月寅，十月辰未，十一月己丑，十二月寅。"[①]

《登真隐诀》中"天地凶门日"，禁忌内容为"不可建造穿凿"和"不可入山建创"，《登真隐诀》"天地凶门日"和《抱朴子》"入山大忌"均禁忌入山，可以推测，"天地凶门日"应与《抱朴子》"入山大忌"相关，或是《登真隐诀》承袭了《抱朴子》的此条内容。

再看第二种可能性，即"天地凶门日"只有正月午和四月戌。"天地凶门日"在文献中记载不多，除了《太平御览》外未见。一年仅忌正月和四月的某天，可能是因为正月地支为寅，四月地支为巳，所对应的动物是虎和蛇。在十二地支所对应的十二兽中，虎和蛇对于入山者最危险。《黄帝九鼎神丹经诀》列举入山的危险，"猛兽毒蛇犯伤人"是其中一种。李白《蜀道难》有"朝避猛虎，夕避长蛇"。《抱朴子》有禁虎蛇法。蛇毒会致命："唯蝮蛇及青蛞二蛇中人最为至急，一日不救则杀人。"[②] 古代猛虎吃人并不鲜见。故在地支属虎、蛇的月份要更加小心。为何正月午日和四月戌日尤其危险呢？可以从地支的阴阳五行属性上来看，正月地支寅，属阳，属木；午属阴，属火。从阴阳上讲，阴生阳，阳生阴。从五行上看，木生火。同样，四月地支巳，属阴，属火；戌属阳，属土。阴生阳，火生土。正月午日，四月戌日，均为月支五行生日支五行。在五行生克关系中，生我者为母，我生者为子。母强则子旺。故在寅月、巳月忌地支所生的午日和戌日。

第二种解释似乎更有道理，但也不排除此禁忌是受《抱朴子》影响，在《抱朴子》的基础上形成的。

---

① 王明：《抱朴子内篇校释》，中华书局，1985，第 301 页。

② 《黄帝九鼎神丹经诀》，《道藏》第 18 册，第 809 页。

2. 地破日

《太平御览》引《登真隐诀》:

> 四月十一日,地破日,不可开山动土。
>
> 正月亥,地破日,不可开山动土。[①]

地破日可能是较早流行的禁忌。“地破日”在《道藏》里记载不多。《黄帝九鼎神丹经诀》有“天开地破日”之名。“四者忌合神丹炉釜及封泥神药,无用天开地破日,春丙戌、丙辰,夏辛未、辛丑,秋壬辰、壬戌,冬癸未、癸丑,以此日合神丹灶炉釜,则室自开,丹精散泄,五石飞扬,霜华皆败。”[②] 禁忌日期与《登真隐诀》不同,主要禁忌内容是炼丹合釜与封泥。

据说日本平安时代阴阳师安倍晴明所撰《三国相传阴阳輨辖簠簋内传金乌玉兔集》有地破日,[③] 他生活的年代相当于五代十国后期至北宋初期。但此书没具体列出地破日的时间,故无法判断是否与《登真隐诀》一致。明代《鲁班经》有“结砌天井吉日”忌“土忌”、“土瘟”……“地破”。注释者列出十二个月的地破日:“正月的亥日,二月的子日,三月的丑日,四月的寅日,五月的卯日,六日的辰日,七月的巳日,八月的午日,九月的未日,十月的申日,十一月的酉日,十二月的戌日。”[④] 不知注释者何据。但无论如何,民间有“正月亥”为地破日之说。

《登真隐诀》的地破日除了“正月亥”还有“四月十一”。除

① (南朝梁)陶弘景撰,王家葵辑校《登真隐诀辑校》,中华书局,2011,第202页。

② 《黄帝九鼎神丹经诀》,《道藏》第18册,第855页。

③ 孙猛:《日本国见在书目录详考》,上海古籍出版社,2015,第1592页。

④ (明)午荣编著,吴道仪图解《图解鲁班经》,陕西师范大学出版社,2012,第101页。

《登真隐诀》外，我们所见的“四月十一是地破日”的说法几乎都引自《登真隐诀》，如《岁时纪时辞典》①。也有未指明出处的，如民国时期蒋抱玄《民权素诗话》：“有谓四月十一日为地破日，不可开山动土者，无稽孰甚。”②

《登真隐诀》地破日禁忌，既包含地支计日的日子，又包含数字计日的日子，从格式上来看不统一，故有可能出现了讹误。或许四月十一日是四月土日，由于古代书写方式自上而下，“土”字容易被误看作两个字：“十一”。然而由于没有更多的资料，很难进行证实。正月亥和四月十一日看不出与“地破”的关系，也不能解释禁忌入山或动土的原因。

（二）修洞诀勿眠日

> 常以二月二日、三月三日、八月八日、九月九日、十月十日夜，于寝室存思洞中诀事，烧香念真，精苦勿眠，如有所待，兼慎于其日，益善。云修洞诀者，其日卫经玉童玉女，将太极典禁真人来于空中，观察善恶。故令谨慎，勿为他事，唯营道务，修诸善法也。③

此禁忌在《真诰·协昌期》有几乎一致的表达，然而在禁忌程度上有所不同。《真诰》言“独处不眠者，吉也”，即并没有强制要求“独处不眠”，只是说“独处不眠”更好。《登真隐诀》为“精苦勿眠”。《真诰》更像是仙真对于修道者的忠告，而《登真隐诀》将其发展为一种禁忌。

研究者对此禁忌有不同的理解。有人认为它就是表面的意思，在二月二、三月三、八月八、九月九、十月十日几个晚上不要睡觉，其

① 周一平、沈茶英编著《岁时纪时辞典》，湖南出版社，1991，第150页。

② 张寅彭主编《民国诗话丛编》（五），上海书店出版社，2002，第267页。

③ （南朝梁）陶弘景撰，王家葵辑校《登真隐诀辑校》，中华书局，2011，第264页。

原因是卫经玉童玉女与太极典禁真人等神仙要在空中观察人的恶善，所以在这些晚上只能做修道相关事宜，不能做其他事情。[①] 也有研究者指出，这条禁忌是许谧所抄写的房中禁忌。依据《真诰》中“陶弘景原注，此‘亦是洞房太丹家事，真经亦未显世，今世中经乃粗有其事,皆增损不同’。只要对照前二十五条，可知‘洞房太丹家事’‘于寝室存思洞中诀事’，就是第二十五条‘受洞诀施行太丹隐书存三元洞房者’，都是房中术”[②]。研究者认为“这条诰谕的主旨，在于提倡老人节制情欲，专一存思”。[③]

上清经《洞真高上玉帝大洞雌一玉检五老宝经》（简称《雌一经》）也有此条禁忌。《雌一经》补充了一句“受洞经之始，常当修此”[④]，指出此法是刚开始受《上清大洞真经》时要经常修习的内容。

从时间上看，二月二日、三月三日、八月八日、九月九日、十月十日均是月和日数字相重合的日子。月和日数字相重的日子，常被重视。如二月二是龙抬头，三月三的上巳节、九月九的重阳节，这些是民间流行的节日。《高上神霄玉清真王紫书大法》曰：“十月十日，真王降世之日。”[⑤] 这些数字相重的日子，受到了关注。然而，一年有十二个这样的月和日数字相重的日子，为何只有这五天被单独列出来呢？目前没有更多的材料可以解释。

四 《养性延命录》所见时日禁忌

《养性延命录》是陶弘景收集、整理的前人的养生语录。陶弘景是上清派的著名道士，所以《养性延命录》的内容属于上清派认同的内容。

---

① 吴国富：《陶渊明与道家文化》，江西人民出版社，2009，第184~185页。

② 钟来因：《〈真诰〉长生经精华录》，文汇出版社，1994，第89页。

③ 钟来因：《〈真诰〉长生经精华录》，文汇出版社，1994，第90页。

④ 王卡：《敦煌本〈洞真高上玉帝大洞雌一玉检五老宝经〉校读记》，《敦煌吐鲁番研究》第15卷，上海古籍出版社，2015，第446页。

⑤ 《高上神霄玉清真王紫书大法》，《道藏》第28册，第565页。

(一)“四季不食五藏”饮食时日禁忌

《养性延命录》有很多关于饮食养生的内容，包括饮食宜忌。其中一条是关于食用五藏的禁忌：

> 食，春不食肝，夏不食心，秋不食肺，冬不食肾，四季不食脾。如能不食此五藏，尤顺天理。①

很明显此禁忌的依据是四季、五藏与五行的配属关系。春、夏、秋、冬、四季的五行属性分别是木、火、金、水、土。肝、心、肺、肾和脾所对应的五行分别也是木、火、金、水、土。《太上老君戒经》将五藏看作是五戒在人体的表现：“老君曰：‘五戒者，天地并始，万物并有，举其本也。……’老君曰：‘五戒者：在天为五纬，天道失戒，则见灾祥；在地为五岳，地道失戒，则百谷不成；在数为五行，五数失戒，则水火相薄，金木相伤；在治为五帝，五帝失戒，则祚夭身亡；在人为五藏，五藏失戒，则性发狂。”② 此处注为“肝属木，心属火，肺属金，肾属水，脾属土也”③。五藏有各自的五行属性，在五行当旺之季，对应的脏器尤不可食。如春季木旺，肝属木，木旺不可犯，不可食肝，避免犯木。同样，土旺四季，脾属土，四个季月不可食脾。由于五藏分别对应五行，如果能终年不食用五藏更好。另外，每季不食用五行当旺的食物，也是因为食用了该物会使当季旺盛的五行更加旺盛，不利于身体平衡。如春季食肝，会使体内木气增加，本来春季就木旺，故不利于身体的平衡。

《养性延命录》在“四季不食五藏”之前还有四季食五味的宜

① （南朝梁）陶弘景撰，曾召南注译，刘正浩校阅《新译养性延命录》，三民书局，2006，第117页。

② 《太上老君戒经》，《道藏》第18册，第204~205页。

③ 《太上老君戒经》，《道藏》第18册，第205页。

忌："春宜食辛，夏宜食酸，秋宜食苦，冬宜食咸，此皆助五藏、益血气、辟诸病。食酸、咸、甜、苦，即不得过分。"[①] 也反映了顺时养生思想。春季属木，金克木，辛属金，希望食用属金之味来抑制当季旺盛之气。

然而每季究竟宜食用五味中的哪种，似乎在古代并没有达成共识。《礼记》有"凡和，春多酸，夏多苦，秋多辛，冬多咸，调以滑甘。"其理由是："多其时味以养气也。"[②] 孙思邈认为春天要"省酸增甘以养脾气"，夏天"省苦增辛以养肺气"，秋天"省辛增酸以养肝气"，冬天"省咸增苦以养心气"，季月"省甘增咸以养肾气"。[③] 孙思邈的养生规律是木旺养土，火旺养金，金旺养木，水旺养火，土旺养火。原则是当季养五行旺者所克之行。如春季，木旺，木克土，故春季特别注意养土，土所对应的脏器是脾，酸属木，甘属土，故春季要减少属木的酸，增加属土的甘。《养性延命录》曰："春不食肝，夏不食心，秋不食肺，冬不食肾，四季不食脾。"和孙思邈的思想原则一致。

上述内容，虽然宜忌有所不同，但所用的依据均是五行理论。或五行相生，或五行相克。"四季不食五藏"反映了道教尊重五行的思想，也是道教顺时养生思想的体现。

（二）房事时日禁忌

《养性延命录》有房事时日禁忌。很多情况不可以行房事：

> 道林云：命本者，生命之根本，决在此道。虽服大药及呼吸导引，备修万道，而不知命之根本。根本者，如树木但有繁枝茂

① （南朝梁）陶弘景撰，曾召南注译，刘正浩校阅《新译养性延命录》，三民书局，2006，第 117 页。

② （汉）郑玄注，（唐）孔颖达疏，龚抗云整理《礼记正义》，北京大学出版社，1999，第 843 页。

③ （唐）孙思邈：《孙真人备急千金要方》，《道藏》第 26 册，第 518 页。

叶，而无根本，不得久活也。命本者，房中之事也。故圣人云：欲得长生，当由所生。房中之事，能生人，能煞人。譬如水火，知用之者，可以养生，不能用之者，立可死矣。交接尤禁醉饱，大忌，损人百倍。欲小便，忍之以交接，令人得淋病，或小便难，茎中痛，小腹强。大恚怒后交接，令人发痈疽。

《道机》：房中禁忌：日月晦朔，上下弦望，日月蚀，大风、恶雨、地动、雷电、霹雳、大寒暑、春夏秋冬节变之日、送迎五日之中，不行阴阳。本命行年月日，忌禁之尤重。新沐头、新行疲倦、大喜怒，皆不可行房室。①

可见，天象异常、节气变化、本命行年月日、自身身体状态不好都不适合行房事。

《养性延命录》将房事禁忌归纳为天忌、地忌和人忌三种。

彭祖曰：消息之情，不可不知也。又须当避大寒、大热、大风、大雨、大雪、日月蚀、地动、雷震，此是天忌也。醉饱、喜怒、忧愁、悲哀、恐惧，此人忌也。山川、神祇、社稷、井灶之处，此为地忌也。既避此三忌，又有吉日，春甲、乙，夏丙、丁，秋庚、辛，冬壬、癸，四季之月戊、己，皆王相之日也，宜用嘉会，令人长生，有子必寿。其犯此忌，既致疾，生子亦凶夭短命。②

其中天忌是不适合行房事的天象情况，人忌是不适合行房事的人体状态，地忌是不适合行房事的地点。属于时日禁忌的是天忌和

① （南朝梁）陶弘景撰，曾召南注译，刘正浩校阅《新译养性延命录》，三民书局，2006，第274~278页。

② （南朝梁）陶弘景撰，曾召南注译，刘正浩校阅《新译养性延命录》，三民书局，2006，第280~281页。

人忌。

1. 天象异常

天象异常的情况，主要针对太阳和月亮的状况，因为日月是对人类活动影响最大的天体。日食、月食在道教的观念中是天怒。《太平经》曰："夫日月蚀，以何时运相逢邪？噫，子其愚哉。真人正复更发天怒，今真人以何知为时运邪？"[①]《太平经》主张雷电霹雳、弦望晦朔时不合阴阳。与《太平经》相比较，《养性延命录》增加了大风、大雨、大雪、大寒、大热等不行房事。所表达的意思相同，均是天气异常状况不行阴阳。

2. 节气变化

陶弘景所生活的时期，节气变化更加受到关注。医书《黄帝内经》已有"气不定，不行针刺"的禁忌，加之上清派有八节日不行威刑的禁忌，因此，上清派也认同气节变化之时不行阴阳："春夏秋冬节变之日、送迎五日之中，不行阴阳。"在节气变化之日不能行房事。"送迎五日之中"，曾召南先生解释为"送灶、迎灶的五日之内"。笔者认为前一句为"春夏秋冬节变之日"，那么"送迎"应该是指送、迎节气。

3. 本命行年月日

现代思维方式认为，天气异常和节气变化有科学依据，而"本命行年月日"被看作是迷信的内容。[②] 然而，以古代之眼光来看，本命行年月日却是非常可怕的煞，需要避忌。"本命"和"行年"在六壬法中是两个联系紧密的禁忌。《壬归》有"命主生平，年关气运，虽其久暂不同，实为占人多独。"于公释为"本命主管生平命运；行年主管当年的气运。尽管本命与行年时间长短不同，但都是占者所独

① 《太平经》，《道藏》第 24 册，第 486 页。

② 如冯国超《中国古代性学报告》，华夏出版社，2013，第 167 页。

有之运气。”①

本命年、月、日均须小心翼翼地度过。现在民间仍有本命信仰文化的留存，如本命年穿戴红色衣物等辟邪。本命指与自己出生年干支相值的年。如某人出生于甲子年丁卯月癸丑日，那么甲子年则为他本命年，丁卯月为本命月，癸丑日为本命日。本命禁忌在古代十分流行。与本命相关的时间、地点均是禁忌内容。如《唐会要》曰：“代宗灵驾发引，上（德宗）号送于承天门。见辒辌，不当道，指丁未间，问其故，有司对曰：陛下本命在午，故不敢当道。上号泣言曰：‘安有枉灵驾而谋身利?’乃命直午而行。”② 皇帝本命在午，故丧车不行午道。

本命禁忌在道教中出现得较早。《赤松子章历》多次提到本命。葛洪明确提出服药应遵循本命禁忌，即服药应该根据服药人本命所属的五行进行避忌，不服用克自己年命的五行所对应的颜色的药物。《抱朴子内篇·仙药》：“以五音六属，知人年命之所在。子午属庚，卯酉属己……若本命属土，不宜服青色药……以五行之义，木克土。”③

道教认为本命日计人功行，故不能行阴阳。上清派本命年月日不但不行阴阳，还在本命日有作符服符之法。《洞真太一帝君太丹隐书洞真玄经》有“右五籍五符混化必生券，以本命日日中时，朱书青纸作此符一枚，夜半入室存思毕，服一枚，向本命之处也。余一枚，以铰刀中破，从上下黑沾处中分之，以一半付灶火中，以半付井水中。每至本命日辄行之，名曰保神长至之符，帝君记命之券也”④。《上清黄庭养神经》有本命日施贫能增福延年之说：“凡人本命日，以随年钱米布施贫下，增福益年。”⑤

---

① 于公：《〈壬归〉校译释论》，学林出版社，2012，第 88 页。

② （宋）王溥：《唐会要》，《影印文渊阁四库全书》第 606 册，台湾商务印书馆，1986，第 315 页。

③ 王明：《抱朴子内篇校释》，中华书局，1985，第 209 页。

④ 《洞真太一帝君太丹隐书洞真玄经》，《道藏》第 33 册，第 539 页。

⑤ 《上清黄庭养神经》，《道藏》第 34 册，第 282 页。

"本命行年"之"行年"当为"游年"之意。《五行大义》曰："游年凡有三名，而为二别。三名者，一游年，二行年，三年立。游年之名，皆以运动不住为义，以其随岁行游，不定一所也。年立即是行年。立者是住立为义，以其今年立于北辰也……二别者，游年从八卦而数，年立从六甲而行。六甲者，男从丙寅左行，女从壬申右转，并至其年数而止。即是行年所至，立于其处也。"① 为何男从丙寅数，女从壬申数呢？因为从阴阳上讲："何者日生于寅，日为阳精。男从阳，故取日；丙为太阳，故取丙以配寅。""何者月生于申，月为阴精，女从阴，故取月。壬为大阴，故取壬以配申。阳故左行；阴故右转。"②

本命行年月日不行阴阳，亦不得消灾弭祸、行道烧香。《太上黄素四十四方经戒》有："夫立功德者不得触禁犯忌，当与身神相和，不可更相克贼。更相克贼，则生灾起祸也。夫消灾散祸，不得用本命行年，如用本命行年，贼害汝身。"③ 王契真《上清灵宝大法》"岁星"为行道烧香忌日，经文中用小字"行年到日"解释"岁星"。④ 金允中《上清灵宝大法》、明代朱权《天皇至道太清玉册》亦作此解。

4. 人体内部时日选择

《养性延命录》收集整理之时，道教已清楚认识到人自身的状态是能否行阴阳的重要标准。人自身状况包括人的生理准备和心理准备。如新沐头、新行疲倦、醉饱后、忍小便等属于生理上未准备好，会导致疾病的产生。喜怒、忧愁、悲哀、恐惧等情绪不稳定、心理不平静等属于心理未准备好，交接也会导致疾病。

与《太平经》相比较，陶弘景时期的道教对于房事养生时日禁

---

① （隋）萧吉撰，〔日〕中村璋八校注《五行大义校注》（增订版），汲古书院，1998，第203页。

② （隋）萧吉撰，〔日〕中村璋八校注《五行大义校注》（增订版），汲古书院，1998，第203~204页。

③ （宋）张君房编《云笈七签》，中华书局，2003，第882页。

④ （宋）王契真：《上清灵宝大法》，《道藏》第30册，第717页。

忌不仅通过选择外部的时间来行阴阳，也开始选择人体内部自身的时日行阴阳。可见，上清派时期的道教养生知识更加全面。从反映的思想来看，上清派在房事时日禁忌上，虽以消极的否定性方式表达，但也可以看出，道教更加注重加强控制自身命运的能力。

五 《上清黄庭养神经》所见时日禁忌

《上清黄庭养神经》属于上清派经典。《茅山志》将《上清黄庭养神经》归为上清大洞宝经篇目。[①] 《上清黄庭养神经》的内容与《云笈七签》中的《黄庭遁甲缘身经》内容部分相同。[②] 从书名上看，《上清黄庭养神经》与《黄庭经》密切相关。该经属于上清派毋庸置疑。

《上清黄庭养神经》主要的时日禁忌是“五月十六不行阴阳”：“凡人五月十六日，大忌阴阳交会。凡人小大便，忌向三光之大恶祸之。”[③] 但未说明五月十六日禁忌合阴阳的原因。为了方便山中不知历法的修炼者守好八节禁忌，上清派指定了八天作为八节。其中五月十六被指定为夏至。[④] 夏至属于八节之一，而《养性延命录》本有“春夏秋冬节变之日、送迎五日中，不行阴阳”，因此夏至本不该行阴阳。然而为何又将此日单独列出来呢？

茅山处士刘词集《混俗颐生录》是古代医药常识读物，它将五月十六解释为“天地交会之辰”：

> 又每年五月十六日是天地交会之辰，特忌会合，主减算寿，

① 刘咸炘：《道教征略》，《推十书增补全本》丙辑，上海科学技术文献出版社，2009，第663页。

② 朱越利：《道藏分类解题》，华夏出版社，1996，第296页。

③ 《上清黄庭养神经》，《道藏》第34册，第283页。

④ 《上清金阙帝君五斗三一图诀》，《道藏》第17册，第220页。

> 损阳道，终身不复，曾见犯者有验。大约五月是人蜕精神之月，老者夺之，少者加之，宜晏居静虑，节嗜欲，制和心志冀安用。况夏月心旺肾衰，肾化为水，待秋乃凝，冬始坚。夏中最须保惜，尤为要妙。①

此处是从时令的五行特征出发进行解释，夏季属火，火旺水衰，而五藏中心属火，肾属水，所以心旺肾衰。肾是藏精之处，与合阴阳有密切关系。故从养生的角度来讲，夏季应该保惜，减少肾的活动。

五月十六日为天地交会之辰，道经《天原发微》从天文学解释：

> 夏至日在午而正于午，冬至日在子而正于子，随天运而然。故以浅深为天地之交，冬至日起星纪右行，而日移一度。天左旋一周而过十度，日巡六甲与斗相逢，此天日之交也。冬至之夜如夏至之日，夏至之夜如冬至之日。②

五月十六日为天地交会之辰，这一说法流行范围较广。或因为道教在皇室受欢迎，此说不仅在民间流行，甚至皇室亦知此禁忌。陆游《老学庵笔记》记述：宋哲宗时，宣仁太后用元祐七年五月十六日册立皇后，宋哲宗的生母朱太妃认为不能用此日，宋哲宗自己也有疑虑，然而宣仁太后却认为五月十六日是俗忌，非典礼所载，非正统思想，坚持用此日：

> 元祐七年，哲庙纳后，用五月十六日法驾出宣德门行亲迎之礼。初，道家以五月十六日为天地合日，夫妇当异寝，违犯者必夭死，故世以为忌。当时太史选定，乃谓人主与后犹天地也，故

① 《混俗颐生录》，《道藏》第18册，第519页。

② 《天原发微》，《道藏》第27册，第621页。

> 特用此日。将降诏矣，皇太妃持以为不可，上亦疑之。宣仁独以为此语俗忌耳，非典礼所载，遂用之。其后诏狱既兴，宦官复谓："若废后可弭此祸。"上意亦不可回矣。[①]

可见事实上皇太妃和宋哲宗都在一定程度上信仰此禁忌。宣仁太后虽言五月十六日是俗忌，不用理会，但不一定是她真实的想法，或许是出于政治方面的考虑。陆游此条笔记，表明当时知识阶层亦知晓此禁忌。

六 《上清九真中经内诀》所见时日禁忌

《上清九真中经内诀》是六朝古上清经《九真中经》的一部分。主要内容是饵丹砂法和醮祭诸法的结合。

服饵是晋代知识分子流行的养生之方。《太平御览》称："晋朝士大夫无不服饵，皆获异效。"饵丹砂法之"饵"有软、湿之意，饵丹砂即是用酒浸泡或者烹煮丹砂。道教认为，丹砂有益于长寿。《抱朴子内篇》葛洪云："余亡祖鸿胪少卿曾为临沅令，云此县有廖氏家，世世寿考，或出百岁，或八九十，后徙去，子孙转多夭折。他人居其故宅，复如旧，后累世寿考。由此乃觉是宅之所为，而不知其何故，疑其井水殊赤，乃试掘井左右，得古人埋丹砂数十斛，去井数尺，此丹砂汁因泉渐入井，是以饮其水而得寿，况乃饵炼丹砂而服之乎？"[②]

饵丹砂亦应该遵循时日禁忌。《上清九真中经内诀》有几种禁忌，分述如下。

（一）每月合药禁忌

《上清九真中经内诀》："和药，正月忌亥，二月忌寅，三月忌巳，四月忌申，五月、九月还从亥。"[③] 合药禁忌按月依次为亥、寅、

① （宋）陆游撰，李剑雄等点校《老学庵笔记》，中华书局，1979，第106页。

② 王明：《抱朴子内篇校释》，中华书局，1985，第206页。

③ 《上清九真中经内诀》，《道藏》第19册，第106页。

巳、申、亥、寅、巳、申、亥、寅、巳、申。《协纪辨方书》认为这些日子为吉日，名“五富”[①]。五富日“旧本止宜开市、开仓库、纳财。今按：其日有生义，又有合义，故所宜当如此”[②]。故此处非指五富。

六壬法中，上述的日子为“阳煞”。六壬之书曰：“亥寅巳申。亥轮阳煞孟。阳煞，主阳人口舌。”[③] 阴煞则主阴人口舌。[④]

合药禁忌阳煞，阳煞与阳人口舌相关。禁忌原因可能与丹药的秘密性相关。《抱朴子》中有“又宜入于深山之中，清洁之地，不欲令凡俗愚人知之”[⑤]。炼丹应秘密不让人知，服饵亦应同此理。

（二）服饵忌未日

《上清九真中经内诀》曰：“可知当取王相日和，并服亦当忌未日，又避自刑日，及忌四时。”[⑥]

服饵忌未日和自刑日。自刑日在前文所述，道教很多活动均禁忌自刑日，包括上章、入山、受箓等，服药亦忌自刑日。《大清经》解释了自刑日：“寅生人不得用寅和药、服药。他准此。”[⑦]

“未日不服饵”这一禁忌，与“未日不服药”的意思基本相同。此禁忌在道教类典籍中最早见于东晋《养生要集》，《养生要集》在《新唐书·艺文志》中收入神仙家，此书备受陶弘景关注，虽今已亡佚，但因其他书籍有引用而保存。《医心方》引《养生要集》有：“四激、破、除、未日时，不中合药、服药。”[⑧] 道教早期经典《赤松

① 《协纪辨方书》，李零主编，刘乐贤点校《中国方术概观·选择卷》，人民中国出版社，1993，第315页。

② 《协纪辨方书》，李零主编，刘乐贤点校《中国方术概观·选择卷》，人民中国出版社，1993，第333页。

③ （清）周鹏纂辑，肖岱宗等整理《大六壬寻源编》，华龄出版社，2012，第332页。

④ （明）郭载騋校《六壬大全》，谢路军主编，郑同点校《四库全书术数二集》第1册，华龄出版社，2007，第15页。

⑤ 王明：《抱朴子内篇校释》，中华书局，1985，第285页

⑥ 《上清九真中经内诀》，《道藏》第19册，第106页。

⑦ 〔日〕丹波康赖撰，高文柱校注《医心方》，华夏出版社，2011，第71页。

⑧ 〔日〕丹波康赖撰，高文柱校注《医心方》，华夏出版社，2011，第72页。

子章历》中未日和疾病医疗相联系。《赤松子章历》曰:“(未日)未为日神,伤病者时不可用。”[①] 此禁忌的原因,与“未”字的意思相关。“未”有否定之意,有“无”“不”“未定”“未止”之意,[②] 故在未日服药、服饵达不到效果。

未日不服药的禁忌,因意思易于理解,而流行范围特别广。古代医书自不必说,如元代《饮膳正要》:“凡久服药通忌:未不服药,又忌满日。”[③] 明代《全幼心鉴》:“上按彭祖历云:破日可服药,满日、未日皆主毒气为害,凶。”[④] 少数民族民歌亦有此禁忌,湘西苗族民歌有:“达容几没杠服嘎,牛容服嘎孟久抓。”意为“未羊日时不服药,未日服药毒入肠”[⑤]。未日不服药在后世择日书中也很流行。如《御定星历考原》:“服药忌未日。曹震圭:未日忌服汤药。”“未日不服药”在择日书中列入“彭祖百日忌”并广泛流传。

未日不服药的禁忌,在明代出现了应对之方。《福寿丹书》有:“如未日服药,隔宿先吃糯米一顿,粳米、白面皆可;次日空心用糯米粥饮送下,如路行□服,遇如好食吃不妨,要止便止,如吃些小蒸饼,烂嚼咽或干果子以助药力,不吃更妙,忌盐醋。”[⑥]

(三)四季合服忌日

《上清九真中经内诀》曰:“可知当取王相日和,并服亦当忌未日,又避自刑日,及忌四时。春忌戊辰、己巳,夏忌戊申、己酉,秋忌戊戌、己亥,冬忌戊寅、己卯。不可合服。”[⑦] 此禁忌与《黄帝九鼎神丹经诀》所记的“作药忌日”有部分重合,如春戊辰、己巳,夏戊申,

① 《赤松子章历》,《道藏》第 11 册,第 179 页。
② 宗福邦等主编《故训汇纂》,商务印书馆,2003,第 1065 页。
③ (元)忽思慧撰,刘玉书点校《饮膳正要》,人民卫生出版社,1986,第 95 页。
④ (明)寇平撰,王尊旺校注《全幼心鉴》,中国中医药出版社,2015,第 5 页。
⑤ 张子伟、石寿贵:《湘西苗族古老歌话》,湖南师范大学出版社,2015,第 248 页。
⑥ (明)龚居中著,何振中校注《福寿丹书》,中国医药科技出版社,2012,第 77 页。
⑦ 《上清九真中经内诀》,《道藏》第 19 册,第 106 页。

秋戊戌，冬戊寅在两书中均为忌日。但也有不同，不能直接判定《上清九真中经内诀》与《黄帝九鼎神丹经诀》属同一来源。《上清九真中经内诀》与《医心方》内容一致。《医心方》引《真人集辨方》："春忌戊辰、己巳；夏忌戊申、己未；秋忌戊戌、己亥；冬忌戊寅、己卯。右日，不可服药，甚大忌。"①

按五行纳音，春所忌戊辰、己巳是大林木，夏所忌戊申、己酉是大驿土，秋所忌戊戌、己亥是平地木，冬所忌戊寅、己卯是城墙土。似乎难以解释。

七　《黄庭遁甲缘身经》所见时日禁忌

《黄庭遁甲缘身经》是宋代以前仅有的几种《黄庭经》注本之一。詹石窗先生言："《黄庭遁甲缘身经》可视为遁甲象数学与丹道相结合的典型。"②

《黄庭遁甲缘身经》有：

> 饮食先念之，未日不食羊，酉日不食鸡，十二皆取类，不食其日肉，若食其日肉即其日神不来。所以尔者，是神之六甲，神之六乙，日神之女，故使持符神所居，百病除。③

此条按地支进行禁忌，地支日忌食地支所对应的动物。如未对应羊，故未日不吃羊，每个地支日均如此。禁忌的原因是，认为地支日的日神与所对应的动物之间有某种联系。若吃其肉，则会导致日神不来，日神具有护佑道民的功能。《黄庭遁甲缘身经》有："若服吞之，呼其日神名，

---

① 〔日〕丹波康赖撰，高文柱校注《医心方》，华夏出版社，2011，第72页。

② 詹石窗：《玄武与传统丹道思想》，詹石窗主编《百年道学精华集成》第5辑《道医养生》，巴蜀书社，2014，第346页。

③ 《黄庭遁甲缘身经》，《道藏》第18册，第707页。

某甲护我，某来与我俱，大吉。欲奏记上书见贵人长者，持符自护，呼神名，与我俱，吉。若看病及丧家，持符自随，阳日在左，阴日在右。”①

第二节　上清派时日禁忌态度

我们从以上文献分析上清派对待时日禁忌的态度。

一　上清派重视时间选择

上清派较为重视时间的选择，将禁忌列为养生大要之一。《养性延命录》引张湛《养性集·叙》：“养生大要：一曰啬神，二曰爱气，三曰养形，四曰导引，五曰言语，六曰饮食，七曰房室，八曰反俗，九曰医药，十曰禁忌。过此已往，义可略焉。”② 禁忌虽排在最后，但仍属大要，需要遵行。

（一）上清派时日禁忌宜多忌少

上清派重视时日，因此在时日宜忌方面表现为宜多忌少，事实上正反映了上清派对时日选择的态度十分严格。因为在某事上指明只有某些日子适合做某事的话，就意味其他日子均不适合做某事。相反，如果只是指出禁忌某些日子的话，则意味着其余的时间均可做某事。

上清派的多种修炼方式均讲究择日。

上清派所重视的修炼方式大都指明了具体的时间。如“朝太素三元君法”：“受洞诀施行《太丹隐书》，存三元洞房者，常月月朝太素三元君。以正月九日、二月八日、三月七日、四月六日、五月五日、六月四日、七月三日、八月二日、九月一日、十月十日、十一月十一日、十二月十二日夜，于寝静之室，北向，六再拜。讫，稽首跪

---

① 《黄庭遁甲缘身经》，《道藏》第18册，第706页。
② （南朝梁）陶弘景撰，曾召南注译，刘正浩校阅《新译养性延命录》，三民书局，2006，第90页。

曰：'谨启太上大道高虚玉晨太素紫宫八灵三元君、中央黄老无英白元太帝、五老高真上仙太极皇精三皇君，大洞三景弟子某，谨以吉日之夜天关九开之间，上闻太上玉皇真君，乞得长生世上，寿无亿年，时乘黄晨绿盖龙辕，上诣紫庭，役使万神，侍卫四明。'毕，勿令人知也。右四朝太素三元君法，以吉日夜半时。"① 又如"太上大道玉晨君，常以正月四日、二月八日、三月十五日、四月八日、五月九日、六月六日、七月七日、八月八日、九月九日、十月五日、十一月三日、十二月十二日，登玉霄琳房四眄。天下有志节远游之心者，子至其日平旦日出时，北向再拜。亦可于静中也，自陈本怀所愿。毕，因咽液三十六过"②。这类修炼宜日在《真诰》等上清经中还有很多。

上清派的方术也指明具体的时日。如令人目明的式规之法："君曰：式规之法使人目明,久而彻视。常以甲子之旬，取东流清水合真丹以洗目。日向清明平旦二七过。常行之，佳。"③

上清派除修炼、方术有宜日外，日常生活的事项也有对应的宜日，包括洗澡、拔白头发。《真诰》："又曰：'数澡洗，每至甲子当沐。不尔，当以几月旦，使人通灵。浴不患数，患人不能耳。荡炼尸臭，而真炼来入。'"④ "正月四日、二月八日、三月十一日、四月十六日、五月二十日、六月二十四日、七月二十八日、八月十九日、九月十六日、十月十三日、十一月十日、十二月七日。右老子拔白日。

① 〔日〕吉川忠夫、麦谷邦夫编《真诰校注》，朱越利译，中国社会科学出版社，2006，第291页。

② 〔日〕吉川忠夫、麦谷邦夫编《真诰校注》，朱越利译，中国社会科学出版社，2006，第292页。

③ 〔日〕吉川忠夫、麦谷邦夫编《真诰校注》，朱越利译，中国社会科学出版社，2006，第185页。

④ 〔日〕吉川忠夫、麦谷邦夫编《真诰校注》，朱越利译，中国社会科学出版社，2006，第289页。

（此是太清外术事，似长史自抄用）”① 若在宜日洗澡，可以让人通灵。若在宜日拔白发，可让白发不再生。这两条均是长史许谧所抄，许谧似乎特别重视时日宜忌。老子拔白日来自太清外术。而《太清外术》被《酉阳杂俎》和《本草纲目》等书引用。

相对于大量的修炼宜日，上清派的时日禁忌数量较少。事实上，为数不多的时日禁忌中还有一些禁忌是和宜日相联系的。如前文所分析的“修洞诀者勿眠日”先讲二月二日、三月三日、八月八日、九月九日、十月十日夜晚应该在寝室存思洞中诀事，烧香念真，这些是指宜日宜事，而后面加的“精苦勿眠”，是禁忌的内容。前面所应该做的事情和禁忌做的事情相互关联。此夜既然要在寝室中存思洞中诀事，烧香念真，自然无法睡觉。如果睡了，则无法进行相关活动。又如《真诰》的“天人大忌”，言八节日应当斋戒，禁止忿争喜怒和行威刑。斋戒就是保持身心的洁净，而忿争喜怒和行威刑就不能保持心灵和身体的安宁和洁净。

（二）房事时日禁忌较多

上清派的时日禁忌包括上帝煞害日这种诸事不宜之日，也包括禁止某事的禁忌，如禁忌入山动土的地破日。上清派的时日禁忌具体事项包括忿争、喜怒、行威刑、穿凿、入山、唾、饮食、夫妻同席、睡眠、行阴阳等。除禁止行阴阳是明确的房事禁忌之外，禁止夫妻同席、睡眠也有禁忌房事之意。

我们将上清派房事禁忌进行整理，不能行阴阳的日子包括：

> 甲寅、庚申：不可与夫妻同席及言语面会，不寝。（《真诰》）
>
> 月晦朔之日：不眠。（《真诰》）
>
> 三月九日、六月二日、九月六日、十二月三日：不可见女

① 〔日〕吉川忠夫、麦谷邦夫编《真诰校注》，朱越利译，中国社会科学出版社，2006，第548页。

子。(《真诰》)

正月庚申、二月辛酉、三月庚戌、四月癸亥、五月壬子、六月癸丑、七月甲寅、八月乙卯、九月甲辰、十月丁巳、十一月丙午、十二月丁未：诸事不宜。(《真诰》)

二月二日、三月三日、八月八日、九月九日、十月十日：精苦勿眠。(《登真隐诀》)

日月晦朔，上下弦望，日月蚀，大风、恶雨、地动、雷电、霹雳、大寒暑、春夏秋冬节变之日、送迎五日之中，本命行年月日：不行阴阳。(《养性延命录》)

五月十六日：忌阴阳交会。(《养性延命录》)

我们以公元2019年己亥年农历一月和二月为例，来标注禁忌房事时间，如下表。

2019年己亥年农历一月房事禁忌日

日期	一日	二日	三日	四日	五日	六日	七日	八日	九日	十日
禁忌原因	朔；立春后一日	立春后二日	立春后三日	立春后四日	立春后五日			上弦		雨水前五日
禁忌结论	忌	忌	忌	忌	忌			忌		忌
日期	十一日	十二日	十三日	十四日	十五日	十六日	十七日	十八日	十九日	二十日
禁忌原因	雨水前四日	雨水前三日	雨水前二日	雨水前一日	望；雨水	雨水后一日	雨水后二日	雨水后三日	雨水后四日	雨水后五日
禁忌结论	忌	忌	忌	忌	忌	忌	忌	忌	忌	忌
日期	二十一日	二十二日	二十三日	二十四日	二十五日	二十六日	二十七日	二十八日	二十九日	三十日
禁忌原因		下弦			惊蛰后五日	惊蛰前四日	惊蛰前三日	惊蛰前二日	惊蛰前一日	晦；惊蛰
禁忌结论		忌			忌	忌	忌	忌	忌	忌

一月共三十日，仅晦朔、上下弦望，节气变化送迎五日等禁忌日达到二十四日，占总天数的五分之四，还不包括出现日月蚀，大风、恶雨、地动、雷电、霹雳、大寒暑等天气异常的情况、人的本命行年月日等个人本命相关的禁忌和个人身体情况相关的禁忌日。

2019 年己亥年农历二月房事禁忌日

日期	一日	二日	三日	四日	五日	六日	七日	八日	九日	十日
禁忌原因	朔；惊蛰后一日	二月二日；惊蛰后二日	惊蛰后三日	惊蛰后四日	惊蛰后五日			上弦		春分前五日
禁忌结论	忌	忌	忌	忌	忌			忌		忌
日期	十一日	十二日	十三日	十四日	十五日	十六日	十七日	十八日	十九日	二十日
禁忌原因	春分前四日	甲寅；春分前三日	春分前二日	春分前一日	望；春分			庚申	二月辛酉	
禁忌结论	忌	忌	忌	忌	忌			忌	忌	
日期	二十一日	二十二日	二十三日	二十四日	二十五日	二十六日	二十七日	二十八日	二十九日	
禁忌原因			下弦		清明前五日	清明前四日	清明前三日	清明前二日	晦；清明前一日	
禁忌结论			忌		忌	忌	忌	忌	忌	

二月共二十九日，仅晦朔、上下弦望，节气变化送迎五日和干支等禁忌日达到二十天，占了三分之二以上，如果再遇上天气异常的情况，或是本命行年月日，禁忌日就更多了。

从上述两例可见，上清派每月房事禁忌时间很多，这也反映了上清派对待房事的态度十分谨慎。如《外景经》言："长生要妙房中急，弃捐淫欲专守精。寸田尺宅可理生，系子长留心安宁，观志游神三奇灵，闲暇无事心太平。常存玉房神明达，时念太仓不饥渴，役使六丁神女谒，闭子精路可长活。”[①]《真诰》有：“男女同席而坐息，列罪于北玄。若犯污秽，殃注三祖。”[②] 上清派将男女同席而坐息列为有罪之行，可能犯污秽，这一点亦可看出上清派对待房事的态度。另外，据多种文献记载，被上清派封为第一代宗师的魏夫人，被父母强行安排与刘幼彦结婚，等两个孩子稍大后，就“斋于别寝”。[③] 上清派尊魏夫人为第一代宗师，也可看出上清派崇尚“别寝”，对待房事谨慎的态度。

二　上清派的吉凶观

（一）吉凶能预测

上清派认为吉凶可以预测，上清派的道士擅长预测吉凶。陶弘景就是其中最有名的一位。正史《南史》为陶弘景立传，称“国家每有吉凶征讨大事，无不前以咨询，月中常有数信，时人谓为‘山中宰相’”[④]。《华阳陶隐居内传》引《本起录》：“先生于吉凶、内外、仪体、表笔，爰及笺疏启牒，莫不绝众。”[⑤] 此条记录的表述是将吉凶一项放在陶弘景擅长的诸多事项的首位。可见，写作者认为这是陶弘景最擅长的事项或者最值得记述的事情。

陶弘景集《太上赤文洞神三箓》有多种符能请神得知吉凶。如地甲符，通过此符可以请来姓浊，字武公的神。此神知天下伏尸、埋

---

① 《黄庭经外景玉经注》，(唐) 梁丘子等注《黄庭经集释》，中央编译出版社，2015，第 139~140 页。

② (南朝梁) 陶弘景撰，王家葵辑校《登真隐诀辑校》，中华书局，2011，第 198 页。

③ 《晋紫虚元君领上真司命南岳夫人仙坛碑铭》《太平广记》和《太平御览》等均有载。

④ (唐) 李延寿：《南史》，《影印文渊阁四库全书》第 265 册，台湾商务印书馆，1986，第 1084 页。

⑤ 《华阳陶隐居内传》，《道藏》第 5 册，第 502 页。

藏财宝物及坟墓之处，并能通过此神了解吉凶。[①] 又如帝策符，可以请来刘姓神，此神“能知人间祸福吉凶玄妙之事”“能知风雨岁丰时分”[②]，可以通过此神得知吉凶。

据《华阳陶隐居内传》，陶弘景还著有多种吉凶占卜的道书，包括《七曜新旧术数》二卷、《风雨水旱饥疫占要》一卷、《卜筮略要》一卷、《灵奇秘奥》一卷、《举百事吉凶历》一卷、《算数艺术杂事》一卷。[③] 可见，他可能想要将这些吉凶预知术在上清派传承下去。

然而，仅有占卜吉凶之术远远不够。上清派借郎宗“耻以占事就”的事迹，说明占卜一事不应成为道人用以入仕的资本。因占卜而就官，是一种耻辱：

> 又有郎宗者，字仲绥，北海安丘人，少仕宦为吴县令。学精道术，占候风炁。后一旦有暴风经窗间，占知京师大火，烧大夏门。遣人往参，果尔。诸公闻之，以博士征宗。宗耻以占事就，夜解印绶，负笈遁去。居华山下，服胡麻丸得道。今在洞中。（《后汉书》载郎宗事云：“理京房《易》，善星算、风角、六日七分，能望气占候吉凶，常卖卜自奉。安帝征，对策为诸儒表，后拜吴令。时卒有暴风，宗占知京师当有大火，记识日月，遣人参候，果如其言。诸公闻而表上，以博士征之。宗耻以占验见知，征书到，夜悬印绶于县庭而遁去，遂终身不仕。”）[④]

郎宗因占卜成功被征为博士，他耻以占验见知而遁去终生不仕。

---

① 《太上赤文洞神三箓》，《道藏》第 10 册，第 799 页。

② 《太上赤文洞神三箓》，《道藏》第 10 册，第 800 页。

③ 《华阳陶隐居内传》，《道藏》第 5 册，第 509 页。

④ 〔日〕吉川忠夫、麦谷邦夫编《真诰校注》，朱越利译，中国社会科学出版社，2006，第 442 页。

他遁去的原因或并不仅因占卜就官为耻，可能还有向往山林生活而不愿意做大官。更有可能占卜凶吉有风险，恐以占事得福，亦因占事而遭殃。正如老子言“祸兮福所倚，福兮祸所伏”。

（二）侮天时者凶，顺天时者吉

《养性延命录》引纬书：“《河图帝视萌》曰：侮天时者凶，顺天时者吉。春夏乐山高处，秋冬居卑深藏，吉利多福，寿考无穷。”① 这种“侮天时者凶，顺天时者吉”的吉凶观在所有道派均有流行。顺天合道是道教所有道派共同的特征，在上清派具体表现为顺时饮食、房事上不侮天时和在神灵出现时进行朝拜等。

（三）吉凶受善恶和承负双重影响

《养性延命录》有：“老君曰：人修善积德，而遇其凶祸者，受先人之余殃也；犯禁为恶，而遇其福者，蒙先人之余殃也。”② 即人所遭遇的吉凶，不仅受本人行为善恶的影响，也受到先人的善恶影响。本来行善之人应处吉，然而可能在现实生活中遇到凶祸。本来犯禁之人应处恶，但也可能在现实中却有福。承负说则可以解决这个困境，吉凶同时受到善恶和承负的双重影响。

承负之说在早期道书《太平经》中已提出。贺碧来认为“在某种程度上，个人始终是集体的，本质上依附于他的宗族。《太平经》特有的‘承负’观提出在子孙身上得到自身行为的道教报应之说不过是这种普遍观念的宗教运用而已”③。上清派继承了“承负说”。在承负的吉凶观下，如果想要得吉，不仅需要自己努力行善积德，还需要祖先积善，自己无法改变祖先的行为，同样自己的行为也会对子孙

① （南朝梁）陶弘景撰，曾召南注译，刘正浩校阅《新译养性延命录》，三民书局，2006，第 36 页。

② （南朝梁）陶弘景撰，曾召南注译，刘正浩校阅《新译养性延命录》，三民书局，2006，第 71 页。

③ 〔法〕贺碧来：《佛道基本矛盾初探》，万毅译，吕鹏志校订，见《法国汉学》丛书编辑委员会编《法国汉学》第 7 辑，宗教史专号，中华书局，2002，第 176 页。

产生重要的影响。中国伦理观以家庭为本位，大部分人选择行善积德，造福子孙。

（四）勿道死事，哭、泣、哀不祥

和早期正一道将死亡看作殗秽一样，上清派亦认为死为凶事，不能言说。所以上清派不管是在神圣的行为中还是世俗的行为中，均十分忌讳道死事。《真诰》禁止在吃东西时、服仙药之后说死事：

> 又曰："临食上勿道死事，勿露食物，来众邪炁。"
>
> 服仙药常向本命。服毕，勿道死丧凶事。犯胎伤神，徒服无益。①
>
> 临食上，勿道死事，洗澡时，常存六丁，令人所向如愿。②

语言在道教中有神秘的力量。道教认为，通过语言能对事物产生影响。事实上，在宗教产生以前的原始信仰中语言就具有神奇的力量。我国人类学家李安宅先生曾指出语言和物体之间的关系："语言所代表的东西与所要达到的目的，根据原始信仰，都相信与语言本身是一个东西，或与语言保有交感的作用。因为这样，所以一些表达欲望的辞句，一经说出，便算达到目的，与一般的呻吟、惊叹、挥手、捶胸、顿足等自足的作用，没有什么区别。"③ 道教产生之后也大量吸收巫术内容，十分推崇语言。道教的法术有很多与语言相关。如道教通过咒语可以役使鬼神，按李安宅先生的看法，鬼神之名与鬼神本身是同一个东西，或者有着交感的作用。同样，按照相同的思维方

① 〔日〕吉川忠夫、麦谷邦夫编《真诰校注》，朱越利译，中国社会科学出版社，2006，第289页。

② 〔日〕吉川忠夫、麦谷邦夫编《真诰校注》，朱越利译，中国社会科学出版社，2006，第287~288页。

③ 〔英〕马林诺夫斯基：《巫术与语言》，李安宅编译，上海文艺出版社，1988，第13页。

式，“道死事”和死亡本身也是相同或者相关联的。死亡本来就是人类对于未来最为恐惧的事情。[①] 道教尤其渴望长生，故更不愿意提及死亡。所以将死亡看作殗秽，并且认为“道死事”为凶。

上清派在临食上和服仙药后不道死事。汉代《礼记》曰“当食不叹”。古代医书认为临食忧戚会致病。宋代《太平惠民和剂局方》认为“临食忧戚”会导致“郁抑之气留滞不散，停于胸膈之间，不能流畅，致心胸痞闷，胁肋虚胀，噎塞不通，噫气吞酸，呕哕恶心，头目昏眩，四肢倦怠，面色萎黄，口苦舌干，饮食减少，日渐羸瘦”[②]。临食上不道死事，可能因为“道死事”死亡就会来临，即使死亡没有来临，死也是一件让人恐惧且忧戚的事情，吃饭说起此事，会影响心情，从而影响身体健康。服仙药后“不道死事”也是出于语言和物体的交感关系。

上清派特别说明了哭、泣、哀等与死亡之间的关系。早期正一道认为，哭是殗秽，死亦殗秽，但并没有说明两者的关系。《真诰》中特别指明了“哭”、“哀”与“死”之间的关系。“哭者亦趣死之音，哀者乃朽骨之大患……极哀者则淫气相及。”[③] 发出声音的哭被看作是“趣死之音”。没有声音的泣亦被看作是损害自己身体的行为：“学生之法，不可泣泪及多唾泄。此皆为损液漏津，使喉脑大竭。”[④] 积年累月的泣泪或是唾泄，也会导致身体的衰竭，甚至死亡。故上清派将死亡、哭均看作是不祥之事。

三　多种解秽之术

上清派认为时日禁忌重要，要选择合适的时日进行修炼，也要避

① 〔苏〕尼古拉·别尔嘉耶夫：《道德生活中的想象成分》，王德峰译，胡景钟、张庆熊主编《西方宗教哲学文选》，上海人民出版社，2002，第 475 页。

② 王小云、杨洪艳、黄旭春主编《郁证》，中国中医药出版社，2015，第 465 页。

③ 〔日〕吉川忠夫、麦谷邦夫编《真诰校注》，朱越利译，中国社会科学出版社，2006，第 220 页。

④ 〔日〕吉川忠夫、麦谷邦夫编《真诰校注》，朱越利译，中国社会科学出版社，2006，第 336 页。

免禁忌的时日。上清派除了主动避忌外，也积极主动除厄。如殗秽禁忌，上清派采取了多种方法最大限度地消除殗秽对自己的影响。上清派提出了很多禁忌解除方法，包括叩齿念咒、服解秽符、洗浴、饮酒咬蒜等，较之早期正一道的解除殗秽的方式更加方便易行。

（一）叩齿念咒

《上清黄庭养神经》有叩齿念咒解除法："'某乙左青龙孟章甲寅，右白虎监兵甲申，头上朱雀灵光甲午，足下玄武执明甲子，月为贵人入中央。'右此一首，常密念之令熟，勿令出声，不要他人知……或入孝家，临尸见丧，亦入其门一步诵一遍，叩齿三下，当诵三遍，此我法也。"①

在上清派看来，叩齿是"呼神和真"的举动，叩齿有重要的隐喻，是上清礼祝的重要程序，有严格的规定。《上清修身要事经》曰："凡存修上法，礼祝之时，皆先啄齿，上下相叩，勿左右也。一呼一吸，令得咽诸气液耳。此名为呼神和真，以求升仙者也。其法叩齿，上下相叩名曰天鼓，左齿相叩名曰天钟，右齿相叩名曰天磬也。制鬼召魔可叩钟磬，行道求真叩天鼓也。"② 张崇富教授指出叩齿具有重要的仪式内涵，叩齿实际上模仿了道教仪式当中敲击钟鼓磬，"古人深信律吕具有协调阴阳，协调宇宙气机变化的功能，因此演奏乐器也必定会对外面的世界产生一定的影响"③。所以叩齿的功效就包括了驱逐邪魔、驱邪避邪。

念咒解秽也是运用语言和事物之间的关系原理。念出咒语召请神灵就意味着神灵的到来。上文中咒语包括东边青龙孟章甲寅、右边白虎监兵甲申、南方朱雀灵光甲午、北方玄武执明甲子、中央月。通过

---

① 《上清黄庭养神经》，《道藏》第 34 册，第 281 页。

② 《上清修身要事经》，《道藏》第 32 册，第 568 页。

③ 张崇富：《论道教叩齿的仪式内涵》，《四川大学学报》（哲学社会科学版）2013 年第 4 期。

念咒，五方神灵到来，抵御殗秽的伤害。念咒需要秘密进行，不能出声，不能被别人知道。李远国先生将咒语的具体施用形式分为三种：一是“言咒”，二是“微咒”，三是“心咒”或称为“阴咒”“密咒”。上文所引的咒语属于第三种。

上清派通过叩齿念咒来达到解除殗秽、洁净自身的目的。

（二）服解秽符

服符是道教早期的法术之一。早期正一道、太平道均有服符之术。《赤松子章历》有符水解秽，上清派继承了这一方法，通过服符来解秽，且以“解秽符”命名此类符：

> 服六甲神符，役使万灵，不得危人自安，念行仁义，消灾度厄，必获仙道，与天相毕，不入污秽为上。若临丧产之家，服解秽符解之。①

由上文可见，不入污秽为最上。但若是迫不得已必须前往丧产之家，已染秽后，也可以通过服解秽符解秽。

唐代《金锁流珠引》有造式的方法，介绍了特殊情况下用解秽符进行急解秽：

> 太上老君告禹曰：夫木星之精为舟，泛于沧溟之野，以寻决水之所。又曰：木星之灵，为式天地。
>
> 注：式天，枫木也。式地，枣木也。二木相合，镌刻为天地万神星象，俱备上天下地，转轮相加，以禁止凶人、恶鬼。如手遂心，可投万物，可制神鬼。回天转地，可佐助我，登步地纪天纲之道也。可役虎豹，可指万兵，可加凶恶，可止风雨，可役使

① 《上清黄庭养神经》，《道藏》第 34 册，第 284 页。

> 蛟龙，可回吉凶，种种之验也。造之可以纯吉人。凶孝秽之人，切不得用造此式并及木。先被未死，手把了，其人后死。其木亦不堪造式，并及死人之式，切不得看视。何况凡愚之辈，更取再用，大为秽犯。世人行式不通者也。夫式不得僧尼见，犯便秽触也。若是其道士，自身居重服，出二十五日外，方可犯式用之。如自式要用，急解秽，吞解秽符，着吉服用之。若别凶孝僧尼产妇，切不得见，把行用之。如或女人受式，常自量用，有疾发。即且不用把得，须待过疾后，用得无妨。桐柏真人王子乔告第二女曰：夫式者以防急用，正当用有疾，但吞解秽符，并解秽水，又咒用之，得。[①]

其中包括几种秽污：僧尼见式是秽污，道士自身居丧是秽污，见到守孝的僧尼和产妇是污秽，生病是秽污。如果道士自身居丧或者生病可以通过解秽符进行化解。道士居丧，必须要二十五天以后才能够用式，如果着急用式，需要急解秽，吞下解秽符，脱下丧服，穿上吉服。正在生病也不能用式，但在吞解秽符和服解秽水后可以用式。

据潘雨廷《道藏书目提要》，《金锁流珠引》著者为茅山派道士，[②] 即上清派。《上清黄庭养神经》和《金锁流珠引》两部上清经书均有服解秽符，可见上清派确有此解秽法。

（三）洗浴解秽

《登真隐诀》详细介绍了洗浴解形解除殗秽法，包括浴汤用材、煮汤方法等。

> 若履殗秽及诸不洁处，当洗浴解形以除之。其法用竹叶十两

① 《金锁流珠引》，《道藏》第20册，第423页。

② 潘雨廷：《道藏书目提要》，《潘雨廷著作集》第11册，上海古籍出版社，2016，第102~104页。

(凡诸竹叶皆可用耳，北机之上精，不显其品族也)，桃皮削取白皮四两（干者亦可用。此桃皮是其子可食者，生山中者亦好，非山桃也。二物并用古秤，干桃皮则半之)，以清水一斛二斗，于釜中煮之，令一沸（一沸而已，不事于浓也)，出，适寒温以浴形，即万殗消除也。[①]

解秽的浴汤用了两种材料：竹叶和桃皮，竹叶和桃皮有明确的数量要求和质量要求。竹和桃都极具文化象征意义和医疗价值。

竹在中国古人生活中具有无法替代的作用。李约瑟称东亚文明是“竹子文明”。首先，日常生活中竹的应用广泛。古代中国人的衣食住行样样都依赖于竹：如竹鞋、竹斗笠等；食用笋、获取食物时使用的竹制工具；竹床、竹椅等竹制家具；竹船、竹桥等交通工具。其次，竹还有很多象征意义：竹子因空心，象征虚心谦逊；竹因身直，象征正直；竹因有竹节，象征有节。再次，竹有医疗价值。道教药学著作《图经衍义本草》曰：“篁竹叶，篁音谨。味苦，平、大寒，无毒。主咳逆上气，溢筋急，恶疡，杀小虫，除烦热，风痉，喉痹，呕吐。根：作汤，益气止渴，补虚下气，消毒。汁：主风痓。实：通神明，轻身益气。”[②] 道教尤其喜爱竹，陈寅恪先生曾指出魏晋时人爱竹的原因不仅是高雅，还与天师道信仰相关：“天师道对于竹之为物，极称赏其功用。琅琊王氏世奉天师道，故世传王子猷之好竹如是之甚。（见《世说新语·简傲篇》、《御览》叁捌玖引《语林》及《晋书》捌拾《王徽之传》等）疑不仅高人逸致，或亦与宗教信仰有关。”[③] 上清派认为竹为“北机上精”，与灵魂相联，且生命力茂盛，

① （南朝梁）陶弘景撰，王家葵辑校《登真隐诀辑校》，中华书局，2011，第33~34页。

② （宋）寇宗奭：《图经衍义本草》，《道藏》第17册，第563页。

③ 陈寅恪：《天师道与滨海地域之关系》，《金明馆丛稿初编》，生活·读书·新知三联书店，2001，第9~10页。

故有广嗣的作用，《真诰》引《九合内志文》：“‘竹者为北机上精，受气于玄轩之宿也。’所以圆虚内鲜，重阴含素，亦皆植根敷实，结繁众多矣。公试可种竹于内北宇之外，使美者游其下焉。尔乃天感机神，大致继嗣；孕既保全，诞亦寿考；微著之兴，常守利贞。此玄人之秘规，行之者甚验。”[①] 神仙小说中，青竹与神仙之间联系紧密。学者指出青竹是“修道者仙化以后遗留下来的尸体幻化物，是得道者化为尸解仙的躯体象征”，“也是神仙度化他人的工具”，“还是神仙的飞升工具，能够迅速地穿越不同的时空域限”，“凭借青竹的御飞能力，凡人还能超越生死，出入于冥间阴府之中”，青竹还是“神仙治病和卜卦的器具”，竹杖还是“神仙的一种外在装饰物”[②]。

桃在道教文化中也有特殊的意义。桃与竹相同，有生命力旺盛之意。《本草纲目》曰：“桃性早花，易植而子繁。”[③] 渠红岩博士指出桃文化滥觞、形成于先秦至魏晋。她列举诸多古籍说明桃信仰，先秦纬书将桃看作是星宿的化身：“玉衡星之精散为桃。”因为桃树开花早，结果早，桃子被作为贡品祭祀神灵。《尹喜内传》有“老子西游，省太真王母，共食碧桃、紫桃”的故事。《神农经》曰：“玉桃，服之长生不死，若不得早服，临终日服之，其尸毕天地不朽。”《汉武故事》中有东方朔尝三次盗取海上蟠桃，此桃三千霜乃熟，一千年开花，一千年结子。《汉武帝内传》有西王母给汉武帝仙桃之事，汉武帝欲收核种桃，被西王母告知此桃三千年一生实，中夏地薄，种之不生。[④] 诸多文献表明，桃在民俗文化中具有仙气。另外，民俗认

---

① 〔日〕吉川忠夫、麦谷邦夫编《真诰校注》，朱越利译，中国社会科学出版社，2006，第 259 页。

② 曾礼军：《〈太平广记〉神仙小说中“青竹”的宗教文化意蕴探析》，《宗教学研究》2009 年第 3 期。

③ （明）李时珍：《本草纲目》，《影印文渊阁四库全书》第 773 册，台湾商务印书馆，1986，第 605 页。

④ 渠红岩：《先秦至魏晋时期民俗中的桃》，《青海民族研究》2007 年第 3 期。

为桃能驱鬼。《淮南子》“羿死于桃棓”，许慎注曰“鬼畏桃也”[①]。《齐民要术》引《本草经》曰：“桃枭在树不落，杀百鬼。”[②] 道教继承并发展了桃文化。《摄生纂录》有以桃辟鬼术：“正月建日，取桃斧枝及故车碾置户内，桃置户外，即鬼永不来。”[③] 桃的价值高，为人周知，但上清派尤重桃皮的价值。《真诰》曰：“世人之食桃档以补身，不知桃皮之胜也。桃皮别自有方。”[④] 桃皮是学道时能食之物，《真诰》讲黄子阳学道时仅吃桃皮、喝石中黄水，后成仙：“君曰：黄子阳者，魏人也，少知长生之妙，学道在博落山中，九十余年，但食桃皮，饮石中黄水。后逢司马季主，季主以导仙八方与之，遂以度世。（此六国时魏，非汉后魏世也。）”[⑤]

《上清太极真人撰所施行秘要经》也载此法：“且竹虚素而内白，桃即却邪而折秽。故用此二物，以消形中之滓浊也。”并盛赞此法，认为天上仙人下界游后回去也用此水洗澡，它比符水咒漱外含之近术更好。《上清太极真人撰所施行秘要经》还特别申明此水虽好，但只能洗澡不能洗头。

竹和桃是生活中常见的材料，方便易得。《洞神经》有两种沐汤法，竹叶、桃皮是简易方法的材料：“《洞神经》第十二云：上元斋者，用云水三斛，青木香四两，真檀七两，玄参二两，四种合煮，一沸清澄，适寒温。先沐后浴。此难办者，用桃皮、竹叶锉之，水一二斛随多少，煮一沸，令有香气，人人作浴，内外同用之，辟恶除

① 张双棣：《淮南子校释》，北京大学出版社，1997，第 1472 页。

② （北魏）贾思勰：《齐民要术 附杂说》，中华书局，1985，第 52 页。

③ 《摄生纂录》，《道藏》第 10 册，第 713 页。

④ 〔日〕吉川忠夫、麦谷邦夫编《真诰校注》，朱越利译，中国社会科学出版社，2006，第 186 页。

⑤ 〔日〕吉川忠夫、麦谷邦夫编《真诰校注》，朱越利译，中国社会科学出版社，2006，第 176 页。

不祥。”①

竹和桃均生命力旺盛，结繁众多，受到道教的喜爱。竹叶和桃皮用以煮汤洗浴，有解除殗秽的功能。洗浴在宗教学有直接的象征意义，洗澡能够使身体获得洁净。很多宗教都有清洁身体的仪式。如伊斯兰教的大净和小净。中国文化中，祭祀、行大礼之前的斋戒，包括洗澡。选用有象征意义的竹叶和桃皮熬汤沐浴，获得洁净的同时，意味着驱鬼去邪。

（四）饮酒咬蒜

上清派除了有染秽之后解除的方法，也有见尸体之前的预防措施，如饮酒咬蒜。当代研究者大都认为此做法是合理的卫生经验。②上清派主张最好不要见尸体，但有一些特殊的情况必须见尸，《真诰》有：“李少君口诀：道士求仙，不欲见死人尸，损神坏气之极。人君、师父、亲爱，不得已而临之耳。所以道士去世，不事王侯，是无君也。块然独存，是无友也。唯父母师主，不得不临丧，致感极之哀，不吝性命之伤耳。苟以此故而伤，是以无伤之也。吾其秘之，故口传焉。”③ 针对这样的情况，要提前做好预防措施：

> 凡空腹不可见闻臭尸，气入鼻，令人成病。凡欲见死尸，皆须先饮酒及咬蒜，辟毒气。④

尸体有臭味。现代医学认为，尸气是尸体腐败的征象。人死后体内的细菌大量繁殖，产生出腐败的臭味。古代道教对尸体的危害有比较详细的研究。《肘后备急方》曰：“尸注、鬼注病者，葛云，即是

① （宋）张君房：《云笈七签》，《道藏》第22册，第285页。

② 如钟国发《陶弘景传》等。

③ 〔日〕吉川忠夫、麦谷邦夫编《真诰校注》，朱越利译，中国社会科学出版社，2006，第342页。

④ （南朝梁）陶弘景撰，曾召南注译，刘正浩校阅《新译养性延命录》，三民书局，2006，第151页。

五尸之中尸注，又挟诸鬼邪为害也。其病变动……累年积月，渐就顿滞，以至于死，死后复传之旁人，乃至灭门。”① 研究者称这是“结核病最详确而早的描述”。② 可见，葛洪已认识到染病的尸体会传染疾病。上清派指出尸体的臭味通过鼻子进入身体，会让人生病。隋代医书《诸病源候论》将尸气致病总结为：“人有触值死尸，或临尸，其尸气入腹中，与尸虫相接成病。”③

为防止染病，上清派的预防措施是见死尸前先饮酒和食蒜。酒和蒜都有去恶气、邪气的作用。

酒用于治病的历史很长。马王堆汉墓出土的《五十二病方》有四十多种治病的药酒。《史记》有扁鹊用酒醪治肠胃病的记载。葛洪《肘后备急方》也有治病的药酒。陶弘景对药酒的制作有详细的论述。④《名医别录》酒居中品：“味苦，甘辛，大热，有毒。主行药势。杀邪恶气。”⑤ 酒在象征意义上，有通神之意。古代祭祀多用酒。

《真诰》此法所用的蒜应指小蒜。小蒜为中国固有，大蒜为欧洲所产，在汉代张骞通西域后带回。陶弘景曾专门区分了大蒜和小蒜。“今人谓葫为大蒜，谓蒜为小蒜，以其气类相似也。”⑥《名医别录》大蒜、小蒜均有描述，葫“味辛，温，有毒。主散痈肿，䘌疮，除风邪，杀毒气”⑦。蒜“味辛，温，无毒，归脾胃。主治霍乱，腹中不

---

① 《葛仙翁肘后备急方》，《道藏》第 33 册，第 11 页。

② 马伯英：《中国医学文化史》，上海人民出版社，1994，第 578 页。

③ （隋）巢元方：《诸病源候论》，辽宁科学技术出版社，1997，第 116 页。

④ 周然、柴智、樊慧杰、李艳荣：《药酒的历史沿革及现代发展与应用》，《中医杂志》2017 年第 23 期。

⑤ （南朝梁）陶弘景集，尚志钧辑校《名医别录》，人民卫生出版社，1986，第 208 页。

⑥ （宋）唐慎微：《证类本草》，《影印文渊阁四库全书》第 740 册，台湾商务印书馆，1986，第 1060 页。其他医书也有记载。如《离骚草木疏》《本草纲目》《图经衍义本草》。

⑦ （宋）唐慎微：《证类本草》，《影印文渊阁四库全书》第 740 册，台湾商务印书馆，1986，第 1060 页。其他医书也有记载。如《离骚草木疏》《本草纲目》《图经衍义本草》。

安，消谷，理胃，温中，除邪痹毒气”[①]。《名医别录》是陶弘景整理编纂的。故《真诰》直言“蒜”当指小蒜，但由于大小蒜的性质相近，后世由于大蒜食用量大于小蒜，唐代颜师古注“蒜”为“大蒜和小蒜的合称”，后来人们更多用蒜来指“大蒜”。但无论大蒜、小蒜都具有去邪气之功用。

上清派认为提前服用味道浓烈且具有驱邪气的蒜和酒，能帮助身体抵御即将到来的臭尸邪气。这一方法，是从预防的角度来防止疾病产生，同时也能降低殗秽对自己的伤害。可见，上清派对禁忌的能动性进一步加强。过去的解秽方法是污染之后补救，此法是污染之前的预防。既能将己身的污染降至最低，又能应对不得不参加的“见死尸”情景。

（五）请神抑制禁忌

《登真隐诀》有犯禁忌的消除之法。如在犯行年本命、太岁土王、墓辰建破等禁忌后，请神消除之法。

> 若卜问病者，云犯行年本命，太岁土王，墓辰建破，当请制地君五人，官将百二十人，治宜泉宫，令抑制消灭之。（自非高真玄挺，皆有年命衰厄，及行造所为，解犯方地井抵，太岁土王之气，本墓建破之辰，及诸禁忌，皆致否病，故令消却之。）[②]

早期正一道也有此法，上清派此法应该来自早期正一道的影响。从上述引文看，此法不是普通人能够日常使用的，而依赖于道门人士。

在丧葬之时，上清派有通过买地券请来众多神灵进行辟斥禁忌的方法，买地券上书：“天帝告土下冢中王气、五方诸神、赵公明等：

① （南朝梁）陶弘景集，尚志钧辑校《名医别录》，人民卫生出版社，1986，第312页。
② （南朝梁）陶弘景撰，王家葵辑校《登真隐诀辑校》，中华书局，2011，第90页。

某国公侯甲乙，年如干岁，生值清真之气，死归神宫，翳身冥乡，潜宁冲虚。辟斥诸禁忌，不得妄为害气。”① 这一方法也有赖于道门人士。

前面的几种方法，如洗浴解秽、饮酒咬蒜，平常人即可做到。但请神并非一般人能行之，故在方法描述上比较简略，可能秘传或他书专述。

以上几种方法是上清派对时日禁忌的消解方法，既有发生之前的预防，也有发生之后的消解。与早期道派相比较，上清派有两个特征：一是增加了很多方便易行的方法；二是更加注重从药物学等养生卫生的角度进行解除。

第三节　上清派时日禁忌的特点

我们通过对比上清派时日禁忌和其他道派时日禁忌的内容，可以得出上清派时日禁忌的特点。

一　房事时日禁忌数量较多，存思术更注重时日选择

上清派较为注重房事时日禁忌，虽太平道提到房事禁忌，但多是异常天象禁忌，上清派增加了很多内容，如节气变化、本命行年月日和人自身的准备情况等。由此可见，上清派房事禁忌内容更加丰富，更加符合现代养生学。同时，可以看出上清派主张节制房事的态度。

与早期正一道重视上章等时日选择相比较，上清派更加注重存思之术的时日选择。从这一点可以看出两个道派的区别：早期正一道更注重上章，而上清派更注重存思术。故两派在各自常用的修炼方式上

① 〔日〕吉川忠夫、麦谷邦夫编《真诰校注》，朱越利译，中国社会科学出版社，2006，第331页。

更加重视时间选择。

二　血忌反支等禁忌淡出，本命禁忌重要性增强

与早期正一道相比较，血忌反支等汉代流行的禁忌渐渐淡出，而本命禁忌的重要性逐渐加强，如在房事禁忌中单列一条。这一现象反映了道教时日禁忌与社会文化之间的关系密切。汉代流行的血忌、反支等禁忌进入了当时的道派——早期正一道当中。随着汉代的灭亡，包括禁忌在内的汉代文化的影响也逐渐减退。

本命信仰很早已出现，然而本命禁忌在道教中的广泛流行却在晋代之后。《三国志·管辂传》中管辂对自己的评价是“吾额上无生骨，眼中无守精，鼻无梁柱，脚无天根，背无三甲，腹无三壬，此皆不寿之验。又吾本命在寅，加月食夜生。天有常数，不可得讳，但人不知耳”①。其中隐约可见本命与不寿之间的联系。虽《赤松子章历》《太平经》道经等已经出现本命禁忌，但只是和其他众多禁忌相提并论，亦未有详细讲年、月、日、时。《真诰》本命信仰表现更加明显，比如许谧有理衣下人，名“草”。《真诰》:“草今年自有本命厄，非欲取也，令其乞符自保而带之。”②

刘长东教授指出，“关于本命信仰的命理基础，自汉魏至初唐应是本于阴阳五行生克说……道教也有本命信仰……而在初唐之后，本命信仰的命理基础中则明显羼入有佛教的星命之说”③。贾二强教授提出:“本命禁忌的真正形成与盛行，应与佛教的传入及流布有着密切的关联。”④ 本命禁忌的形成不一定与佛教有关，但本命禁忌的盛行

---

① （晋）陈寿:《三国志》，中华书局，1959，第826页。

② 〔日〕吉川忠夫、麦谷邦夫编《真诰校注》，朱越利译，中国社会科学出版社，2006，第247页。

③ 刘长东:《本命信仰考》，《四川大学学报》（哲学社会科学版）2004年第1期。

④ 贾二强:《“本命”略说》，《中国典籍与文化》1998年第2期。

应与佛教有一定的关系。两位学者均提出本命禁忌与佛教之间存在着关联。道教时日禁忌可以佐证这一点。道教早期有本命的记载，那时也认为本命是厄，但是并没有特别明确本命禁忌事项。随着佛教的流行，道教对于本命更加重视，并且发展出“本命日不得行房事”等禁忌，说明道教时日禁忌也同时受到其他文化的影响。

三　时间选择依据反映出上清派神灵形象更加丰满

上清派特别注重存思、服气等修炼方式的时间选择。这些时间选择的依据多与神灵相关。第一种情况是与神灵出游时间相关，如：

> 太上大道玉晨君，常以正月四日、二月八日、三月十五日、四月八日、五月九日、六月六日、七月七日、八月八日、九月九日、十月五日、十一月三日、十二月十二日，登玉霄琳房四眄天下有志节远游之心者，子至其日平旦日出时，北向再拜。亦可于静中也，自陈本怀所愿。毕，因咽液三十六过。[①]
>
> 东海青童君，常以丁卯日，登方诸东华台四望。子以此日常可向日再拜，日出行之，可因此以服日精。[②]
>
> 三月十八日、十二月二日，东卿司命君是其日上要总真王君、太虚真人、东海青童合会于句曲之山，游看洞室。好道者欲求神仙，宜预斋戒，待此日登山请乞。笃志心诚者，三君自即见之，抽引令前，授以要道，以入洞门，辟兵水之灾，见太平圣君。[③]

---

① 〔日〕吉川忠夫、麦谷邦夫编《真诰校注》，朱越利译，中国社会科学出版社，2006，第292页。

② 〔日〕吉川忠夫、麦谷邦夫编《真诰校注》，朱越利译，中国社会科学出版社，2006，第292页。

③ 〔日〕吉川忠夫、麦谷邦夫编《真诰校注》，朱越利译，中国社会科学出版社，2006，第364页。

常以二月二日、三月三日、八月八日、九月九日、十月十日夜，于寝室存思洞中诀事，烧香念真，精苦勿眠，如有所待，兼慎于其日，益善。云修洞诀者，其日卫经玉童玉女，将太极典禁真人来于空中，观察善恶。故令谨慎，勿为他事，唯营道务，修诸善法也。①

受洞诀施行太丹隐书存三元洞房者，常月月朝太素三元君。以正月九日、二月八日、三月七日、四月六日、五月五日、六月四日、七月三日、八月二日、九月一日、十月十日、十一月十一日、十二月十二日夜，于寝静之室，北向，六再拜。讫，稽首跪曰："谨启太上大道高虚玉晨太素紫宫八灵三元君、中央黄老无英白元太帝、五老高真上仙太极皇精三皇君，大洞三景弟子某，谨以吉日之夜天关九开之间，上闻太上玉皇真君，乞得长生世上，寿无亿年，时乘黄晨绿盖龙辕，上诣紫庭，役使万神，侍卫四明。"毕，勿令人知也。

右四朝太素三元君法，以吉日夜半时。②

正月二十三日，东宫上人来看洞中，时或有龟山宾共集。高会真仙之日，宁可暂登伏龙之乡，以礼拜于灵岫邪，可示许侯令知之。③

上几例时日选择的依据是神灵登台、出游等活动的时间，此时间请乞能起到较好的效果。

第二种情况是时日禁忌由仙真所传授：

---

① （南朝梁）陶弘景撰，王家葵辑校《登真隐诀辑校》，中华书局，2011，第 264 页。

② 〔日〕吉川忠夫、麦谷邦夫编《真诰校注》，朱越利译，中国社会科学出版社，2006，第 291 页。

③ 〔日〕吉川忠夫、麦谷邦夫编《真诰校注》，朱越利译，中国社会科学出版社，2006，第 391 页。

东海东华玉妃淳文期授含真台女真张微子服雾之法。常以平旦，于寝静之中，坐卧任己，先闭目内视，仿佛使如见五藏。毕，因口呼出气二十四过，临目为之，使目见五色之气，相缠绕在面上郁然。因入口内此五色气五十过。毕，咽液六十过。毕，乃微咒曰："太霞发晖，灵雾四迁。结气琬屈，五色洞天。神烟含启，金石华真。蔼郁紫空，炼形保全。出景藏幽，五灵化分。合明扇虚，时乘六云。和摄我身，上升九天。"毕，又叩齿七通，咽液七过，乃开目事讫。此道神妙。又神州玄都多有得此术者。久行之，常乘云雾而游也。①

此例是选择平旦进行服雾之法。此法的来源与神仙相关，由东海东华玉妃淳文期授予女真张微子。

上述引文包括众多仙真：太上大道玉晨君、东海青童君、东卿司命君、总真王君、太虚真人、卫经玉童玉女、太极典禁真人、太素三元君、太上大道高虚玉晨太素紫宫八灵三元君、中央黄老无英白元太帝、五老高真上仙太极皇精三皇君、东宫上人、东海东华玉妃淳文期、女真张微子等仙真。这些仙真来源各异：有的来自传说，如赤松子；有的来自历史人物，如茅盈的师父——王远（《真诰》称"总真王君"）、茅盈（《真诰》称"东卿司命君"）；有的来自虚构的神话人物，比如东海东华玉妃淳文期，《真诰》言淳文期为东海青童君的妹妹——青童君住在东海方诸宫，可能与河神相关。这些仙真的地位也不同。有尊神，如太上大道玉晨君。道经称："如三洞四辅之所载，《上清经箓》以金龙玉鱼盟天而传，故传授者之谓师，躡受者之谓资，……故老君师太上玉晨大道君焉，大道君即元始天尊之弟子也。

① 〔日〕吉川忠夫、麦谷邦夫编《真诰校注》，朱越利译，中国社会科学出版社，2006，第308~309页。

天尊生亿劫之前，为道炁之祖，所以道君为天尊之弟子，老君之师。二圣既立，即老君嗣焉。”[①] 传授谱系为：元始天尊—太上玉晨大道君—太上老君。也有地位较低之真人，如含真台张微子等。

上清派的时日禁忌多与仙真相关，而涉及的仙真又十分众多。由此可见，上清派创造出众多神灵，那么接下来的工作理应给神灵排列谱系，故有上清派以《真灵位业图》为神灵排序。虽《华阳隐居先生本起录》没有著录《真灵位业图》，学界或对《真灵位业图》的作者有争议，但《真灵位业图》可以代表上清派的神灵体系：“但不论是否陶作，此书都可以代表陶弘景发扬上清经法之后南朝道教的神灵体系。”[②] 这些仙真的形象，随着上清派的发展变得更加丰满。

综上，上清派的时日禁忌内容主要体现为房事禁忌。时日选择的事项主要集中在存思和服气方面。由此可见，上清派主要采用的修炼方法是存思、服气等，严格限制房事。禁忌主要依据是阴阳理论、天人感应理论、道教的三尸信仰、神灵体系等。上清派对待时间的态度是：时日选择十分重要，凶吉能预测，顺天时吉。上清派有多种解秽的方式。从禁忌的解除方法上看，上清派更加注重用生活中常见的药物进行解秽——或因为陶弘景的药学知识丰富。与早期正一道相比较，上清派更加注重简便易行、个体能操作的方法，较少依赖专业的道门人士。

---

① 《犹龙传》，《道藏》第18册，第5页。

② 钟国发：《陶弘景评传》，南京大学出版社，2005，第260页。

第五章　灵宝派时日禁忌

灵宝派产生于东晋，也是魏晋南北朝时期的重要派别。它出现的时间和上清派的时间大致相同。灵宝派以信奉和传承《灵宝经》而得名。灵宝派和早期正一道、上清派关系比较密切。该派既受到早期正一道的影响，又使用上清派的新方法。灵宝派在修道方面，不但要自己得道，并且希望帮助别人得道，故被称为道教中的“大乘思想”。

灵宝派与早期金丹派的关系也很紧密。因为葛洪的族孙葛巢甫造了很多命名为“灵宝”的道经，并且编造葛氏家族传授经书的谱系，灵宝派便假托葛洪为该派的祖师。葛洪也是早期金丹派的代表人物。

葛巢甫始造灵宝经书，至南朝道士陆修静将灵宝派的教义弘扬光大。所以陆修静被认为是灵宝派的实际创始人。陆修静同时也是天师道改革派的道士，他特别看重上清派的方法，因此他认为自己不拘泥于一派，而是“三洞弟子”。

灵宝派的道经较多。陈国符先生曾在《道藏源流考》中辨明古《灵宝经》是“今之《五符经》(《灵宝五符经》之简称)”。[①] 他指出“《灵宝》诸经有《灵宝无量度人经》。简称《灵宝经》或《度人经》。故《太上洞玄灵宝大纲钞》曰：‘都五十八卷。其经旨在此《度人经》中。其五十七卷，皆演说科仪，斋法、教戒，缘起。’《洞

① 陈国符：《道藏源流考》，中华书局，1963，第62页。

玄灵宝三洞奉道科戒营始》卷四之《灵宝中盟经》，皆《灵宝经》也”[1]。李远国先生的《论道教的大乘思想：以灵宝派为中心》一文对重要的灵宝经进行了详细的梳理，内容包括魏晋时期的九种道书。根据上文考证内容整理表格如下。

九种灵宝经的年代及地位

经名	今名/简称	成书时间	地位
《太上洞玄灵宝五篇真文赤书》	今名《元始五老赤书玉篇真文天书经》	东晋	东晋灵宝首经；承前启后
《太上洞玄灵宝天文五符序经》	今名《太上灵宝五符序》	汉代灵宝古经；汉代直称《灵宝经》，后《灵宝经》专指葛巢甫所造道经，改称《五符经》	汉世至东晋初，《五符经》为众经之首
《灵宝无量度人上品妙经》	简称《度人经》	第一卷东晋，其他卷北宋	后世被奉为万法之宗，群经之首
《太上洞玄灵宝自然至真九天生神章》	今名《洞玄灵宝自然九天生神章经》		灵宝派重要经典，有多人注释
《太上洞玄灵宝玉诀》	今名《太上洞玄灵宝赤书玉诀妙经》		
《太上洞玄灵宝智慧罪根上品》	今名《太上洞玄灵宝智慧能罪根上品大戒经》	东晋	
《太上洞玄灵宝智慧定志通微经》		东晋	

① 陈国符：《道藏源流考》，中华书局，1963，第70页。

续表

经名	今名/简称	成书时间	地位
《太上洞玄灵宝三元品戒经》	在《道藏》中分为两部。前半部名《太上洞玄灵宝三元品戒功德轻重经》，后半部名为《太上大道三元品戒谢罪上法》	东晋	
《太极真人敷灵宝斋戒威仪诸经要诀》		东晋	古灵宝经之一

之后还有多种灵宝道经产生，包括《太上太玄女青三元品戒拔罪妙经》《太上洞玄灵宝宿命因缘明经》等。李远国先生认为，唐宋灵宝派道经中最重要的是《度人经》的注释阐发和对灵宝大法的整理总结。后者所涉及的经书包括《上清灵宝大法》《灵宝领教济度金书》《灵宝玉鉴》《灵宝无量度人上经大法》。①

灵宝派因经书众多，包含大量斋醮科仪内容，故所涉的时日禁忌较多。

第一节　灵宝派时日禁忌

本节分成两部分进行讨论：一是魏晋时期灵宝派道经时日禁忌内容，二是宋元时期灵宝派道经时日禁忌内容。

一　魏晋时期灵宝派道经时日禁忌内容

前文所列举魏晋时期灵宝派的九种道经，主要有以下几种时日禁忌。

① 李远国：《论道教的大乘思想：以灵宝派为中心》，李远国《三元集》，四川大学出版社，2014，第1~6页。

（一）行道时不可乱语

《太极真人敷灵宝斋戒威仪诸经要诀》曰："行道之时，故不可得乱语，论及世务，唯当请问法师经义禁戒，师当为解说真要。人能使内外夷然，敬受经一句，司命加十算。若内外躁竞，毁经一句，司命夺十算。故真人不言，言必有中。言皆令作法，言人能弘道，非道弘人，此之谓也。"①

此禁忌是灵宝斋戒的管理规定。行道之时应该夷然镇定，而不能躁竞。受经可增加寿命，毁经会剥夺寿命。这一禁忌要求道人行道时只能谈及经义禁戒，不能讨论世俗事务。世俗事务既包括与宗教不相干的日常生活事务，亦包括宗教世界之外的政治事务。要求行道之时不乱语，从宗教仪式上看，保证行道的严肃性和纯洁性。从宗教与政治的关系上看，要求道教远离政治，以保证宗教的生存和发展。

（二）吉日、斋直日身心不受秽，不可不礼师、不敬香火

魏晋时期的几种灵宝经，都很强调吉日和斋日的行为。不仅以正面的、肯定的方式说吉日、斋直日应该做什么，还特意从否定的角度说吉日、斋直日禁忌。吉日、斋日禁止事项包括：身心不洁、不礼师、不敬香火和不谢过。

《太上大道三元品诫谢罪上法》曰："天尊言：夫为学者，身经三元上吉之日，香汤自炼，沐浴五神，则气澄形正，神爽结真，体不受秽，气不受尘，三关清虚，万邪不干，三部八景，洞明身中。服御导引，五府生薰，内外充溢，悉得成仙。"② 即，要求通过香汤沐浴，使五府和身体洁净，肉体的洁净关乎精神的洁净。只有"体不受秽，气不受尘"才可能通过"服御导引"等方式成仙。

在斋直日，除了保持身心洁净之外，还应礼师、敬香火、回心念

① 《太极真人敷灵宝斋戒威仪诸经要诀》，《道藏》第9册，第869页。

② 《太上大道三元品戒谢罪上法》，《道藏》第6册，第586页。

善、谢过。若未作上述事项是为罪。《太上太玄女青三元品戒拔罪妙经》有：“忏悔弟子或朔望八节之日，不礼师资骄慢之罪。忏悔弟子或遇斋直之日，不精香火，普为众生之罪。”① “或遇诸天斋日，不能回心念善。”② “三元之日，不谢五帝三官。或十直之辰，不生善念。吾今为汝众生示诸罪目，颇同尘沙，穷劫说之，亦不可尽。”③《太上洞玄灵宝三元品戒功德轻重经》有：“学上道月朔八节不礼师尊之罪。”④ “学者及百姓子诸天斋日不念道之罪。”⑤ “学者及百姓子八节不言名五帝之罪。”⑥

斋日最常见的活动是敬香火和回心念善。道人在斋日需要内外两个方面的修斋。内心深处，回心念善。外在行为，对神灵敬献香火。道士拈香时，应该默念：“道由心学，心假香传。香爇玉炉，心存帝前。真灵下盼，仙旆临轩。令臣关告，径御九天。”⑦ 回心念善和敬香火都表达了道人诚心修斋。

礼师所礼者为经、籍、度三师。灵宝派十分重视礼师，并解释礼拜三师之缘由：“奉师威仪，经师则经之始，故宜设礼，三宝之宗。籍师则师之师，故宜设礼，生死录籍所曰（由）。度师则受经之师，度我五道之难，故应设礼。为学不尊三师，则三宝不降，三界不敬，鬼魔害身。”⑧ 灵宝派规定在朔望和八节日礼师。

谢过是灵宝派的一个重要科仪。杜光庭《太上宣慈助化章》有“灵宝师老有修斋谢过之科”⑨。灵宝派要求在三元日、八节向五帝三

① 《太上太玄女青三元品戒拔罪妙经》，《道藏》第1册，第838页。
② 《太上太玄女青三元品戒拔罪妙经》，《道藏》第1册，第843页。
③ 《太上太玄女青三元品戒拔罪妙经》，《道藏》第1册，第844页。
④ 《太上洞玄灵宝三元品戒功德轻重经》，《道藏》第6册，第880页。
⑤ 《太上洞玄灵宝三元品戒功德轻重经》，《道藏》第6册，第882页。
⑥ 《太上洞玄灵宝三元品戒功德轻重经》，《道藏》第6册，第883页。
⑦ （宋）金允中：《上清灵宝大法》，《道藏》第31册，第480页。
⑧ 《洞玄灵宝玉箓简文三元威仪自然真经》，《道藏》第9册，第861页。
⑨ 《太上宣慈助化章》，《道藏》第11册，第330页。

官谢过。五帝即苍帝、赤帝、黄帝、白帝和黑帝。古灵宝经《太上灵宝五符序》有五帝的名称、天干神、服色、龙驾颜色、旗子颜色、气的属性和功能等。[1] 三官则是天官、地官和水官。谢五帝和三官是灵宝仪式的一个步骤。金允中《上清灵宝大法》有《六幕启谢品》，包括启玄师笺、启五帝笺、启三官笺、启天师笺、启三师笺、启监斋笺、谢玄师笺、谢五帝笺、谢三官笺、谢天师笺、谢三师笺、谢监斋笺。

以上禁忌都强调斋日须按照规定进行仪式活动。然而哪些时间属于斋日呢？

灵宝派两种早期经典都列了斋日时间。唐代《太极真人说二十四门戒经》有十直斋、八节斋、三元斋、四始斋、三会斋等几种斋日。[2] 成书于南北朝和唐之间的《太上洞玄灵宝福日妙经》中除以上几种外，还有长斋月、五腊日、朔望、甲子、本命、庚申：

> 天尊言：正月、三月、五月、七月、九月、十一月，此长斋月。能毕是月修斋者，见身仙度，举家康泰，七祖无为。
>
> 天尊言：正月七日，天曹迁赏会。七月七日，地府度生会。十月五日，水府建生会。是三会吉日，能于此日长斋者，万劫家门不遭瘟气。
>
> 天尊言：正月十五日，七月十五日，十月十五日，是三元斋日。能于此日长斋者，延寿益算，不见众苦。
>
> 天尊言：正月一日，天腊。五月五日，地腊。七月七日，道德腊。十月一日，民岁腊。十二月遇腊，王侯腊。每月一日、十五日、甲子、本命、庚申日，有人能于此日长斋，诵咏经文，无

① 《太上灵宝五符序》，《道藏》第6册，第319页。

② 《太极真人说二十四门戒经》，《道藏》第3册，第412页。

愿不会。

天尊言：每月一日、八日、十四日、十五日、十八日、二十三日、二十四日、二十八日、二十九日、三十日，是十直之日，长斋者，生死受福，万劫安乐。

天尊言：立春、春分、立夏、夏至、立秋、秋分、立冬、冬至，是八节斋日，行道持戒，长斋诵经，居门欣庆，七祖欢乐。①

南宋时期灵宝道经将甲子、本命和庚申三日称为“小攒会日”或“小三会日”，这三天重新考校三元日考校未尽事宜：“甲子太一简阅神祇，庚申日三尸言人罪过，本命日计人功行。又云：甲寅、庚申，尸鬼竞乱，宜避房室。又《玉经》云：此三日为小攒会日，凡三元考校未尽者于此重考校焉。”②

二 宋元时期灵宝派时日禁忌

宋元时期是灵宝派整理总结期，出现了《上清灵宝大法》《灵宝领教济度金书》《灵宝玉鉴》《灵宝无量度人上经大法》等大型道经。《上清灵宝大法》有两种，一种是南宋金允中编，另一种是宁全真授、王契真所集。《道藏提要》认为王契真属天台一派，金允中属中原旧法。事实上，两种属同一体系。

（一）持诵禁忌

几种灵宝经都有持诵三天讳诀的方法，包括《灵宝无量度人上经大法》、王契真《上清灵宝大法》和《灵宝领教济度金书》，或称“三天讳诀”，或称“通章合契诀”，内容几乎完全一致。王契真《上

① 《太上洞玄灵宝福日妙经》，《道藏》第6册，第226~227页。
② （宋）金允中：《上清灵宝大法》，《道藏》第31册，第394页。

清灵宝大法》：

> 通章合契
>
> 师曰：于每年除日，预于前一日，沐浴更衣，至来日平旦，于密室中端坐，面天门，持诵三天隐讳霟霴霺至十二时，足满三十万遍，来日元正日不语一日。自此之后，应章词表奏念法一遍，取东炁吹文字上，立致通达，自有玄报。又曰：常于晦日，要诵十万遍，奏章立达三天矣。[①]

该法要求每年除日持诵，元正日不语一日。除日是每年的最后一天，元正日是每年的大年初一。念诵的内容是三天的讳名："霟，太一天真讳。霴，太初天真讳。霺，真仙真人讳。"[②] 念诵此三字可帮助道人通达三天。《法海遗珠》认为炼神时呵出此三字可以帮助修道者冲上天门。[③]

此禁忌规定"元正日不语"，道经《上清镇元荣灵经》亦有元日"不与一切人言"的记载：

> 先斋五日，以元日丑时用三谷，谷烛下无人之处，朱书符纸上七个，烧灰置一硕水中。用洗耳，闻鬼神语。洗手脚，即能捉一切鬼神。漱口，可与鬼共言。若饮之，能察一切鬼神意。元日洗讫，其日至暮不食，不与一切人言，不见畜生、妇人、孝子。其夜于庭中铺一领净席，头南仰卧视北斗星。至夜半，乃见紫微宫内物事，及闻琴瑟之声，又见天地赫然而居，乃咒曰：隔居小人，至紫微帝君。毕，便闭目，鼻吸炁三次，存天炁入身。次口

① （宋）王契真：《上清灵宝大法》，《道藏》第30册，第666页。

② 《灵宝无量度人上经大法》，《道藏》第3册，第678页。

③ 《法海遗珠》，《道藏》第26册，第758页。

吸三炁，存地精入身。次口鼻俱吸炁三次，存人神入身。吸之法，一吸一通息，更通再三，乃开目视北斗，至日出便见，任食斋戒。至二月建卯，立坛为下法，合明天帝日二讳，朱书符三寸，五彩袋盛之，二月卯日，然后书七星，坛上佩之。[①]

王卡先生考证，《上清镇元荣灵经》是唐代道书，来自唐代翟乾佑一派所传的《镇元策灵书》。该书为天师道符咒法术经书，所用的符咒法术是早期天师道所惯用的召劾治病之术。该书前半部分经文出自上清派，后半部分为天师道治病召劾之术。[②] 上述引文内容出现在《上清镇元荣灵经》的开篇，应该属于上清派的修炼方式。元日“不与一切人言”的目的是保持身心的洁净。《上清灵宝大法》“元正日不语一日”也是出于此目的。

（二）存神参斗禁忌

王契真《上清灵宝大法》有存神参斗法。存神参斗是灵宝派的一种法术。通过参拜北斗七星，割移死籍。参斗是重要方法：只有参斗后有所感应，才能够学习其他经法。参斗完毕后才能择日朝元，存神上天门朝拜上真。

存神参斗有严格的要求，须明白参斗之报，否则不允许参斗。参斗有时间和空间的要求。空间上，参斗之地须选择不经生死秽地：“师曰：参斗之法，择不经生死秽地，取青竹作棚架之貌，其上置曲尺，象布斗罡形。于曲尺之要处，悬明镜八面，使光照下随斗罡建以时指方地。”[③]

时间方面禁忌主要是“参斗毕七日，勿返凡室”：

---

① 《上清镇元荣灵经》，《道藏》第18册，第615~616页。

② 王卡：《翟乾佑与镇元策灵书》，《道教经史论丛》，巴蜀书社，2007，第145~157页。

③ （宋）王契真：《上清灵宝大法》，《道藏》第30册，第669页。

> 师曰：如女子及炁血弱懦不能久立，即飞神二真，存魂参斗。或不及运身步斗，当于月三七日亥末，入靖面北，设席端，以香置顶中，存神意随香烟，径朝斗中，思七星焕明北斗一时，久即叩齿七通，依星诵咒。一如参斗遍数。毕，寝于靖中席上，再存斗中尊帝二星，明辉照朗，即已是夕有异报。如未见感格，次候更遇一吉日，依诀朝斗，以待报应，方可行持。余经七次，不明其报，更不许参斗，乃罪业重大，不得割移死籍。兆宜端洁精确，以伺感通，方为效信。此法乃召灵之经纬，修诵之诀法，宜在闭口奉行。参斗毕七日，勿返凡室，使人口恐惧，以分化凡之炁也。参斗讫，方择日朝元。①

“参斗毕七日，勿返凡室。”即在参斗毕七日不能返回凡室。理由是不能分化凡之炁。七日在中国文化为一个周期。周易复卦卦辞曰：“反复其道，七日来复，天行也。”《周易正义》曰：“阳气始剥尽至来复时，凡七日……天之阳气绝灭之后，不过七日，阳气复生，此乃天之自然之理。”② 七日为一周期，道教用一周期来隔离己身与凡室，以保障参斗的神圣性。“凡室”是与“净室”相对立的概念。《修真历验钞图》曰：“夫室者，非凡室也，谓三清神室也。三清者，经云太清、上清、玉清之宫室也。”③

此禁忌与“烧香时勿反顾”类似，均是为保证宗教活动的神圣性。

（三）服符时日禁忌

1. 开明三景服符禁忌

王契真《上清灵宝大法》有服符时日禁忌：

---

① （宋）王契真：《上清灵宝大法》，《道藏》第30册，第669页。

② （三国·魏）王弼注，（唐）孔颖达疏，李学勤主编《十三经注疏·周易正义》，北京大学出版社，1999，第111~112页。

③ 《修真历验钞图》，《道藏》第3册，第113页。

> 师曰：灵宝有开明三景之道。兆于日初出时，平心，向太阳祝郁仪咒……服日符忌午后，服月符忌上弦前下弦后，服斗符忌辰戌日。服此三景真炁，可以还精复胎，立反少容，呼吹万疾，随意而愈，百魔稽首，玉女侍形，不待飞升，三年功满，受书为三景真人。①

此法属服炁存思法。朱越利先生认为"'郁仪'和'结璘'这对术语的本义是指召请日月中神及精气"。"郁仪"和"结璘"的引申义是《太上玉晨郁仪奔日赤景玉文》和《太上玉晨结璘奔月黄景玉章》的简称《郁仪》和《结璘》。"郁仪"和"结璘"又转义为符咒名。②

服符禁忌时间根据符的性质决定。服日符忌午后，服月符忌上弦前下弦后，服斗符忌辰戌日。午后是阳气渐减之时，日属阳，午后属阳虚之时，故服日符不用午后。上弦前下弦后是"一月之虚"。明代中医书籍《杏苑生春》曰："若上弦前，下弦后，月廓月空，亦为一月之虚。"③ 故服月符不用月虚之时。服斗符忌辰戌日，或与斗建方位相关。《御定六壬直指》引日本学者阿部泰山《六壬神课·实践鉴定法》言："北斗七星的第一星指辰之方向，而第七星指戌之方向，所以合叫魁罡，六壬学中许多断法与辰戌有关，即此理。"④《协纪辨方书》有："辰、戌之所以为魁罡者，以其为二气之枢纽也。阳从辰而左至于戌，而成剥蔑之象；阴从戌而右至于辰，而成夬决之象。"魁罡是二气枢纽，也被看作月内凶神，故服北斗符不用辰戌。

---

① （宋）王契真：《上清灵宝大法》，《道藏》第 30 册，第 702 页。

② 朱越利：《道经中的郁仪和结璘》，潘崇贤、梁发主编《道教与星斗信仰》，齐鲁书社，2014，第 155~174 页。

③ （明）芮经、（明）纪梦德辑，曹瑛等校注《杏苑生春》，中国中医药出版社，2015，第 73 页。

④ 李峰注解《御定六壬直指》，海南出版社，2002，第 439 页。

2. 服五帝符五味时日禁忌

王契真《上清灵宝大法》卷六有五帝符，分别为青帝护魂符、赤帝养炁符、白帝侍魄符、黑帝通血符和黄帝中主符。五种符有不同的书写规则和吞佩方式。[①] 列表如下。

《上清灵宝大法》中的五帝符

	书、符色	符文位置	炁之方位	忌食五味时间	受符日	吞服用竹膜枚数	佩时书素色	五脏
青帝护魂符	右青书黄上	震文	东炁	忌食酸、辛九日	立春日	三	白	
赤帝养炁符	右朱书黑上	午文	南炁	忌食苦三日	立夏日	二	黄	
白帝侍魄符		兑文	西炁	忌食苦七日，辛三日	立秋日	四	紫	魄生肺安
黑帝通血符		坎文	北炁	忌食酸五日	立冬日	一	青	气盛血旺肾病安
黄帝中主符		中文		忌食酸十二日、甘五日	土旺之日	五	绛	气盛脾病愈

五种符所对应的忌五味的时间和数量均不同。值得注意的是，五种符均未忌食咸。或因为盐是身体必需品，每天都须摄入，不可能做到完全忌食咸，故不忌。青帝属木，青帝护魂符忌酸和辛。酸属木，辛属金，服青帝符忌食酸和辛，即忌食五行属性相同之味和胜己之味：酸与青同属木，属性相同，故忌酸；辛属金，金克木，服青帝符忌辛。同样，服赤帝符忌食苦，赤属火，苦亦属火，本还应忌克火之味，然克火是水，咸属水，咸因无法忌而不忌。服白帝符忌苦和辛，

① （宋）王契真：《上清灵宝大法》，《道藏》第30册，第706~708页。

白与辛同属金，故忌辛，苦属火，火克金，故忌苦。服黄帝符，应忌属土之味和克土之味，即甘和酸。依上文禁忌原理，服黑帝符应忌咸和甘，但或因忌咸难以做到而省略，“甘”又误写作“酸”。

同书卷十八亦有五帝符的内容，所忌略不同。服青帝符忌酸辛九日，服白帝符忌食苦九日，服赤帝符忌食甘辛五日，服黑帝符忌食甘三日咸五日，服黄帝符忌食咸十二日甘五日。[①] 卷十八所忌的原则和卷六基本一致，卷十八认为咸作为五味之一，也应该忌。可能对“忌”字的理解有程度的差异，卷十八可能认为少食用咸也属于忌咸。

总的来看，服五帝符时日禁忌的依据是五行生克关系。

（四）受持时日禁忌

王契真《上清灵宝大法》“火铃辟恶愈灾法”有“受持神印式”：“诀曰：凡受持，取印札于肘后，至丁日丁时，面丁方，步火铃罡，存王（玉）女真形六人。”然后念六遍咒语，每遍取炁呵印上。“七日不得食肉及诸腥辛，七日足。第八日甲日甲时，面甲方，步火铃罡，存六甲神将真形六人。”念六遍咒语，每遍取炁吹印上。“二日不得食五辛、菜果油，至二日足。第三日丙日，面丙方，步火铃罡，面日叩齿九通，存日光覆印穿齿，同旋九重。”念咒语八十一遍，每次取炁喷印上。“至辰日戌时，步火铃罡，面斗叩齿七通”，仰面祝咒四十九遍，“取炁四十九次，吹印上，如是毕祭了，安之”[②]。火铃是道教中的一种制灭魔精的法器，又叫流金火铃，可以掷很远，光芒耀眼。

上文时日禁忌内容包括从丁日丁时念咒之后开始到甲日甲时的七日内不食肉及诸腥辛，从甲日至丙日二日不食五辛、菜果油。关于五辛，道教中有不同的说法。两种《上清灵宝大法》五辛为“忌食五

① （宋）王契真：《上清灵宝大法》，《道藏》第30册，第821页。
② （宋）王契真：《上清灵宝大法》，《道藏》第30册，第770页。

辛：生葱，韭，大蒜，小蒜，葫荽”[①]。《金书真记》云：“食五辛，败仙相也。五辛者，葱、蒜、韭、薤、兴渠。”[②] 禁忌原因，道经说是其味十分辛臭：“食之经日，尚臭出口中，对人言语，已觉不可，况于持诵神文，朝真行事乎？五辛之外，更有薤藠（似葱）之属，皆不宜食。不必细为之说。雁，犬，黑蠡鱼（鲤字非也。此名三厌。）三厌之外，更有鳖鳝之类，皆腥秽之气难退者，并不宜食。”[③] 肉、腥、辛、菜果油不符合斋戒的饮食要求，不能在庄严神圣的日子食用。

此禁忌保证受持仪式的洁净性。七日和二日没有特别的含义，主要是为了保证丁日丁时、甲日甲时和丙日丙时这三个时间点。这三个时间具有特别的意义。因为该法为“火铃辟恶愈灾法”，故在五行属火的天干——丙丁之日受持火铃神印效果更好。受持从丁日到丙日，正好十天，包括了所有天干日，是一个周期，意味受持仪式完整。丁日思存六丁玉女，甲日思存六甲神将，希望通过玉女神将使受持效果增加。

（五）行道烧香时日禁忌

王契真《上清灵宝大法》的“斋戒禁忌门”有斋戒吉日和斋戒禁忌日。斋戒吉日包括三元、三会、五腊、小三会日、八节日、节会日、五卯日、十方天尊天君下降日、诸真下降日、四始日、旦望日、太上大道君登玉霄琳房日。禁忌日包括避忌日、月忌日、帝煞日、受死日、龙虎日、月选将时、空亡日、天门开闭时等。虽然王契真言“按古科斋直之日，禁忌之条，散诸经诰，不可备述。但切于修用，略出而已”[④]，但是实际上《上清灵宝大法》斋戒宜忌的内容整理得

---

① （宋）王契真：《上清灵宝大法》，《道藏》第30册，第718页；（宋）金允中：《上清灵宝大法》，《道藏》第31册，第395页。

② 《三洞珠囊》，《道藏》第25册，第319页。

③ （宋）金允中：《上清灵宝大法》，《道藏》第31册，第395页。

④ （宋）王契真：《上清灵宝大法》，《道藏》第30册，第717页。

比较详细，来源较为广泛，包括早期正一道的道经《赤松子章历》、上清派道经《真诰》等。其中大部分禁忌来自《赤松子章历》。新增的禁忌包括“空亡日”。

王契真《上清灵宝大法》曰：

> 空亡日
>
> 甲己日，申酉。乙庚日，午未。丙辛日，辰巳。丁壬日，寅卯。戊癸日，子丑戌亥。[①]

经文将空亡日列入禁忌类，虽未说禁忌内容是什么，但可根据上下文推论它为修斋禁忌。虽言空亡日，但实际上是按照日干禁忌时支。

空亡日禁忌原理与天干地支的五行属性相关。《渊海子平》有两种空亡日，一是六甲空亡，一种是截路空亡。此处的空亡日为截路空亡。《渊海子平》有：“甲己申酉最为愁，乙庚午未不须求。丙辛辰巳何劳问，丁壬寅卯一场空。戊癸子丑君须记，人生值此也多忧。忽然更得胎中遇，白发盈簪苦未休。”[②] 整理者引“《考原》曰：截路空亡，遇壬癸也。行路遇水则不可行矣。如甲己日，以五鼠遁起甲子，顺历之得壬申、癸酉，故甲己日以壬癸、癸酉为截路空亡”[③]。《上清灵宝大法》的空亡日是时干为属水的壬、癸。

时干根据日干确定。五鼠遁法是通过日干来确定时干的方法。五鼠遁法的口诀为：“甲己还生甲，乙庚丙作初，丙辛从戊起，丁壬庚

① （宋）王契真：《上清灵宝大法》，《道藏》第30册，第717页。

② （宋）徐子平著，李峰整理《（新刊合并官版音义评注）渊海子平》，海南出版社，2002，第71页。

③ （宋）徐子平著，李峰整理《（新刊合并官版音义评注）渊海子平》，海南出版社，2002，第72页。

子居，戊癸何方始，壬子是真途。”也就是说日干为甲或己的日子，当日时干从甲子开始排。同样，日干为乙或庚的日子，则当日时干从丙子开始排。日干为丁或壬的日子，则当日时干从庚子开始排。日干为戊或癸的日子，则当日时干从壬子开始排。为了方便直观看出规律，我们列表如下：

“五鼠遁法”定时支

时 日干	子时	丑时	寅时	卯时	辰时	巳时	午时	未时	申时	酉时	戌时	亥时
甲己	甲子	乙丑	丙寅	丁卯	戊辰	己巳	庚午	辛未	壬申	癸酉	甲戌	乙亥
乙庚	丙子	丁丑	戊寅	己卯	庚辰	辛巳	壬午	癸未	甲申	乙酉	丙戌	丁亥
丙辛	戊子	己丑	庚寅	辛卯	壬辰	癸巳	甲午	乙未	丙申	丁酉	戊戌	己亥
丁壬	庚子	辛丑	壬寅	癸卯	甲辰	乙巳	丙午	丁未	戊申	己酉	庚戌	辛亥
戊癸	壬子	癸丑	甲寅	乙卯	丙辰	丁巳	戊午	己未	庚申	辛酉	壬戌	癸亥

注：灰色部分为截路空亡。

《渊海子平》认为截路空亡在命中出现不好，而且“以至百事，求财上官皆不利”①。

有的择日之书认为截路空亡禁忌原理归于五行属水是错误的。其理由是行陆路遇水为截，但走水路并不为截。《协纪辨方书》曰：“若以行路遇水为截，则方之舟之可矣，何截之有?”《协纪辨方书》认为，截路空亡的禁忌原理来自奇门遁甲术：“通书惟取截路空亡一种。今推其义，盖由奇门最重丙丁，故忌壬癸克之也。”② 奇门遁甲术中，乙、丙、丁为三奇。丙、丁属火，壬、癸属水，水克火，故忌壬、癸。

---

① （宋）徐子平著，李峰整理《（新刊合并官版音义评注）渊海子平》，海南出版社，2002，第72页。

② 《协纪辨方书》，李零主编，刘乐贤点校《中国方术概观·选择卷》，人民中国出版社，1993，第271页。

事实上，禁忌壬、癸在早期正一道经典《赤松子章历》就有载，只是名称不同。六壬日在《赤松子章历》中作六闭日，六癸日在《赤松子章历》中作六塞日。两种禁忌都是从天干的五行属性立论。

两种说法孰是孰非似难以确定，但都以天干地支的五行属性作为基础。道教忌截路空亡修斋，是取行路、上官不利之意。“截路空亡”禁忌内容出现较早，但此名出现在宋代，记载截路空亡的典籍大都在宋代和宋代以后，可以推论，“截路空亡”这一名称的流行在宋代及以后。此禁忌在《灵宝领教济度金书》《无上黄箓大斋立成仪》《道法会元》中均有记载，说明宋代之后的道教较为重视截路空亡禁忌。《道法会元》中有：“有如三八谢罪，合上章表之日，适值所忌，科犹不禁，是亦通融说也。惟空亡时最宜忌之。”①

（六）日常行为时日禁忌

王契真《上清灵宝大法》有入食威仪，在进食之前先念临食咒：“百谷五米，流入肠胃。五藏安宁，尸邪亡坠。七祖安宁，长生久视。”② 念完后，叩齿三十二通，咽液九过，才可以进食。同时，此处还规定了进食的时间：“午前宜食，酉时后勿食。午前者，天人食也。酉后者，鬼魔脯也。又临食勿言死，恐生疾病也。食物不久露，恐邪气来也。故真人断谷入山，求升仙之要矣。”③

“酉时后勿进食”是出于健康考虑。引文中提到“食物不久露”，也是出于健康的考虑。食物准备好后长时间放置在常温下会变质，这是古人观察到的现象，所以从健康的角度出发，要求食物不久露。“酉时后勿进食”，古代的夜分为五更天，从日入后二刻半（昏）到日出前二刻半（旦或明）就是夜晚。酉时是太阳落山之时。此条禁忌的意思是不能在太阳落山后进食。古代人就寝时间较早，一般在戌

① 《道法会元》，《道藏》第30册，第187页。

② （宋）王契真：《上清灵宝大法》，《道藏》第30册，第724页。

③ （宋）王契真：《上清灵宝大法》，《道藏》第30册，第724页。

时至亥时睡。古人讲究睡子午觉，也就是在子时之前必须入睡。如果在酉时以后进食，距离就寝时间较近，不容易消化，不符合道教养生原则。事实上，早在陶弘景的《养性延命录》中就有“饱食夜卧失覆，多霍乱死”[①] 的说法。《至言总》有“酉后不饮食。若冬月夜长及性热，少食温软物，食讫，摇动令消，不尔成脚气”[②] 的说法。可见“酉后不饮食”是出于健康的考虑。《上清灵宝大法》赋予此禁忌宗教意义，认为酉后饮食是“鬼魔脯也”。这一禁忌也成为古人生活中的饮食指导。明代《养生类要》曰：“古云：空心茶、卯时酒、酉后饭，俱宜少用。”[③]

（七）被误读的禁忌——秋分不谢过

王契真《上清灵宝大法》曰：“按《真诰》云：此日皆当净斋谋善，以营于道之方内，秋分日不谢过也。不可以其日忿争喜怒，及行威刑，皆天人之大忌也。”[④]

查看道藏本《真诰》并无“秋分不谢过”。东晋南朝的道经《紫庭内秘诀修行法》有“学道者当礼心存真拜谢。至秋分日，存思念真斋戒，勿念邪恶，当愿飞仙。若长斋者，秋分日皆谢七祖父母，次存一身罪过，求自改之誓也。非正绝于世尘之士者，慎勿以秋分日谢罪。此日谓此谢无不释，而不可重犯。自量或有必可免之事，尚未去得，勿强言谢也”[⑤]。《紫庭内秘诀修行法》是与《黄庭经》相关的道经，[⑥] 因此这一禁忌应来自上清派。然而，从《紫庭内秘诀修行法》原文看，本意并非禁忌秋分日谢过，而是提倡长斋者在秋分日谢过。谨慎或不要在秋分日谢罪的是“非长斋者”，即经文中“非正

① 《养性延命录》，《道藏》第 18 册，第 479 页。
② 《至言总》，《道藏》第 22 册，第 859 页。
③ （明）吴正伦辑，腾鹰点校《养生类要》，中医古籍出版社，1994，第 23 页。
④ （宋）王契真：《上清灵宝大法》，《道藏》第 30 册，第 716 页。
⑤ 《紫庭内秘诀修行法》，《道藏》第 18 册，第 711 页。
⑥ 龚鹏程：《龚鹏程讲道》，东方出版社，2015，第 173 页。

绝于世尘之士者”。《抱朴子内篇》中长斋者要“绝荤菜，断血食”[①]。唐代道经《至言总》也认为秋分日是谢罪好时机：“又云秋分日，日最重于七节。此日谢罪，罪必得除，而不可更犯十过，天地弗赦，不可复改。若未离人，则或恐涉咎者，宜便秋分日誓改之，辞必须肃然，自净乃可尔。”[②]

从时间上看，《紫庭内秘诀修行法》为东晋南朝道经，《至言总》为唐代道经，两种较早的道经都一致认为精诚修道者应该在秋分日谢罪。从道教义理来看，秋分日是“百神俱朝，议定罪福生死簿录”，所以此日从逻辑上讲应该谢罪。通过以上两点，我们认为，王契真的《上清灵宝大法》的“秋分不谢过”是对以前道经的不完整解读。此种误读未在其他道经中记载。可见，此禁忌在灵宝派的流行程度并不高。

通过此例，我们可以看到在道教的发展历史中，有的禁忌因为误读，内容发生了改变。但是由于资料的缺失，我们很难确定哪些禁忌因误读而发生。或许有些原因不明的禁忌就是因为误读而变得难以理解。

第二节　灵宝派对时间选择的态度

灵宝派对于时间选择的态度主要体现在以下方面：一是对待时间选择十分谨慎；二是吉凶观。分述如下。

一　时间选择重要，须谨慎对待

灵宝派认为时间选择十分重要，应该慎重对待。

---

① 王明：《抱朴子内篇校释》，中华书局，1985，第 275 页。

② 《至言总》，《道藏》第 22 册，第 870 页。

（一）道教活动时间选择应遵从经科

《太上洞玄灵宝三元品戒功德轻重经》列了六十条罪过，其中之一是“学上道受经不依经科年月传授之罪”[①]。道教授受经文是一件非常重要并且严肃的事情。关于授受经文，道教有严格的时间规定。

唐代张万福《洞玄灵宝道士受三洞经诫法箓择日历》有天师道、三皇派和灵宝派的符箓授受的时间规定，如洞玄灵宝自然券、中盟经、真文二箓和灵策神杖等箓的传授的吉凶日。

灵宝派主张受经应该遵从经科，否则会受到三官考罚。

（二）不可妄作忌讳

灵宝派虽主张要按照经文选择时间，但并不认为人人均可作忌讳。事实上，灵宝派十分反对妄作禁忌。灵宝派刻意区分正教和袄巫。《陆先生道门科略》曰：“奉老君三师，谓之正教。祭祀鬼神，祈求福祚，谓之邪。称鬼神语，占察吉凶，谓之袄。非师老科教，而妄作忌讳，谓之巫。”[②] “科教”在这里是指“道教”。此处可以反映陆修静对占察吉凶和妄作禁忌的反对态度。

陆修静的思想对灵宝派影响很大，“妄作忌讳”在灵宝道经中成了比较严重的罪过之一。灵宝派道书《太上洞玄灵宝三元品戒功德轻重经》有“学者及百姓子妄作忌讳之罪”[③]。

（三）时间允许选吉日，紧急情况不择日

《灵宝无量度人上经大法》指出在紧急情况下，可以不择日：

> 夫三真飞斗，乃驻景延生之道，益算保命之法，其诸灾厄，立见应效。谓如命禄将绝，灾厄至重，欲作大功德，营办未及，或已作功德，未能功成，性命既绝，遂为俗谤。故用三真飞斗，

① 《太上洞玄灵宝三元品戒功德轻重经》，《道藏》第6册，第880页。

② 《陆先生道门科略》，《道藏》第24册，第782页。

③ 《太上洞玄灵宝三元品戒功德轻重经》，《道藏》第6册，第881页。

> 延生益算，大则三日，次则五日，次则七日，可以别作仰谢诸天，复魂拔魄，回丧车，还性命，延寿算，于初三、二十七，或八节三元，十斋甲子庚申，本命元辰。如在急速，更不择日，止忌魁罡加临病人本命及法师本命，不可修用。[①]

三真飞斗法明确表达了灵宝派时日选择的态度——在时间允许的情况下，尽量挑选吉日，如初三、二十七、八节、三元、十斋、甲子、庚申、本命元辰等吉日。但若遇到紧急的情况，必须马上以此法益算保命则不择日。但是也要避开禁忌的时间，即魁罡加临病人本命及法师本命时。魁罡是凶神，加临本命时被认为危及性命。《壬归》有占问子孙六种不宜见者，其中第五是“不宜蛇虎魁罡加临年命”。“若六者全现，必有死亡。”[②] 显然，“魁罡加临本命”被看作是引起死亡的因素之一，故要特别避忌。

可见，魁罡加临本命是最凶险的时日，即使放宽条件不须择日，仍需要避忌。

二　吉凶观

（一）吉凶是对天人行为的反映

《太上灵宝五符序》有对玄古时期的描述：“玄古淳和，阴阳无纶，风不动条，云雨以期。万物自纵其心，苍生任道而行，上对天心，天人合气，吉凶未兆，不闻杀害，无惧其凶，不欣其吉，不见可否之言，不生是非之教，淳然不亏，峙然不损，推天任性，委地纵命，千万获所，莫伤其和。”[③] 玄古时期淳然美好，万物任心而行，苍生任道而行，天人合气。上天无需用吉凶来警示人的行为。因此吉

① 《灵宝无量度人上经大法》，《道藏》第3册，第821页。

② 于公：《〈壬归〉校译释论》，学林出版社，2012，第185页。

③ 《太上灵宝五符序》，《道藏》第6册，第315页。

凶未兆其实是无须预兆的意思。所以人们“无惧其凶，不欣其吉”。吉凶对于玄古人们来讲没有意义。因为玄古之人的举止行为合道，故不畏凶不欣吉。由此可推出，行为合道之人不在乎吉凶，因为行为合道能常吉。反过来说，后世人们在意吉凶，是因为他们的行为并非时时合道。

（二）仙道常自吉，鬼道常自凶

《太上灵宝净明飞仙度人经法》有：“第一欲界飞空之音：人道渺渺，仙道莽莽。鬼道乐兮，当人生门。天道贵生，鬼道贵终。仙道常自吉，鬼道常自凶。”[①] 此歌音配合掐文、念咒和书符可以断除邪恶。

对于“仙道常自吉，鬼道常自凶”的解读，有两种不同的观点。一种认为“仙道”与“鬼道”对立，鬼道不可学。薛季昭的《元始无量度人上品妙经注解》曰：“升入仙道，则多吉庆；沦坠鬼道，则多凶害。”[②] 丁培仁先生认为，仙道和鬼道指的分别是道教与巫术。[③]“仙道”即“天道”，引文言“天道贵生，鬼道贵终”。另一种观点认为，“仙道”和“鬼道”是不同的道法。王契真《上清灵宝大法》“仙道常自吉”和“鬼道常自凶”对应不同的符，有不同的应用场景。“仙道常自吉”的符“佩服，学道无魔，修真有悟”。“鬼道常自凶”的符“镇虎狼不出”。[④]

（三）吉凶可预知

灵宝派认为，吉凶可以预知。有两种方法能提前得知吉凶。

1. 服符

王契真《上清灵宝大法》列“天皇君召韩君司马制魔符”、“天

① 《太上灵宝净明飞仙度人经法》，《道藏》第 10 册，第 587 页。

② 《元始无量度人上品妙经注解》，《道藏》第 2 册，第 458 页。

③ 丁培仁：《世界主要宗教系统纲要》，巴蜀书社，2010，第 224 页。

④ （宋）王契真：《上清灵宝大法》，《道藏》第 30 册，第 858 页。

皇君召十方神王制魔符”、“地皇君召三界大魔制魔符”“地皇君召三界星宿璇玑制魔符”、“人皇君束缚魔灵符”和“人皇却死更生符”，言“以上符文，并出天皇下篇。如欲知未然吉凶，当以丹书，方三寸，清水吞之，静卧则预知矣。服时间日用五方消魔王咒”①。

这一方法似受到葛洪《抱朴子内篇》的影响。《抱朴子内篇》言“或服葛花及秋芒麻勃刀圭方寸匕，忽然如欲卧，而闻人语之所不决之事，吉凶立定也”，即服用葛花、秋芒、麻勃等植物，可预知吉凶。灵宝派也是服用某物后能预知吉凶，只是所服之物不同。服符比起服葛花等植物更加方便，而且按照道教的观念来讲，应该更有效果。故服符预知吉凶应源自早期金丹派，在灵宝派的发展过程中有所改进。

2. 召祭身神

王契真《上清灵宝大法》有“召祭身神”之法：“师曰：人之一身之主存乎神炁，神炁符合则通真达灵。”此法规定了实施的时间、地点、步骤。其法须呼身中神灵：

> 丹天真人，太一真人，桃康真人，胎光真人，幽精真人，爽灵真人，眉神天云，脑神元老，顶神东王，耳神娇女，目神英明，发神长寿，鼻神通灵，口神丹朱，舌神丹皇，齿神卫士，喉神虎贲，肩神郁灵，手神魂阴，心神呴呴，肝神临临，肺神祝祝，脐神玉灵，胃神阻阻，脾神禅禅，肾神漂漂，胆神获获，丹田神藏精，大肠神托托，小肠神梁梁，阳神穷英，腔神阴阴，膝神区区，腰神孔男，足神天丁力士。
>
> 呼之三遍，再祝曰：“汝等出吾身中，各各请坐。前后左右，自依本位。今日吉日祭祀，汝等任意饮食，哺飧醉饱为

① （宋）王契真：《上清灵宝大法》，《道藏》第30册，第777~778页。

> 期。”祝讫，存神如己者百十人，揖让。兆取饮食，随性任量饮食，以尽为法。又曰：“汝等既醉且饱，欣乐无极。每遇吉日，祭召即至。常日之时，勿得离吾。未来吉凶，汝先报吾。知吾身常存汝等，亦存善有悲忧。汝等亦秋。或有仙药，致之取之，令吾所食，令与汝等长生，万劫变化，为期汝等，即还吾身中，各安所治。急急如律令。”①

灵宝派认为人体内之神可以得知吉凶。人们可以在吉日祭祀，让身神任意饮食，醉饱欣乐，并且和身神约好，平日不可离开自己，请求身神提前告知未来吉凶，请求身神取来仙药与自己服用等。因此，身神能够提前知道未来吉凶，修道者通过祭祀身神的方式可预知吉凶。

这一方法亦是对《抱朴子内篇》的召神预知吉凶的改进。《抱朴子内篇》认为可通过《三皇文》召来天神司命等问吉凶。灵宝派也是召神来问吉凶，但所召之神为身神，说明灵宝派更加重视内求。

第三节 灵宝派时日禁忌的特点

灵宝派时日禁忌与其他道派相比较，有以下特点。

一 重视吉日胜于重视禁忌日

灵宝派认为应该遵从禁忌。《太上洞玄灵宝智慧罪根上品大戒经》有十恶，其中第七恶为“不孝背恩违义，犯诸禁忌”②。《元始五老赤书玉篇真文天书经》认为在斋戒吉日须不犯禁忌。如果违反

① （宋）王契真：《上清灵宝大法》，《道藏》第30册，第692页。

② 《太上洞玄灵宝智慧罪根上品大戒经》，《道藏》第6册，第887页。

科戒，则会减算。[①]

但是较之对禁忌的重视程度，灵宝派更加重视吉日。这和上清派相同，更加注重选择吉日进行道教活动。如《太上灵宝五符序》“食日月精之道”列出食日精的时间为月一、三、五、七、九、十五日，食月之精常在夜半和月十五。[②]《上清灵宝大法》立水池用壬癸日，立火池用丙丁日；[③] 书长生符用甲日或寅日。[④]《灵宝无量度人上经大法》“招灵求仙品”，有修灵宝五篇真文的时间：立春后甲寅、乙卯日；立夏后丙午、丁未日；春分、夏节、秋分、冬节后戊辰、戊戌、己丑、己未之日；立秋后庚申、辛酉之日晡时；立冬后壬子、癸亥之日时沐浴清斋入室。[⑤]《太上洞玄灵宝赤书玉诀妙经》规定投刺于灵山之法，吉日为本命、甲子、立春、立夏、春分、夏至、立秋、立冬。[⑥] 以上列举诸多灵宝派活动的规定时间，可见，灵宝派更加重视选择吉日，而不是避免凶日。

从灵宝派时日内容来看，魏晋时期灵宝派道经禁忌行道时乱语和吉日斋直日身心受秽，实际上都是为保证灵宝派斋戒行道的严肃性。宋元时期灵宝派道经虽然有斋戒的忌日，但这些内容几乎都来自早期其他派别的道经，如《抱朴子内篇》《赤松子章历》《真诰》等。各种道教法术的时日禁忌，又仅限于某法，不具有普遍意义。总的来讲，灵宝派独有的时日禁忌内容较少。

上清派亦具有此特点，说明道教在发展过程当中，对很多宗教活动制定了具体的吉日。因为有了具体的吉日，所以就更少地使用禁忌。

---

① 《元始五老赤书玉篇真文天书经》，《道藏》第 1 册，第 795 页。

② 《太上灵宝五符序》，《道藏》第 6 册，第 320~321 页。

③ （宋）王契真：《上清灵宝大法》，《道藏》第 31 册，第 147 页。

④ （宋）王契真：《上清灵宝大法》，《道藏》第 31 册，第 114 页。

⑤ 《灵宝无量度人上经大法》，《道藏》第 3 册，第 739~741 页。

⑥ 《太上洞玄灵宝赤书玉诀妙经》，《道藏》第 6 册，第 186~188 页。

二 宋元灵宝派与上清、正一等时日禁忌内容较多重复

宋元时期灵宝派时日禁忌的内容和上清、正一重复较多。因为灵宝派与上清派和正一派之间关系紧密，三派相互融摄。

灵宝派的著名道士陆修静兼习正一、上清和灵宝三派。陆修静整理道书，并按照三洞分类，自称“三洞弟子”，自然对三种道派的思想都熟悉并且乐于接受。陆修静作为灵宝派的实际创始人，他的兼习三派的态度对灵宝派其他道士有示范性的作用。

葛兆光先生认为，5~6世纪，“道教的各个流派和各种方法已经开始交汇融合，形成你中有我，我中有你的格局”[①]。葛兆光先生引用日本学者吉川忠夫的研究《许迈传》，其中列举了六朝时期道教信仰者同时学习多种道派的思想，如许迈是许谧的兄长，他是上清派鲍靓的学生，又在天师道祭酒李东处受“六甲阴阳符”。又如，王羲之信仰天师道，他的女儿嫁给了上清派传奇人物魏华存的孙子。[②]

唐代很多道士兼习多种道派的思想，并受多派之箓。如初唐道士邓紫阳为茅山道士，又诣龙虎山受都功正一法箓，后诣三洞法师何元通受中盟、上清法箓。唐代道士应夷节十五岁到天台山学习正一经法，十七岁佩高玄紫虚法箓，十八岁受三品大都功，二十四岁学习灵宝真文、洞神洞玄法，二十九岁进受升玄法位，三十二岁受上清大法。[③] 汪桂平研究员指出，唐代的“法箓的传授已打破教派的隔阂而形成渐进升迁的箓位品阶”。“唐代道教各派之间没有形成不可逾越的派别之分，但有严格的品位阶次，这种阶次就是依经戒法箓的传授

① 葛兆光：《屈服史及其他：六朝隋唐道教的思想史研究》，生活·读书·新知三联书店，2003，第44页。

② 葛兆光：《屈服史及其他：六朝隋唐道教的思想史研究》，生活·读书·新知三联书店，2003，第44页。

③ 《洞玄灵宝三师记》，《道藏》第6册，第752~753页。

等级而定。”唐代的学习顺序是正一、高玄、洞神、洞玄等部逐步升迁至洞玄法位，在学习完上清部经书并受道后，最终成为上清玄都大洞三景弟子无上三洞法师，即最高的上清法位。[①] 因为唐代道士们要学习各道派的内容，因此各道派的思想之间相互融合，反映在时日禁忌上就是各派时日禁忌相互重合。

三　宋元时期灵宝派新增时日禁忌较少

宋元时期道经虽也有时日避忌，但主要在具体的道法中。较为通行的斋戒禁忌，是对早期各派道经的时日禁忌的整理。宋元时期灵宝道经较之早期道经增加的禁忌较少（或是在宋元道经中有记录，但我们学识有限未能发现；或是心口相传，不见于文字；或是记载禁忌的道经在流传过程中遗失）。新增的时日禁忌的原理仍是早期禁忌原理。比如新增的绝日禁忌，其依据是五行寄生十二宫理论。

宋元时期时日禁忌减少的原因，一方面是道教更加注重选择吉日，故禁忌减少；另一方面是随着认识水平提高，人们对自然界的了解越来越多，因为恐惧而产生的禁忌就更少。事实上，整个禁忌文化随着历史的发展而逐步衰落。

四　宋元时期灵宝派重视本命禁忌

王契真《上清灵宝大法》的斋戒禁忌门提到多处与本命相关的禁忌。如绝日是“本命绝日”，岁星是“行年到日”，六害是“本命对日”。在非常紧急的情况下，不能够择日，但也要忌“魁罡加临病人本命及法师本命”。

本命禁忌在道教中出现较早。上清派产生以后，本命信仰禁忌更

① 汪桂平：《从天台道士应夷节的受道历程看唐代道教的授箓制度》，连晓鸣主编《天台山暨浙江区域道教国际学术研讨会论文集》，浙江古籍出版社，2008，第704~708页。

加流行。上清派有“本命不行房事”的禁忌。宋元时期灵宝派亦十分重视本命信仰。灵宝派的斋戒日包括本命日。道教本命信仰受到佛教影响逐渐普及。本命信仰也随着佛道二教的传播，在中国人的民俗信仰世界影响越来越大。

宋元以来本命信仰更加受到重视，也与宋代皇家崇尚道教、重视本命的态度相关。宋代皇帝十分重视本命。汪圣铎先生的《宋朝礼与道教》一文中有相当多的材料可以反映宋代皇帝对待本命的态度，如宋代在皇帝、皇后的本命年、月、日都举行祝寿或法事。当时很多文人都为皇室撰写青词。据汪先生统计，其中王珪、周必大文集里各有二三十道为帝后本命祝寿青词。宋哲宗时元祐七年为宣仁太后本命岁开道场七昼夜。宋徽宗规定他的本命日各州郡天宁、天庆观都要启建道场。南宋时，在万寿观内专设了皇帝本命殿。宋光宗规定了孝宗本命日道场所用的道士人数、时间、设醮分位等。汪先生指出，“宋代为皇帝、皇后举行生日祝寿道教道场具有相当普遍性，启建道场的地点有在京宫观，也有外州宫观，还有在宫禁以内者，很可能已有成文制度”①。

依据本命来推算禁忌日，是较为方便易行的方法，在道教科仪的实践中容易操作，故此禁忌在宋元时期较被重视。

综上，灵宝派的时日禁忌特点是：重视吉日更胜于重视禁忌；宋元时期时日禁忌新增内容很少，并与上清派、正一派有很多重合之处；在诸多禁忌中，宋元时期灵宝派更注重本命禁忌。

① 汪圣铎：《宋朝礼与道教》，孙钦善等主编《国际宋代文化研讨会论文集》，四川大学出版社，1991，第227~228页。

第六章　全真道时日禁忌

全真道是金初产生于北方的新道派，延续至今，是道教的一个非常重要的派别。元代以后，全真道和正一道成为道教中两大基本派别。全真道的创始人是王重阳。王重阳原名中孚，入道以后改名为嚞，号重阳子。早年应科举，中年以后放弃仕途理想。据《金莲正宗记》，王重阳在甘河遇异人并获口诀，之后抛妻别子，建活死人墓，并题“王害风灵位”，表明世俗的自己已死。他曾在陕西传道，但影响不大。后前往胶州半岛，在此他度化了七个弟子，即“北七真”，分别是马钰、谭处端、刘处玄、丘处机、王处一、郝大通、孙不二。王重阳离世后，马钰、谭处端、刘处玄和丘处机相继掌教。之后全真道又形成了嗣七真的道派，分别是奉马钰为祖师的遇仙派、奉谭处端为祖师的南无派、奉刘处玄为祖师的随山派、奉丘处机为祖师的龙门派、奉王处一为祖师的嵛山派、奉郝大通为祖师的华山派、奉孙不二为祖师的清净派，将全真道发扬光大。清代时出现了龙门中兴的盛况，相继有王常月、刘一明、闵一得等高道出现。

全真道的目标是“全其本真”“全真而仙”。全真道士李道纯指出：“所谓全真者，全其本真也，全精、全气、全神，方谓之全真”。[①]

全真道的出现，在道教发展史上有重要的意义。卿希泰先生撰文《全真道是道教发展史上的一个革新派》，指出全真道在立教宗

---

① （元）李道纯：《中和集》，《道藏》第 4 册，1988，第 501 页。

旨、修炼方术、成仙的根本观念和教制教规四个方面有重大革新："全真道是以'三教合一'为它的创教宗旨"；"全真道在修炼方术方面的鲜明特点，是专主内丹，不尚符箓，也反对黄白之术"；"修炼成仙，乃是道教所追求的最终目标……但在王重阳创教前，对成仙的理解，大多是指长生不死，即身成仙，追求肉体不灭和所谓'轻举飞升'，而王重阳在创立全真道时所提出的成仙概念完全不同，他虽然也讲'长生不死'，但他并不强调肉体的'不灭'，特别是他已经完全抛弃了'轻举飞升'之类的无稽之谈"；"全真道规定道士必须出家住宫观，不准有妻室。这也是它和其他道派特别是正一道不同的一大特点"。①

全真道的经典较多，仅祖师王重阳就有大量著作，包括《重阳全真集》《重阳教化集》《重阳立教十五论》《重阳分梨十化集》《重阳真人授丹阳二十四诀》等。全真道历代道士也有大量著作传世，如《甘水仙源录》《中和集》《性命双修万神圭旨》《太乙金华宗旨》。除此之外，还有石刻等资料，当代研究者整理了这些资料，如王宗昱《金元全真教石刻新编》、刘兆鹤《重阳宫道教碑石》等。总的来讲，全真道涉及时日禁忌的内容非常少。

第一节　全真道时日禁忌内容

全真道重视内丹修炼，在时间观方面有自己的看法。

一　《重阳真人金关玉锁诀》所见时日禁忌

《重阳真人金关玉锁诀》是否属于王重阳的作品，在学界存有争议。

① 卿希泰：《全真道是道教发展史上的一个革新派》，《社会科学战线》2010年第10期，第198~202页。

学术界多数认同此书为王重阳作品，如潘雨廷《道藏书目提要》、朱越利《道藏分类解题》等。任继愈《道藏提要》认为“盖重阳早期之作”[①]，日本学者蜂屋邦夫《金代道教研究：王重阳与马丹阳》认为《重阳真人金关玉锁诀》“有些地方与重阳的教说不合，又提到了很多道术，应该是很晚以后的假托作品。只是，在讨论重阳的内丹学思想时，有一定的参考价值”[②]。

《重阳真人金关玉锁诀》有关于神仙分类的问答。答者引《传道集》（即《钟吕传道集》）列出五等神仙：鬼仙、地仙、剑仙、神仙和天仙。接着有下面文字：

> 当日初发善心处，便是吉祥之地。为善法大修行人，后有禁忌之文。诀曰：男女五月、六月宜清静。大忌，十一月、十二月宜清静。又男子五月、六月大杀之月。勿近妇人，为五劳七伤。男损性命，女人损性者，是精、血、气也。损者令人左瘫右痪，赤白带下。若损五行真气为劳，损七宝为伤。万病者。各有来处。[③]

上述文字描述的禁忌是五月、六月、十一月、十二月宜清静，“清静”主要是指忌房事。“勿近妇人”看似只是对男性的要求，但是违反此禁忌的后果是对男女双方均有身体上的伤害，说明此禁忌是对男女修道者共同的要求。

此禁忌的原因，来自阴阳二气的理论。《八十一难经》：“正二月阳气渐盛，其候始暄。三四月阳气太盛，其候已热。五六月阴气初王，时候湿暑。七八月阴气渐盛，其候清凉。九十月阴气极盛，

① 任继愈：《道藏提要》，中国社会科学出版社，1991，第910~911页。

② 〔日〕蜂屋邦夫：《金代道教研究：王重阳与马丹阳》，中国社会科学出版社，2007，第21页。

③ 《重阳真人金关玉锁诀》，转引自郭武《王重阳学案》，齐鲁书社，2016，第498页。

其候寒凝。十一月、十二月是阳气尚微，时候尚寒，故脉不同也。"[①] 可见，五、六月是阴气初旺之时，十一、十二月是阳气尚微之时，气微之时要特别注意，不能交接恐伤其气。此禁忌与《太平经》的"六甲王相微气之日，不怒不言恶事"原理相同。前文已述，《太平御览》引《五经通义》夏至阴始动，寝兵鼓，不设政事；《白虎通》因阳气微弱，冬至休兵闭关，二至为微气始动，故要辅助之。故《重阳真人金关玉锁诀》的五月、六月、十一月、十二月宜清静，勿近妇人的原理是基于阴阳二气的衰旺理论，旨在于辅助微气。

从内容来看，此禁忌与全真道的思想并不一致。此禁忌要求五月、六月、十一月、十二月勿近妇人，而其他月份并没有要求。我们知道，王重阳以分梨为喻点化马钰和孙不二这对夫妻，令二人抛弃世俗的生活。《重阳立教十五论》开篇有：第一住庵"凡出家者，先须投庵"。全真道要求并不是某时某日的清静，而是彻底地抛妻别子。此禁忌原理与《太平经》相同，可以推测此禁忌来自早期道教的传承。此禁忌保存在《重阳真人金关玉锁诀》中可能有两种原因。一是《重阳真人金关玉锁诀》是王重阳早期著作，王重阳早期思想还未形成完整成熟的体系，著作中还保留过去道经的禁忌内容。另一种原因是《重阳真人金关玉锁诀》为假托作品，夹杂了很多其他思想，故保留了过去道经的禁忌。两种原因究竟哪种才是真正原因，恐怕需要更多的证据出现。

二 《摄生消息论》所见养生时日禁忌

《摄生消息论》是署名为丘处机的养生著作，学界一般认为它确

---

① （明）张世贤：《图注八十一难经辨真》，曹炳章编《中国医学大成终集》医经一，上海科学技术出版社，2013，第19页。

是丘处机的作品。赵卫东教授认为它并非原创性作品，而“可能是，丘处机为了给金世宗或成吉思汗讲养生之道，对金代以前的养生理论所做的总结与汇编，虽然不能说是丘处机的原创性作品，却可以代表其养生思想”[①]。《摄生消息论》继承了历代道教养生理论。《摄生消息论》的思想，主要来自《黄帝内经·素问》《四气摄生图》《保生要录》《混俗颐生录》等。赵卫东教授直接将《摄生消息论》与《黄帝内经·素问·四气调神大论》《寿亲养老新书》《混俗颐生录》《四气摄生图》《诸病源候论·五脏六腑病诸候》作文字对照，发现主要内容和思想几乎相同。

《摄生消息论》以四季分别论述季节特征、医药宜忌、饮食宜忌、穿衣宜忌、生态宜忌、相五脏病法等。摘选春季摄生消息内容如下：

> 春三月，此谓发陈，天地俱生，万物以荣。夜卧早起，广步于庭，被发缓行，以使志生，生而勿杀，与而勿夺，赏而勿罚，此春气之应，养生之道也，逆之则伤肝。[②]
>
> 常当体候，若稍觉发动，不可便行疏利之药，恐伤脏腑，别生余疾……若无疾状，不可吃药。[③]
>
> 春日融和，当眺园林亭阁虚敞之处，用摅滞怀，以畅生气，不可兀坐以生他郁，饮酒不可过多，人家自造米面团饼，多伤脾胃，最难消化，老人切不可以饥腹多食，以快一时之口，致生不测。天气寒暄不一，不可顿去绵［棉］衣。老人气弱，骨疏体

① 赵卫东：《丘处机与〈摄生消息论〉》，《全真道研究》第5辑，齐鲁书社，2016，第173页。

② （南朝梁）陶弘景、（元）丘处机：《养性延命录 摄生消息论》，中华书局，2011，第115页。

③ （南朝梁）陶弘景、（元）丘处机：《养性延命录 摄生消息论》，中华书局，2011，第118页。

怯，风冷易伤腠里（理），时备夹衣，遇暖易之。一重渐减一重，不可暴去。[①]

故春三月，木旺，天地气生，欲安其神者，当泽及群刍，恩沾庶类。无竭川泽，毋洒陂塘，毋伤萌芽，好生勿杀，以合太清，以合天地生育之气。夜卧早起，以合乎道。若逆之，则毛骨不荣，金木相克，而诸病生矣。[②]

整理《摄生消息论》四季各项禁忌如下表。

《摄生消息论》四季禁忌

类别	春	夏	秋	冬
五行	木	火	金	水
五脏当季旺者	肝	心	肺	肾
五味	酸	苦	辛	咸
季节特性	生	养	杀	藏
季节禁忌	勿杀，勿夺，勿罚	—	—	—
医疗禁忌	若稍觉发动，不可便行疏利之药	特忌下利；不宜针灸	不宜吐并发汗	忌发汗
居处禁忌	不可兀坐以生他郁	不得于星月下露卧；禁湿地卧；平居檐下，过廊、巷堂、破窗皆不可纳凉	—	不得频用大火烘炙；不可以火炙手；老人不宜沐浴；不可早出以犯霜威；切忌房事

① （南朝梁）陶弘景、（元）丘处机：《养性延命录 摄生消息论》，中华书局，2011，第119~120页。

② （南朝梁）陶弘景、（元）丘处机：《养性延命录 摄生消息论》，中华书局，2011，第128页。

续表

类别	春	夏	秋	冬
饮食禁忌	饮酒不可过多；老人切不可以饥腹多食自造米面团饼	禁饮食汤，禁食过饱；不宜吃冷淘、冰雪、蜜冰、凉粉、冷粥，饱腹受寒，必起霍乱。莫食瓜茄生菜	禁寒饮；患积劳、五痔、消渴等病，不宜吃干饭、炙煿，并自死牛肉，生鲙、鸡、猪，浊酒陈臭咸醋、粘滑难消之物，及生菜、瓜果、鲊酱之类	不可就火烘炙食物；不可多食炙煿、肉面、馄饨之类
穿衣禁忌	不可顿去绵（棉）衣	禁穿湿衣	禁穿寒湿内衣	—
生产禁忌	无竭川泽，毋洒陂塘，毋伤萌芽，好生勿杀	—	—	—

此类禁忌主要根据五行思想和气的衰旺理论。道教养生学将四季与五行相配，养生原则与四季的特性相一致。春夏秋冬，寒来暑往，循环往复，万物的生命节奏与自然相同，人也不例外。春生夏养秋杀冬藏，养生的规律应与此相同。春天是万物生长的季节，应该顺从春气——“勿杀，勿罚，勿夺”。畅达生气，疏散胸中抑郁。生活方面，提倡“眺园林亭阁虚敞之处，用摅滞怀”，而“不可兀坐以生他郁”。医药方面，主张“消风和气，凉膈化痰之剂，或选食治方中性稍凉利，饮食调停以治”，但也不能随意使用疏导泄利之药。饮食和穿衣方面，主张饮酒不过量，老人饮食不过量，不要顿去棉衣。与过去道教时日相比较，更加关注禁忌事宜与人体内在的医学的联系。早期道经禁忌时间与事物的联系，往往更加直接，如“勿以六甲日食龟龙鳞甲之物肉”这一禁忌直接将天干的甲与动物之甲发生联系。

《摄生消息论》各季节禁忌，只有医药方法上有较大区别：春不可便行疏利之药；夏特忌下利，不宜针灸；秋季不宜吐和发汗；冬忌发汗。这些治疗方法，与四季的气之特点相关。然而在生活禁忌上，夏秋均禁穿湿衣，夏季不宜吃冷食，冬季不宜就火烘炙食物，这些与气的思想、五行观念关系不大，更多出于生活经验的总结。从《摄生消息论》看，丘处机具有较高的养生医学水平，也比较注重养生。《摄生消息论》禁忌主要与道教养生学知识相关。

《摄生消息论》是早期全真道较少提到时日禁忌的文献。祖师王重阳和其他六子的著作几乎没有涉及时日禁忌的内容。此书存在的原因，是丘处机重养生。事实上，王重阳和其他六子对养生并不注重，寿命都不算长，他们虽然认为性命相辅相成，但性对命有支配作用，故修性重于修命。而丘处机重视养生，养生属于修命的范畴，也就是说丘处机在修性的同时也主张修命。

三 《初真戒》所见时日禁忌

《初真戒》是全真道龙门派道士王常月的著作。王常月是清代著名道士，在他领导下，全真教龙门派出现中兴盛世，称为“龙门中兴”，王常月被称为“中兴之祖”。清代钱塘太守鲍锟评论王常月为“我朝高士第一流人物”。①

王常月重视戒律。他认为戒律是成为仙佛圣贤的保障：“自古大圣贤，莫不以戒摄心……仙佛无门，皆从戒入；圣贤有路，皆自戒行。实系圣贤之要路通衢，仙佛之中门正户。”② 道戒根据层次分为初真戒、中极戒和天仙戒。初真戒“教你拘制色身，不许妄动胡行的”；中极戒“教你降伏幻心，不许妄想胡思的”；天仙戒“教你解

① （清）闵一得：《金盖心灯》卷一《王昆阳律师传》，《藏外道书》，第3册，巴蜀书社，1994，第184页。

② 《龙门心法》，卷上《戒行精严》，《藏外道书》第6册，巴蜀书社，1994，第735~736页。

脱真意，不许执着粘缚的”。[1] 可见，《初真戒》是最基本的戒律。王常月言：“初真是个戒字，中极是个定字，天仙是个慧字。”[2]

《初真戒》主要是领受三坛大戒的各种规矩，对日常行为也作出了一些规定。其中时日禁忌包括日忌和戊日禁忌。

（一）日忌

日忌为：“早不言梦寐，午不言杀伐，晚不言鬼神。”[3]

1. 早不言梦寐

梦寐，是指睡梦。中医中又代指梦泄。如《苏沈良方》：“病有数端。方书言梦泄，皆云肾虚，但补肾涩精，然亦未尝有验……医及摄生家多言梦寐，甚于房劳。此殆不然。予尝验之。人之病，天行未复，而犯房劳者多死。至于梦寐，则未尝致困，此决然可知，但梦寐自有轻重耳。”[4] 全真道要求出家修道，抛妻别子，故此处“早不言梦寐”的“梦寐”不可能指“梦泄”，而是指“睡梦”。

道教学界对于梦的相关研究，已有一些成果。如朱展炎博士分析了梦的成因、类型和对恶梦的治疗。[5] 他将道教对梦的成因解释归纳为五种，分别是阴阳五行说、因想成梦说、尸虫致梦说、精怪星宿说和魂魄散乱说。

道教对于梦寐有两种不同的态度：崇尚“不梦”（否定梦）和以梦与神感通为荣（似乎某种程度上肯定梦）。

一方面，道教崇尚“不梦”，认为梦是妄想所致，实际上表达了对梦的否定。《庄子·大宗师》“古之真人，其寝不梦，其觉无忧，其食不甘，其息深深。”成玄英疏：“梦者，情意妄想也。而真人无

---

① 《龙门心法》卷上《定慧等持》，《藏外道书》第6册，巴蜀书社，1994，第750页。

② 《龙门心法》卷上《定慧等持》，《藏外道书》第6册，巴蜀书社，1994，第751页。

③ 《初真戒》，《藏外道书》第12册，巴蜀书社，1994，第23页。

④ 《苏沈良方》，《影印文渊阁四库全书》第738册，台湾商务印书馆，1986，第262页。

⑤ 朱展炎：《道教释梦理论管窥》，《宗教学研究》2009年第4期。

情虑，绝思想，故虽寝寐，寂泊而不梦，以至觉悟，常适而无忧也。”[①] 元代全真道士牛道淳亦承此说，他注释《文始真经》“言道者如言梦……言者能言之，不能取而与之，听者能闻之，不能受而得之”：

> 大悟大彻之士，如人睡梦觉来，方知梦中所见之境，皆是妄想颠倒识见之所成也。未能大悟大彻之士，以识见能通万法，为人谈演妙道，皆是梦中说梦也，故云言道者如言梦也。[②]

另一方面，道经有求道者梦与神灵感通的大量记录。《周氏冥通记》是陶弘景记其弟子周子良在梦中与众多仙人相会交往之事的书。梦见神灵是一件值得骄傲的事情，可见某些梦也有积极的意义。那么如何解释这种矛盾呢？“不梦”是真人的境界，对于还未到达此境界的求道之人，有梦也是正常的，梦见与神灵感通更是求道心诚的表现。

“早不言梦寐”要特别注意禁忌的时间，因为它作为“日忌”的一条，后有午、晚等时间。所以此禁忌的解读需要特别注意“早”这一时间。事实上，道教并非完全不言梦，《黄帝内经》指出淫邪是发梦的原因，并具体说明阴阳、五脏之气与梦中的情绪、事物之间的关系：“阴气盛，则梦涉大水而恐惧；阳气盛则梦大火而燔爇；阴阳俱盛，则梦相杀。上盛则梦飞，下盛则梦堕。甚饥则梦取，甚饱则梦予……厥气客于心，则梦见丘山烟火；客于肺，则梦飞扬，见金铁之奇物……”[③]

“早不言梦寐”的原因，可能因为早上是一日之计，而梦寐是妄

① 《南华真经注疏》，《道藏》第16册，第359页。

② 《文始真经注》，《道藏》第14册，第688~689页。

③ 《黄帝素问灵枢集注》，《道藏》第21册，第427页。

想所致。若过多的沉醉于梦寐，恐怕会耽误实际的修行。清代京剧界也有类似禁忌——“前不言更，后不言梦。”《梨园话》释“打黄梁子”为“做梦”时，引清代杨掌生《梦华琐簿》：“吴人晨起讳言梦，诸伶尤甚。”[①] 附记中引两种解释。一是称禁言梦是讳其神明，因神名耿梦。第二种解释：“盖谓前台作戏时，须忘其为更生，而在后台则还我本相，乃艺术上之原则。以此二字为名，要不过借以自励。今汉班以此示儆。”[②] 作者据“诸芙蓉曲碣谱”[③]：“以更为黑夜定鼓之时，梨园之戏，不应作长夜荒乐之举，故避之。以梦是出自幻想。人之娱乐，自为赏心之事，非如梦中未醒也。”[④] 就成书时间而言，方问溪的《梨园话》为民国典籍，而他此处所引书目笔者未见，不能确定时间。京剧界的禁忌成因，可能也是全真道“早不言梦寐”的原因。杨掌生《梦华琐簿》提示清代吴人有“晨起讳言梦”的习俗或与道教相关。

2. 午不言杀伐

道教戒律一直主张不杀。《洞玄灵宝天尊说十戒经》《太上洞玄灵宝智慧定志通微经》《思微定志经十戒》都把“不杀”作为第一戒。《老君说一百八十戒》还诠释了“不杀”的范围，包括不杀他物，不杀自己，不杀动物等，如“第四戒不得杀伤一切物命”[⑤]“第三十九戒，不得自杀”“第四十二戒，不得因恨杀人”[⑥]。不仅禁止各

---

① 方问溪：《梨园话》，学苑出版社编《民国京昆史料丛书》第8辑，学苑出版社，2010，第67页。

② 方问溪：《梨园话》，学苑出版社编《民国京昆史料丛书》第8辑，学苑出版社，2010，第68页。

③ 此处笔者不解所引书目。似乎所引书为《芙蓉谱》和《碣谱》，《碣谱》或指《碣石调·幽兰》。见杨园铮《汪孟舒〈乌丝栏指法释〉的校勘学》，《中国音乐学》2009年第4期。

④ 方问溪：《梨园话》，《民国京昆史料丛书》第8辑，学苑出版社，2010，第69页。

⑤ 《云笈七签》，《道藏》第22册，第270页。

⑥ 《云笈七签》，《道藏》第22册，第271页。

种杀生行为，也禁忌口头上言杀。如《太上老君经律》所引的“道德尊经戒”有“戒勿杀、言杀”。① 《洞玄灵宝千真科》：“科曰：出家人行动语笑，并避讥嫌。入法之人，不得言杀心杀，不得言奸起奸，不得言盗起盗。”② 可见，不言杀也是道教固有的禁忌。

然而此条禁忌特别突出时间为中午，可以理解为中午尤其不应言杀。古代行刑有“秋后问斩”之说。“秋后问斩”因气在各季不同：秋冬萧杀，春生夏长，故一般春夏不斩杀犯人。因此，“秋后问斩”就是春夏不斩。同样，一天阴阳二气变化亦有不同，午时阳气最盛，不应杀或言杀，故有“午不言杀伐”。

3. 晚不言鬼神

“晚不言鬼神”的“神”是指与“鬼”地位相等之“神”。从“日忌”三条的结构来看，早不言梦寐，“梦”与“寐”同义。午不言杀伐，“杀”与“伐”同义。同样，“晚不言禁忌”中，“神”与“鬼”意思相同。道教认为，鬼神会害人，道教有摄收之法。《道法会元》有咒语：“乾元亨利贞，为吾吊鬼神。乾元亨利贞，为吾缚鬼神。乾元亨利贞，为吾鞫鬼神。乾元亨利贞，为吾绷鬼神。乾元亨利贞，金鞭拷鬼神。”③

“晚不言鬼神”在民间各地广为流传，北至山东，南至广西。山东熟语：“白日不谈人，谈人则害生。昏夜不说鬼，说鬼则怪生。”④ 广西壮族自治区俗语：“白日不说人，夜晚不说鬼。”⑤ 民俗学家郭立诚曾解释其缘由：“北平人习俗灯下不说鬼，黄昏也不去探望病人，

---

① 《太上老君经律》，《道藏》第18册，第218页。

② 《洞玄灵宝千真科》，《道藏》第34册，第377页。

③ 《道法会元》，《道藏》第30册，第492页。

④ 范玉发编《齐鲁熟话园》，山东画报出版社，2008，第19页。

⑤ 李作应搜集整理翻译《壮族俗语集成武鸣篇（一）》，广西民族出版社，2015，第92页。

都是怕招来鬼祟。”[1] 为什么说鬼就会招来鬼呢？因为禁忌文化中，事物的名称与事物本身有某种联系。如前文述，道教认为掌握了鬼的姓名就能防止鬼来作祟。

日忌三条均与民间习俗联系紧密。

（二）戊日禁忌的新形式——戒律

从《初真戒》可以推断戊日禁忌在全真道实际流行。虽然《初真戒》并未直接指出戊日禁忌做什么事，而是说戊日应当做什么事：

> 每逢戊日，与同戒者，或先觉师，进修德业。或讲论《道德》《南华》《文始》《谭子》《黄庭》等经，并诸家道典。熟读一卷，主吏计功十倍。讲明一卷，主吏计功百倍。[2]

前文已述，戊日禁忌最初形态是禁戊辰和戊戌。明朝的《道法会元》有“道家以六戊日不烧香”。明清以后戊日禁忌才演变为禁忌六戊并流行。清代全真道《初真戒》规定，戊日要读经讲经，读熟和讲明经卷均计功。全真教的道士们遵守此项规定，既符合戒律，又可计功，自然会更积极乐意参与戊日的讲论经，从而保证戊日禁忌的内容——不烧香、不颂、不建斋、不设醮。《太上洞内经注》引《玄都律文》称“戊辰、戊戌日不得颂”。颂与讲论经不同。

戊日禁忌在全真道以新的形式出现，不是以否定的方式说戊日禁止做某事，而是以肯定的方式说戊日应该做什么事情。由此可见，禁忌演变的一个方向，即以戒律的方式存在。

---

① 郭立诚：《鬼节说鬼》，《中国民俗史话》，台湾汉光文化事业股份有限公司，1983，第 132 页。

② 《初真戒》，《藏外道书》第 12 册，巴蜀书社，1994，第 19 页。

第二节　全真派时日禁忌态度

全真道时日禁忌，与该派的修炼方式及时间观念有紧密的联系。全真道重视内丹修炼，故时间观上也受内丹学的影响颇深。

一　全真道重视时间，但不拘泥

总的来讲，全真道与其他道派同样重视时间。但具体而言，全真道重视时间的表现形式有所不同。与其他道派相同的是，全真道注重修行须得时。而全真道比较特别的是，它强调不能拘泥于日常生活所言之时。

（一）修道之要贵在顺时

内丹修炼有很多关键时间，如“百日筑基”“子时采药”等。内丹修炼有三要件——药物、鼎炉和火候，其中火候的把握最为重要。丹家有“圣人传药不传火”，张伯端：“非金丹之难也，乃火候之难也。”[①] 火候，即时机的把握。

全真道内丹修炼也重视时机的把握。元代全真“十八宗师”之一的尹志平特别指出“时”对于修行的重要意义：“此时既过，修行将至难矣。”[②] “可以进则进，可以退则退，可以久则久，可以速则速，无可无不可，动静无我，惟时之是从，则动静莫非道也。”[③] 南宗白玉蟾的二传弟子，后又加入全真道的李道纯，他在《太极图解》释“君子修之吉，小人悖之凶”指出“修之之要贵在顺时”：

---

① 《紫阳真人悟真篇讲义》，《道藏》第3册，第48页。

② 《清和真人北游语录》，《道藏》第33册，第158页。

③ 《清和真人北游语录》，《道藏》第33册，第159页。

> 君子奉顺天时，正心诚意而修之，故常吉。小人背理违义，肆情逐妄而悖之，故常凶。修之之要贵在顺时，顺时之要莫若静，静则无不克，无不克则莫知其极，莫知其极可以合圣，合圣而后知天先之道，至是复矣。①

清代道士傅金铨谈及药物之候也特别指出“时”的重要性：“待者，候也。待其时之来，待其信之至。”②

可见，顺时是全真道时间观的一个基本态度。

（二）不拘泥于时

全真道虽重视顺时，但并不拘泥于时。

以内丹修炼术语“子时采药”为例，“子时”非平常用以计时的“子时”。历代炼丹家都特别指出这一点，如李道纯《中和集》曰：“炼精在知时。所谓时者，非时候之时也。若着在时上，便不是。若谓无时，如何下手？毕竟作么生？咦！古人言‘时至神知’，祖师云‘铅见癸生须急采’，斯言尽矣。”③ 清代炼丹家傅金铨指出：“时，即活子时，时而曰活，非日中之十二辰矣。”④

内丹又有“正子时”与“活子时”之说，特别强调不拘泥于时。全真道倡导三教合一，闵一得《先天虚无太乙金华宗旨》用佛教术语“不着相”来说明活子时、正子时的运用不拘泥时：

> 问：“活子时其妙，必认定正子时，似着相？”曰：“不着相，不指明正子时。何从而识活子时。既识得活子时，确然又有正子时，是一是二，非正非活，总要人看得真，一真则无不整，

① 《全真集玄秘要》，《道藏》第 4 册，第 533 页。

② 《吕祖沁园春注》，《藏外道书》第 11 册，巴蜀书社，1994，第 894 页。

③ 《中和集》，《道藏》第 4 册，第 502 页。

④ 《吕祖沁园春注》，《藏外道书》第 11 册，巴蜀书社，1994，第 894 页。

无不活矣。见得不真，何者为正，何者为活耶？即如活子时，是时时见得的。毕竟到正子时，志气清明，活子时愈觉发现。若未识得活的，只向正的时候验取，则正者现前，活者无不神妙矣。"①

无论是"正子时"或是"活子时"，最基本的要求就是不执着于日常时间。全真道龙门派刘一明指出修炼不拘年月日："故修真用功次序取象为火候也。但用功火候不拘年月日时。"②

除子时采药外，全真道所讲的其他内丹关键时间，也都非实指。如"百日立基，非百日也。一日立基，非一日也。一息立基，非呼吸之谓也。息者，自心也，自心为息。元神也，元气也，元精也。升降离合，悉从心起。有无虚实，咸在念中。一息一生持，何止百日？然百日亦一息也"③。

顺时但不拘泥于时，可见全真道对时间的追求并不呆板，而希望更加准确、灵动地把握时间。

二　全真道的吉凶观

全真道的吉凶观亦与时间相关。总的来讲，全真道认为，顺应天时则吉，没有把握好时机则凶。但是吉凶可以相互转变，其关键的因素在于修道积德。

（一）随时则吉，失度则凶

全真道认为，炼内外丹前均需掌握吉凶之理。刘一明《指南针》

---

① （清）闵一得著，董沛文主编，注登伟点校《道教龙门派闵一得内丹修炼秘籍》，宗教文化出版社，2010，第524页。

② （清）刘一明著，羽者等点校《道书十二种》，北京图书馆出版社，2006，第85页。

③ （清）闵一得著，董沛文主编，汪登伟点校《道教龙门派闵一得内丹修炼秘籍》，宗教文化出版社，2010，第520页。

专门强调了识得吉凶之理才能炼丹，他从药物、采取、还丹等方面解释吉凶所指：

盖以金丹之道，先要识得吉凶之理，而后可以进退随时，运用由心。否则吉凶不知，是非罔辨，冒然下手，则必火生于木，祸发必克，非徒无益，而又有害矣。

何为吉凶？以药物而论：方生则吉，已过则凶；西南为吉，东北为凶；元神为吉，识神为凶；元精元气为吉，后天精气为凶；真身为吉，幻身为凶；天性为吉，气性为凶；道心为吉，人心为凶。以采取而论：水火相济则吉，水火不济则凶；金木相并则吉，金木间隔则凶；先天化后天则吉，后天贼先天则凶；急缓迟速随时则吉，文烹武炼失度则凶；衰多益寡则吉，弃正从邪则凶；杀中求生则吉，生中带杀则凶。

以还丹而论：有人有己则吉，有我无人则凶；情来归性则吉，性去随情则凶；集义而生则吉，义袭而取则凶；龙虎不伤人则吉，神气而散乱则凶；他家之阳来则吉，我家之阴凝则凶；自剥而复则吉，自夬而姤则凶；坎来而离迎受则吉，彼到而我不待则凶；以铅制汞则吉，以阴消阳则凶；药足温养则吉，持盈未已则凶。以大丹而论，龙虎相争则凶，龟蛇蟠绕则吉；结丹一时则吉，混沌七日则凶；同心侣伴则吉，外来客邪则凶；防危虑险则吉，水冷火炎则凶；固济牢封则吉，失误觉察则凶；胎完脱化则吉，未完急出则凶。

以上皆内外二丹吉凶之理，必须节节通彻，事事精详，方可下手。更有剥之硕果，复之灾眚，泰之命乱，否之后喜，夬之无号，姤之含章，既济之终乱，未济之晖吉，凶中有吉，吉中有凶，吉凶不定，变化无常。倘知之不真，即行之不当，毫发之差，千里之失。若于运用吉凶处打通消息，真知灼见，进之退之，急之缓之，损之益之，无不随心如意，步步得力也！①

运用吉凶是炼丹成功的前置条件，而时机的把握是吉凶的关键因素之一。李道纯释“君子修之吉，小人悖之凶”为“君子奉顺天时，正心诚意而修之，故常吉。小人背理违义，肆情逐妄而悖之，故常凶”②。可见，君子常吉，小人常凶的分别有两点，一是能否把握时机，二是能否正心诚意克制自己的欲望。采药时把握时机则吉，失度为凶：“以采取而论……急缓迟速随时则吉，文烹武炼失度则凶。”③采用合适的烹炼方式为吉，否则为凶：“当文而文，当武而武，为吉；当文而武，当武而文，为凶……知的文武，明的凶吉，有事则用武火，无事则用文火。”④

论及炼丹的顺逆问题上，刘一明认为“复其先天为吉，顺其后天为凶”⑤。内丹学术语“顺逆”不同于日常用语的“顺逆”，道教谓“顺则成人逆成仙”。刘一明解释：“殊不知逆者逆回于父母生身之初也，如人离家远出而又逆回于家之谓，虽云逆行，其实是顺理而行，乃逆中之大顺。因其与常人所行相反，故谓是逆。”⑥ 总而言之，积极修道，随时为吉，放纵自我，无度为凶。

（二）一诚格天，凶可变吉

吉凶虽与时机把握有关，但若修道积德，则可逢凶化吉。

刘一明认为，通过诚心修道，增强道德修养，可以化凶为吉：

① （清）刘一明著，羽者等点校《道书十二种》，北京图书馆出版社，2006，第403~404页。

② 《全真集玄秘要》，《道藏》第4册，第533页。

③ （清）刘一明著，羽者等点校《道书十二种》，北京图书馆出版社，2006，第404页。

④ （清）刘一明著，羽者等点校《道书十二种》，北京图书馆出版社，2006，第161~162页。

⑤ （清）刘一明著，羽者等点校《道书十二种》，北京图书馆出版社，2006，第378页。

⑥ （清）刘一明著，羽者等点校《道书十二种》，北京图书馆出版社，2006，第83页。

“果其刚柔中正，一诚格天，凶可变吉，险可得易，即如孝子诚心，便可感动皇极。”① 刘一明举了世人熟知的二十四孝之首的舜的故事为例。舜的父亲和继母多次想加害他，在他修补谷仓时纵火谷仓，在他掘井时填土于井。但舜对父母依然孝顺，对弟弟慈爱，毫无怨言，这份孝心感动了天，故“凶能变吉”。可见，道德修养在全真道的重要性。

修道可变凶为吉：“若是圣人，远取诸物，近取诸身，行金丹有为之道，返本还元，所谓‘五行颠倒，大地七宝’，如皇王占象御治，鼎新革故，变凶为吉，拨乱反治者同也。”② 刘一明指出化凶为吉的办法是“斩三尸，除六贼，绝万缘，扫诸尘”，即修道，他将修道转换吉凶过程解释为先天为吉，有生以来吉气外散，凶气内聚，修道可消除凶气，日生吉气，吉气纯而凶气化，自然长生：“有生以来，交于后天，刚气尽用于外，争胜好强，认假弃真，内而三宝受咎，是吉气散外，凶气聚内，年远日久，阳尽阴纯，不死岂能之乎？故至人者扭回斗柄，运转魁罡，刚气用内，斩三尸，除六贼，绝万缘，扫诸尘，不以假伤真，不以外动内，吉气日生，凶气日消，生而又生，消而又消，吉气纯而凶气化，未有不能长生者也。”③

和光同尘、虚心用功、大智若愚等道家一贯主张的品格也是全真道的追求。拥有这些品格为吉祥，反其道则凶。刘一明以凤凰和孔雀悟出晦明吉凶之道：“凤凰不轻现，故为世之所瑞；孔雀常耀华，故为世之所捕。吾之观此，因悟得晦明吉凶之道矣。明而恃才矜能，争胜好强，在假路上用心思者，每多招凶。晦而黜聪毁智，虚心自下，在切身处用工夫者，每多致吉。招凶者明用于外也，致吉者明用于内

① （清）刘一明著，羽者等点校《道书十二种》，北京图书馆出版社，2006，第7页。

② （清）刘一明著，羽者等点校《道书十二种》，北京图书馆出版社，2006，第69~70页。

③ （清）刘一明著，羽者等点校《道书十二种》，北京图书馆出版社，2006，第309页。

也。用外则认假而失真，损精耗神，走入于死路；用内则去妄而存诚，蓄精养神，返归于生门。明之用外用内，吉凶系之，生死关之。故君子绝外以治内，小人务外以失内，亦如凤凰孔雀隐显不同，而取吉招凶亦异。用明之道，可不谨哉！”①

（三）修天爵者吉凶不能近

更进一步地讲，修道达到一定境界的人，是超越吉凶的存在。刘一明在《通关文》“荣贵关”中指出有两种荣贵，即人爵和天爵："天爵者，道德仁义是也；人爵者，功名禄位是也。”②

天爵、人爵的说法出自《孟子》:“有天爵者，有人爵者。仁义忠信，乐善不倦，此天爵也。公卿大夫，此人爵也。古之人修其天爵，而人爵从之。”在儒家话语体系中，天爵指仁义忠信的道德，人爵指现实的官禄。道教也借用了天爵、人爵的说法，如吕洞宾自称：“幼习儒业，长好性宗，修天爵而弃人爵，鄙顽空而悟真空。天爵止于人世，真空不离因缘。”③ 然而修天爵的目标并不止步于仁义礼智的道德修养，还要达到成仙的目标：“先修天爵以积其行，次体天道以累其功。功之至妙，无若抱一也。”④

刘一明主张修天爵，认为修天爵方能达到不拘造化，不移阴阳，不近吉凶，最终达到披天衣、食天禄、享天寿的成仙目标：

> 修天爵者，饱仁义而味道德，敛浮华而就朴实，蓄精神而养正气，尊德性而道问学，不肯以真换假，不肯以苦为乐，自尊自贵，自足自满，宠辱不到，咎誉难加，造化不能拘，阴阳不能移，吉凶不能近，完成本来乾元面目。天地喜悦，鬼神尊服，方

① （清）刘一明著，羽者等点校《道书十二种》，北京图书馆出版社，2006，第 320 页。
② （清）刘一明著，羽者等点校《道书十二种》，北京图书馆出版社，2006，第 222 页。
③ 《西山群仙会真记》，《道藏》第 4 册，第 422 页。
④ 《黄帝阴符经集解》，《道藏》第 2 册，第 747 页。

且披天衣，食天禄，享天寿，其荣贵永久长存，较之尘世霜露之荣贵，何啻云泥之异！①

可见修道至一定程度可以超越吉凶。

第三节　全真道时日禁忌的特点

全真道时日禁忌与其他派别相比较，有以下特点。

一　固定时日禁忌数量较少

通过前文的介绍，我们看到全真道固定时日禁忌内容较少。仅有几条禁忌有固定的时间。《重阳真人金关玉锁诀》的禁忌内容，与全真道的思想并不一致。此禁忌要求五月、六月、十一月、十二月勿近妇人。此文献或被认为是王重阳的早期思想，或被认为是托伪作品，故不算是全真道时日禁忌的典型。《摄生消息论》按四季列出了禁忌和养生内容。但其实只有医药方法与前人典籍略有分别，其他养生内容与前人典籍基本没有区别。《初真戒》"日忌"列出了早、中、晚各自所忌的内容，但也仅此一条，另外，早、中、晚三个时间毕竟是一个模糊的时间概念，可以推想，此禁忌在实际遵守时可能会有一定的弹性。

二　与民间习俗关系紧密

全真道的时日禁忌与民间习俗关系紧密。早期道教的戊辰戊戌禁忌，在元末明初的《道法会元》中禁忌六戊日。民间习俗"戊不动土"，在清代十分流行。民间的"戊不动土"源于祭祀社神，在立春

① （清）刘一明著，羽者等点校《道书十二种》，北京图书馆出版社，2006，第223页。

后和立秋后的第五个戊日，当日分肉饮酒，无法耕种，后来演变成为禁忌立春后的第六个戊日，再变为逢戊必禁。道教的戊日禁忌与民间的“戊不破土”民俗相互影响，通过民间医书等形式广泛传播，形成道教与民间均禁忌戊日。① 因此，清代全真道经典《初真戒》要求在所有戊日进行讲经也与民俗相关联。

《初真戒》的“日忌”三条内容——早不言梦寐，午不言杀伐，晚不言鬼神，也与民俗关系十分紧密。早不言梦寐，根据杨掌生《梦华琐簿》提示清代吴人有“晨起讳言梦”的习俗，清代的戏剧界也有“前不言更，后不言梦”的禁忌。午不言杀伐，与“秋后问斩”有相同的意思。晚不言鬼神，北京、山东、广西等地均有类似的民俗。

全真道时日禁忌与民俗多处重合，很难说完全是巧合。一种比较合理的解释是，全真道在明清时期虽然是比较主流的道派，但是道教在这一时期主要趋势是衰落，因此全真道会更加积极地从民俗生活中吸收营养以扩大影响。

① 廖宇、潘显一：《道教戊日禁忌成因及流变考》，《云南社会科学》2011 年第4 期。

第二编

道教时日禁忌分期

道教时日禁忌的历史研究分为三个阶段。第一个阶段是汉魏晋南北朝时期，第二阶段是隋唐时期，第三个阶段是宋元明时期。

第七章　汉魏晋南北朝道教时日禁忌

汉魏晋南北朝是道教发展史上一个关键时期。这一时期，道教从下层民众信仰发展为成熟的官方正统宗教。此时道教时日禁忌受到民间信仰、巫术、古代哲学等多种文化的影响，吸收了一些禁忌，并试图以道教的思想诠释它们，从而新创了一些道教自己的时日禁忌。此时期道教时日禁忌数量庞大，内容繁多。汉魏晋南北朝时期道派之间关系较为清晰，因为上一编的主要道派研究已经对此时期的早期正一道、太平道等道派进行了时日禁忌内容的介绍，故本章不再赘述，只综合这一时期各派对时日禁忌的态度，总结出这一时期道教时日禁忌的特点。

汉魏晋南北朝时期，道教派别众多，既包括东汉创教初期就已经存在的早期正一道、太平道，也包括南北朝时期以葛洪为代表的早期金丹道、寇谦之建立的新天师道（北天师道）、以陆修静为代表的南天师道以及以陶弘景为代表的上清派。这一时期时间跨度较长，既包含道教初创，亦包括了道教早期的发展：建立理论、建立教规教义、初步整理道教经典、建立神仙谱系等。

第一节　汉魏晋南北朝时期道教时日禁忌态度

汉魏晋南北朝道教对待时日禁忌的基本态度有以下几点。第一，重视时间的选择。时日禁忌普遍存在。道教初创时期比较重视时日禁忌，即避免不宜的时间做某事，到南北朝时期，更加重视时间的选择，选择合适的时间做某事。第二，吉凶由人。顺时则吉。汉魏晋南北朝时期道教各派普遍认为，修道可以逢凶化吉。吉凶受自身、祖先、后辈影响。第三，吉凶可预知，但耻以此为仕。

一　重视时日

汉魏晋南北朝道教各派别均重视时日选择。主要体现在两个方面：一是各大道派均有时日禁忌的存在；二是各派别重视时日选择的方式不同。

（一）存在时日禁忌

汉魏晋南北朝时期，各派别均存在大量时日禁忌。就目前笔者所见文献而言，其中早期正一道保留时日禁忌的数量最多。早期正一道的《赤松子章历》是专门的历书，包含了大量的时日禁忌内容，当然也包括吉日。早期金丹道也有大量时日禁忌，覆盖炼丹的每一个步骤。太平道虽然文献不多，但也有异常天象、特殊月象、月忌、反支等禁忌。上清派的文献虽更多主张选择吉日，但《真诰》也明确记载了庚申日等著名时日禁忌，上清派还记载了很多养生时日禁忌。魏晋时期的灵宝派有吉日、斋直日禁忌。因此可以说，汉魏晋南北朝时期的道派均存在时日禁忌，这是重视时日选择的表现之一。

（二）重视时日选择的形式不同

汉魏晋南北朝时期，各道派重视时日选择的形式有所不同。早期正一道、早期金丹道等产生较早的道派更加重视时日禁忌，即禁忌某时做某事。而产生年代较晚的上清派、灵宝派等更加重视选择适宜的时日，这些派别的时日禁忌的内容较少。但无论哪种形式，都可以说这一时期道教重视时间选择。

二　吉凶由人

这一时期道教各派都认同，吉凶不由外在因素决定，人能改变吉凶。

（一）吉凶可知

大部分道教派别认为吉凶可以预知。如太平道认为大道人可以占知吉凶，金丹道认为可以通过召神来问、服丹等方式预知吉凶。上清派陶弘景以预测吉凶闻名于世。早期正一道虽未明言可预测吉凶，但该派有大量的时日宜忌，甚至有专门的择日历——《赤松子章历》。既然时日有吉有凶，选择吉日做某事则吉，若在凶日做某事则凶，从逻辑上讲，也是预知吉凶的一种。但是道教不愿以占卜吉凶之事就官。

（二）吉凶可控

汉魏晋南北朝时期道教认为，吉凶并非完全是外在因素决定，而是主要由人决定。决定一个人吉凶的因素包括自己、自己的祖先以及后代。当然自己最重要。有两种方法可以得吉。一种是顺天奉时，既包括主动选择吉利时日，又包含避开禁忌时日。另外一种方式是修道，既包含潜心修道、奉持道诫，又包含积善行德。早期正一道认为，奉道者可常处吉不凶。除自身努力外，吉凶还会受到祖先和子孙后代的影响。祖先和子孙的影响力相比较，前者影响更大。祖先对自己的吉凶有较大的影响，是道教承负说在吉凶观上的表现。而只有当子孙的行为十分恶劣时，才会殃及自己。吉凶受到祖先和子孙的影响，可见道教禁忌思想反映了中国社会结构的特点。中国社会以家庭为基本单位，个人的吉凶受时间长河中所有祖先和后代的影响，祖先、自己和后代构成了一个家族共同体，自己是所有后代的祖先，也是所有祖先的后代，因此一个人的行为不仅仅是个人本身，而关乎这个共同体的命运。个人修道积善行德，不仅是个人的选择问题，也是个人的家庭责任和担当。因此，在道教的吉凶观下，哪怕隐居山林的道士也不可能完全与世隔绝。

（三）吉凶可超越

对于有一定修为的人来讲，可以控制吉凶，比如通过遵循禁忌、法术消解等。甚至可以超越吉凶，早期正一道认为奉道者可常处吉不凶。早期金丹派指出某些人某些事可不择日，《抱朴子》认为得《三皇文》之法可不问地择日，家无殃咎。灵宝派《太上灵宝五符序》认为玄古之时苍生任道而行，吉凶未兆，不惧其凶，不欣其喜。汉魏晋产生了奉道而行的人可以超越吉凶的观念，这种观念是隋唐时期道教分人群讨论择日的意义的基础。

第二节　汉魏晋南北朝时期道教时日禁忌的特点

一　来源广泛，内容杂多

汉魏晋南北朝是整个道教禁忌发展史上时日禁忌数量最多的时期。道教的产生正是在禁忌文化大为流行的汉代，故道教自诞生起就带有浓厚的禁忌色彩。这一时期道教禁忌的内容杂多，来源相当广泛，禁忌的理论来源包括中国传统文化根基的阴阳五行观念、天人相应的观念、时空相配观念、巫术思想、神煞思想、神灵信仰观念，民间时日禁忌如血忌、九空、天父天母日等都被吸纳到道教中来。早期道教所有的宗教活动都有时日禁忌，如早期正一道重视的章、斋、醮、符，金丹道重视的炼丹的各个步骤等。

产生初期的道教由于自身的理论还不成熟，对待强大的禁忌文化几乎全盘接收，导致道教时日禁忌数量庞大，来源广泛。而道教又无力对这些禁忌进行系统的解释和甄别，所以这些禁忌看起来比较散乱无系统。但是特别值得一提的是，此时有道门人士专门编制的《赤松子章历》，说明早期道教已经试图整理这些时日禁忌，这可能是出于实际运用的需要。

二　由重视避忌转向重视择吉

这一时期道派中，早期正一道、太平道和早期金丹道产生时间较早，这几个道派更加注重避忌。早期正一道和早期金丹道有大量时日禁忌。上清派、灵宝派产生的时间更晚，这两个道派中时日禁忌的内容急剧减少，且更加注重选择适宜的时日做某事，而不是进行避忌。上清派的思存术更多注重吉日的选择。

这种趋势也表明了道教的禁忌文化不断趋于成熟，开始更多用自身的思想来对待禁忌。

三　由重视科仪禁忌转向重视养生禁忌

道教科仪和养生是相互关联的两种活动。养生有广义和狭义之分：广义的养生是一切保养生命的活动，道教的所有活动的最终目标都是长生久视，从宽泛意义上讲，道教一切活动都是养生；从狭义上看，道教养生是指道教日常生活中保养生命的活动，与科仪的仪式性的展演不同，养生禁忌更加关注的是日常的衣、食、住、行等。

汉魏的道教文献多保存仪式方面的禁忌，如斋、醮、章、书符、炼丹等。到两晋南北朝时期的道教派别更加注重养生方面的禁忌，比如上清派房事时日禁忌增加、陶弘景的《养性延命录》大量日常养生内容的出现。这种变化的出现可能有几种原因。一是道教对于个人的日常行为越来越重视。从信仰人群来看，道教信徒的知识水平较高，能够更多靠自己与神灵沟通，而不需要职业道士来帮忙。二是道教所依托的社会环境使然。从社会的角度来看，两晋南北朝时期战火纷飞，仪式性的展演机会较少，道士生活中更多的是日常的修行。汉魏时期，早期正一道拥有相对稳定的环境，能够更多地进行道教仪式活动，所以有更多的科仪禁忌。两晋南北朝以后，生时日禁忌也成为道教时日禁忌的核心内容。

第八章　隋唐时期道教时日禁忌

隋唐时期道教派别逐渐融汇，教派之间的界限开始打破。在时日禁忌方面，我们也看到了相同的趋势。很多道经不再单独为某一派所有，而是被多个道派共同使用。本章根据隋唐时期的一些道经，对隋唐时期道教时日禁忌进行研究。

第一节　隋唐时期道教时日禁忌内容

一　《洞玄灵宝道士受三洞经诫法箓择日历》所见受经诫法箓时日禁忌

《洞玄灵宝道士受三洞经诫法箓择日历》（以下简称《择日历》）是《道藏》少有的择日历之一。它由唐代道士张万福所编纂。张万福的生卒年不详，生活年代在唐中宗、唐睿宗和唐玄宗时期，主要活动范围是京城长安。他曾经在长安的清都观和太清观修道，自称“三洞弟子京太清观道士”或“三洞弟子清都观道士”。张万福是整理道教科仪的重要人物，与陆修静、杜光庭并称“科仪三师”。

张万福在整理《三洞众戒》时担心其流传不便，专门挑选出来部分内容单独成卷，即《洞玄灵宝道士受三洞经诫法箓择日历》。《择日历》自述：“先修《三洞众戒》，已具二十一卷，中恐披卷轴繁多，罕能存录，今指行此一卷，庶弟子志之。”①《择日历》的主要内容是为受箓提供吉日和忌日。从张万福将这些内容单独成册来看，《择日历》具有较强的实用性，并受到重视。

虽然此历名为“洞玄灵宝道士三洞经诫法箓择日历”，然而其涉及的内容却不仅是灵宝派，也包括正一道、三皇派和上清派等众多道派的内容。“阳平鹿堂等二十四治及游散宿治箓”“正一仙灵符箓”属正一道，“洞神三皇符图经”属三皇派，“洞玄灵宝自然券、中盟经、真文二箓”属灵宝派，河图宝箓属上清派。小林正美将经箓和法箓相对照，认为正一仙灵符箓、阳平鹿堂等二十四治及游散宿治箓相当于“治箓”的法目，老君、金钮及经目并经属“五千文”的法目，“神祝符契图经”相当于《三洞奉道科戒仪范》的《正一法位》中最初设置的法目。“洞神三皇符图经”属三皇的法目，“洞玄灵宝自然券、中盟经、真文二箓、灵策、神杖等”属灵宝的法目，“五法”“河图宝箓”属新的“五法”和“河图”的法目，上清七券经目及经，三箓诸法，太素玄都紫纹交带等经箓相当于洞真的法目。②小林正美认为“张万福所处的时代流行的仍然是天师道的受法教程。”③

《择日历》所涉及的时日选择虽多，但是很多都是指出吉日，涉及禁忌日的仅几处，分述如下：

（一）受“正一仙灵符箓”等时日禁忌

《择日历》列出每一日天干地支的关系，分别有和合、上生下、下生上、专、自刑、上克下、下克上这几种关系。《择日历》认为“合和，上下相生，大吉；专，小吉”，可受箓。“自刑，上下相克，凶，不可度法箓经戒。”

---

① 《洞玄灵宝道士受三洞经诫法箓择日历》，《道藏》第32册，第182页。

② 〔日〕小林正美：《唐代的道教与天师道》，王皓月等译，齐鲁书社，2013，第83页。

③ 〔日〕小林正美：《唐代的道教与天师道》，王皓月等译，齐鲁书社，2013，第84页。

这里上下相克即《抱朴子》中的制日“支干上克下”，伐日“支干下克上”，即《淮南子》中的“母胜子”制日和“子胜母”的困日。《择日历》详细地罗列了每一日的五行关系，方便道士们查看选择吉日，我们将《择日历》的内容列入表格中更加清楚。

逐日天干地支关系

甲子	乙丑	丙寅	丁卯	戊辰	己巳	庚午	辛未	壬申	癸酉
和合	上克下	和合	和合	自刑	和合	下克上	和合	和合	和合
甲戌	乙亥	丙子	丁丑	戊寅	己卯	庚辰	辛巳	壬午	癸未
上克下	和合	下克上	相生	下克上	下克上	相生、自刑	下克上	上克下	下克上
甲申	乙酉	丙戌	丁亥	戊子	己丑	庚寅	辛卯	壬辰	癸巳
下克上	下克上	上生下、和合	下克上	上克下	专、和合	上克下	上克下	下克上	上克下
甲午	乙未	丙申	丁酉	戊戌	己亥	庚子	辛丑	壬寅	癸卯
上生下	上克下	上克下	上克下，凶	专，吉，天门，不入靖	上克下，自刑	和合	下生上、和合	上生下，和合	上生下，和合
甲辰	乙巳	丙午	丁未	戊申	己酉	庚戌	辛亥	壬子	癸丑
上克下，自刑	上生下，吉	专火，自刑	上生下，吉	上生下，自刑	上生下、自刑	下生上，吉	上生下、自刑	专水，吉	下克上
甲寅	乙卯	丙辰	丁巳	戊午	己未	庚申	辛酉	壬戌	癸亥
专木，吉	专木，吉	自刑	专火，吉	下生上，自刑	专土，吉	专金，吉	专金，自刑	下克上	专水，自刑

自刑，《赤松子章历》指出“辰午酉亥自刑”。《五行大义》引《汉书》翼奉奏事云：“木落归本，故亥卯未木之位，刑在北方。亥自刑，卯刑在子，未刑在丑，水流向未，故申子辰水之位，刑在东方。申刑在寅，子刑在卯，辰自刑。金刚火强，各还其乡，故巳酉丑金之位，刑在西方。巳刑在申，酉自刑，丑刑在戌，寅午戌火之位，

刑在南方，寅刑在巳，午自刑，戌刑在未。”[①] 刑为不吉。《五行大义》有三种刑，包括支自相刑、支刑在干，干刑在支。并言“凡卜筮所用，遇刑非善”[②]。据此，我们判断上表中凡标注“上克下”、“下克上”和“自刑”，不管是否同时标注“专”和“相生”均为凶，不能受箓。

自刑、上下相克均是《赤松子章历》出现过的禁忌。戊戌在历中标为“天门，不入靖”亦是《赤松子章历》的内容。两者不同的地方在于，《赤松子章历》是专为上章用的历书，并未明确指出自刑是受道的忌日。而《择日历》是受箓用的历书，禁忌事项是受“正一仙灵符箓”。“正一仙灵符箓”是正一道的初级符箓，在受券箓、治箓和三归五戒后受之，“受此符箓，斋戒启奏，伏鬼除魔”[③]。上清派将其作为初戒。此禁忌是来自早期正一道的禁忌。

（二）受“阳平鹿堂等二十四治及游散宿治”时日禁忌

“阳平鹿堂等二十四治及游散宿治”属治符，属早期正一道传统的符。早期正一道将辖区分为二十四治，二十四治代表二十四气。治箓有神将吏兵的名号，道士受持后可以召神、避灾、延年，最后得道升仙。《择日历》按照每两个月一组的方式列出了地支日受治符的吉凶：

> 正月、二月子日，五十倍；丑日，二十倍。寅日杀子，卯日杀妇，辰日大吉，巳日自如，午日九倍，未日杀身，申日杀妇，酉日小吉，戌日七十倍，亥日五十倍。

① （隋）萧吉撰，〔日〕中村璋八校注《五行大义校注》（增订版），汲古书院，1998，第80页。

② （隋）萧吉撰，〔日〕中村璋八校注《五行大义校注》（增订版），汲古书院，1998，第81页。

③ 《正一威仪经》，《道藏》第18册，第252页。

三月、四月子日五十倍，丑日杀母，寅日大通，卯日小吉，辰日小凶，巳日十倍，午日师自殃，未日三十倍，申日三十倍，酉日五十倍，戌日二十倍，亥日二十倍。

五月、六月子日杀母，丑日害母，寅日大凶，卯日杀父，辰日杀母，巳日小凶，午日杀子，未日杀子，申日杀母，酉日五十倍，戌日二十倍，亥日不吉。

七月、八月子日大通，丑日大凶，寅日小凶，卯日杀父，辰日杀母，巳日二十倍，午日杀母，未日五十倍，申日杀子，酉日杀母，戌日二十倍，亥日五十倍。

九月、十月子日自如，丑日自如，寅日小凶，卯日二十倍，辰日五倍，巳日六十倍，午日大凶，未日三十倍，申日二十倍，酉日二十倍，戌日杀子，亥日杀妇。

十一月、十二月子日杀子，丑日杀妇，寅日小凶，卯日五十倍，辰日五十倍，巳日杀妇，午日杀父，未日七十倍，申日三十倍，酉日三十倍，戌日大凶，亥日杀妇。

凡十二件，度道吉凶日，明寻之，勿犯二条，出《正一法文度箓度治仪》。①

以上内容和《赤松子章历》的“受道倍日”大致相同。《赤松子章历》的受道倍日也是受符箓的禁忌日，也按照每两个月的方式列出每个地支日的吉凶。不同之处：有的是禁忌原因不同，如正月、二月申日《赤松子章历》为“杀父”，《择日历》为“杀妇”；十一月、十二月丑日《章历》中“杀子”，《择日历》为“杀妇”。少量日期吉凶相反，如正月、二月辰日《章历》为“大凶”，《择日历》为“大吉”。两本道经应属同一来源，只是流传过程中出现

① 《洞玄灵宝道士受三洞经诫法箓择日历》，《道藏》第32册，第182~183页。

了一些错误。

《择日历》言此禁忌来自《正一法文度箓度治仪》。《道藏》未保存此道。据吕鹏志先生研究，敦煌写本 S. 203 很可能抄自《正一法文度箓度治仪》[①]，但是 S. 203 并未指出上述的受箓吉凶时间。因此，我们不能从其他文献来进行辅助的研究。

从上述引文来看，违背禁忌带来的灾难包括：杀父、杀母、杀身、杀妇、杀子、师自殃。所涉之人与己身关系十分紧密，故让人不得不忌。《赤松子章历》单独标注了“杀师忌日”，时间逐月列出地支日和数字计日。《章历》“杀师忌日”三月为酉，四月为申，与上面引文“三四月午日”不同。这种把一年分为六组来标注吉凶的方式，应该与气的阴阳理论相关。

《黄帝内经素问补注释文》中“太阳脉至，洪大以长”、“少阳脉至，乍数乍疏，乍短乍长”及“阳明脉至浮大而短”引吕广言“太阳王五月六月，其气大盛”、“少阳王正月二月，其气尚微”和“阳明王三月四月，其气始萌未盛”。[②] 吕广是《黄帝八十一难经》注释者。日本学者认为他是医经注释第一人：“盖医经之有注，莫先于此书。”研究者对吕广生活的时代有争议，但均认为吕广“是一位有道家修养的人”[③]。《八十一难经》曰：“正二月阳气渐盛，其候始暄。三四月阳气太盛，其候已热。五六月阴气初王，时候湿暑。七八月阴气渐盛，其候清凉。九十月阴气极盛，其候寒凝。十一月十二月阳气尚微，时候尚寒，故脉不同也。”[④] 如下图。

---

① 吕鹏志：《天师道授箓科仪——敦煌写本 S. 203 考论》，“中研院”史语所集刊第七十七本第一分。

② 《黄帝内经素问补注释文》，《道藏》第 21 册，第 80~81 页。

③ 范行准：《“黄帝众难经注”、“玉匮针经”作者吕广的年代问题》，《上海中医药杂志》1957 年第 10 期。

④ （明）张世贤：《图注八十一难经辨真》，曹炳章编《中国医学大成终集》医经一，上海科学技术出版社，2013，第 19 页。

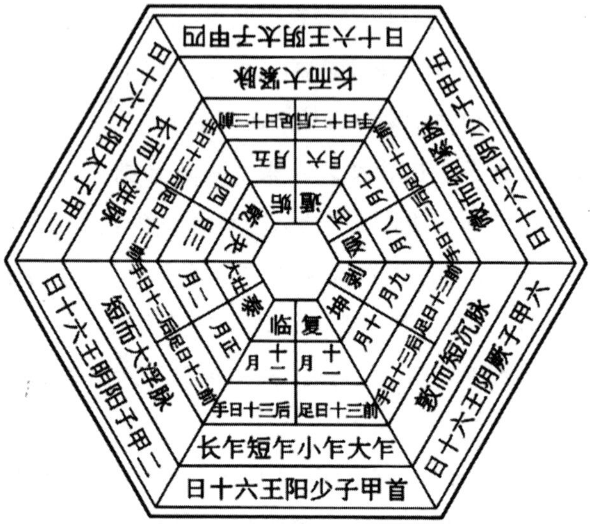

七难六甲王脉图

资料来源：（明）张世贤《图注八十一难经辨真》，曹炳章编《中国医学大成终集》医经一，上海科学技术出版社，2013，第 19 页。

然而，我们无法确定每组地支日吉凶的原则，还须进一步的研究。

无论如何，我们可以确认此禁忌来自早期正一道的受道禁忌日。此禁忌可能与气的阴阳理论相关。根据道教文献来看，将一年分为六组的方式在道教中存在过，曾作为受道时日选择的依据之一，但并未广泛流行。

《择日历》中仅有以上两种受箓时日禁忌，其他诸多受箓时日均是吉日。以上两种时日禁忌均属正一道的禁忌。

（三）张万福整理时日禁忌的贡献

张万福认为受经诫法箓的时间应根据所受内容进行选择。“受道之历，治箓符图等事，至于上清、灵宝，自有吉辰，岂得雷同，莫分泾渭。”[①] 另外，受经诫法箓的时日选择和奏章、设醮、合药、营建不同，要加以区分。又云：“靖忌道父母，忌不入靖烧香。愚人景慕，用为奇诀。其道父母，靖忌上禁祭酒奏章设醮，元不及三洞上法。至如戊辰、己巳、戊戌、己亥，随日流行。而十斋八节、五通太素朝第山等，天之定日，求仙要领。若与之会，得不朝真者乎？此盖济世小道，非修身上法，汝之弟子，宜识之焉。其或十斋八节，既是众圣按行，条记功过，亦曰良辰。虽经不指言例之，为善传道，所用必谐圣旨。复有上帝杀伐日云：不可举百事，此只合药营建，诸所禁防。至于受道，固应无碍，而始学初门，幸能避之佳也。”[②]

当时有若干种不同道法，张万福主张不要各自参受，那样不但会让道教的师徒受累，而且会使仙官厌烦。关于同坛之内，不同法的时日选择，《择日历》有“既一坛之内，参受不同，宜就尊法，告斋立限，取其良日，其中小法，斋内传授”[③]。

综上，张万福对于道教时日禁忌的主要贡献是整理，在整理过程中，他提出了多种道法传授的选择依据并强调不同内容的道教活动应遵从不同的时日禁忌。

二　《太上宣慈助化章》时日禁忌内容

《太上宣慈助化章》是唐末道士杜光庭所编。杜光庭一生著述颇多，《道藏》收录他的著作超过二十种，其中他修订的斋醮科仪就有十多种。李养正先生称他为“道教斋醮仪式的集大成者，也可以说是完成者，他所制定的道门科范，道教至今依然沿用”[④]。杜光庭是

① 《洞玄灵宝道士受三洞经诫法箓择日历》，《道藏》第 32 册，第 182 页。
② 《洞玄灵宝道士受三洞经诫法箓择日历》，《道藏》第 32 册，第 184 页。
③ 《洞玄灵宝道士受三洞经诫法箓择日历》，《道藏》第 32 册，第 184 页。
④ 李养正：《道教概说》，中华书局，1989，第 129 页。

唐代著名上清派道士司马承祯的五传弟子，他的师承关系是司马承祯—薛季昌—田虚应—冯惟良—应夷节—杜光庭。

关于杜光庭的道派归属问题，孙亦平教授指出“杜光庭既属于茅山上清派道士，也是天台山道教的重要传人”[①]。因为杜光庭的老师应夷节学道的重点在上清经箓和正一法箓，受他影响，杜光庭也是既修“‘上清紫虚吞日月气诸法’，又沿袭重视正一法箓的传统”[②]。他将道教科仪理论化、系统化，并“以陆修静所编的斋法为基础，会通上清经箓与正一法箓”，将道教科仪程式规范化、艺术化。[③] 杜光庭在整理道教斋法时，也对灵宝斋法进行了重整和规范。因此，我们在讨论杜光庭的时日禁忌时，可能会难以判断其来源。

《太上宣慈助化章》所涉及的时日禁忌分述如下。

（一）上计死忌

《南岳魏夫人生算度厄章》曰：

> 又恐弟子某身及家口大小，或以正月上计，死忌在寅，二月上计，死忌在卯，三月上计，死忌在辰，四月上计，死忌在巳，五月上计，死忌在午，六月上计，死忌在未，七月上计，死忌在申，八月上计，死忌在酉，九月上计，死忌在戌，十月上计，死忌在亥，十一月上计，死忌在子，十二月上计，死忌在丑，如上等忌疾厄深重，乞丐大道真炁官将吏兵，次为弟子垂慈，解除死籍，定上生名。[④]

“上计”是汉代的一种制度，即地方政府向中央汇报当地的社会

① 孙亦平：《杜光庭评传》，南京大学出版社，2011，第68页。

② 孙亦平：《杜光庭评传》，南京大学出版社，2011，第70页。

③ 孙亦平：《杜光庭评传》，南京大学出版社，2011，第87页。

④ 《太上宣慈助化章》，《道藏》第11册，第313页。

经济和财政的情况。道教借用此词，用以表达向上汇报人的善恶等情况。

此处的“上计”死忌的日期，正好是建除法的建日。《协纪辨方书》有建日忌“上册进章表”和“解除”。可能此处的禁忌与之相关。

这一禁忌可能流行于正一道和上清道。因为“上计”是汉代进入道教的名称，故应与早期正一道相关。此禁忌出现在《南岳魏夫人生算度厄章》，魏夫人是上清派尊奉的宗师，说明它是上清派的禁忌。

（二）解厄内容

《太上宣慈助化章》中的解厄内容包括犯禁，自然包括时日禁忌。比如犯了天罗地网之厄、三天八会、二十八星辰、十二时辰、支干岁刑，月杀魁纲，冲破加临，三五七九九横九灾之厄、二四六八五行八节，八魁临年之厄、天禁地忌、岁禁、月忌、日禁、时忌、命忌、太岁、太阴、太阳、大耗、小耗、十二月建、七十二神、阴阳、刑德凶吉众神之厄。[①] 这里提到的多种时日禁忌在《赤松子章历》有载。杜光庭在道经中并未指出这些禁忌的具体时间，可能因为有《赤松子章历》和《洞玄灵宝道士受三洞经诫法箓择日历》已经足够，无须再次标注，也可能他并不重视这方面的内容，与唐代流行的时日禁忌观相关。

三　《三洞珠囊》所见时日禁忌

《三洞珠囊》是唐朝道教类书。题为大唐陆海羽客王悬河修。它征引了大量道书，据潘雨廷先生称有二百六七十种之多。[②] 王悬河事

① 《太上宣慈助化章》，《道藏》第 11 册，第 326 页。

② 潘雨廷：《道藏书目提要》，《潘雨廷著作集》第 11 册，上海古籍出版社，2016，第 97 页。

迹不详，《道藏》中还有《上清道类事相》题为王悬河修。从所引的书推断，他应该是唐代人。

《三洞珠囊》卷六“立功禁忌品”引用了众多道经，其中有大量时日禁忌内容。包括《太玄都中宫女青律》、《太上黄素四十四方经》、《真一条检经》、《真诰》、《金书仙志》、《黄顺请问上经》、《上清大洞戒》、《灵宝戒三十六条仙内科》、《灵宝制服科》和《玄都律》。大部分时日禁忌内容在前文已经分析过了，如戊辰戊戌不可用、上帝杀日、自刑杀害之日不可以用。我们将未分析的禁忌分述如下：

（一）征引《真一条检经》时日禁忌

《三洞珠囊》引《真一条检经》曰：

> 夫立功德者不得触禁犯忌，当与身神相和，不可更相克贼。更相克贼，生灾起祸也。夫消灾散祸，不得用本命行年，本命行年，贼害汝身。本命日，可行周天大度，炼气生身，不可妄失。行年日，可行生布气，养神育精，不可妄失。绝命日，不可用，用之致灾绝灭。岁星日，不可用，用之致县官刑狱。六害日，不可用，用之致疾病衰厄。月晦日，不可用，用之致灾，身枯气丧。岁破日，不可用，用之致灾，家门凶祸。[①]

丁培仁先生认为，《三洞珠囊》所引的内容应当是正一条科文。[②]以上引文内容也和早期正一道禁忌相似。本命行年见前文上清派时日禁忌。岁星是“行年到日”，六害是“本命对日”，“岁破”是斗击，见前文《赤松子章历》时日禁忌。唯绝日未分析。

① 《三洞珠囊》，《道藏》第25册，第327页。

② 丁培仁：《增注新修道藏目录》，巴蜀书社，2008，第215页。

王契真《上清灵宝大法》绝日，小字注“本命绝日”，不宜行道烧香。灵宝派《灵宝领教济度金书》曰：“如甲子生人，则不用寅日也。”即根据干支的纳音五行属性来确定。具体方法是根据纳音五行确定五行属性，根据五行寄生十二宫，找到“绝”的状态所在的地支，即本命绝日所在。甲子生人，纳音五行属海中金。金在十二宫状态不同：金生于巳，沐浴于午，冠带于未，临官于申，王于酉，衰于戌，病于亥，死于子，墓库于丑，绝于寅，胎于卯，养于辰。故金之绝日在寅。[①] 故曰“甲子生人，不用寅日”。《三洞珠囊》认为：“绝命日，不可用，用之致灾绝灭。”[②]

绝的状态意味生命的绝尽。所以当人出生所属的五行处于绝的状态时，人自身岌岌可危。道教相信，绝日是人生命最脆弱的时候，最易受到伤害。《太上六壬明鉴符阴经》有厌法杀仇人，即选仇人绝日进行：“图画一人，如仇人状，以头抵仇人住处方位。仇人本命死日、绝日及于绝死时，去自家宿房中，去仇人死绝、五绝、命绝、时绝、体绝方位，去人背上书式……如此七遍七咒，按前钉可及一寸，每日一次，于本命死时造式一次。至五日，其人救不得。如五日里拔了箭，人却安全。用七日，其人必死。如死时，及人箭死地埋之”[③]。

从禁忌原理上来讲，绝日应该比较早出，或在五行寄生十二宫理论出现之时。《赤松子章历》的全本中或许有记，只是没能保存下来。

（二）征引《金书仙志》的时日禁忌

《三洞珠囊》引《金书仙志》曰：

夫学仙之人，勿北向便回（曲），仰视三光；勿北向理发，

① 此段可参考第一章《早期正一道时日禁忌》中《五行纳音》部分。

② 《三洞珠囊》，《道藏》第25册，第327页。

③ 《太上六壬明鉴符阴经》，《道藏》第18册，第629页。

> 解脱衣裳；勿北向唾骂，犯破毁王，破谓岁下辰也，王谓王气之所在也。勿怒日月星辰，勿以八节日行威刑，勿以月朔日怒恚，勿以三月三日食百草心，勿以四月八日杀草伐树，勿以五月五日见血，勿以六月六日起土，勿以七月七日思存恶事，勿以八月四日市履屐附足之物，勿以九月九日起床席，勿以十月五日罚责人也，勿以十一月十一日不沐浴，勿以十二月三日不斋烧香念仙也。诸如此忌，天人大禁，三官告察，以是为重罪矣。或令人三魂七魄流竞，或胎神所憎，三官受恶之时也。是以恶梦交于丹心，妖魅乘其朱阙，精夜触犯神真，烦恼流变多禁，莫识奇术。子能奉修，则为仙才；不奉天禁，则为伤败。[①]

此处与《太微灵书紫文仙忌真记上经》的内容有大量类似甚至重复。《太微灵书紫文仙忌真记上经》有“败仙相者十条”：

> 第一勿好淫。淫则魂液外漏，精光枯竭，神燋魄散，骨薄髓秽，魂号灵府，上闻天阁，三宫权争，胎英悲错，此一败仙相。第二勿为阴贼凶恶。凶恶则黄庭竞乱，三尸好杀，魂神窥奸，魄鬼干室，目光兵散，口生伤气，此二败仙相。第三勿醉酒。醉酒则形质沦坏，神真交错，魂忘本室，魄游邪宅，赤子飞扬，喉脑火竭，此三败仙相也。第四勿秽慢不盛。秽慢不盛则清灵失真，精魂不居，三宫生虫，赤子浮游，血浊髓臭，神光失庐，魄走邪门，求我死书，此四败仙相也。第五勿食父母本命兽肉，则元形丧始，根本亡度，胎神号咷，绛君叫慕，三魂惨毒，魄索丘墓，此肉入口，命坠长夜，此五败仙相也。第六勿食己身本命兽肉，则形神犯真，泥丸减落，三宫闲门，婴儿交错，魂爽飞逐，魄求

① 《三洞珠囊》,《道藏》第25册，第327~328页。

棺椁，此六败仙相也。第七勿食六畜肉，则炁形郁臭，精灵浊滞，脑黄齿枯，脾育死气，魂不受真，魄生邪勃，身沉长渊，骨愿土没，此七败仙相也。第八勿食五辛之菜，则五藏恶臭，三华溃乱，神不正达，精胎下沦，魂魄生离，赤子烦顿，飞灵失守，眼光流逮，此八败仙相也。第九勿杀生昆虫以上，则兵对万物，束骸血怨，形暴魄凶，魂气交战，胎灵彷徨，真儿逃散，泥丸奸狂，赤子奔叛，尸形汤镬，水煮火烂，此九败仙相也。第十勿北向便回，仰视三光；勿北向理发，解脱衣裳；勿北向唾骂，犯破毁王。破谓岁下辰也，王谓王气之所在也。勿怒日月星辰；勿以八节日行威刑；勿以月朔日怒恚；勿以六甲日食龟龙鳞甲之物肉；勿以丙午日食雉肉；勿以丙子日食黑兽物肉；勿以庚申日行阴阳，与妇人同床而卧；勿以乙卯日大醉；勿以正月四日北向杀生；勿以二月九日食鱼；勿以三月三日食诸五藏肉、百草心；勿以四月八日杀草伐树；勿以五月五日见血；勿以六月六日起土；勿以七月七日思存恶事；勿以八月四日市诸履屐，诸附足之物；勿以九月九日起床席；勿以十月五日罚责人；勿以十一月十一日不沐浴；勿以十二月晦内三日不斋烧香念仙也。[①]

《太微灵书紫文仙忌真记上经》，朱越利先生认为是六朝时期的上清经[②]，丁培仁先生认为“疑出自南朝”[③]。《金书仙志》，丁培仁先生认为是南北朝以前的道书。根据这两书的时间判断，以上禁忌形成时间应不晚于南北朝。

比较上面两种道经，《太微灵书紫文仙忌真记上经》看起来内容更加完整，包括十条戒律和从正月到十二月的禁忌。而《三洞珠囊》

① 《太微灵书紫文仙忌真记上经》，《道藏》第3册，第402页。
② 朱越利：《道藏分类解题》，华夏出版社，1996，第35页。
③ 丁培仁：《道教典籍百问》，今日中国出版社，1996，第30页。

所引的《金书仙志》仅包括第十条戒律。《太微灵书紫文仙忌真记上经》和《道藏》中《枕中记》内容大部分相同。《枕中记》应是唐代作品。[①]

下面将分析前文未解释之禁忌：

1. 勿以六甲日食龟、龙、鳞甲之物

此禁忌见于《太微灵书紫文仙忌真记上经》和《枕中记》。从名字就可以直接看出禁忌的原因。龟、龙、鳞甲之物均有甲。这类有甲的动物在六甲日正是生命力旺盛之时。禁忌原理正如入五岳时日忌一样，认为正月、二月与东岳同属木，木旺之时不可入山。六甲之日，有甲之物气旺，不可食用。

2. 勿以丙午日食雉肉

此禁忌亦见于《太微灵书紫文仙忌真记上经》和《枕中记》。唐代医书解释此禁忌的原因为“雉虽非辰属，而正是离禽。景[②]午日不可食者，明其王于火也”[③]。宋代医书《证类本草》《图经衍义本草》、日本医书《医心方》均作此解，并称其来自陶隐居。李时珍《本草纲目》批评了此禁忌，认为谬谈。然而李时珍也认为“雉属离火，鸡属巽木。故鸡煮则冠变，雉煮则冠红，明其属火也”[④]。可见，历代名医均认为雉属离，属火，丙、午亦属火。此禁忌的依据是：雉于丙午气旺，故不可食。

3. 勿以丙子日食黑兽物肉

此禁忌也以五行属性为根据。黑属水，子亦属水。黑兽物肉在水

---

① 《枕中记》在《通志·艺文略》著录为孙思邈作。《云笈七签》所载的孙思邈《摄养枕中方》与《枕中记》内容大致相同，故《枕中记》应是唐代作品。

② 本作“丙”，避唐世祖讳作“景”。

③ （唐）苏敬等撰，尚志钧辑校《唐·新修本草》（辑复本），安徽科学技术出版社，1981，第396页。

④ （明）李时珍著，刘衡如、刘山永校注《新校注本〈本草纲目〉》，华夏出版社，2011，第1727页。

日气旺，故不能食。但是不能解释为何仅禁忌丙子日。《上清修行经诀》曰：“勿以丙子日伤黑兽。”

4. 勿以乙卯日大醉

此禁忌见于《太微灵书紫文仙忌真记上经》和《枕中记》。乙卯日，从五行上讲，乙属木，卯属木。《黄帝素问灵枢经》有：“酒者，水谷之精，熟谷之液也，其气剽悍，其入于胃中则胃胀气上逆，满于胸中，肝浮胆横，当是之时固比于勇士气衰则悔与勇士同类，不知避之，名曰酒悖也。”① 医书《本草备要》曰：“过饮，则伤神耗血……致生湿热诸病（过饮则相火昌炎，肝金受灼，致生痰嗽）。”② 或许此禁忌与酒使“肝浮”“肝金受灼”的中医观念相关。肝属木，故在乙卯日木盛行之时避免大醉。此禁忌在《上清修身要事经》作“勿以乙卯日饮酒食肉”。

5. 原因尚不明确的禁忌

“勿以正月四日北向杀生；勿以二月九日食鱼”。此二条禁忌见于《太微灵书紫文仙忌真记上经》。《上清修身要事经》和《上清修行经诀》作“勿以正月杀生，勿以二月九日食肉”。此二条禁忌原因不明，《金书仙志》未收，可能也因为禁忌不明。三月三日、五月五日、六月六日、七月七日、九月九日、十一月十一日等因为月和日的数字相叠，所以被看作是特殊时候。而禁忌的内容不知何据。四月八日在《三洞珠囊》引《玄都三会律》为“会天徒”③。十月五日是道教的民岁腊，即五腊之一，也是建生大会，即三会日之一。十二月三日是《真诰》中女仙刘纲妻口诀“求仙者勿见女子”的日子之一。这些日子比较特殊，但是为何禁忌，通过上文中的内容仍不可知。另外，八月四日不知是何特殊节日。

① 《黄帝素问灵枢集注》，《道藏》第 21 册，第 433 页。

② （清）汪昂撰，周慎整理《本草备要》，山西科学技术出版社，2013，第 279 页。

③ （唐）王悬河：《三洞珠囊》，《道藏》第 25 册，第 325 页。

四 《孙真人摄养论》所见摄养时日禁忌

《孙真人摄养论》，学界一般认为是孙思邈的作品，这一作品可看作唐代道教医学或养生方面的代表。

该道经逐月列出了宜忌日，包括每月五藏之气、宜食之味、起居早晚、禁忌食物、宜拔白发时间、宜斋戒日、宜沐浴日、忌远行日。其思想主要根据阴阳理论、五藏的五行属性和五行的衰旺为依据。宜忌食物也以此为据。其中如“二月九日不食鱼”等禁忌与其他多种道经相同，宜拔白发日在《真诰》中亦有见。忌远行日，可能来自其他文献的汇总。

值得注意的是，这本主旨为养生之书，既有今人比较认同的依时养生的内容，又有今人看来荒诞不经的内容。在道教的养生理论观念中，二者均是摄养之道。

事实上，孙思邈在具体的医学实践中，亦遵从时日禁忌。《千金要方》曰：“妇人产乳，忌反支月。若值此月，当在牛皮上，若灰上，勿令水血恶物着物（地），则杀人，及浣濯衣水，皆以器盛，过此忌月乃止。”[①]《千金要方》还有血忌、月厌、四激等日禁忌针灸。《备急千金要方》有“六甲日勿食龟、鳖，害人心神……十一月、十二月勿食虾、蚌着甲之物”[②]。

五 《摄生纂录》所见居家辟邪杂用禁忌和行旅禁忌

《摄生纂录》在《道藏》中归为洞玄部众术类，题为王仲丘所撰。《新唐书·艺文志》有：“王仲丘，《摄生纂录》一卷。”[③] 魏燕利的博士论文考察了王仲丘究竟为何人。他认为王仲丘不是《新唐

---

① 《孙真人备急千金要方》，《道藏》第 26 册，第 54 页。

② 《孙真人备急千金要方》，《道藏》第 26 册，第 529 页。

③ （宋）欧阳修、（宋）宋祁：《新唐书》，中华书局，1975，第 1524 页。

书·儒学传》记载的开元年间的儒学人士。“《摄生纂录》作者王冰，字仲丘（邱），自号启玄子，唐宝应中人；自少慕道，好养生，注《黄帝素问》24 卷、《释文》1 卷、《灵枢经》9 卷，并撰《天元玉策》30 卷；仕至太仆令，年八十以寿终。”[①]

《摄生纂录》有导引篇，包括“赤松子坐引法”“婆罗门导引法”;调气篇，包括“吐纳炼气法”“胎食胎息法”“食日月精法”;居处篇，包括“摄理法”“丁公杀鬼丸仙人所授方”“推岁德法”“推月德法”“埋沙法”“老君说河曲父谢天地法”“辟盗贼法”“居家辟邪杂用”方法；另有行旅篇。“居处篇”和“行旅篇”涉及时日禁忌。

（一）居处禁忌

1. 五季天干日禁忌

《摄生纂录》引《龙首经》:“春甲乙不伐东方木，夏丙丁不作灰炭，季夏戊己不兴工，动土，秋庚辛不铸写，冬壬癸不穿沟渠。犯此殃家长，大凶。春夏为阳，不行刑戮；秋冬为阴，不可开凿。犯者殃及其身。”[②]

此禁忌的根据是阴阳五行理论。一年四季分为阴阳，春夏为阳，阳时不杀戮。秋冬为阴，阴时不开凿，因杀戮属阴，开凿属阳。若将一年分为五季，春、甲乙属木；夏、丙丁属火，季夏、戊己属土，秋、庚辛属金，冬、壬癸属水，故不在五行旺时犯之。

2. 六壬黑道

《摄生纂录》记有修造须选择时日，有黄道日和黑道日。黑道日是禁忌日。经文提到“依六壬黄黑道图最妙”，然道经未载此图：

① 魏燕利：《道教导引术之历史研究》，山东大学博士学位论文，2007，第 88 页。

② （唐）《摄生纂录》，《道藏》第 10 册，第 713 页。

凡欲修造运为皆须选择时日，但依六壬黄黑道图最妙。寅申岁：乙辛黄，丁癸黄。卯酉岁：乾巽黄，坤艮黄。辰戌岁：丙壬黄，甲庚黄。己亥岁：丁癸黄，乙辛黄。子午岁：坤艮黄，乾巽黄。丑未岁：甲庚黄，丙壬黄。右此为岁黄道。若修造当依此地皆吉，余地皆凶。若远行、移徙、嫁娶、产妇、病人疗医，此地吉。

又月黄道法最验，皆依节气用之。正月、七月，丑辰巳未为黄道，余并为黑道。二月、八月，卯午未酉为黄道，余并为黑道。三月、九月，巳申酉亥为黄道，余并为黑道，四月、十月，未戌亥丑为黄道，余并为黑道。五月、十一月，酉子丑卯为黄道，余并为黑道。六月、十二月，亥寅卯巳为黄道，余并为黑道。[①]

可见，黄道的推算可根据年的地支确定黄道的天干，根据黄道的年干推算黄道的方位。亦可根据月份的数字，推算黄道、黑道的地支日。

《道藏》没有图，但敦煌道经 P. 2964 有“四邻造作及自家泥垒犯触转为福法图”，每两个月一幅图。学者认为图中的十二神就是黄黑道十二神。[②]《协纪辨方书》引《神枢经》，认为天刑、朱雀、白虎、天牢、元（玄）武、勾陈者为月中黑道。黑道“所理之方，所值之日皆不可兴土工、营房舍、移徙、远行、嫁娶、出军”。可见，黑道即是煞神。

假如黄道又逢恶煞该如何避忌呢?《摄生纂录》记有两种观念。一种认为，黄道遇上将军、太岁、刑祸和土公在道，最好都避忌。另一种认为黄道日诸无所忌。选择时不能够全具吉时日，选一两种吉日就行了。

① （唐）《摄生纂录》，《道藏》第 10 册，第 713 页。

② 陈于柱持此见，金身佳亦同意。

3. 授官禁忌

《摄生纂录》有授官禁忌：

> 凡临官视事亦须择日……授官拜日相克，若甲乙授官不以庚辛日上，庚辛日授官不以丙丁日上，丙丁日授官不以壬癸日上，壬癸日授官不以戊己日上，戊己日授官不以甲乙日上。又法，春忌庚辛，夏忌壬癸，秋忌甲乙，冬忌丙丁，是四废日，不可临官视事。又不用正月、二月、三月下旬，四月、七月、九月上旬，十月中旬，十二月下旬，十一月上旬，五月三旬，悉不可临官视事，皆大凶妨，设有福德，犹遇他灾患。[①]

此禁忌仍是按照五行理论。甲乙授官不以庚辛日，“春忌庚辛，夏忌壬癸，秋忌甲乙，冬忌丙丁，是四废日”。依据五行相胜理论，甲乙属木、庚辛属金，金克木。其他几种均是此理。

（二）行旅禁忌

1. 盗门日、侯门日

《摄生纂要》有：“二日、八日、十四日、二十日、二十九日为盗门日，行有大忧，遇盗，大凶……十二日、十八日、二十四日、二十七日为侯门日，行有口舌，大凶。”[②] 与盗门日、侯门日并列的是石门日、财门日、阳门日、官门日。其中石门日、财门日、阳门日和官门日为吉。盗门日和侯门日为凶。盗门日凶的原因是“遇盗，大凶”。侯门日未言原因，只是说“行有口舌，大凶”。并非月中任何一天都属这六种日子，比如四日和五日不在其中。

2. 十二地支日行四方禁忌

《摄生纂录》列了地支日选择行方的吉凶：

---

① （唐）《摄生纂录》，《道藏》第10册，第714页。

② （唐）《摄生纂录》，《道藏》第10册，第714页。

> 子日南行大凶，北行小吉，东行得财，西行有喜；丑日，南行有所得，北行小吉，东行大好，西行不成；寅日，南行大好，北行小吉，东行留滞，西行大吉；卯日南行有所得，北行大吉，东行呵留，西行大吉；辰日南行有酒食，北行见呵留，东行大吉，西行凶。巳日，南行小好，北行得财，东行逢凶，西行小吉；未日，南行逢吏，北行凶，东行好，西行不成。申、酉日南行不吉，北行好，东行大吉，西行大吉。戌日南行得财，北行不成，东行凶，西行凶。亥日南行得财，北行不成，东行小吉，西行大凶。凡行日虽据此图，亦看当年历日，遇建满平定开日弥吉，丑、寅、卯、辰、巳、午、未、申时南行大吉，丑、寅、卯、巳、未、申、酉、亥时北行大吉。子、丑、卯、午、未、戌时，西行大吉，得财。子、丑、寅、午、未时东行，皆吉。凡行日时皆可审推按之。①

此处亦言有图，但《道藏》未收。将十二地支的四方禁忌列入下表。

十二地支日行四方吉凶

类别	南行	北行	东行	西行
子日	大凶	小吉	得财	有喜
丑日	有所得	小吉	大好	不成
寅日	大好	小吉	留滞	大吉
卯日	有所得	大吉	呵留	大吉
辰日	有酒食	见呵留	大吉	凶
巳日	小好	得财	逢凶	小吉
午日	缺	缺	缺	缺
未日	逢吏	凶	好	不成

① （唐）《摄生纂录》，《道藏》第10册，第714~715页。

续表

类别	南行	北行	东行	西行
申日	不吉	好	大吉	大吉
酉日	不吉	好	大吉	大吉
戌日	得财	不成	凶	凶
亥日	得财	不成	小吉	大凶

考察行四方的吉凶规律：子日，南行大凶。子属水，南属火，往南则凶。水克火之故。丑日，属土，西属金。金取代土。原理与子曰不相同。每日凶方也不相同，大多数地支日只有一个禁忌方向，但戌日有两个禁忌方向，其禁忌原理不明，有待更多资料发掘。

虽有禁忌日，但道教依然有积极的方式应对，“四方相厌法”即是《摄生纂录》提供的破解禁忌之法：“又四方相厌法：东行者，持钱九文，行九里弃之而去。南行者，持水一器，行六里弃之而去。西行者，持炭七斤，行七里弃之而去。北行者，持土五斤，行五里弃之而去。大吉，所求如愿。”[①] 此厌法所用的原理十分清楚，即五行的相生关系。东行，用钱（属性金）九文，行九里（九属金），弃之。用金克木之意。南属火，一、六属水，水克火。西属金，炭属火，七属火，火克金。北属水，土、五属土，土克水。

3. 五离日

《摄生纂录》有“五离日不可远行”，但未标注五离日时间。

日本僧医梶原性全所录《覆载万安方》记载了五离日的具体时间：

> 五离日者，甲申、乙酉人民离；戊申、己酉天地离；壬申、癸酉鬼神离；丙申、丁酉江河离；庚申、辛酉禽兽离，谓之五离

① （唐）《摄生纂录》，《道藏》第10册，第715页。

日凶也。①

“五离”在医书《黄帝虾蟆经》有记。林昭庚先生认为，其禁忌原理是气的理论：“‘五离’即五申、五酉之辰，是与‘五合’相反的凶辰，《五行大义》云：‘申、酉，阴之所凑、肃杀之方，日月皆没于其所，西方少阴衰老之处，物之所恶，故以为离’。即五离日是杀气盛而生气衰之辰。”② 此说不误。

4. 避大风、雾、雷、电

忽行在路遇大风、雾、雷、电，当是龙神所过之处，当入室避之，不尔久必重病。若凌晨在山水中及风露中行，大损人，不得不饮酒佩雄黄为佳。③

大风、雾、雷、电之所在被看作是龙神所过之处。行路遇到应当避免，不避会有重病。

《摄生纂录》的内容，有导引法、调气法等与修道相关的事项，也包括与日常生活有关的居处禁忌、上官禁忌、行旅禁忌等。因为其内容涉及世俗生活较多，故推测此文并非专为道士所作，而是给普通道教信仰者或是对道教有兴趣的人群甚至普通民众使用。

第二节　隋唐时期道教对待时日选择的态度

隋唐时期道教对待时日选择的态度比较一致，有几种道经明确提

① 〔日〕梶原性全撰，卞正、高雨校注《台北故宫珍藏版中医手抄孤本丛书（壹）覆载万安方》，上海科学技术出版社，2014，第1334~1335页。

② 林昭庚、鄢良：《针灸医学史》，中国中医药出版社，1995，第165页。

③ （唐）《摄生纂录》，《道藏》第10册，第715页。

出了编纂者的看法。编纂《择日历》的张万福、唐代名医孙思邈和《太上一乘海空智藏经》均在著作中表达了对待时日选择的看法。

一　对初学者而言，择日有必要

张万福重视择日，否则他不会专门编纂《择日历》。从他编纂《择日历》一事，可见道教的宗教实践需要择日。《择日历》开篇说到准备受经诫法箓之前宜择日："学道有师，持经不犯，而辞誓已纳，斋奏在期，各从所请，预宜择日，期之经法，难以改移，须自分明，讵容混漫？"[①] 张万福还提出不同经诫法箓有不同的授受吉凶日，要求不能够混淆。所以择日具有必要性，否则他不会专门提示弟子。

张万福提醒初学者要特别注意禁忌日。比如上帝杀伐日，张万福认为这一日"不可举行百事"只是针对合药和营建诸事，与其他的宗教活动无关。此时受道，应该不会有所妨碍。但是对于初学道者，张万福认为应小心谨慎，避开上帝杀伐日更好。[②]

二　久悟法人自不拘时日

择日对于初学道者十分必要，但是对于长久学习三洞上法并有所悟的学法者不用拘泥于时日。张万福《传授三洞经戒法箓略说》引灵宝五符《太玄经》："天地万神，皆六甲之部使也。老君行之，长生度世，坐致行厨，隐形易体，坐在立亡。出不择日，行不择时，尽监万神，辟除疾病，逾江越海，不避风波，从天入渊，虚无自然，径入昆仑，不死之道，上升太清，登造紫微。"[③] 张万福《择日历》引《金明道科》言："但法具周办，即登斋告盟，未使择日，贤者详

---

① 《洞玄灵宝道士受三洞经诫法箓择日历》，《道藏》第 32 册，第 182 页。

② 《洞玄灵宝道士受三洞经诫法箓择日历》，《道藏》第 32 册，第 184 页。

③ 《传授三洞经戒法箓略说》，《道藏》第 32 册，第 188 页。

之。"[①] 此处的"贤人详之"应是"贤人祥之"之误。对久悟法人，要登斋告盟之前，只需要准备好各种法具，不需要择日，就能够处于吉祥的状态。

《金明道科》依托于"金明七真"，赵益教授认为《金明道科》可能是出现于在南朝末至隋唐之际的新科范之一。[②] 这说明"贤人无须择日"这一观念的出现也是在南朝末至隋唐之际。

敦煌道经 S. 809 也有关于择日的态度。S. 809 首尾俱残，存三十五行文字，《道藏》未收。大渊忍尔怀疑其与 P. 3682 为同一件文书。敦煌道经 P. 3682 存尾题"三洞奉道科诫仪范卷第三"。那么 S. 809 应是《三洞奉道科诫仪范》的内容，原题为"金明七真"。上文分析张万福对待择日的态度就引用了《金明道科》，应为金明七真所著的 S. 809 有：

> 又传经受诫，本在厥心精感神明，即须盟授，不要择日。至于择日，乃是权行小法，非为通方大道。凡厥传付，但经法备已，即须对斋。[③]

"对斋"是道教传授经典的一个重要步骤，道教认为经典具有极高的神圣性。南北朝晚期形成的《传授经戒仪注诀》指出"对斋"是一种公开的集体仪式，应当延请"师之朋友、门徒、眷属"等参加，人数根据自己的供奉能力，多多益善。参与的道人不能少于六人。其中"一人为师，五人为保。保者何也？宝也，荷也，次曰明也，证也，度也，成也，相重如宝，任荷可教，明其诚丹，证其业

① 《洞玄灵宝道士受三洞经诫法箓择日历》，《道藏》第 32 册，1988，第 184 页。

② 赵益：《六朝隋唐道教文献研究》，凤凰出版社，2012，第 209 页。

③ 转引自周西波《中村不折旧藏敦煌道经考述》，《敦煌学》第 27 辑"柳存仁先生九十华诞祝寿专辑"，乐学书局，2008，第 83 页。

善，度其试难，成其至真”[1]。对斋的期限根据道经不同而各异。如北周道教类书《无上秘要》明确规定：《洞真太清真经丹字紫书三五顺行》凡三诀，师弟子对斋百日；《洞真九丹上化胎精中记经》师与弟子对斋九十日或三十日；《洞真太上素奏丹符灵飞六甲经》的受者对斋七日等等[2]。

S. 809 道经认为，传经授诫无须择日，因为传授最重要的在于心诚。若是达到传付的条件，只要准备好经法，就可以对斋。此道经认为择日是“权行小法”，不是“通方大道”。此经典中态度似乎比张万福《择日历》更加坚决。张万福对择日的态度更加缓和，认为应该分人群进行讨论，初学道者应该遵守择日，而久悟法人可以不拘时日，故张万福才专门编撰《择日历》供门人参考。

三　具体的道法须择日

一些具体的道法须要择日。如钟吕派“三乘之法”的中乘功法之“肘后飞金晶”（又名“抽铅”）须择月、择日、择时：“若以补完坚固，见验方止，方可年中择月，冬至之节。月中择日，甲子之日。日中择时，坎、离、乾卦三时为始。一百日自坎至艮，自兑至乾。二百日后，自坎至震，自坤至乾。凡此下功，必于幽室静宅之中，以远妇人女子，使鸡犬不闻声，臭秽不入鼻，五味不入口，以绝七情六欲。饮食多少，寒热有度。虽寤寐之间，而意恐损失。”[3] 其中指出“一阳生时”在日、在年的时间：“《道要》曰：日月并行复卦，子时，蹲升数日开关。贪向扬州聚会，离卦交姤，六宫火满金田，乾宫。解曰：日月并行复卦者，一阳生时，在日为子时，在年为

① 《传授经戒仪注诀》，《道藏》第 32 册，第 171 页。

② 《无上秘要》，《道藏》第 25 册，第 169 页。

③ 《秘传正阳真人灵宝毕法》，《道藏》第 28 册，第 356 页。

冬至也。所谓择月择日时也。”[①]

四 择日有一定的效果，但不如积善行德重要

孙思邈《千金翼方卷十二》“养性禁忌第一”曰：“人有修善积德而遭凶祸者，先世之余殃也；为恶犯禁而遇吉祥者，先世之余福也。故善人行不择日，至凶中得凶中之吉，入恶中得恶中之善；恶人行动择时日，至吉中反得吉中之凶，入善中反得善中之恶。此皆目然之符也。”[②] 这一论述以道教“承负说”解释现实生活中行善或作恶对于自身吉凶的影响。引文认为影响吉凶有几个因素：一是祖先行善的余福或祖先为恶的余殃，二是自身的善恶行为，三是择日。这三个因素当中，前两点远比择日重要。因为无论恶人如何择日，也不能达到最吉，只是吉中的下等和善中的下等。善人即使不择日也能得到一个相对而言比较好的结果，如凶中之吉或恶中之善。此处也并未完全抛弃择日，因为择日毕竟能在一定程度上改变凶吉。

五 反对逐俗缘的占示吉凶

《太上一乘海空智藏经》列举了诸种“轻贱法者”的原因在于“诸恶、贪爱、道士不行法”。而“作卜师，示人吉凶”“或复居山，不舍俗贪，以邪定法，占视吉凶”是“不行法”“逐俗缘”的表现：

> 善男子，未来世中，一切道俗轻贱法者，正由诸恶、贪爱、道士不行法故，身披法服，逐彼俗缘；或复市肆，贩卖自活，或复涉路商贾求利；或作画师、巧工之业；或作相师，占视男女；或作卜师，示人吉凶；或作神师，令人礼拜。种种眩惑，饮酒醉乱，歌舞

① 《秘传正阳真人灵宝毕法》，《道藏》第28册，第356页。

② （唐）孙思邈著，李景荣等校释《千金翼方校释》，人民卫生出版社，1998，第195页。

作乐。或复有人谄曲说法，以求人意；或诵咒术，以求诸病；或复居山，不舍俗贪，以邪定法，占视吉凶；或行针灸，合种种药，以求衣食。以是因缘，诸恶若灭，我法亦灭，故名灭法。[①]

道经反对“作卜师，示人吉凶”和“或复居山，不舍俗贪，以邪定法，占视吉凶”的原因在于做这些事情是为了逐俗缘。但是道经并没有反对一切占视吉凶的活动，如果占视吉凶不是为了获利或者因贪念的话，是被允许的。

第三节　隋唐时期时日禁忌的特点

隋唐时期是道教兴盛发展的阶段。唐大潮教授指出：“道士人数不断增加，宫观规模日益扩大并遍布全国，教理教义和宗教仪式等方面也出现新的内容和形式。自然，道教禁忌亦愈加丰富多彩。”[②] 这一判断是正确的。总的来讲，道教禁忌数量在扩大。但其中时日禁忌并没有大量的增加，教内对时日禁忌的重视程度反倒在下降。从时日禁忌的影响领域来看，这一时期道教时日禁忌超越了道教内部，扩大到其他领域。

一　重视整理道教时日禁忌

隋唐时期，道教受到皇家的重视，在社会生活中发挥越来越大的作用。唐代重视道教，皇帝自称为老子之后，并将道教作为国教。唐代帝王重视斋醮科仪活动，希望通过道教为自己和国家祈福。在这样的时代背景下，唐代出现了两位科仪整理者——唐初的张万福和唐末

① 《太上一乘海空智藏经》，《道藏》第 1 册，第 692 页。

② 唐大潮：《道教禁忌略谈》，《宗教学研究》2005 年第 4 期。

的杜光庭。

张万福整理了道教时日禁忌，专门整理出传授仪时日禁忌的《洞玄灵宝道士受三洞经诫法纂择日历》。除此之外，唐代类书《三洞珠囊》亦收有大量禁忌，包括时日禁忌。《中国学术思想编年》引卿希泰先生的考证，认为王悬河是唐高宗、武后时的道士，又根据该经避讳，推论《三洞珠囊》成书年代在武周时期。[①] 孙思邈的《枕中记》和《摄养枕中方》也收集了道教养生饮食时日禁忌。

二 择日的重要性下降

从两个方面看，择日的重要性下降。一是专门的择日历内容减少。二是对择日的重视程度不高。

（一）择日历内容减少

我们比对两种择日历。一是隋唐之前的《赤松子章历》，另一种是唐代《择日历》。从数量上看，《赤松子章历》的禁忌众多，包括天门闭时、推斗击时、血忌、九空、天罡、将军太岁游等，《择日历》的禁忌只有几种，即自刑、上下相克和受治箓的禁忌。从禁忌的事项来看，《赤松子章历》有上章、设醮、书符、受箓等，《择日历》仅包括受箓的时日选择。张万福整理道教科仪仅收集了传授仪的时日禁忌，可能道教实践更多在传授经戒法箓时遵守时日禁忌。

（二）对择日的重视程度不高

唐代几种道经均对择日的重视程度不高。即便是专门的择日历——张万福《洞玄灵宝道士受三洞经诫法箓择日历》都认为学道已久有所悟之人无须择日。《千金翼方》认为择日有一定的作用，但没有积善行德重要。敦煌道经 S. 809 认为择日是小法。

① 刘学智：《中国学术思想编年 · 隋唐五代卷》，陕西师范大学出版社，2006，第300页。

所以从这两个方面来看，唐代对择日的重视程度较之过往更低。道教界认为择日有一定的作用，初学者应遵行，但不要花那么大的精力在择日上，更应把精力放在积善行德之上。唐代对待择日的态度对后世影响很大。

（三）禁忌主要集中于正一道相关的修道方式

唐代的道教时日禁忌，从修炼方式上看，主要集中在与正一道相关的方式上。如《择日历》的传授仪式，只有与正一道相关的经诫法箓的传授有时日禁忌，而其他道派的经戒法箓的传授不是指明禁忌时日，而是指出吉日。这恰好说明，正一道是最古老的道派，所以在早期宗教制度尚未健全之时，只是指出避忌的日子，相对而言可以选择的日子较多。随着道教的发展，后期产生的道派宗教理论和宗教制度相对完善，所以直接指明某日为吉日。相关的宗教活动应在吉日进行，故后期的道派在时日选择上几乎没有什么空间。若要选择，也只能在几个不多的吉日当中选择。早期的正一道由于产生时间不长，和其他的文化形态，如巫术等关系紧密，自己的理念尚未发展成熟。后期出现的道派对于道教的核心理念认识更清楚，所以花在择日上的精力较少，而更加重视道教核心理念和核心修炼方式。

（四）道教时日禁忌和医药养生文化进一步融合

汉代时日禁忌分布在民众生活的方方面面。隋唐时期，道教时日禁忌对民众生活亦有影响，但是影响比较大的主要在医药养生等领域。出现这一现象的主要原因是道教与医学的紧密关系。道教的目标是长生久视，医学可以保持身体的健康，医学是实现道教最高目标的必要手段，所以很多道士学习并擅长医学。《黄帝内经》被看作道教和中医的共同经典，里面也有禁忌的内容。陶弘景是著名的医药家，他生活的时代，道教的时日禁忌和医疗养生禁忌已融合。孙思邈的《枕中记》和《摄养枕中方》也收集了养生饮食相关的时日禁忌，使道教时日禁忌与医学养生禁忌进一步融合。

第九章 宋元明新道派时日禁忌

宋元以来，道教派别非常多。除了正一道、上清派和灵宝派之外，又出现了太一教、真大道、全真道、内丹派南宗、东华派、神霄派、天心正法、清微派、净明道等道教派别。分别论述上述各派的时日禁忌十分困难，有两个原因：一是有的派别传续断绝，经典不存。如太一教、真大道的教义类的道经全部佚失。据学者从教外文献推断，“太一教以达心灵‘湛寂’、‘冲静玄虚’的内修功夫为本，以湛寂至诚的心念为感动上天、以致符法灵验的诀要”[①]。太一道的符法与正一道、神霄派、清微派等一致。二是很多派别之间的思想关系错综复杂，难以断然分开。如神霄派的雷法在内丹派南宗传续，净明道道士也修习神霄雷法。宋元时期大部分道派注重内丹的修炼。至元代中后期，各道派开始合流：北方以全真道为中心，相近的各个教派并入全真道；南方以龙虎宗为中心，与之相近的符箓派，并入正一道。从此之后，道教就以这两个派别发展。

第一节 宋元明时期时日禁忌内容

通过对宋元时期灵宝派道经《上清灵宝大法》的分析，我们看到在道教的主要修炼方式中几乎没有新增道教时日禁忌，其他道派也

① 卿希泰主编《中国道教史》第三卷，四川人民出版社，1996，第16页。

是如此。《道藏》涉及宋元明时期时日禁忌的文献包括《修真十书·杂著捷径》和《诸神圣诞日玉匣记等集》。《修真十书·杂著捷径》成书于元代。《诸神圣诞日玉匣记等集》成书于明中叶，其中包括《诸神圣诞令节日期》《许真君玉匣记》《太子洗头日》《文殊裁衣日》《男女值年星命之属》《金符经》等内容。我们将涉及的时日禁忌内容整理一下。

一　《修真十书·杂著捷径》所见时日禁忌

《修真十书》收多种道书，主要是内丹方面，包括张伯端《悟真篇》、白玉蟾《上清集》《玉隆集》《武夷集》等。《杂著捷径》共9卷，辑众家。潘雨廷先生认为“集者待考，时约在元”[①]。

《修真十书·杂著捷径》卷二十四有“养生延寿论”，内容与陶弘景、孙思邈养生之说无异。

《修真十书》涉及的时日禁忌内容主要在《杂著捷径》卷二十五。此卷指出禁食的五辛（葱、韭、大蒜、小蒜、园荽）、三厌（天厌雁，地厌黑鲤鱼及牛与龟鳖），也包括我们之前分析过的“六戊不得烧香”禁忌。也有不能“北向便溺”的另一个版本：“凡日中不得面南小遗，夜间不得面北小遗。”[②] 这个版本可以从阴阳的角度分析，日中、南均属阳；夜间、北均属阴。故忌之。

《杂著捷径》卷二十五有“逐日戒忌之辰”，按照月份依次列出禁忌日及宜忌事项，并对该月节气变动进行分析。其中禁忌的原因主要与神灵相关，而禁忌的内容多为忌酒和色。

我们曾在研究中指出《杂著捷径》所涉及的神灵十分庞杂，不仅包括道教神灵，还有自然神灵、民间俗神和儒释二家的

① 潘雨廷：《道藏书目提要》，《潘雨廷著作集》第11册，上海古籍出版社，2016，第270页。

② 《修真十书杂著捷径》，《道藏》第4册，第709页。

神灵。

《杂著捷径》所涉道教的神灵又分为尊神、仙真、身中神和本命神。天尊包括来自早期正一道的尊神三官，“三清”之一的玄元道祖老子，神霄派本尊九天应元保真君三种尊神。仙真包括仙人王子乔和在道教传说中接引王子乔上升的道士浮丘公。道教身中神包括五神、三尸和三元真君。道教本命神即六十甲子神。

《杂著捷径》所涉的自然神灵包括太阴、斗神（北斗、南斗、西斗、中斗）、紫微大帝、二十八神将、斗罡大帅（天猷、翊圣真君、真武、天蓬，即宋代崇奉的“北极四圣”）、东岳、五方五帝、土府太岁。

《杂著捷径》所涉的民间俗神包括西王母、五瘟神、麻姑大仙和掠剩相公。

《杂著捷径》所涉的儒释二家神灵有文宣王孔子、佛祖释迦牟尼。

事实上，这四类中前三类都可以称为广义的道教神灵。因为自然神灵早就进入了道教神灵体系中，民间俗神也不断地加入道教中。道教不断吸收不同文化，不同文化中的神灵也进入道教中，也反映到神灵相关的时日禁忌中。从《杂著捷径》来看，道教时日禁忌所涉的神灵众多，包括儒释道三教，但最多最重要的是道教神灵，儒家和佛教只有创始人进入了道教的时令宜忌历。另外，“逐日戒忌之辰”既有诸神诞生、下降、上奏等日期，又有气在身体中的运转的时日。说明这时道教既注重对外在神灵的朝拜，又注重人根据身体内部气的理论养生。和神灵相关的日子应该斋戒烧香并且禁忌有关事项，修道者亦须根据气的运行进行将息。

神灵的降生、下降、集聚、内奏、上奏、朝元等重要日子是人类避忌之时。正如刘长东教授所称：这些日子起着圣化凡俗时间的

“祝圣”作用。[①]

二　《诸神圣诞日玉匣记等集》所见禁忌

（一）《许真君玉匣记》所见禁忌“六十甲子日吉凶”

此经题为“旌阳许真君之所著也”，并述“真君昔以道济人，化瓦为金以输民之通负，置符于水愈人之疾，诛巨蟒于上辽，馘毒蜃于江西。功德溥博，未可具述，及其拔宅上仙，而救世之心惓惓不已。见人之祈禳者，触犯天地禁忌，致生灾殃，连绵不宁”[②]。许真君，即东晋时期的许旌阳。

著名藏书家周绍良偶然收过《玉匣记》。据他所言，在他印象中，“《玉匣记》只不过是一部星象占卜之书，是没有什么道理的，所以从来也没注意到它”。书店送明代书到周家，周氏父子挑好要买之书后，伙计认为有两本残破的《玉匣记》没人要，就弃在周家，而把剩下的书带走。周绍良先生认为，《玉匣记》和历书一样，也需要每年更新一次。周绍良所得的《玉匣记》有宣德八年（1443）宾云道人江应玄之序：“《玉匣记》者，旌阳许真君之所著也。近姑苏道友倪守贞得之于异人，受而敬信之，尤虑见闻者少，欲受诸梓，以广其传，礼予为之序。”[③] 周先生认为他所得的《玉匣记》刊刻于万历三十八年和三十九年。[④]

《道藏》本《玉匣记》亦是宣德八年（1443）作序，作序人是耕笔斋吴子谨。其序言“近姑苏道友倪守真，得之于异人，受而敬

① 刘长东：《论民间神灵信仰的传播与接受——以掠剩神信仰为例》，《四川大学学报》（哲学社会科学版）2007 年第 4 期。

② 《许真君玉匣记》，《道藏》第 36 册，第 320 页。

③ 曹旅宁：《跋黄永年先生旧藏明万历三十七年刊本〈玉匣记〉》，曹旅宁《黄永年与心太平盦》，三秦出版社，2015，第 89~92 页。

④ 曹旅宁：《跋黄永年先生旧藏明万历三十七年刊本〈玉匣记〉》，曹旅宁《黄永年与心太平盦》，三秦出版社，2015，第 89~92 页。

信之”。《道藏》本“倪守真”和周绍良所得本“倪守贞”应是同一人，说明两种版本的来源应该一致。但内容或有差异。《道藏》本内容更少，周绍良所得本似乎对应的是《诸神圣诞日玉匣记等集》，内容更多。

《玉匣记》按六十甲子日列出求福、设醮、作福、拜章、祭祀等吉凶，节选如下：

> 甲子、乙丑日，诸神在地。若人求福，设醮还愿，求男乞女，收福十倍。皆得计，都星在天上受福，若人作福，大吉之兆也。
>
> 丙寅日，诸神在天。若人求福还愿，祭祀山川，召魂代命，返受其殃。如用此日作福，大凶。
>
> 丁卯、戊辰、己巳日，诸神在地。若人求福，拜表祭祀，召魂代命，设醮求男乞女，度厄拜章，收福十倍。用此三日，大吉利。
>
> 庚午、辛未日，诸神在天祷辇石，下在地府。若人求福，祭祀还愿，奏章拜表，主人疾病，大凶。
>
> 壬申日，诸神在天，止于地府。若人求福祭祀，上表拜表，求男乞女，收福十倍，大吉利。
>
> 癸酉日，祭祀河泊水官，用之大吉，其余求福者凶也。①

上述内容与《赤松子章历》中“六甲章符日”内容相似。“六甲章符日”按照六十甲子列出每日章、醮、符的吉凶。《许真君玉匣记》指明了每日诸神所在的地方，涉及事项包括求福、设醮、作福、拜章、祭祀、谢土、祈财等活动。可见《许真君玉匣记》所涉的道

① 《许真君玉匣记》，《道藏》第36册，第320~321页。

教活动内容比早期正一道丰富。比较两种历书，它们记载的吉凶时间不一致。比如戊辰在《赤松子章历》里上章、设醮和书符皆凶，《许真君玉匣记》拜章为吉。《许真君玉匣记》吴子谨专门指出“记内以戊子、戊辰为可用。谨按《神霄玉诀》及《女青天律》载：六戊日不可烧香，况祝祈祷乎？意真君必有所授，知者宜慎择之可也”[①]。然而，就内容和形式方面，《许真君玉匣记》并没有太多的新增内容。

如果与其他禁忌冲突，《玉匣记》借玉帝口说以神降日为吉。

《玉匣记》的影响非常大。杨海英研究员在她的论文《清前期的道教与宫廷》中指出：“顺治九年三月，汉官内翰林秘书院检讨唐梦赉曾疏谏反对将《玉匣记》《玄帝化书》等道书译成满文：‘以臣子效忠之岁月，国家有用之度支，修此罔益圣治而且诬民惑世之书’，‘终属无用’，力荐‘孔圣之书’孔孟之道，谓非六经者不当并进。……据日本《东洋文库》所藏满文图书目录，有《钦定万全玉匣记》（板存京都隆福寺聚珍堂、光绪二十一年）《选择广玉匣记》《续玉匣明记》（光绪二十一年版）诸种，可见《玉匣记》确已被翻译成满文并流传后世且不断得到刊印，清代统治者并没有因为汉官的一纸谏言而停止汉文道书的满译工作。”[②] 可见，《玉匣记》在清代对满族统治者亦有一定影响。周绍良先生提到《红楼梦》中凤姐叫平儿拿出《玉匣记》来，说明《玉匣记》是一本家常必备之书，在刘姥姥眼中是“祟书”。周绍良先生还说他小时候祖母桌上也放了一本扫叶山房石印本的《玉匣记》。除夕时，他祖母查看《玉匣记》中《六十花甲子喜神方位》，告诉大家第一次出门朝什么方向。[③] 周绍良

① 《许真君玉匣记》，《道藏》第 36 册，第 320 页。

② 杨海英：《清前期的道教与宫廷》，陈鼓应主编《道家文化研究》第 23 辑“多元视野下的全真教”专号，生活·读书·新知三联书店，2008，第 372~373 页。

③ 周绍良：《小斋书记》，《学林漫录》第 12 集，中华书局，1988，第202 页。

的祖父周学熙曾入袁世凯幕下主持北洋实业，并担任民国时期的财政总长，其祖母大抵也是清末民国时期人。可见《玉匣记》至近代仍对中国世俗生活影响很大。

（二）《诸葛先生万年出行图》中出行禁忌

《诸葛先生万年出行图》：

> 拣时：开渠、放水、竖柱、上梁、迎婚娶嫁、纳财、问名、安磴磨、修造、安葬，选拣吉日吉祥，善恶避之。遇凶时，一吉无应，不宜用，只宜回避。选得吉时。不选一百二十步凶煞，用之大吉。今定上中下三轮，周而复始，循环不已，将定到倒（例）月，分日数选拣，用之吉凶自见。①

《诸葛先生出行图》分成上元将军所管吉凶图，即正月、四月、七月、十月四孟之图；中元将军所管吉凶之图，即二月、五月、八月、十一月四仲之图；下元将军所管吉凶之图，即三月、六月、九月、十二月四季之图。

四孟之图

四仲之图

① 《诸葛先生万年出行图》，《道藏》第 36 册，第 329 页。

四季之图

四孟分为六种日：顺阳日、堂房日、金库日、金堂日、贼盗日、宝仓日。其中顺阳日、堂房日、金堂日、宝仓日出行吉。金库日、贼盗日出行凶。四仲分为八种日子：天盗日、天门日、天堂日、天财日、天贼日、天阳日、天候日、天仓日。其中，天门日、天堂日、天财日、天阳日、天仓日吉。天盗日、天贼日、天候日凶。四季也分为八种日子：朱雀日、白虎头日、白虎肋日、白虎足日、玄武日、青龙头日、青龙肋日、青龙足日，其中白虎头日、白虎肋日、青龙头日鸡鸣卯时、青龙肋日吉。朱雀日、白虎足日、玄武日、青龙足日不吉。

“诸葛先生出行图”应引自《九天上圣秘传金符经》。《九天上圣秘传金符经》在《大明道藏经目录》被归为“吹字号”。[①] 丁培仁先生言其成书年代在“南宋以前。正一部”[②]。丁先生未说明考证的理由。朱越利先生认为《九天上圣秘传金符经》应集于元明时期，因为未避讳“玄武”。[③] 笔者未见“诸葛先生出行图”之外的记录，所以还需要更多资料的发现才能判断此禁忌的来源和时间。

① 《大明道藏经目录》，《道藏》第 34 册，第 552 页。

② 丁培仁：《增注新修道藏目录》，巴蜀书社，2008，第 361 页。

③ 朱越利：《道藏分类解题》，华夏出版社，1996，第 131 页。

将一年分为孟仲季三类，每类再依次分成六种或八种不同的日子来确定吉凶的方法较少见。前文言法藏敦煌西域文献 P. 2905《推择日法》也将每月划分成六种日子，依次是太阳日、太阴日、天父日、天母日、天帝日、天王日，来确定嫁娶吉凶。然而此处的吉凶状态与《推择日法》不同，可能两者有某种联系。

“诸葛先生出行图”所涉及的事项均为世俗事务，如争讼、求财、买卖、见官、婚姻、出官等。这些事项与道教主要的修炼方式无关，而与民俗生活相关。我们将其看作是道教禁忌对民俗生活的影响。

（三）出行十二时

此法是按照地支十二时列出每一时辰去往四方的吉凶。其禁忌原理不甚明了。子时出行北向凶，丑时东自死，南凶，寅时出行四个方向皆吉。其吉凶用得财、牢狱、官事、酒食、买卖等标注，故这一禁忌应是和道教关系密切的民间禁忌。

（四）神仙留下探病最凶日

此禁忌以四句话表达：“壬寅壬午连庚午，甲寅乙卯己卯方。神仙留下此六日，看人疾病代人亡。”意思是壬寅、壬午、庚午、甲寅、乙卯和己卯日，不能探病，否则将代替别人死亡。学者曾批评此禁忌：“其中的壬寅，却是干水生支木，阴阳和合，天地相谐，一派生机，谓之‘宝日’，何凶之有?”① 这是从天干地支的五行关系而言。至于这一禁忌的原理尚不明确。

这一禁忌近代在南方沿海一带和台湾地区仍有流行。近代中医学家曹炳章的医书亦收此禁忌。② 日人片冈岩的《台湾风俗志》第五章

① 刘道超、周荣益：《神秘的择吉：传统求吉心理及习俗研究》（第二版），广西人民出版社，2004，第 218 页。

② 曹炳章著，王英等整理《医药学家曹炳章方药论著选》，中国中医药出版社，2016，第 213 页。

“事物所引起的迷信”有探病忌日。[①]

(五)《碧玉经》记出行日

《诸神圣诞玉匣记等集》引《碧玉经》:“初一日不往西行，初八日不往南行。十五日不往东行，月晦日不往北行。”

《道藏阙经目录》著录《碧玉经》名。[②] 明代《澹生堂读书记·澹生堂书目》五行家星理类有《碧玉经》一卷一册。[③]

这一禁忌可能与月相纳甲理论相关，即以八卦纳甲与月象的晦朔弦望相结合。《周易参同契发挥》有“三日出为爽，震受庚西方。八日兑受丁，上弦平如绳。十五乾体就，盛满甲东方……坤乙三十日东方丧其明”[④]。俞琰释为“月三日哉生明，昏在西方庚位。其象如震，应震卦之纳庚……月至八日为上弦，昏在南方丁位，其象如兑，应兑卦之纳丁……月至十五与日相望，昏在东方甲位，其象如乾，应乾卦之纳甲……月至三十日为晦，晨在东方乙位，明尽丧，其象如坤，应坤卦之纳乙”[⑤]。三日昏在西方，八日昏在南方，十五日昏在东方。三十明尽丧，北方属水，主冬，为阴。故此禁忌当为避免前往昏所在方。然而此禁忌言初一忌西方，而不是初三忌西方，可能是“一”与“三”形近而误。

这一禁忌在明清以后甚至今天的民间广为流传。蒲松龄的杂著《历字文》亦收此禁忌，并称来自《碧玉经》。[⑥] 一些地方志里有记载，说明它已成为全国多地的民间禁忌。如 1994 年《桂阳县志》、1995 年

---

① 〔日〕片冈岩:《台湾风俗志》，陈金田译，大立出版社，1981，第 641 页。

② 《道藏阙经目录》，《道藏》第 34 册，第 514 页。

③ (明) 祁承㸁著，郑诚整理，吴格审定《澹生堂读书记·澹生堂书目》，上海古籍出版社，2015，第 561 页。

④ 《周易参同契发挥》，《道藏》第 20 册，第 200~201 页。

⑤ 《周易参同契发挥》，《道藏》第 20 册，第 200~201 页。

⑥ (清) 蒲松龄著，盛伟编《蒲松龄全集》(第 3 册) 杂著，学林出版社，1998，第 99 页。

《宜章县志》（属湖南省）[1]、《遵义民间禁忌》亦载此禁忌。[2]

（六）得病凶日

《诸神圣诞日玉匣记等集》曰："春逢甲乙日，夏逢丙丁日，秋逢戊己日，冬逢庚辛日。书曰：'得病若还逢此日，便是黄泉路上人。'"[3]明代王大纶《外科纂要》有"四季得病凶日"。不知是否与此记载相同。仅凭《道藏》的内容，不知其禁忌缘由。因为从五行上看，春甲乙属木，夏丙丁属火，秋属金，戊己属土，冬属水，庚辛属金。可能因为禁忌原理不明，故后世传播较少。

（七）枯焦日

《诸神圣诞日玉匣记等集》曰：

> 正月辰日、二月丑日、三月戌日、四月未日、五月卯日、六月子日、七月酉日、八月午日、九月寅日、十月亥日、十一月申日、十二月巳日。
>
> 书曰：
>
> 此日犯着是枯焦，十人得病九人消。娶嫁妇女无子嗣，养蚕种田并不收。养牛养马全无用，上官赴任不到头。盖造动土犯焦日，百日必定火焚烧。[4]

明代术数书《三元总录》有枯焦日，时间与《道藏》同，禁忌内容与任官和农业相关：上官、赴任、犍牛、膳马、养蚕、下种。[5]明代胡文焕《广嗣须知》的枯焦日亦与《道藏》同，禁忌嫁娶、养

① 《宜章县志》编纂委员会编《宜章县志》，黄山书社，1995，第747页。

② 钟金万编著《遵义民间禁忌》，北京现代出版社，2014，第124页。

③ 《法师选择记》，《道藏》第36册，第332页。

④ 《法师选择记》，《道藏》第36册，第332页。

⑤ （清）王道亨编纂，（明）柳洪泉著《三元总录》，中医古籍出版社，2010，第116页。

蚕、种地。[①] 清代医书《急救广生集》妇科行房禁忌收录此条，并云："九空焦坎日枯焦，嫁娶求男忌此宵，普劝世人知禁避，何愁玉树不抽条。"[②] 这一禁忌在民间流行较广。彝族亦忌枯焦日栽种，"认为'枯焦日'栽种，幼苗不受雨露滋润，反倒会遭旱灾，禾苗难得苗壮，结子不会饱满"[③]。

"枯焦日"在《协纪辨方书》中称"九坎"，认为该日忌乘船渡水、修堤防、筑垣墙、苫盖屋舍。《协纪辨方书》称："正月在辰，逆行四季；五月在卯，逆行四仲；九月在寅，逆行四孟。曹震圭曰：'坎者陷也，险也，不平也。义与九焦同。'"[④] 邓文宽先生指出敦煌历日"九焦九坎"连称。他比较了敦煌文献 P. 3403《宋雍熙三年丙戌岁（986）具注历日（一卷）并序》和唐代文献《四时纂要》，认为两者完全相同，均为正月辰日、二月丑日、三月戌日、四月未日、五月卯日、六月子日、七月酉日、八月午日、九月寅日、十月亥日、十一月申日、十二月巳日。[⑤] 说明此禁忌产生较早并且唐宋时已在民间广为流传，即使是离中原较远的敦煌也有遵行。

一些书籍记载，枯焦日的时间为羊日，如湘西《凤凰县志》的土家族民俗[⑥]和《古丈县志》记的苗族民俗[⑦]。贵阳的苗族所忌枯焦日时间与《道藏》同。[⑧]

---

① （明）胡文焕：《广嗣须知》，中国中医药出版社，2015，第 30 页。

② 《急救广生集》，陆拯主编《近代中医珍本集》验方分册，浙江科学技术出版社，1994，第 1245 页。

③ 《彝族简史》修订本编写组编《彝族简史》，民族出版社，2009，第 260 页。

④ 《协纪辨方书》，李零主编，刘乐贤点校《中国方术概观·选择卷》，人民中国出版社，1993，第 213~214 页。

⑤ 邓文宽：《敦煌具注历日与〈四时纂要〉的比较研究》，《敦煌研究》2004 年第 1 期。

⑥ 《凤凰县志》编纂委员会编《凤凰县志》，湖南人民出版社，1988，第 348 页。

⑦ 《古丈县志》编纂委员会编《古丈县志》，巴蜀书社，1989，第 335 页。

⑧ 罗荣宗：《苗族歌谣初探贵阳高坡苗族》，西南民族学院民族研究所，1984，第 235 页。

（八）红沙日

《诸神圣诞日玉匣记等集》有“红沙日”：

> 正月、四月、七月、十月酉日；二月、五月、八月、十一月巳日；三月、六月、九月、十二月丑日。
>
> 书曰：
>
> 出行犯红沙，决定不回家。起造动土犯，百日火烧家。得病犯红沙。必定犯丝麻①。嫁娶犯此日，百日破其家。②

红沙亦作红煞，被视为凶日。人的很多活动都不吉，如出行、起造动土、得病、嫁娶等。

明代《西游记》有“红沙日”。红沙日在当代中国很多地方民俗中仍然保存。20世纪90年代云南鹤庆县黄坪村流行的苗族民间故事《三月桃与筛子水》讲皇后生奶疮，天师说是因为人们把奶头山山神的肚子掏空了，要皇后的奶头去填补。后来天师选了红沙日作法，用一万人祭代替皇后生病。③ 可见，红沙是民间所认为的凶日。山东日照的民间传说，说乾隆和刘墉微服私访。有一天他们在红沙日遇到有人娶媳妇，觉得十分诧异，故事用乾隆之口说“红沙日办喜事要出人命”。后来经过了解，乾隆和刘墉才得知是东方朔选定了此日。因为东方朔预先算准了乾隆和刘墉的到来，他认为乾隆和刘墉如龙虎把门，所以可以化解红沙日。④ 吉林抚松县有结婚新媳妇下轿时，男家扣筛子在屋顶的习俗。传说因为乾隆和刘墉在民间私访时有个红衣红

① 缌麻。

② 《诸神圣诞日玉匣记等集》，《道藏》第36册，第332页。

③ 白庚胜总主编，杨诚森本卷主编《中国民间故事全书·云南鹤庆卷》，知识产权出版社，2013，第239页。

④ 赵斌主编《日照民间故事选编》，山东大学出版社，2005，第136~137页。

裤头戴红花的年轻妇女跟随。他们来到一户娶媳妇的人家，上了礼，并说今天犯红煞，房子上要扣个筛子，以避红煞。房子上扣上筛子后“唰”的一道红光飞走了。[①] 山东博兴外出、起灶忌红沙日。[②] 福建惠安县新船下水选择日子除风平浪静，还要特别避开“红沙日”。[③] 广西天峨县白定乡也忌红沙日，并说“酉日是‘鸡场天’、巳日是‘蛇场天’、丑日是‘牛场天’，都是‘红沙日’”[④]。四川、重庆、贵州、浙江、湖南、河北等地都有红沙日禁忌。彝族婚嫁亦忌红沙日。[⑤] 仡佬族“做磨忌红沙日外出办事”[⑥]。

红沙日禁忌很多事情，但也有适合做的事情，如打猎或者杀猪等。

（九）黄沙日

《诸神圣诞日玉匣记等集》有“黄沙日”：

> 正月、四月、七月、十月午日；二月、五月、八月、十一月寅日；三月、六月、九月、十二月子日。
>
> 书曰：
>
> 出外犯此黄沙日，三个出门二个死。[⑦]

《道藏》中的黄沙日禁忌出行。原藏于英国牛津大学的鲍德林图

---

① 中国民间文学集成全国编辑委员会编《中国民间故事集成》吉林卷，中国文联出版公司，1992，第343~344页。

② 山东省博兴县史志编纂委员会编《博兴县志》，齐鲁书社，1993，第581页。

③ 泉州市文化广电新闻出版局编《泉州非物质文化遗产资源实录》第3册，九州出版社，2017，第1217页。

④ 全国人民代表大会民族委员会办公室编《广西壮族自治区天峨县白定乡壮族社会历史情况调查》，1958，第21页。

⑤ 王继超：《火耀布摩经·彝族》，贵州民族出版社，2014，第72页。

⑥ 陈运洪：《黔北仡佬族禁忌述略》，向海燕主编《注视仡佬》，现代出版社，2014，第131页。

⑦《诸神圣诞日玉匣记等集》，《道藏》第36册，第332页。

书馆，由向达先生钞录带归国的《指南正法》也记有“大黄沙日”[①]，和《道藏》记录时间相同。向达先生认为《指南正法》的成书时间在清康熙末即18世纪初。张崇根先生认为成书于17世纪中叶。[②]《指南正法》属“针经”类文献，编纂者为舟师（航海家），内容为编纂者搜集的各条航线的“更路”或“针路”簿。这类文献的编纂目的是指导航海，针经中有黄沙日说明明清航海实践中遵行黄沙日禁忌。

这一禁忌在近代亦有流行。民国时期四川宜宾筠连县有出门忌讳黄沙的习俗。[③] 现代布依族在出殡日期选择禁忌黄沙日，认为触犯黄沙日会给村寨带来不幸。[④]

蒲松龄的《历字文》中“黄沙日”逐月依次为寅、午、戌、巳、酉、丑、申、子、辰、亥、卯、未，和《道藏》记载的时间不同。[⑤]

（十）鬼哭日

《道藏》鬼哭日的记载为“每月戌日是也。鬼哭之日世间邪，十个卢医九不知。说与卢医休下药，连忙打墓又嫌迟”[⑥]。

黄信阳道长的论文《全真早晚功课简介》说戊日是“鬼哭日”。[⑦] 周高德道长在论文《道教的礼仪》亦言戊日是“鬼哭日”。[⑧] 朱越利先生的《当代中国宗教禁忌》认为，道教戊日是鬼哭日。[⑨] 笔

---

① 向达校注《两种海道针经》，中华书局，1961，第127页。

② 张崇根：《关于〈两种海道针经〉的著作年代》，《中外关系史论丛》第1辑，1981，第187~193页。

③ 筠连县县志编纂委员会编著《筠连县志》，四川科学技术出版社，1998，第746页。

④ 高明强、刘祖乐编著《世界人生礼俗大观》，中央民族大学出版社，1999，第218页。

⑤ （清）蒲松龄著，盛伟编《蒲松龄全集》（第3册）杂著，学林出版社，1998，第83页。

⑥ 《诸神圣诞日玉匣记等集》，《道藏》第36册，第332页。

⑦ 黄信阳：《全真早晚功课简介》，《道协会刊》1986年第18期。

⑧ 周高德：《道教的礼仪》，《中国宗教》1996年第4期。

⑨ 朱越利：《当代中国宗教禁忌》，民族出版社，2001，第104页。

者在《道藏》未见其他地方记载鬼哭日，不知几位前辈所据。若戊日是鬼哭日的话，那么《诸神圣诞日玉匣记等集》中戌日是鬼哭日则是形近而误。

此禁忌应该与医疗相关。戊日和戌日应该是形近而误。究竟何者为是，需更多材料证明。

（十一）二十八宿吉凶日

这一部分是按照二十八宿的名称先总说该日吉凶，再配以二十八兽和二十八将之名，最后列出具体解说，说明禁忌事项。如：

> 角木狡凶邓禹
>
> 角星直日甚多殃，祭祀安坟大不样（祥）。嫁娶不然遭死簿，更兼人在外乡亡。开张起造并移徙，一载之中见火光。凡事所求皆不利，兴工坟穴切须防。[①]

根据《诸神圣诞日玉匣记等集》[②] 整理如下。

二十八宿吉凶日

星宿直日	所对应的兽	所对应的大将	吉凶总体情况	宜忌事宜
角	木狡	邓禹	凶	忌祭祀、安坟、嫁娶、外行、开张起造、移徙、兴工坟穴
亢	金龙	吴汉	吉	宜修造、兴工、祭祀、买卖、移徙、嫁娶。忌造门
氐	土貉	贾复	吉	宜祭祀、迁移、入宅、求财、买卖。忌婚姻
房	日兔	耿甘	吉	宜动土、经营、造作、葬埋、婚姻、投拜、上官、出入、入宅、食禄
心	月狐	寇恂	吉	宜祭祀、婚姻、开张、造起、修营、移徙、添田、进宅

① 《诸神圣诞日玉匣记等集》，《道藏》第 36 册，第 332 页。

② 《诸神圣诞日玉匣记等集》，《道藏》第 36 册，第 332~335 页。

续表

星宿直日	所对应的兽	所对应的大将	吉凶总体情况	宜忌事宜
尾	火虎	岑彭	凶	忌葬埋、修造、起营、嫁娶、开张、祭祀、造门
箕	水豹	冯翼	凶	忌祭祀、婚姻、移徙、造门、迁移、埋葬
斗	木獬	朱郁	凶	忌开塞、嫁娶、兴工、上官、入宅、祭祀、安坟
牛	金牛	蔡遵	凶	忌运动迁移、遭官失业、起屋、婚姻
女	土蝠	景丹	凶	忌祭祀、埋葬、嫁娶、迁移、赴任、开张作事
虚	日鼠	盖延	凶	忌起造、开埋、祭祀、经营、移徙、婚姻
危	月雁（燕）	坚谭	凶	忌祭祀、迁移、动土、兴工、会宾、入宅、埋葬、娶嫁
室	火猪	耿纯	吉	宜起屋、婚姻、葬埋、拜职、添官
壁	水㺄	臧宫	吉	宜祭祀、婚姻、起盖、兴工、婚姻、买卖、上官拜职
奎	木狼	马武	吉	宜祭祀、婚姻、葬埋、迁移、动土、兴工、起造、开张
娄	金狗	刘隆	吉	宜祭祀、婚姻、起造、嫁娶、开市、高官出职、倚获田蚕
胃	土雉	马诚	吉	宜祭祀、开张、嫁娶、兴工、造宅、上任、加官、葬埋、出行
昴	日鸡	王良	小吉	宜祭祀、迁移、造屋、买卖、婚姻、任职、出入、开张。忌葬埋
毕	月乌	陈俊	凶	忌享祭、开张、娶妇、出入、修营、上任、起屋、斗乱
觜	火猴	傅俊	凶	忌祭祀、婚姻、迁移、起屋
参	水猿	杜茂	凶	忌祭祀、迁移、动土、兴工、起屋、开张
井	木犴	姚其	凶	忌出入经商、修门、祭祀、开张、起屋、婚姻、埋葬
鬼	金羊	王霸	吉	宜祭祀、婚姻、迁移、起屋、葬埋
柳	土獐	任光	吉	宜祭祀、婚姻、起宅、添官、买卖、开张

续表

星宿直日	所对应的兽	所对应的大将	吉凶总体情况	宜忌事宜
星	日马	李中	吉	宜出行、婚姻、起宅、入宅、安坟
张	月鹿	万修	吉	宜为官、祭祀、迁移、婚姻、买卖
翼	火蛇	祁仝	凶	忌嫁娶、添官、埋葬。宜拜职、迁居、祭祀、动土、兴工、居门
轸	水蚓	刘直	吉	宜祭祀、迁移、起宅、修造、婚姻、入宅

上表二十八将是东汉时期功臣武将，又称“云台二十八将”。《后汉书·列传第十二》，有“中兴二十八将”：“论曰：中兴二十八将，前世以为上应二十八宿，未之详也。然咸能感会风云，奋其智勇，称为佐命，亦各志能之士也。”[①] 因明帝时期云台南宫悬挂了他们的肖像，又称“云台二十八将”。

张培瑜先生认为，“二十八宿配日之法在汉代历简、敦煌卷子中的唐五代宋初历书中尚未发现，很可能是南宋中期开始采用的”。他指出，黑城文献《宋淳熙九年壬寅岁具注历日》（1182）及传世的《宋宝祐四年丙辰岁（1256 年）会天万年具注历》抄本都已用二十八宿配日。[②] 这种二十八宿注历方法延续时间相当长。邓文宽先生考察了南宋具注历书及其在海外所搜集的多种“通书”，认为“自南宋以来，传统历书使用二十八宿注历一直连绵未断，而且正确无误”。然而邓文宽先生指出，以传统天文学中的二十八宿配以吉凶宜忌的内容，至晚到战国末年就已存在。[③] 秦简《日书》二十八宿所配吉凶宜忌与《道藏》有所不同，如秦简《日书》角为吉，心为凶，斗吉，

① （南朝宋）范晔撰，（唐）李贤等注《后汉书》第 3 册，中华书局，1965，第787 页。

② 张培瑜、张健：《日本历书的直宿》，《中国科技史料》2001 年第 3 期。

③ 邓文宽：《传统历书以二十八宿注历的连续性》，《历史研究》2000 年第 6 期。

牛吉，女吉，壁凶，毕吉，参吉，星凶。[①]《道藏》中相同日期的吉凶相反。

这种通过二十八宿择吉凶的方式在后世民间择日中十分常见。

（十二）六十花甲子喜神方

此禁忌标注了天干地支日的喜神、贵神、五鬼和死门的方向。如“甲子日，喜神东北，贵神西南，五鬼正南，死门西南”[②]。此处贵神和死门在同一个方向，应有讹误。

上文标注的四个方向中，喜神和贵神为吉利的方向，五鬼和死门为凶方。喜神在《儒门崇理折衷堪舆完孝录》中为星名。[③] 人们相信，向着喜神所在方出行对自己有利。这一习俗清代以来甚为流行。《清稗类钞》迷信类记有“李某信喜神方”：“薛生白尝往侍郎李某家诊病，清晨往，至日午，侍郎始出，则以面向内，背向外，两公子扶之而行。坐定诊脉，口述病源，终不回顾。薛大骇，疑其面有恶疾，故不向客。问其家人，则曰：‘主人面甚丰满，无恶疾。所以然者，以某日喜神方在东，故不欲背之而出。且以是日辰巳有冲，故必正午始出耳。’”[④] 李某过度迷信喜神方受到《清稗类钞》作者的批评。但是适度地信仰喜神被人们接受。清代祭祀喜神已成为民间十分流行的俗信。如苏州人顾禄《清嘉录》记录其家乡过年的习俗：“元旦为岁朝……男子出门必迎喜神方位而行。”[⑤] 四川成都有“游喜神方”的习俗。罗开玉先生说：“宋、明时期，成都的某些道教宫观中已很流行喜神、喜神方的观念，并经常举行‘接喜神’等活动。清代中、

---

① 《睡虎地秦简日书》，李零主编，刘乐贤点校《中国方术概观·选择卷》，人民中国出版社，1993，第24~25页。

② 《诸神圣诞日玉匣记等集》，《道藏》第36册，1988，第335页。

③ 《儒门崇理折衷堪舆完孝录》，《道藏》第35册，第665页。

④ （清）徐珂编撰《清稗类钞》，中华书局，1984，第4782页。

⑤ （清）顾禄撰，王湜华等注释《清嘉录》，中国商业出版社，1989，第875页。

晚期，成都人也逐步形成了游喜神方的民俗。"[①] 他指出全国很多地区在清代、民国都有游喜神的民俗，如绵阳有游喜神活动，北京有迎喜习俗，长沙出行向喜神方。成都人"游喜神方"是出南门到武侯祠。本来喜神方的位置每日不定，但成都总往武侯祠去。何韫若《锦城旧事竹枝词游喜神方》曰："神有喜怒与人同，四时方位兆吉凶。独怪年年南门好，起因侯庙敬无穷。"他还说到"旧日街头所售坊刻皇历，所载喜神，每年皆在南方，历年莫不如此"。原因是成都南郊有诸葛武侯祠庙，且南边五行属火，象征着兴旺红火。[②]

道教亦有迎喜神仪式。从事文物工作的陈巴黎女士引闵智亭道长《道教仪范》之言，指出道教有祭祀喜神的仪式："正月初一，道士们早坛完毕，便按当年喜神方位在山门外设香案，摆放'喜神'牌位。监院和道众们先三叩首，然后捧喜神牌位回大殿，殿主接过牌位供好，监院礼毕，出殿，抱斗站于高桌上喊：'喜神回来没有？'众人答：'回来啦。'监院遂将事先装在斗里的花生、核桃、枣、钱等物撒向道众，最后，监院下桌，喊：'给喜神拜年。'于是道众三叩首，知客喊：'大众给监院拜年。'寮房接喊：'监院给大众拜年'、'大众团拜'。接过喜神后，徒弟给师傅拜年，道友互相拜年。然后，回大殿，作庆贺科仪。"[③]

五鬼是凶方，王契真《灵宝领教济度金书》有录。[④] 日本人类学家渡边欣雄言："一般日本人相信叫'鬼门'的东北方向与叫'五鬼

---

① 罗开玉：《"游喜神方"习俗考》，《成都大学学报》（社会科学版）2005年第6期。

② 转引自罗开玉《"游喜神方"习俗考》，《成都大学学报》（社会科学版）2005年第6期。

③ 转引自陈巴黎《北京东岳庙喜神殿考述》，《法国汉学》丛书编辑委员会编《法国汉学》第7辑"宗教史专号"，中华书局，2002，第441~442页。

④ 王契真：《灵宝领教济度金书》，《道藏》第8册，1988，第823页。

地’的西南方向，其风水是最不好的。”[①] 梁景之研究员在潍坊市的寒亭地区调查发现，当地宅院开门不向西南，认为西南不吉。他指出：“在八门中，西南方位正是巽门（东南门），住宅的五鬼地，为大凶之地。”[②]

此禁忌在民俗中重点在于迎接喜神。通过此禁忌，我们可以看到道教禁忌文化和择吉文化与民间禁忌文化和择吉文化的区别。《道藏》有喜神、贵神、五鬼、死门的具体方位，每日不同。但在民间文化中，经常将吉神或凶神的方向固定。比如成都民俗“游喜神方”将新年的喜神固定在武侯祠所在的南方。又如建筑习俗中，将西南方看作五鬼地。可见，民俗文化更具有直接性，更加注重方便实用，对于理论的来源和系统等问题不甚重视。

第二节　宋元明时期道教对待择日态度

虽宋元明时期道教教派较多，但在择日方面的态度还是比较一致的。

一　不知、不守禁忌受殃折寿

无论是《修真十书·杂著捷径》或是《玉匣记》均主张人应该遵从禁忌。

《杂著捷径》认为，人生本来应该终于天寿，但如果不知道禁忌，即使有万种死亡的原因，那也不是天地所杀，是人自己杀害了自己：“人生天地之间，本终于天寿，若不知回忌之辰，而有万死之

① 〔日〕渡边欣雄：《汉族的民俗宗教——社会人类学的研究》，周星译，天津人民出版社，1998，第259页。

② 梁景之：《寒亭地区风水民俗调查》，《民俗研究》1996年第2期。

因，非天地之所杀，乃人所自杀也。”[①]

《玉匣记》借许真君之口，告诫人民遵从禁忌的重要性。建斋设醮的目的本是谢过得福，但若不知禁忌的话，反而会受殃：“若曰：太上以好生为德，而下民建斋设醮，本以谢过徼福，惟不知禁忌，反受殃咎。乃恻然怜之，躬考天曹簿籍，日辰甲子，福祸灾祥，毫分缕析，流传于世。”[②]

二 有神人相助无须择日选时

《道法会元》卷二百四十六“天心地司大法”述天心正法的传授，提到廖真人有神助无须择日选时：

> 昔宗师廖真人修大洞法，诵《度人经》，常见其趺坐，则冥冥中有天花乱坠，真人自不为感。于是北帝敕主法仙卿下降，特遣侍御殷郊，护助真人修炼大丹。所到则瘟疫消灭，神煞潜藏。行无择日，用不选时，如意指使，悉顺真人之意焉。于是颁一符付真人，为役使之信。后真人得道，遍历江湖。[③]

上文称，北帝见廖真人修炼至诚，专门派侍御殷郊来帮助廖真人修炼大丹。因为有殷郊的护助，廖真人行无择日，用不选时，却一切顺意。殷郊是天心派的主帅。《法海遗珠》称“上清北帝地司猛吏殷郊”“地司太岁殷元帅”。[④] 又名殷蛟，是道教的护法天将三十六帅之一，在元明时期的民间影响较大。如在《封神演义》中为殷商纣王之子。明代《三教源流搜神大全》卷五“太岁殷元帅”具体描述了

① 《修真十书·杂著捷径》，《道藏》第 4 册，1988，第 709 页。

② 《诸神圣诞日玉匣记等集》，《道藏》第 36 册，第 320 页。

③ 《道法会元》，《道藏》第 30 册，第 517 页。

④ 《法海遗珠》，《道藏》第 26 册，第 522 页、第 984 页。

殷元帅的传说，称他为纣王子。其母姜氏踩巨人足迹而产下一肉球。申真人以剑剖球得一婴儿，抱而养大。后修道成仙，为母报仇杀妲己，得到玉皇大帝的敕封——“地司九天游奕使、至德太岁，杀伐威权殷元帅”①。

当得到神灵护助时，可不择日。相反，可以推出当没有神灵护助时，则需要择日。

三　传授仪须择日

（一）灵宝净明派授法须择日

灵宝净明道是宋元时期的重要派别，主要活动在南宋时期，以《净明经》为主要经典。灵宝净明道《太上灵宝净明天尊说御瘟经》，产生于南宋，其中有“择日授法”的明确表达。

《太上灵宝净明天尊说御瘟经》讲己酉岁六月，太上灵宝净明天尊为众真演说无上净明秘法时，新学弟子惠文真人面有忧色。天尊问后，惠文真人号泣上告天尊“今弟子所住乡里，疫毒流行，不论善恶，均被其害……而家有小弟小女与众弟子。各种疮疹，痛苦难忍”，并请求天尊开度以御弟子等四时瘟病之灾。② 天尊含悲告诉惠文真人等，时瘟疫疠由鬼神主掌，若不为善，则会成疾。最后灵宝天尊告知弟子，有御瘟神符秘箓、赤散雄丹等佩受服食之法。这些道法需要择日传授：“吾今复有御瘟神符秘箓、赤散雄丹，一切佩受服食之法，择日授汝。兼有秘咒。”每日斋戒念诵，即有帝君神将护卫。“殟毒百神，皆知其为太上弟子，而畏敬之。诵经百遍，百鬼头破脑裂。其或不能行之，吾无汝何也。”“于是，惠文真人再拜稽首。九州高明大使，丹笔书之，将择日以方术，教弟子信受奉行。”③

① 《绘图三教源流搜神大全》（外两种），上海古籍出版社，1990，第223~224页。

② 《太上灵宝净明天尊说御瘟经》，《道藏》第24册，第613页。

③ 《太上灵宝净明天尊说御瘟经》，《道藏》第24册，第613页。

《修真十书》中白玉蟾《玉隆集》主要讲述了许逊的传说，其中亦说要“择日登坛，依科明授”：“既而与吴君游于嵩阳，闻镇江府丹阳县黄堂靖有女师谌姆，多道术，遂同往致敬，叩以道妙。姆曰：‘君等皆夙禀灵骨，仙名在天。然昔孝悌王自上清下降，化度人世，示陈孝道，初降兖州曲阜县兰公家，谓公曰：后晋代当有神仙许逊传吾此道，是为众真之长。留下金丹宝经，铜符铁券，令公授吾，使掌之以俟子，积有年矣。吾复受孝道明王之法，亦以孝为本。子今来矣，吾当授子。’乃择日登坛，依科明授，阐明孝道，誓戒丁宁。出铜符铁券、金丹宝经并正一斩邪之法、三五飞步之术、诸阶秘诀，悉以传付许君。”[①] 许真君在传授丁义神方之一的大功如意丹方，要求择日：“其诀必先择日斋戒设位，醮十八种药之神，然后书符，逐味诵咒而修合之，其治众疾，如意而愈。”[②]

（二）雷法传授须择日

白玉蟾兼传雷法，《武夷集》记白玉蟾为施某传授几种雷法，即太上九灵飞步章奏大法一阶、太上紫枢玉晨洞阳飞梵炼度大法一阶、太上五雷大法一阶。并言：“臣按如词言，不容杜隐，昨为誊申都省，已赏飞奏天庭。幸玉籍以标名，必金班而注秩，择日建坛而度法，依科拨将以交兵，歃血饮丹，剖环析券。尚虑告盟之际，及当传授之间，揣己何堪，扪心有愧，或万一亵真而获谴，故再三对帝以陈情，念蠢尔之愚庬，赖惠然而贷宥。”[③] 说明传授雷法，须择日建坛度法。

（三）内丹授法须择日

《修真十书·钟吕传道集》钟离权对纯阳子吕洞宾所说之话：“仆有《灵宝毕法》，凡十卷，一十二科。中有六仪：一曰金诰，二曰玉书，三曰真原，四曰比喻，五曰真诀，六曰道要。包罗大道，引喻三

① （宋）白玉蟾：《玉隆集》，见《修真十书》，《道藏》第4册，第756页。

② （宋）白玉蟾：《玉隆集》，见《修真十书》，《道藏》第4册，第760页。

③ （宋）白玉蟾：《武夷集》，见《修真十书》，《道藏》第4册，第807页。

清，指天地阴阳之升降为范模，将日月精华之往来为法则，实五仙之指趣，乃三成之规式，当择日而授于足下。”钟离权将择吉日传授《灵宝毕法》于吕洞宾。《钟吕传道集》成书于宋代，可见宋代内丹授法亦择日。

第三节　宋元明时期道教时日禁忌的特点

通过前文对宋元明时期道教时日禁忌内容的分析，以及和其他时期时日禁忌相比较，我们可以说宋元时期的道教时日禁忌主要有以下几个特点：一是道教修炼时日禁忌比较少；二是道教时日禁忌日益民俗化；三是道教时日禁忌对儒释二家影响加强。

一　道教修炼时日禁忌减少

宋元明时期道教修炼时日禁忌较之宋以前减少了很多，其原因有以下三点。

（一）禁忌理论没有继续发展

道教时日禁忌的形成与阴阳五行、天文历法和神灵神煞等因素有关，其中最为重要的是阴阳五行理论。阴阳和五行理论在春秋到战国中期是两套独立的系统。战国后期邹衍等阴阳家将阴阳和五行理论联系在一起。阴阳家在汉代已经发展得非常成熟。熊铁基先生指出：“在汉初阴阳家是一个重要的学派。《汉书·艺文志》中著录阴阳五行家的著作一千三百多卷，占总数的十分之一强（实不止此）。”① 阴阳五行理论在道教产生初期——东汉末，已经发展得比较成熟。隋代萧吉《五行大义》对五行理论进行了全面的总结，是我国历史上五行理论集

① 熊铁基：《浅谈阴阳五行》，《熊铁基学术论著选》，华中师范大学出版社，2012，第46页。

大成之作，说明隋代五行理论已经完全成熟。

因为阴阳五行理论没有继续进一步的发展，所以在宋元明时期道教虽然仍有时日禁忌存在，但只是因袭前朝的内容，并没有出现太多新的内容。因为道教时日禁忌最重要的理论来源——阴阳五行理论并没有发展。

至宋元明时期，阴阳五行理论在解释世界的时候越来越失去力量。正如李约瑟先生对五行和阴阳体系的评价："五行和阴阳体系看起来并不是完全不科学的。任何人想要嘲笑这种体系的持续，都应当回想起当年创立英国皇家学会的前辈们曾耗费他们大量宝贵的时间，来与亚里士多德的四元素理论和其他'逍遥学派的幻想'的顽固支持者进行殊死的斗争。……中国的五行理论的唯一毛病是，它流传得太久了。在公元 1 世纪是十分先进的东西，到了 11 世纪还勉强可说，而到了 18 世纪就变得荒唐可厌了。"① 公元 11 世纪对应中国的北宋时期。阴阳五行理论解释世界渐渐地失去效力，因此以阴阳五行为主要支撑的禁忌也逐渐减少。

（二）择日文化在道教中逐渐衰落

受到唐代道教择日观——"择日是小术"的影响，宋元明时期道教择日文化逐渐衰落。虽然这一时期道教在传授道法和修炼内丹等活动中仍然延续着择日，但重视程度有所下降。

宋元明时期时日禁忌的减少并不意味着不重视时间。对于时间的重视，道教始终如一地坚持。宋元明时期仍然重视时间，但更多反映在肯定意义上的择吉。时间的选择有两种方式，一种是选择吉利的时间，一种是避开禁忌的时间。某个日期的吉凶状态有三种，吉、凶、平。当选择吉日，则意味着放弃禁忌日和一般的日子。避免禁忌日，

① 〔英〕李约瑟：《中国科学技术史》第 2 卷《科学思想史》，科学出版社、上海古籍出版社，1990，第 318 页。

则意味可以选择吉日或者一般的日子。所以择吉文化流行必然导致禁忌文化衰落。

（三）宋元明道教的修炼以“内炼为本，外用符箓为末”

宋元明时期道教修炼“以内炼为本，外用符箓为末”。宋代清微派道书《清微丹诀》明确提出：“法中之要，非专于符，非泥于咒。”[①]清微派属符箓派，连符箓派都提出要以内炼为主，外用为末，可见，宋元明道教修炼以“内炼为本”。

道教修炼方式中，符箓派有大量的禁忌存在，如早期正一道、上清派、灵宝派等。而以内炼为主的内丹道，更重视择吉。比如对于火候的控制，更多强调是选择合适的时间进退火。

宋元明道派所偏重的修炼方式也在一定程度上决定了道教时日禁忌的减少。

二　道教更加注重与人格神相关的圣日选择

宋元明道教时日禁忌明显的特点是更加注重与人格神相关的圣日。前面所举的《修真十书·杂著捷径》和《诸神圣诞日玉匣记等集》都有关于神降、神诞等相关禁忌日。过去道教的禁忌，与自然神灵相关的较多，比如五岳、天象等。宋元明时期，一些新产生的人格神也出现在道教时日禁忌中，比如九天应元保运真君、掠剩相公等。另外，一些自然神灵也逐渐人格化，如“北极四圣”本是源自北极星崇拜的神灵。“北极四圣”在道书《法海遗珠》中有具体的职务：天蓬大元帅是北帝伏魔都主帅，天猷大元帅为真君都副帅，翊圣元帅为佐帅，玄武为辅帅。[②] 另如五方之神，也愈加形象化。五方之神在道经中有姓名和字号：“东方青天，青灵始老青帝，姓烂，讳开明，号灵威仰。南

① 《清微丹诀》，《道藏》第4册，第963页。

② 《法海遗珠》，《道藏》第26册，第897页。

方赤天，丹灵真老赤帝，姓洞浮，讳柳炎，号赤熛怒。西方白天，皓灵皇老白帝，姓上金，讳昌开，号白招拒。北方黑天，五灵玄老黑帝，姓黑节，讳灵会，号叶光纪。中央黄天，玄灵元老黄帝，姓通班，讳元成，号含枢纽。”①

如何确定某日的吉凶呢？如果某日是凶日，又是神降之日，那么此日是吉还是凶？《玉匣记》借许真君的发问、玉帝的回答表明态度，如果冲突的话，不管是不是其他凶日，以神降日为吉：

> 真君重告玉帝曰：右乃《玉匣记》中，或值赤口白舌、执破日者、四杀神隔、受死日者，此言如何？玉皇上帝曰：不问如此，只要天上天下及三界众真降人间地府，五福通日，不问值隔，大吉利之兆也。②

从时日选择的原则来看，这一时期道教更注重与人格神相关的日期。

三　道教时日禁忌更加民俗化

道教时日禁忌一直与民间禁忌互动颇多。宋元明时期，民俗化愈加明显。这一时期的时日禁忌主要与民俗生活有关。比如《修真十书·杂著捷径》主要忌酒和色，也有饮食和便溺方向禁忌。《玉匣记》更是涉及民俗生活的方方面面：合帐、试新衣、洗头、裁衣、探病、出行，等等。可见，道教时日禁忌对民间的影响也越来越大。

四　道教时日禁忌的“三教合一”趋向成型

中国传统文化中，儒、释、道是三个最为重要的学派。从儒释道

① 《无量度人上品妙经旁通图》，《道藏》第 3 册，第 89 页。

② 《许真君玉匣记》，《道藏》第 36 册，第 322 页。

并立之始，三教就相互影响。比如早期道教就有儒家思想，特别是儒家的伦理道德。佛教传入中国以来，道教也学习佛教的因果业报和佛教仪式。

宋代以前，道教文化对儒释二家有影响。根据唐大潮教授研究，南北朝“三教合一”思想初显端倪，隋唐五代“三教合一”全面铺开，到宋元明“三教合一”成型。① 从时日禁忌来看，道教对儒释二家影响更大。

（一）道教时日禁忌与佛教的互动

1. 佛教择日历受到道教影响

《诸神圣诞日玉匣记等集》一书中，除《玉匣记》外，还有《法师选择记》、《文殊裁衣日》和《太子洗头吉凶之日》等。朱越利先生将《法师选择记》和《文殊裁衣日》归为佛教类。这两种著作显然受到道教思想的影响。《太子洗头吉凶之日》亦应该属于佛教文献。

《太子洗头吉凶之日》列出三十日洗头的吉凶：

> 初一短命，初二吉事，初三富贵，初四脱色，初五落发，初六损容，初七招官，初八长命，初九宜婚，初十加官，十一眼明，十二多厄，十三宜男，十四招财，十五王喜，十六大凶，十七面黑，十八招盗，十九不吉，二十主贫，二十一多病，二十二吉庆，二十三大吉，二十四口舌，二十五损目，二十六大利，二十七如常，二十八争斗，二十九凶兆，三十招鬼。②

《俄藏敦煌文献》第七册有《洗头择吉日法》，内容涉及四种洗头吉凶日，包括“1. 举出若干日，然后写‘已上日吉’等。2. 依十二日

① 唐大潮：《明清之际道教“三教合一”思想论》，宗教文化出版社，2000，第95~122页。

② 《太子洗头吉凶之日》，《道藏》第36册，第324页。

叙吉凶。如‘丑日洗头，令人富贵，宜六畜’。3. 叙十二月洗头吉日。如‘六月七日……十月十一日……并大吉利，余日并凶恶’。4. 叙十二月洗头吉日又一法。如‘六月八日洗头，令人富贵、长命’”。黄正建先生言：“从本件文书题目的‘推皇太子’云云和内容看，文书的时代比较晚。”① 而“洗头择吉日法”在敦煌文献中位于“押座文”之后、“讲经文”之前。收录《洗头择吉日法》的《俄藏敦煌文献》第七卷又以佛经为主。故我们认为，敦煌的《洗头择吉日法》属佛教文献。

《道藏》的《太子洗头吉凶之日》与敦煌《洗头择吉日法》有不同的地方。《太子洗头吉凶之日》是按照数字计日列出吉凶，每月相同。而敦煌《洗头择吉日法》则是每月不同。但总的来讲，应该属于同一类文献。

汉代有《沐书》讲洗头的吉凶日选择，王充曾经批评“子日沐，令人爱之；卯日沐，令人白头”，认为荒诞。道教一直重视沐头时间。南朝道经《洞真上清神州七转七变舞天经》② 有沐头的吉日：“紫晨常以月三日、七日、九日、十四日、十七日、二十一日、二十七日，当取白芷、青术、香桃皮三物，各七分，煮之七斗水，子时北向沐头。临沐之时即叩齿九通。”③

2. 道教时日禁忌受佛教的影响

以上几种佛教择日书收入《道藏》中，说明《道藏》的编纂者在一定程度上认可或接受以上的内容。《道藏》的编纂由当时的著名道士负责：明成祖朱棣敕命第四十三代天师张宇初主持编纂；张宇初羽化后，第四十四代天师张宇清继续主持编撰；明英宗朱祁镇命道士邵以正主持督校。编纂者没有剔除这些内容要么认为这些内容对道教无妨，

① 黄正建：《敦煌占卜文书与唐五代占卜研究》，学苑出版社，2001，第 104 页。

② 丁培仁：《增注新修道藏目录》，巴蜀书社，2008，第 75 页。

③ 《洞真上清神州七转七变舞天经》，《道藏》第 33 册，第 547 页。

要么认为它本来就属于道教内容。

《诸神圣诞日玉匣记等》中“诸神圣诞令节日期”有多种佛教相关圣日：正月初一弥勒佛圣诞、初八定光佛圣诞；二月初八日释迦文佛出家、十九日观音菩萨圣诞、二十一普贤菩萨圣诞；四月初四日文殊菩萨圣诞、初八日是释迦文佛圣诞；六月初四南瞻部洲转大法轮、十九日观音菩萨成佛；七月十三大势至菩萨圣诞、二十一普庵祖师圣诞、二十四日龙树王菩萨圣诞、三十日地藏王菩萨圣诞；八月二十二燃灯佛圣诞；九月十五日从三十三天南瞻部洲救度众生、三十日琉璃光王佛圣诞；十月初五达摩祖师圣诞、初八日涅槃[①]、十七日阿弥陀佛圣诞、十九日日光天子圣诞；十二月初八日释迦佛成佛、二十九日华严菩萨圣诞。此外，还列出了各阎王圣诞。[②]《修真十书·杂著捷径》只记载了佛教一位佛，即释迦牟尼。可见，随着三教合一思潮的发展，道教时日禁忌也受到了佛教的影响。

我们怀疑《诸神圣诞令节日期》一文是道士参照佛经或佛伪经而作。因为文中特别提到《西天王经》说某些日子“持斋念佛诵经，胜如常日十千万功德”[③]。且最后记有：山东济南府临清县儒学生员李青死后，阎王问他生前做了什么好事，他回答说在释迦牟尼佛降生日持斋念佛，阎王嘉奖他后，问他十阎君降诞日有没有人持斋，李青告知阳间并不知阎王诞，于是阎王让李青回到人间来告知众人阎王圣诞日期。

我们从道教时日禁忌中亦可看到佛教对道教的影响。

（二）道教时日禁忌与儒家的互动

道教时日禁忌在宋元明时期与儒家也有较多的互动。

《道藏》收有元代《三元延寿参赞书》，此书作者李鹏飞，晚年自号澄心老人，《元史》有传。盖建民先生指出，其作者李鹏飞早年

① 原文有漏字，应为释迦牟尼涅槃。

② 《诸神圣诞日玉匣记等》，《道藏》第 36 册，第 317~319 页。

③ 《诸神圣诞日玉匣记等》，《道藏》第 36 册，第 318 页。

为儒医，元代人周天骥称李鹏飞为儒医，瀚荣禄大夫福建等处行尚书省平章政事唐兀亦称李鹏飞为儒医。[①] 此书包含大量的道教养生内容，李鹏飞自述其思想来自道士所授，称他曾遇到一位姓宫采药道人，鹤发童颜，年逾九十，当时因为匆忙只提到"三元之说"。十年以后，李鹏飞在飞来峰下再次遇到那位道人，容颜不变，此道人告诉他："人之寿，天元六十，地元六十，人元六十，共一百八十岁。不知戒慎，则日加损焉。精气不固，则天元之寿减矣。谋为过当，则地元之寿减矣。饮食不节，则人元之寿减矣。当宝啬而不知所爱，当禁忌而不知所避，神日以耗，病日以来，而寿日以促矣。其说皆具见于黄帝、歧伯、《素问》、老聃、庄周及名医书中，其与孔孟无异。子归，以吾说求之，无他术也。"[②]

《三元延寿参赞书》的时日禁忌内容主要是"欲有所避"，即房事禁忌。禁忌内容可以分为天象禁忌、节气禁忌、节日禁忌、庚申、甲子、本命等禁忌、诸神降日禁忌、九毒日、人神在阴日和阴阳纯月事月。其中大风大雨、朔望晦弦、庚申、甲子、本命等天象禁忌引自前代道书，诸神降日所涉神灵亦多是道教之神，如三官、善恶童子和掠剩大夫等。

李鹏飞的《三元延寿参赞书》可以作为宋元明时期道教时日禁忌影响儒家的一个典型代表。道教时日禁忌，特别是养生类时日禁忌对于当时的儒生和医生影响相当大。正如盖建民先生言"这一方面说明了道教'三元延寿'思想具有很强的感染力和影响力，另一方面也表明元代之际道儒两家在养生思想上的融通和互补性"[③]。

---

① 盖建民：《试论道教"三元延寿"养生思想及其现代意义》，《湖南大学学报》（社会科学版）2006年第4期。

② 《三元延寿参赞书》，《道藏》第18册，第528页。

③ 盖建民：《试论道教"三元延寿"养生思想及其现代意义》，《湖南大学学报》（社会科学版）2006年第4期。

结　论

通过前面几章内容，我们大概描述了道教时日禁忌各派别的内容、特征、思想指向，并将全部道教时日禁忌纳入时间轴进行纵向的考察，勾勒出道教时日禁忌的发展状态。根据前文所述内容，我们可以得出以下结论。

一　道教时日禁忌的共同特征

通过比较早期正一道、太平道、早期金丹派、上清派、灵宝派和全真道几种道派，我们发现各道派禁忌内容各不相同，但具有共同特征。

（一）遵从禁忌的最高指向是与道合一

我们所研究的几种道教派别大都特别指出遵从禁忌的目的是顺从天时。早期正一道言“顺天奉时”，早期金丹派有“以顺其时，不违天道”，上清派称“侮天时者凶，顺天时者吉”。顺时而动，顺时而行，是道家的行为准则。《庄子·养生主》有：“适来，夫子时也；适去，夫子顺也。安时而处顺，哀乐不能入也。”[①]“安时处顺”不但是道家养生的指导思想，也是道教时日禁忌的原则。

时间在道教文化中不是刻板的数字或是干支汉字，相反，它被赋予了丰富的内涵。干支在道教文化中十分重要，它被想象成神态各

① （清）郭庆藩辑，王孝鱼整理《庄子集释》，中华书局，1961，第128页。

异、形象丰满的六十甲子神。事物总是在时空中存在，万物生命时间轴的展开，不仅仅绽放自身，也是在某一个方面展示道的规律和法则。因此顺时和合道就有了一致性。顺时的最终指向是“不违天道”，顺时就是顺道。

道不同于具体的事物，它没有时间和空间的属性。道是所有具体事物存在的根源，因此它先于时间和空间，超越时间与空间。没有时间的开始，也没有时间的终结，故道是永恒。具体的事物，既然有开始的时间，就有结束的一刻。人类如此，个人亦如此。可人总是希望超越自身的有限性，祈望无限。道教通过“顺时”这一总的方法与宇宙大化同步，希望获得道的特征，即无限性。道教时日禁忌就是顺时的一个“具体”的操作层面的方法。因此，我们可以说，无论道教哪个道派的时日禁忌，最高指向都是与道合一。

（二）行善重于择时日

道教时日禁忌的第二个特征，是行善重于择时日。各派的吉凶观，都在述说一个原则：择时日虽有一定的意义，但是行善更为重要，因为它能使人长吉。早期正一道有“奉道诫者可长处吉不凶”。太平道有“夫吉凶，本非天也，过也，人自求得之耳”。上清派从善恶和承负来解释人的吉凶。灵宝派用“无惧其凶，不欣其吉”来形容玄古之人。事实上“奉道诫”就包含奉行诸种道戒、行善止恶的内涵。“玄古之人”是善恶未分时，举止合道之人。因此，道教强调行善更甚于择时日。因为择时日是一种技术，掌握其原理、方法即可施行，但并不保证施行者自身的善恶。道教认为，常吉不能仅靠技术获得，还必须从道德方面进行判断——考察一个人及其祖先是否行善。道教从产生以来一直强调行善，对父母国家忠孝和对他人仁信等。《抱朴子内篇·对俗》：“若德行不修，而但务方术，皆不得长生也。”[①] 从哲学的维度上讲，道这一本体与至高无上的善具有高度相似性，《道德经》：“上善若水，水善利万物而不争。处众人之所恶，故几于道。”学道之人可以通过自身努力行道而无限接近于道。因此道教还有“久悟法人自不拘”之说，也是认为行善良久，自然处吉不凶。故道教时日观认为，行道重于择时日。这一点反映了道教时日禁忌的宗教特征。

（三）传授经戒法箓须择日

各道派注重时日禁忌的活动内容不尽相同。早期正一道在章、醮、符方面禁忌较多。早期金丹派在入山、合丹等方面禁忌较多。上清派的房事禁忌较多。总的来讲，各道派都十分重视传授仪，并指出传授须择日。

早期正一道有传授时日禁忌，三皇派、灵宝派、上清派授箓和五法传授均须择日。宋元时期灵宝净明派授法、雷法传授、内丹授法均须择日。可见，道教各道派均认为经典、符箓、经戒的传授须择日而行。传授经戒法箓须择日，这一特点表明了道教传道方式的秘密性和神圣性。正如索安《西方道教研究编年史》指出的道教认为自己与民间宗教相对立的区别之一，即是“道教有世代相袭的祭司职位，它须有专业的训练、秘密的传授和仪式性的授职。民间宗教的专职人员是自选的，他们常通过萨满才能和经验从事其职业”[②]。可见，“秘密传授和仪式性的授职”是道教非常看重的内容，在时间选择上需十分慎重。

二　道教各道派时日禁忌特征各异的原因

道教各道派时日禁忌有自身的特点。比如早期正一道包含有大量

① 王明：《抱朴子内篇校释》，中华书局，1985，第 53 页。

② 〔法〕索安著，吕鹏志、陈平等译《西方道教研究编年史》，中华书局，2003，第 89 页。

的禁忌，早期金丹派禁忌分布在炼丹活动的每一个环节，上清派房事禁忌比较多。前文已经分析了各道派时日禁忌的特征，这里对各道派特征相异的原因做一个说明。

道教的各道派时日禁忌特征受两个因素的影响，一是各道派产生和发展所处的时代背景，二是各道派主要的修炼方式。当然这两点之间并非完全独立，时代背景在一定程度上影响道派的主要修炼方式。

（一）道派时日禁忌有时代性

每个道派产生的时间不同，兴盛的时代不同，故有其所对应的时代特征。如早期正一道的时日禁忌包含大量汉代流行的禁忌，如血忌、反支等。早期正一道的时日禁忌内容庞杂，这与汉代的禁忌文化氛围浓厚相关。按照雅斯贝尔斯的观点，公元前 8 世纪至公元前 2 世纪属于轴心时期。轴心时期各文明均涌现出大量的思想家，先秦时期出现了百家争鸣、文化大繁荣的局面，各种思想相互碰撞，产生出各种各样影响深远的经典和学派。其中，包括对时间选择和避忌的学问，即择日之学。汉代继承和整理了远古以来，特别是春秋战国时期的择日文化。至汉武帝时，已有多种择日派别，包括五行、堪舆、建除、丛辰、历家、天人、太一等。汉武帝将五行定为择日的主要依据。早期正一道的产生在东汉末年，因此，道教自然包含大量的禁忌内容。又如宋代灵宝派更加注重本命禁忌，则反映了宋代文化中本命信仰重要性。宋代以来民间文化发达，由于活字印刷术的发明，文化传播日益迅速，书籍变得容易获取，人们更可能阅读经典并以自己的方式解读各派思想。明朝时期，普通民众的思想也更有可能通过通俗出版物而传播。宋元明道派的时日禁忌具有明显的通俗化特点，比如更加重视与人格神相关的时日选择等。

（二）道派时日禁忌特征与修炼方式相关

不同道派时日禁忌的特征还与其主要修炼方式相关。各道派共同的追求与道合一，但采用了各自不同的修炼方式。早期正一道以章、醮、符为主要的修炼方式，因此有较多章、醮、符的时日禁忌。早期金丹派以炼制服食外丹为主要修炼方式，外丹的炼制需要在名山大川中进行，具有很高的危险性，因此金丹派的时日禁忌非常丰富。上清派注重清修内炼，故有很多房事时日禁忌。

一般而言，所采用的修炼方式危险性越高，该道派所包含的道教时日禁忌内容越丰富。相对而言，主要采用的修炼方式越安全的道派，对道教时日禁忌的重视程度越低。如较为重视内丹修炼的全真派，新增道教时日禁忌的内容很少。

三　道教时日禁忌的历史发展趋势

道教时日禁忌的发展有以下几种趋势，从内容上看，道教时日禁忌日渐减少。从理论的发展来看，道教时日禁忌日益成熟。从影响范围来看，道教时日禁忌对民间文化的影响日益加强。

（一）时日禁忌内容日渐减少

首先，随着社会的进步，人类认识世界和改造世界的能力逐步提高，因此过去那些危险性较高的活动变得不那么危险。人们因为恐惧而产生的禁忌也随之减少。其次随着人类理性的发展，禁忌这种消极的巫术逐渐被人们所抛弃。一些禁忌通过理性的眼光审视，找不出其缘由，久而久之被人们淡忘。另外一些禁忌在传播的过程当中被误读，那么它禁忌的缘由也逐渐被人所不知。再次，从实际生活的角度而言，繁多复杂的禁忌给人们的生活带来不便。人们逐渐抛弃禁忌，只保留重要的禁忌。最后，随着道教的专业化和道士的职业化，道教的活动可供选择的时间增多，道士可以选择特定的吉日。因此择日文化日益兴盛，而禁忌内容进一步减少。

（二）时日禁忌理论日渐成熟

道教时日禁忌在发展过程中，理论日渐成熟。首先，道教有意识地解决时日禁忌体系内部的矛盾，一些时日禁忌的原则被制定出来。

如早期《赤松子章历》中某日按不同方法同时属于吉日和凶日，然而却没有办法判定该日是吉还是凶。随着时日禁忌的理论发展，道教明确提出了判断原则。其次，道教用理性思考禁忌原理，将一些时日禁忌发展出性质相同的更多禁忌事项。如早期道经《赤松子章历》中的天地闭塞日和宋代《上清灵宝大法》中“截路空亡”均是禁忌天干属水的壬癸。但早期道经更多强调上章和设醮的无法通达。在宋代《上清灵宝大法》中记为“截路空亡”，从名称上看，除了应用于上章设醮，也可以适用于民众外出择日。

（三）时日禁忌影响日益加强

虽然道教时日禁忌的内容在缩减，但是它对于其他文化，特别是民间文化的影响日益加强。我们明显看到，宋元明时期道教时日禁忌有民俗化的趋势。唐宋以后道教更加世俗化，道教神灵开始人格化。道教在宋代以后，更加深入到各地域社会和不同群体中间。由于知识更容易获得，识字信仰人群逐渐扩大，道教为了和其他宗教竞争，争取更多信仰人群，就必须接纳新的信仰群体以及他们带来的更加多样的宗教行为和神灵崇拜。从道教禁忌方面来看，被当时道士认作道书的经文中，包含充斥在各个民俗生活领域的种种禁忌。道教和民间文化的互动进一步的加强，道教吸收民间文化，并且以整合后新的形式扩大自身的影响。

参考文献

一 历代典籍

《道藏》，文物出版社、上海书店、天津古籍出版社，1988。

《藏外道书》，巴蜀书社，1992。

丁福保编《道藏精华录》，北京图书馆出版社，2005。

《影印文渊阁四库全书》，台湾商务印书馆，1986。

上海古籍出版社、法国国家图书馆编《法藏敦煌西域文献》，上海古籍出版社，2001。

俄罗斯科学院东方研究所圣彼得堡分所、上海古籍出版社等编，史金波等主编《俄罗斯科学院东方研究所圣彼得堡分所藏黑水城文献汉文部分》，上海古籍出版社，1996。

王卡点校《老子道德经河上公章句》，中华书局，1993。

何宁：《淮南子集释》，中华书局，1998。

张双棣：《淮南子校释》，北京大学出版社，1997。

王明编《太平经合校》，中华书局，1960。

杨寄林译注《太平经今注今译》，河北人民出版社，2002。

罗炽主编《太平经注译》，西南师范大学出版社，1996。

龙晦等译注《太平经全译》，贵州人民出版社，1999。

黄晖：《论衡校释》，中华书局，1990。

（汉）扬雄原著，郑万耕校释《太玄校释》，北京师范大学出版社，1989。

（汉）王符著，（清）汪继培笺，彭铎校正《潜夫论笺校正》，中华书局，1985。

（汉）应劭撰，王利器校注《风俗通义校注》，中华书局，1981。

（汉）司马迁撰，（南朝宋）裴骃集解，（唐）司马贞索隐，（唐）张守节正义《史记》，中华书局，2013。

（汉）班固撰，（唐）颜师古注《汉书》，中华书局，1962。

（汉）班固撰，（清）王先谦补注《汉书补注》，上海古籍出版社，2012。

（东汉）魏伯阳著，（宋）朱熹等注《周易参同契集释》，中央编译出版社，2015。

王明：《抱朴子内篇校释》，中华书局，1985。

（晋）葛洪撰，胡守为校释《神仙传校释》，中华书局，2010。

（晋）干宝撰，汪绍楹校注《搜神记》，中华书局，1979。

王叔岷：《列仙传校笺》，中华书局，2007。

（三国·魏）王弼注，（唐）孔颖达疏，李学勤主编《十三经注疏·周易正义》，北京大学出版社，1999。

（汉）赵岐注，（宋）孙奭疏，李学勤主编《十三经注疏·孟子注疏》，北京大学出版社，1999。

（汉）郑玄注，（唐）孔颖达疏，李学勤主编《十三经注疏·礼记正义》，北京大学出版社，1999。

（清）阮元校刻《十三经注疏》，中华书局，1980。

（晋）陈寿：《三国志》，中华书局，1959。

（晋）郭璞等：《阴阳五要奇书》，九州出版社，2014。

（北魏）贾思勰：《齐民要术 附杂说》，中华书局，1985。

（南朝梁）陶弘景撰，王家葵辑校《登真隐诀辑校》，中华书局，2011。

（南朝梁）陶弘景集，尚志钧辑校《名医别录》，人民卫生出版社，1986。

（南朝宋）范晔撰，（唐）李贤等注《后汉书》，中华书局，1965。

（南朝梁）僧佑、（唐）道宣：《弘明集 广弘明集》，上海古籍出版社，1991。

（隋）萧吉撰，〔日〕中村璋八校注《五行大义校注》（增订版），汲古书院，1998。

〔日〕吉川忠夫、麦谷邦夫编《真诰校注》，朱越利译，中国社会科学出版社，2006。

（南朝梁）陶弘景撰，曾召南注译，刘正浩校阅《新译养性延命录》，三民书局，2006。

南京中医学院校释《诸病源候论校释》，人民卫生出版社，1980。

（隋）巢元方：《诸病源候论》，辽宁科学技术出版社，1997。

（唐）梁丘子等注《黄庭经集释》，中央编译出版社，2015。

（唐）魏徵等：《隋书》，中华书局，1973。

（唐）孙思邈著，李景荣等校释《千金翼方校释》，人民卫生出版社，1998。

（唐）李筌著，刘乐贤整理《神机制敌太白阴经》，海南国际新闻出版中心：诚成文化出版有限公司，1995。

（唐）欧阳询撰，汪绍楹校《艺文类聚》，上海古籍出版社，1982。

（唐）苏敬等撰，尚志钧辑校《唐·新修本草》（辑复本），安徽科学技术出版社，1981。

（唐）韩鄂原编，缪启愉校释《四时纂要校释》，农业出版社，1981。

（后晋）刘昫等：《旧唐书》，中华书局，1975。

（宋）张君房编，李永晟点校《云笈七签》，中华书局，2003。

（宋）李昉等：《太平御览》，中华书局，1960。

（宋）欧阳修、（宋）宋祁：《新唐书》，中华书局，1975。

（宋）赵佶编，王振国、杨金萍校《圣济总录校注》，上海科学技术出版社，2016。

（宋）陈元靓：《岁时广记》，商务印书馆，1939。

（宋）陆游撰，李剑雄等点校《老学庵笔记》，中华书局，1979。

程素红编《中国历代兵书集成》，团结出版社，1999。

（宋）许洞：《虎钤经》，中华书局，1985。

（宋）徐子平著，李峰整理《（新刊合并官板音义评注）渊海子平》，海南出版社，2002。

（宋）陈元靓：《事林广记》（影印本），中华书局，1963。

（宋）杨维德等：《遁甲符应经》，《续修四库全书》编委会“续修四库全书术数类丛书”第13册，上海古籍出版社，2006。

（元）忽思慧撰，刘玉书点校《饮膳正要》，人民卫生出版社，1986。

（明）寇平撰，王尊旺校注《全幼心鉴》，中国中医药出版社，2015。

（明）李时珍著，刘衡如、刘山永校注《新校注本〈本草纲目〉》，华夏出版社，2011。

（明）芮经，（明）纪梦德辑，曹瑛等校注《杏苑生春》，中国中医药出版社，2015。

顾劼主编，洪丕谟审校《星命集成》，重庆出版社，1994。

（明）姚际隆撰，谈易斋重订《卜筮全书》，崇祯庚午本。

李峰注解《御定六壬直指》，海南出版社，2002。

（明）张介宾：《类经图翼》，人民卫生出版社，1982。

（明）刘宗盂：《历法统宗》，《永乐大典》卷20139，明嘉靖隆庆间内府重写本。

（明）万民英：《星学大成》，中央编译出版社，2015。

（明）龚居中著，何振中校注《福寿丹书》，中国医药科技出版社，2012。

顾劼主编，洪丕谟审校《选择集成》，重庆出版社，1994。

（明）杨循吉等著，陈某弟点校《吴中小志丛刊》，广陵书社，2004。

（明）午荣编著，吴道仪图解《图解鲁班经》，陕西师范大学出版社，2012。

（明）吴正伦辑，腾鹰点校《养生类要》，中医古籍出版社，1994。

（明）胡文焕：《广嗣须知》，中国中医药出版社，2015。

（明）祁承㸁撰，郑诚整理《澹生堂读书记·澹生堂藏书目》，上海古籍出版社，2015。

〔日〕丹波康赖撰，高文柱校注《医心方》，华夏出版社，2011。

（明）午荣编，李峰整理《新刊京版工师雕斫正式鲁班经匠家镜》，海南出版社，2003。

（清）李光地编《御定星历考原》，谢路军主编，郑同点校《四库全书术数二集》第3册，华龄出版社，2007。

（清）郭庆藩辑，王孝鱼整理《庄子集释》，中华书局，1961。

（清）陈立撰，吴则虞点校《白虎通疏证》，中华书局，1994。

（清）汪昂撰，周慎整理《本草备要》，山西科学技术出版社，2013。

（清）余兴国：《断易大全》，中医古籍出版社，2012。

（清）王引之：《经义述闻》，江苏古籍出版社，1985。

（清）蒲松龄著，盛伟编《蒲松龄全集》（第3册）杂著，学林出版社，1998。

（清）徐珂编撰《清稗类钞》，中华书局，1984。

（清）顾禄，王湜华等注释《清嘉录》，中国商业出版社，1989。

（清）赵翼：《陔余丛考》，商务印书馆，1957。

（清）魏明远著，陈明注释《象吉通书》，中医古籍出版社，2010。

（清）魏源：《海国图志》，光绪二年刻本，早稻田大学图书馆藏。

《绘图三教源流搜神大全》（外两种），上海古籍出版社，1990。

（明）张世贤：《图注八十一难经辨真》，曹炳章编《中国医学大成终集》一，医经，上海科学技术出版社，2013。

关长龙点校《中华礼藏·礼术卷·堪舆之属》第1册，浙江大学出版社，2016。

《精订选择求真》，嘉庆十四年本。

（晋）许真君著，陈泰先编译《活学活用玉匣记》，中国物资出版社，2010。

（清）王道亨编纂，（明）柳洪泉著《三元总录》，中医古籍出版社，2010。

（清）周鹏纂辑，肖岱宗等整理《大六壬寻源编》，华龄出版社，2012。

（清）俞正燮撰，涂小马等校点《癸巳类稿》，辽宁教育出版社，2001。

（清）张之洞：《书目答问》，商务印书馆，1935。

向达校注《两种海道针经》，中华书局，2000。

《急救广生集》，陆拯主编《近代中医珍本集》验方分册，浙江科学技术出版社，1994。

《宝丹要诀》，浙江省中医研究所编《医方类聚》第9册，人民卫生出版社，1981。

周全彬、盛克琦编《参同集注：万古丹经王〈周易参同契〉注解集成》，宗教文化出版社，2012。

（明）魏明远《增补象吉备要通书大全》，上海广益书局，民国。

邓文宽辑校《敦煌天文历法文献辑校》（影印本），江苏古籍出版社，1996。

许嘉璐主编《文白对照诸子集成》，广西教育出版社、陕西人民教育出版社、广东教育出版社，2006。

李零主编，刘乐贤点校《中国方术概观·选择卷》，人民中国出版社，1993。

（明）郭载騋校《六壬大全》，谢路军主编，郑同点校《四库全书术数二集》第1册，华龄出版社，2007。

（明）胡献忠编《大统皇历经世》，故宫博物院编《奇门遁甲统宗大全等三种》，海南出版社，2000。

〔日〕梶原性全撰，卞正、高雨校注《台北故宫珍藏版中医手抄孤本丛书（壹）覆载万安方》，上海科学技术出版社，2014。

陈伟主编，彭浩、刘乐贤撰《秦简牍合集：释文注释修订本》（壹、贰），武汉大学出版社，2016。

（唐）释道宣编《广弘明集》，《四部丛刊》景上海涵芬楼藏明刊本，商务印书馆，1922。

《佛说天地八阳神咒经》，《大正新修大藏经》第85册，台湾新文丰出版公司，1983。

二　学术著作

〔英〕G. 弗雷泽：《金枝》，徐育新等译，新世界出版社，2006。

〔奥〕西格蒙德·弗洛伊德：《图腾与禁忌》，赵立玮译，上海世纪出版集团，2005。

〔法〕爱弥尔·涂尔干：《宗教生活的基本形式》，渠东等译，上海人民出版社，2006。

〔英〕A. R. 拉德克利夫-布朗：《原始社会的结构和功能》，潘蛟、王贤海、刘文远、知寒译，中央民族大学出版社，1999。

卿希泰、詹石窗主编《道教文化新典》，上海文艺出版社，1999。

吕大吉：《宗教学通论新编》，中国社会科学出版社，1998。

金泽：《宗教禁忌》，社会科学文献出版社，1998。

李零：《简帛古书与学术源流》，生活·读书·新知三联书店，2007。

李零：《中国方术考》（修订本），东方出版社，2001。

刘仲宇：《道教授箓制度研究》，中国社会科学出版社，2014。

江晓原：《天学真原》，译林出版社，2011。

饶宗颐、曾宪通：《云梦秦简日书研究》，香港中文大学出版社，1982。

王承略、刘心明主编《二十五史艺文经籍志考补萃编》第5卷，清华大学出版社，2012。

朱传珂：《易学丛林》，中央编译出版社，2013。

徐振韬主编《中国古代天文学词典》，中国科学技术出版社，2009。

胡火金：《经验与哲理：中国古代农业思想与文化》，苏州大学出版社，2014。

冯时：《中国古代物质文化史：天文历法》，开明出版社，2013。

杨庆堃：《中国社会中的宗教》，范丽珠译，四川人民出版社，2016。

〔英〕玛丽·道格拉斯：《洁净与危险》，黄剑波等译，民族出版社，2008。

周绍良主编《敦煌文学作品选》，中华书局，1987。

陈于柱：《敦煌写本宅经校录研究》，民族出版社，2007。

王晶波：《敦煌占卜文献与社会生活》，甘肃教育出版社，2013。

黄正建：《敦煌占卜文书与唐五代占卜研究》，学苑出版社，2001。

邓文宽：《敦煌吐鲁番天文历法研究》，甘肃教育出版社，2002。

罗中昌、冉文玉:《黔北仡佬傩仪式大观》,民族出版社,2013。

国家民委《民族问题五种丛书》编辑委员会《中国民族问题资料·档案集成》第5辑,中央民族大学出版社,2005。

周一平、沈茶英编著《岁时纪时辞典》,湖南出版社,1991。

〔日〕小林正美:《中国的道教》,王皓月译,齐鲁书社,2010。

〔日〕小林正美:《新范式道教史的构建》,王皓月译,齐鲁书社,2014。

张泽洪:《道教礼仪学》,宗教文化出版社,2012。

尚秉和:《焦氏易诂》,光明日报出版社,2005。

余云岫、恽铁樵著,周鸿飞等点校《〈灵素商兑〉〈群经见智录〉合刊》,学苑出版社,2007。

潘雨廷:《潘雨廷著作集》第12册,上海古籍出版社,2016。

施维主编《周易八卦图解》,巴蜀书社,2003。

蒋朝君:《中国历代张天师评传》第1卷,江西人民出版社,2014。

饶宗颐:《老子想尔注校证》,上海古籍出版社,1991。

李丰楙:《不死的探求——抱朴子》,三环出版社,1992。

欧阳运森:《荆门雄风》,中央文献出版社,2000。

〔荷〕高罗佩:《中国古代房内考》,李零、郭晓慧等译,上海人民出版社,1990。

陈梦家:《汉简缀述》,中华书局,1980。

李学勤:《简帛佚籍与学术史》,江西教育出版社,2001。

范行准:《中国医学史略》,中医古籍出版社,1986。

王明:《王明集》,中国社会科学出版社,2007。

朱越利:《道藏分类解题》,华夏出版社,1996。

孙英刚:《神文时代:谶纬、术数与中古政治研究》,上海古籍出版社,2015。

〔日〕三石善吉：《中国的千年王国》，李遇玫译，上海三联书店，1997。

李平：《宫观之外的长生与成仙：晚唐五代道教修道变迁研究》，中央编译出版社，2014。

胡孚琛：《中华道教大辞典》，中国社会科学出版社，1995。

胡孚琛、陈耀庭：《中华文化通志·宗教与民俗典9-082道教志》，上海人民出版社，1998。

商务印书馆辞书研究中心编《古今汉语词典》，商务印书馆，2000。

臧振：《蒙昧中的智慧——中国巫术》，华夏出版社，1995。

刘乐贤：《简帛数术文献探论》，湖北教育出版社，2002。

晏昌贵：《简帛数术与历史地理论集》，商务印书馆，2010。

袁珂：《中国神话传说》（简明版），北京联合出版公司，2015。

刘师培：《读书随笔（外五种）》，广陵书社，2013。

丁培仁：《增注新修道藏目录》，巴蜀书社，2008。

陈国符：《道藏源流考》，中华书局，1963。

〔法〕葛兰言：《中国人的信仰》，汪润译，哈尔滨出版社，2012。

〔美〕约翰生：《中国炼丹术考》，黄素封译，上海文艺出版社，1992。

梁库望主编《玉清至正道宗楼观——一代大师任法融》，三秦出版社，2015。

马宗军：《〈周易参同契〉研究》，齐鲁书社，2013。

钟来因：《〈真诰〉长生经精华录》，文汇出版社，1994。

李亦园：《文化与修养》，广西师范大学出版社，2004。

吕光荣：《中国气功辞典》，人民卫生出版社，1988。

广东、广西、湖南、河南辞源修订组《辞源》（修订本），商务印书馆，1981。

孙猛：《日本国见在书目录详考》，上海古籍出版社，2015。

张寅彭主编《民国诗话丛编》（五），上海书店出版社，2002。

吴国富：《陶渊明与道家文化》，江西人民出版社，2009。

冯国超：《中国古代性学报告》，华夏出版社，2013。

于公：《〈壬归〉校译释论》，学林出版社，2012。

刘咸炘：《道教征略》，刘咸炘《推十书增补全本》丙辑，上海科学技术文献出版社，2009。

宗福邦等主编《故训汇纂》，商务印书馆，2003。

张子伟、石寿贵：《湘西苗族古老歌话》，湖南师范大学出版社，2015。

〔英〕马林诺夫斯基：《巫术与语言》（影印本），李安宅编译，上海文艺出版社，1988。

王小云、杨洪艳、黄旭春主编《郁证》，中国中医药出版社，2015。

马伯英：《中国医学文化史》，上海人民出版社，1994。

钟国发：《陶弘景评传》，南京大学出版社，2005。

李远国：《三元集》，四川大学出版社，2014。

王卡：《道教经史论丛》，巴蜀书社，2007。

龚鹏程：《龚鹏程讲道》，东方出版社，2015。

丁培仁：《世界主要宗教系统纲要》，巴蜀书社，2010。

葛兆光：《屈服史及其他：六朝隋唐道教的思想史研究》，生活·读书·新知三联书店，2003。

李养正：《道教概说》，中华书局，1989。

孙亦平：《杜光庭评传》，南京大学出版社，2011。

丁培仁：《道教典籍百问》，今日中国出版社，1996。

林昭庚、鄢良：《针灸医学史》，中国中医药出版社，1995。

赵益：《六朝隋唐道教文献研究》，凤凰出版社，2012。

刘学智：《中国学术思想编年·隋唐五代卷》，陕西师范大学出版社，2006。

卿希泰主编《中国道教史》，四川人民出版社，1993。

刘道超、周荣益：《神秘的择吉：传统求吉心理及习俗研究》（第二版），广西人民出版社，2004。

曹炳章著，王英等整理《医药学家曹炳章方药论著选》，中国中医药出版社，2016。

〔日〕片冈岩：《台湾风俗志》，陈金田译，大立出版社，1981。

《宜章县志》编纂委员会编《宜章县志》，黄山书社，1995。

钟金万编《遵义民间禁忌》，北京现代出版社，2014。

《彝族简史》修订本编写组编《彝族简史》，民族出版社，2009。

《凤凰县志》编纂委员会编《凤凰县志》，湖南人民出版社，1988。

《古丈县志》编纂委员会编《古丈县志》，巴蜀书社，1989。

罗荣宗：《苗族歌谣初探贵阳高坡苗族》，西南民族学院民族研究所，1984。

白庚胜总主编，杨诚森本卷主编《中国民间故事全书·云南·鹤庆卷》，知识产权出版社，2013。

赵斌主编《日照民间故事选编》，山东大学出版社，2005。

中国民间文学集成全国编辑委员会编《中国民间故事集成·吉林卷》，中国文联出版公司，1992。

山东省博兴县史志编纂委员会编《博兴县志》，齐鲁书社，1993。

全国人民代表大会民族委员会办公室编《广西壮族自治区天峨县白定乡壮族社会历史情况调查》，1958。

王继超：《火耀布摩经·彝族》，贵州民族出版社，2014年。

筠连县县志编纂委员会编著《筠连县志》，四川科学技术出版社，1998。

高明强、刘祖乐编著《世界人生礼俗大观》，中央民族大学出版社，1999。

朱越利：《当代中国宗教禁忌》，民族出版社，2001。

〔日〕渡边欣雄：《汉族的民俗宗教——社会人类学的研究》，周星译，天津人民出版社，1998。

潘雨廷：《道藏书目提要》，《潘雨廷著作集》第11册，上海古籍出版社，2016。

〔英〕李约瑟：《中国科学技术史》第2卷《科学思想史》，科学出版社、上海古籍出版社，1990。

三　学术论文

〔美〕A. L. 克罗伯：《图腾与禁忌：民族学的精神分析》，史宗主编《20世纪西方宗教人类学文选》，金泽等译，上海三联书店，1995。

唐大潮：《道教禁忌略谈》，《宗教学研究》2005年第4期。

〔日〕浦山菊花：《中国传统医书中“禁忌”的变迁》，李建民主编《从医疗看中国史》，中华书局，2012。

程雅君：《道教禁戒中的养生智慧——以行为医学析之》，《西南民族大学学报》(人文社科版）2005年第4期。

林富士：《试论〈太平经〉的疾病观念》，“中研院”史语所集刊第六十二本，第二卷，1993。

李养正：《关于道教的定义及有关问题的辩证——1992年12月6日在香港蓬瀛仙馆讲》，《中国道教》1993年第3期。

白彬、代丽鹃：《试从考古材料看〈女青鬼律〉的成书年代和流行地域》，《宗教学研究》2007年第1期。

〔法〕傅飞岚：《“早期天师道经典”国际学术研讨会纪要》，吕鹏志译，《宗教学研究》2002年第4期。

刘屹：《〈玄妙内篇〉考——六朝至唐初道典之文本变化之一例》，郝春文主编《敦煌文献论集》，辽宁人民出版社，2001。

饶宗颐：《秦简中的五行说和纳音说》，中国古文字研究会、陕西省考古研究所、中华书局编辑部编《古文字研究》第 14 辑，中华书局，1986。

刘增贵：《睡虎地秦简〈日书〉〈土忌〉篇数术考释》，“中研院”史语所集刊第七十八本第四分，2007。

刘乐贤：《楚秦选择术的异同及影响——以出土文献为中心》，《历史研究》2006 年第 6 期。

周绍良：《小斋书记》，《学林漫录》第十二集，中华书局，1988。

〔日〕丸山宏：《正一道的上章仪礼——以〈冢讼章〉为中心》，张泽洪译，《宗教学研究》1992 年 Z1 期。

严敦杰：《式盘综述》，《考古学报》1985 年第 4 期。

何琳仪：《司夜鼎考释》，《中国史研究》2004 年第 3 期。

姜守诚：《中国古代的“家先”观念》，《学术界》2011 年第 4 期。

王子今、刘林：《汉代“小儿”称谓》，《南都学坛》（人文社会科学学报）2012 年第 2 期。

朱越利：《〈周易参同契〉注者储华谷考》，《中国道教》2011 年第 3 期。

吴飞：《五服图与古代中国的亲属制度》，《中国社会科学》2014 年第 12 期。

邓文宽：《敦煌写本〈燕子赋〉（甲种）“将军”释词》，《中国敦煌吐鲁番学会研究通讯》第 23 期。

葛兆光：《〈上清黄书过度仪〉研究》，张国刚主编《中国社会历史评论》第四卷，商务印书馆，2002。

李零：《东汉魏晋南北朝房中经典流派考》，《中国方术续考》，东方出版社，2000。

邓文宽：《敦煌历日与出土战国秦汉〈日书〉的文化关联》，《邓文宽敦煌天文历法考索》，上海古籍出版社，2010。

丁若木：《都江堰神祠与道教》，《宗教学研究》1994年第4期。

黄正建：《敦煌占婚嫁文书与唐五代的占婚嫁》，项楚、郑阿财主编《新世纪敦煌学论集》，巴蜀书社，2003。

赵坤：《西夏占卜类型的理论差异与知识接受——以卜法、易占、星占为中心》，《西夏学》2018年第1期。

陈进国：《民间通书的流行与风水术的民俗化——以闽台洪潮和通书为例》，《台湾宗教研究通讯》2002年第4期。

胡文辉：《“五斗米道”得名辩证》，《中国文化》2017年第1期。

周西波：《〈白泽图〉研究》，项楚编《中国俗文化研究》第1辑，巴蜀书社，2003。

游自勇：《〈白泽图〉与〈白泽精怪图〉关系析论》，余欣主编《存思集：中古中国共同研究班论文萃编》，上海古籍出版社，2013。

鲁西奇：《中国古代买地券研究》，厦门大学出版社，2014。

熊德基：《〈太平经〉的作者和思想及其与黄巾和天师道的关系》，《历史研究》1962年第4期。

唐长孺：《太平道与天师道——札记十一则》，《中华文史论丛》2006年第3期。

冯渝杰：《“致太平”思潮与黄巾初起动机考——兼及原始道教的辅汉情结与终末论说》，《学术月刊》2018年第5期。

〔日〕森和：《从离日与反支日看〈日书〉的继承关系》，首发于简帛网。

刘乐贤：《睡虎地秦简〈日书〉“反支篇”及其相关问题》，《简帛研究》第1辑，法律出版社，1993。

王贵元：《读孔家坡汉简札记》，首发于简帛网。

刘增贵：《“左右”、“雌雄”与“反”——孔家坡〈日书·反支〉考释》，首发于简帛网。

贺昌群：《论黄巾农民起义的口号》，《历史研究》1959年第6期。

魏仲展：《中平元年三月五日不是“甲子日”——辨范文澜〈中国通史〉中的一点疏忽》，《社会科学》1981年第3期。

丁培仁：《关于黄巾起义时间的几个问题——兼与刘九生同志商榷》，《四川大学学报》（哲学社会科学版）1986年第2期。

刘九生：《黄巾口号之谜》，《陕西师大学报》（哲学社会科学版）1985年第2期。

姜生：《原始道教之兴起与两汉社会秩序》，《中国社会科学》2000年第6期。

刘屹：《评〈六朝道教史研究〉》，《中国史研究》2002年第4期。

钟国发：《“葛氏道”问题辨析》，《祖庭重光：中华道教灵宝文化学术论坛论文集》，宗教文化出版社，2017。

韩吉绍：《〈黄帝九鼎神丹经〉源流辨正》，《宗教学研究》2014年第4期。

王光华、李秀茹：《试析秦简〈日书〉辰、戌、丑、未四季土》，《求索》2006年第9期。

何丙郁：《从科学史观点试谈奇门遁甲（待续）——1997-10-03在西北大学的讲演》，《西北大学学报》（自然科学版）1998年第1期。

何丙郁：《研究中国科学史的新途径——奇门遁甲与科学》，王渝生主编《第七届国际中国科学史会议文集》，大象出版社，1999。

詹石窗：《遁甲之学符箓化》，《周易研究》1988年第2期。

孔令宏：《道教的“形”、“神”理论》，盖建民主编《第四届中国（成都）道教文化节“道在养生高峰论坛暨道教研究学术前沿国际会议”论文集》，巴蜀书社，2015。

芦笛：《道教文献中“芝”之涵义考论》，《宗教学研究》2015年第2期。

裘梧：《葛洪养生思想中所见的数术——以服食术为例》，李满林主编《葛洪生态健康文化研究》，华中师范大学出版社，2013。

陈伟：《睡虎地日书〈艮山〉试读》，《燕说集》，商务印书馆，2001。

王光永：《宝鸡市汉墓发现光和与永元年间朱书陶器》，《文物》1981年第3期。

张培瑜：《出土汉简帛书上的历注》，国家文物局古文献研究室编《出土文献研究续集》，文物出版社，1989。

刘乐贤：《睡虎地秦简〈日书〉中的“往亡”与“归忌”》，李学勤主编《简帛研究》第2辑，法律出版社，1996。

马王堆汉墓帛书整理小组《马王堆帛书〈式法〉释文摘要》，《文物》2000年第7期。

黄儒宣：《马王堆帛书〈上朔〉综论》，《文史》2017年第2期。

姜守诚：《试论〈太平经〉的“解除”术》，《鲁东大学学报》（哲学社会科学版）2008年第4期。

朱现民：《关于针灸古籍〈黄帝蝦蟆经〉的探考》，《辽宁中医杂志》2011年第1期。

王旭光、黄安宁：《十世纪初之前传入日本的中国医籍》，《中医文献杂志》1999年第3期。

韩吉绍：《论西汉的炼丹术》，《自然科学史研究》2009年第3期。

徐凤先：《中国古代的异常天象观》，《自然科学史研究》1994年第3期。

张刚峰：《中国古代炼丹术中的丹砂与阴阳》，《世界宗教研究》1995年第1期。

何振中等：《外丹临床运用的现状与展望》，柳长华主编《医道贯珠——中国中医科学院首届中医药文化论坛论文集》，中医古籍出版社，2014。

廖宇：《道教亥子日禁忌考》，《回顾与展望：青城山道教学术研究前沿问题国际论坛文集》，巴蜀书社，2016。

杨福程：《〈黄庭〉内外二景考》，《世界宗教研究》1995年第3期。

王卡：《敦煌本〈洞真高上玉帝大洞雌一玉检五老宝经〉校读记》，中国敦煌吐鲁番学会编《敦煌吐鲁番研究》第15卷，上海古籍出版社，2015。

詹石窗：《玄武与传统丹道思想》，詹石窗主编《百年道学精华集成》第4辑《大道修真》卷六，巴蜀书社，2018。

〔法〕贺碧来：《佛道基本矛盾初探》，万毅译，吕鹏志校订，见《法国汉学》丛书编辑委员会编《法国汉学》第7辑“宗教史专号”中华书局，2002。

〔苏〕尼古拉·别尔嘉耶夫：《道德生活中的想象成分》，王德峰译，胡景钟、张庆熊主编《西方宗教哲学文选》，上海人民出版社，2002。

张崇富：《论道教叩齿的仪式内涵》，《四川大学学报》（哲学社会科学版）2013年第4期。

陈寅恪：《天师道与滨海地域之关系》，《金明馆丛稿初编》，生活·读书·新知三联书店，2001。

曾礼军：《〈太平广记〉神仙小说中“青竹”的宗教文化意蕴探析》，《宗教学研究》2009年第3期。

渠红岩：《先秦至魏晋时期民俗中的桃》，《青海民族研究》2007

年第3期。

周然、柴智、樊慧杰、李艳荣：《药酒的历史沿革及现代发展与应用》，《中医杂志》2017年第23期。

刘长东：《本命信仰考》，《四川大学学报》（哲学社会科学版）2004年第1期。

贾二强：《“本命”略说》，《中国典籍与文化》1998年第2期。

朱越利：《道经中的郁仪和结璘》，潘崇贤、梁发主编《道教与星斗信仰》，齐鲁书社，2014。

汪桂平：《从天台道士应夷节的受道历程看唐代道教的授箓制度》，连晓鸣主编《天台山暨浙江区域道教国际学术研讨会论文集》，浙江古籍出版社，2008。

汪圣铎：《宋朝礼与道教》，孙钦善等主编《国际宋代文化研讨会论文集》，四川大学出版社，1991。

吕鹏志：《天师道授箓科仪——敦煌写本S203考论》，“中研院”史语所集刊第七十七本第一分，2006。

范行准：《“黄帝众难经注”、“玉匮针经”作者吕广的年代问题》，《上海中医药杂志》1957年第10期。

周西波：《中村不折旧藏敦煌道经考述》，《敦煌学》第27辑“柳存仁先生九十华诞祝寿专辑”，乐学书局，2008。

曹旅宁：《跋黄永年先生旧藏明万历三十七年刊本〈玉匣记〉》，曹旅宁《黄永年与心太平盦》，三秦出版社，2015。

杨海英：《清前期的道教与宫廷》，陈鼓应主编《道家文化研究》第23辑“多元视野下的全真教”专号，生活·读书·新知三联书店，2008。

邓文宽：《敦煌具注历日与〈四时纂要〉的比较研究》，《敦煌研究》2004年第1期。

陈运洪：《黔北仡佬族禁忌述略》，向海燕主编《注视仡佬》，现代出版社，2014。

张崇根：《关于〈两种海道针经〉的著作年代》，《中外关系史论丛》第1辑，1981。

黄信阳：《全真早晚功课简介》，《道教会刊》1986年第18期。

周高德：《道教的礼仪》，《中国宗教》1996年第4期。

张培瑜、张健：《日本历书的直宿》，《中国科技史料》2001年第3期。

邓文宽：《传统历书以二十八宿注历的连续性》，《历史研究》2000年第6期。

罗开玉：《"游喜神方"习俗考》，《成都大学学报》（社会科学版）2005年第6期。

陈巴黎：《北京东岳庙喜神殿考述》，《法国汉学》丛书编辑委员会编《法国汉学》第7辑"宗教史专号"，中华书局，2002。

梁景之：《寒亭地区风水民俗调查》，《民俗研究》1996年第2期。

刘长东：《论民间神灵信仰的传播与接受——以掠剩神信仰为例》，《四川大学学报》（哲学社会科学版）2007年第4期。

熊铁基：《浅谈阴阳五行》，《熊铁基学术论著选》，华中师范大学出版社，2012。

盖建民：《试论道教"三元延寿"养生思想及其现代意义》，《湖南大学学报》（社会科学版）2006年第4期。

丁强：《早期道教教职的研究》，四川大学博士学位论文，2006。

孙占宇：《放马滩秦简日书整理与研究》，西北师范大学博士学位论文，2008。

叶贵良：《敦煌道经词汇研究》，浙江大学博士学位论文，2004。

陈敏学：《秦汉政治视野下的天象解说》，中央民族大学博士学位论文，2017。

魏燕利:《道教导引术之历史研究》,山东大学博士学位论文,2007。

周艳萍:《〈赤松子章历〉择日避忌》,北京大学硕士学位论文,2007。

冯静:《〈黄帝宅经〉考》,浙江大学硕士学位论文,2004。

图书在版编目(CIP)数据

道教时日禁忌研究／廖宇著．--北京：社会科学文献出版社，2021.9(2023.11 重印)
ISBN 978-7-5201-8444-1

Ⅰ．①道… Ⅱ．①廖… Ⅲ．①道教-禁忌-研究-中国 Ⅳ．①B958

中国版本图书馆 CIP 数据核字（2021）第 101496 号

道教时日禁忌研究

著　　者／廖　宇

出 版 人／冀祥德
责任编辑／杨　雪　杜文婕
责任印制／王京美

出　　版／社会科学文献出版社
地址：北京市北三环中路甲 29 号院华龙大厦　邮编：100029
网址：www.ssap.com.cn
发　　行／社会科学文献出版社（010）59367028
印　　装／三河市东方印刷有限公司

规　　格／开　本：787mm × 1092mm　1/16
印　张：26.75　字　数：358 千字
版　　次／2021 年 9 月第 1 版　2023 年 11 月第 3 次印刷
书　　号／ISBN 978-7-5201-8444-1
定　　价／128.00 元

读者服务电话：4008918866